Wirtschaft – Was? Wie? Warum?

von

Roland Lötzerich

Peter-J. Schneider

winklers®

Mit einem Navigationssystem kommen Sie schnell und sicher ans Ziel …

Dieses Buch ist Ihr Navigationssystem. Mit ihm werden Sie sicher und ohne Probleme durch die verzweigte Wirtschaft geleitet.

Heute ist es wichtiger denn je, sich in wirtschaftlichen Fragen und Problemen zurechtzufinden. Denn jeden Tag haben Sie es in Ihrem beruflichen Alltag und im Privatleben auch mit wirtschaftlichen Problemen zu tun. Sie schließen zahlreiche Kauf- und andere Verträge, arbeiten, legen Geld an, nehmen Kredite auf … Kurz: Unsere Wirtschaft bestimmt Ihr Leben.

Wie Sie damit gut klar kommen, zeigt Ihnen dieses Buch. Sie werden dabei feststellen: Wirtschaft ist alles andere als langweilig.

Dieses Buch hat folgende „Pluspunkte":

- Die Texte sind leicht zu verstehen.
- Die Kapitel beginnen mit interessanten **Einstiegssituationen**.
- Lustige Zeichnungen lockern die Texte auf.
- Zahlreiche **Arbeitsvorschläge** am Ende jedes Kapitels dienen der Wiederholung und Vertiefung und zeigen Ihnen, was Sie verstanden haben und was Sie vielleicht noch einmal nachlesen sollten.
- **HOT-Aufgaben** fordern zu einem handlungsorientierten Umgang mit den Lerninhalten auf. Das bringt Abwechslung und macht Spaß.
- Zahlreiche **„Tipps"** helfen Ihnen in Ihrem beruflichen und privaten Alltag.
- Und wenn Sie noch mehr wissen wollen: Unter der Bezeichnung **„Fit im Web"** sind Internetadressen zu finden, die Ihnen gezielt bei der Suche nach weitergehenden Informationen helfen.

Wir sind sicher, die Arbeit mit diesem Buch wird Ihnen Spaß machen. Sie werden sehen, Wirtschaft kann spannend sein.

Frühjahr 2007 *Die Verfasser*

2. aktualisierte Auflage 2007

Postfach 33 20, 38023 Braunschweig, Telefon 01805 996696 Fax: 0531 708-664
E-Mail: service@winklers.de
www.winklers.de
Druck: westermann druck GmbH, Braunschweig
ISBN 3-8045-**9596**-5

1 Jugendliche in der Berufsausbildung

1 Der Berufsausbildungsvertrag ... 6
2 Das Berufsbildungsgesetz und andere rechtliche Grundlagen der Berufsausbildung ... 8
3 Duale Ausbildung: Ausbildung in Schule und Praxis ... 12
4 Schlüsselqualifikationen – das neue Zauberwort ... 16
5 Das Jugendarbeitsschutzgesetz ... 19
6 Beendigung oder Verlängerung der Berufsausbildung ... 22
7 Berufliche Weiterbildung und Umschulung ... 26

2 Mensch und Arbeit

1 Der Abschluss eines Arbeitsvertrages ... 32
2 Sozialer Arbeitsschutz ... 36
2.1 Arbeitszeit- und Urlaubsgesetz ... 36
2.2 Das Mutterschutzgesetz ... 39
2.3 Der Schwerbehindertenschutz ... 43
3 Technischer Arbeitsschutz ... 45
4 Tarifrecht ... 50
4.1 Tarifautonomie ... 50
4.2 Tarifvertrag ... 53
4.3 Arbeitskampfmaßnahmen ... 57
5 Mitwirkung und Mitbestimmung der Arbeitnehmer ... 60
5.1 Der Betriebsrat ... 61
5.2 Die Jugend- und Auszubildendenvertretung (JAV) ... 67
5.3 Mitbestimmung von Arbeitnehmern im Aufsichtsrat ... 69
6 Entlohnung der Arbeit ... 73
6.1 Der Zeitlohn ... 74
6.2 Der Leistungslohn ... 75
6.3 Der Beteiligungslohn ... 80
7 Beendigung des Arbeitsverhältnisses ... 82
8 Arbeitszeugnisse ... 88
9 Arbeitsgerichtsbarkeit ... 92

3 Versicherungen

1 Die Sozialversicherung ... 96
1.1 Das System der sozialen Sicherung ... 96
1.2 Die gesetzliche Krankenversicherung ... 99
1.3 Arbeitslosenversicherung und Arbeitsförderung ... 103
1.4 Die gesetzliche Rentenversicherung ... 106
1.5 Die gesetzliche Unfallversicherung ... 109
1.6 Die gesetzliche Pflegeversicherung ... 111
2 Das System der Individualversicherungen (Privatversicherungen) ... 115
3 Die Sozialgerichtsbarkeit ... 120

4 Vertragsrecht

1 Grundlagen des Rechts ... 122
2 Besitz und Eigentum von Sachen und Rechten ... 125
3 Rechts- und Geschäftsfähigkeit natürlicher und juristischer Personen ... 127
4 Zustandekommen von Rechtsgeschäften ... 131
5 Abschluss und Inhalte von Kaufverträgen ... 136
6 Kaufvertragsstörungen beim Erfüllungsgeschäft ... 141
6.1 Der Lieferungsverzug ... 142
6.2 Die mangelhafte Lieferung ... 145
6.3 Der Annahmeverzug ... 148
6.4 Der Zahlungsverzug und seine Folgen ... 151
7 Andere Vertragsarten ... 155

5 Der informierte und bewusste Verbraucher

1 Maßnahmen zur Stärkung der Konsumenten ... 160
1.1 Kein Missbrauch mit allgemeinen Geschäftsbedingungen ... 161
1.2 Achtung vor Haustürgeschäften, Kaffeefahrten, Verkaufspartys und Co. ... 163
1.3 Fernabsatzverträge und E-Commerce ... 165
1.4 Das Produkthaftungsgesetz ... 168
1.5 Warenkennzeichnungen und Mogelpackungen ... 170
2 Verbraucherberatung ... 174

6 Der Umgang mit Geld

1 Zahlungsverkehr ... 178
1.1 Die Barzahlung ... 178
1.2 Vom Taschengeld- zum Girokonto ... 180
1.3 Halbbare Zahlung mit Zahlschein, Barscheck oder Nachnahme 185
1.4 Die bargeldlose Zahlung ... 187
1.4.1 Überweisung, Dauerauftrag, Lastschriftverfahren ... 187
1.4.2 Bezahlen mit edc-Maestro-Karte ... 189
1.4.3 Bezahlen mit Kreditkarte und Kundenkarten ... 192
1.5 Bezahlen mit Schecks ... 193
1.6 Onlinebanking ... 196
2 Vorsorgen durch Sparen und Anlegen ... 198
3 Vorsicht vor Krediten ... 204
4 Der Wert unseres Geldes ... 210
4.1 Der Binnenwert des Geldes ... 210
4.2 Der Außenwert des Geldes ... 215

7 Blickpunkte unserer Volkswirtschaft

1 Markt und Preisbildung ... 220
1.1 Märkte in der Volkswirtschaft ... 220
1.2 Der Preisbildungsprozess ... 225

2 Die Wirtschaftsordnung der sozialen Marktwirtschaft 229
2.1 Was ist eine Wirtschaftsordnung 229
2.2 Unsere Wirtschaftsordnung im Überblick 234
3 Das Bruttoinlandsprodukt als wirtschaftlicher Leistungsmaßstab 240
4 Der Konjunkturverlauf 246
5 Die wirtschaftspolitischen Ziele 252
6 Möglichkeiten zur Beeinflussung des Konjunkturverlaufs 259
7 Steuern 264
7.1 Steuerarten im Überblick 264
7.2 Die Grundzüge des Einkommensteuersystems 267
7.3 Einkommenssteuererklärung 271
8 Der europäische Wirtschaftsraum 276

8 Der Betrieb

1 Betriebsarten 280
2 Ziele der Betriebe 282
3 Betriebliche Funktionen 285
3.1 Das Beschaffungswesen 286
3.1.1 Die Material- und Güterbeschaffung 286
3.1.2 Die Personalbeschaffung 288
3.2 Die Produktion 289
3.3 Marketing 293
3.4 Finanzierung und sonstige Verwaltungsaufgaben 300
3.5 Die Lagerhaltung 304
4 Betriebliche Kosten 308
4.1 Kosten und Leistungen 308
4.2 Ermittlung (Kalkulation) der Selbstkosten 311
4.3 Ermittlung (Kalkulation) des Angebotspreises 313
5 Betriebliche Leistungsmaßstäbe 316

9 Gründung, Rechtsformen und Zusammenschlüsse von Unternehmen

1 Gründung eines Unternehmens 320
2 Rechtsform des Unternehmens 326
2.1 Überblick 326
2.2 Das Einzelunternehmen 327
2.3 Gesellschaftsunternehmen 329
2.3.1 Personengesellschaften 329
2.3.2 Kapitalgesellschaften 332
2.4 Genossenschaften 336
3 Zusammenschlüsse von Unternehmen 339

1 Der Berufsausbildungsvertrag

Passiert – notiert

Warum muss ein Ausbildungsvertrag geschlossen werden?

Welche Inhalte muss er enthalten?

Carmen wird Anlagenelektronikerin

„Hallo, ich bin Carmen, 17 Jahre alt, und habe die Realschule besucht. Meine Lieblingsfächer waren Physik, Bio, Mathe. Ich habe mich in einem großen Automobilwerk als Anlagenelektronikerin beworben. Ich will einen technischen Beruf lernen. Doch gleichzeitig hab ich schon ein wenig Bammel, ob eine Frau sich in einem „Männerberuf" durchsetzen kann.

Heute bekam ich die Nachricht, dass ich eingestellt werden soll. Ich bin eingeladen und muss den Ausbildungsvertrag unterschreiben. Ob ich es richtig mache?"

Ran an die Informationen

Carmen weiter: „*War ganz schön peinlich. Ich wollte den Berufsausbildungsvertrag sofort unterschreiben. Ehe die sich das Ganze doch noch mal anders überlegen – sicher ist sicher, dachte ich mir. Doch dann sagte der Ausbildungsleiter: ‚Stopp, stopp, nicht so schnell, wollen Sie denn nicht mal lesen, was Sie unterschreiben? Da kann ja stehen, Sie zahlen mir pro Monat 1.000,00 € Lehrgeld. Und dann haben Sie aber ein Problem, oder?'*"

Falsch!

Doch mal Hand aufs Herz: Haben Sie Ihren Ausbildungsvertrag eigentlich genau gelesen, bevor Sie ihn unterschrieben haben? Was steht denn drin?

Wissen Sie außer Urlaubslänge und Ausbildungsvergütung noch andere Einzelheiten aus Ihrem Ausbildungsvertrag?

Info 1 Ausbildungsverträge sind zweiseitige Verträge.

Sie werden zwischen den Ausbildungsbetrieben und den Auszubildenden vor Beginn der Ausbildung geschlossen.

Damit sie gültig sind, müssen sie

- schriftlich geschlossen werden.
- Bei Minderjährigen muss der gesetzliche Vertreter zusätzlich unterschreiben.
- Der Ausbildende hat dem Auszubildenden nach Unterzeichnung ein Exemplar auszuhändigen.

Richtig!

Was steht drin – im Berufsausbildungsvertrag?

Info 2

Berufsausbildungsverträge müssen mindestens folgende Angaben enthalten:

- Art, Gliederung und Ziel der Ausbildung,
- Beginn und Dauer der Ausbildung,
- Ausbildungsmaßnahmen außerhalb der Ausbildungsstätte,
- Dauer der regelmäßigen täglichen Ausbildungszeit,
- Dauer der Probezeit,
- Zahlung und Höhe der Vergütung,
- Dauer des Urlaubs und
- die Voraussetzungen, unter denen der Vertrag gekündigt werden kann.

Kontrolle durch die Kammer

Nach Abschluss des Berufsausbildungsvertrages muss der Ausbildende unverzüglich die Eintragung des Vertrages in das Verzeichnis der Berufsausbildungsverhältnisse bei der jeweiligen Kammer beantragen. Hier werden die Verträge auf Richtigkeit und Vollständigkeit überprüft. Diese Eintragung wird nur vorgenommen, wenn der Berufsausbildungsvertrag dem Berufsbildungsgesetz und der Ausbildungsverordnung entspricht.

Arbeitsvorschläge

DO IT!

1. Warum müssen Berufsausbildungsverträge in die jeweiligen Verzeichnisse bei den Kammern eingetragen werden?
2. Bäckermeister Selim und Mustafa sind sich einig. Beide kennen sich schon lange – Selim und Mustafas Vater sind gute Freunde. „Wir brauchen den Vertrag nicht schriftlich abzuschließen, da haperts bei mir mit der deutschen Sprache ...", meint Selim. Was meinen Sie dazu?
3. Welche Inhalte müssen Ausbildungsverträge mindestens enthalten?

HOT

„Drum prüfe, wer sich länger bindet ..."

1. Checken Sie Ihren Ausbildungsvertrag! Denn: „Unwissenheit schützt nicht vor den Folgen ..."
2. Bringen Sie Ihren Ausbildungsvertrag mit in die Berufsschule.
3. Stellen Sie fest, welche Inhalte enthalten sind. Schreiben Sie diese heraus.
4. Fertigen Sie sich hierzu evtl. eine Checkliste an. Ein Beispiel, wie Sie Ihre Checkliste entwerfen könnten:
5. Vergleichen Sie Ihren Ausbildungsvertrag mit Info 2, ob die Mindestangaben enthalten sind.
6. Vergleichen Sie Ihren Vertrag mit denen Ihrer Klassenkameraden und -kameradinnen und stellen Sie eventuelle Unterschiede fest.

Mindestinhalte	Im Vertrag drin?		Bemerkungen
Art, Gliederung und Ziel der Ausbildung	Ja	Nein	
Beginn und Dauer der Ausbildung			

2 Das Berufsbildungsgesetz und andere rechtliche Grundlagen der Berufsausbildung

Passiert – notiert

Was meinen Sie zu diesem Fall?

Welche Rechte und Pflichten haben Auszubildende und Ausbilder?

„Jetzt ist das Maß voll!", schrie der Meister. „Du warst in der letzten Woche zweimal zu spät! Es ist deine Pflicht, dich an die Betriebsordnung zu halten."

„Aber ich muss mich halt an die frühen Zeiten erst gewöhnen, Meister", entgegnete ich. Da verlor der Meister die Fassung. „Ich schmeiß dich raus!", brüllte er. „Cool bleiben, Meister, keinen Stress machen, das ist ungesund", antwortete ich ganz locker. „Rausschmeißen können Sie mich doch gar nicht und so schlimm sind die paar Minuten doch auch nicht ..."

„Was, auch noch pampig werden? Und ob ich dich rausschmeißen kann – dafür bist du in der Probezeit!", schrie er.

Normal bin ich ganz locker und cool, aber jetzt hat der mich so'n bisschen unsicher gemacht. Kann mich der Schreihals feuern?

Ran an die Informationen

Info 1

Alles geregelt ...

Die duale Berufsausbildung findet an den beiden Lernorten Betrieb und Berufsschule statt (siehe hierzu auch Kap. 3).

Sie sollen in Ihrer Ausbildung möglichst viel lernen, um eine erfolgreiche berufliche Laufbahn beginnen zu können. Lernen Sie wenig, haben Sie später auch geringere Chancen, genügend Geld zu verdienen. Damit Ihnen das nicht passiert und damit man Sie während der Ausbildung nicht ausnutzen kann, gibt es zahlreiche Gesetze und Verordnungen.

Die wichtigsten sind:

- das Berufsbildungsgesetz
- die Handwerksordnung
- die Ausbildungsordnung
- und die rechtlichen Grundlagen im Schulbereich (siehe hierzu Kap. 3, Info 5)

Weitere Schutzgesetze wie das Jugendarbeitsschutz-, Urlaubs-, Mutterschutz-, Kündigungsschutz-, Schwerbehindertenschutz-, Tarifvertragsgesetz usw. sind auch wichtig für Ihre Ausbildung.

Das Berufsbildungsgesetz

Info 2

Die wichtigsten Bestimmungen für die Berufsausbildung stehen im Berufsbildungsgesetz. In ihm sind die Pflichten des Auszubildenden und des Ausbildenden geregelt. Es enthält weitere Regelungen über die Probezeit sowie über Abschluss und Kündigung des Ausbildungsvertrages (siehe hierzu Kap. 6). Die gesetzlichen Regelungen für den Berufsschulbesuch finden Sie in Kap. 3, Info 5).

Pflichten des Ausbildenden = Rechte der Azubis

Info 3

Pflichten	Der Ausbildende muss ...
Ausbildungspflicht	... dem Azubi alle Kenntnisse und Fertigkeiten vermitteln, die zum Erreichen des Ausbildungszieles erforderlich sind.
Planungspflicht	... die Ausbildung zeitlich und sachlich gliedern und planen.
Vergütungspflicht	... dem Azubi regelmäßig und ohne Aufforderung eine angemessene Ausbildungsvergütung zahlen.
Bereitstellung von Arbeitsmitteln	... dem Azubi die Ausbildungsmittel (z. B. Werkzeuge, Werkstoffe, Bücher) kostenlos zur Verfügung stellen.
Freistellungspflicht	... die Azubis für die Teilnahme am Berufsschulunterricht, zu Ausbildungsmaßnahmen außerhalb der Ausbildungsstätte und für Prüfungen freistellen.
Einhaltungspflicht	... den gesetzlichen oder tarifvertraglichen Urlaub gewähren, Arbeitszeiten überwachen und andere Arbeitsschutzgesetze einhalten.
Fürsorgepflicht	... dem Azubi nur Arbeiten übertragen, die dem Ausbildungszweck dienen. Sie dürfen den Azubi nicht körperlich oder sittlich gefährden.
Zeugnispflicht	... dem Azubi nach Beendigung seiner Ausbildung ein Arbeitszeugnis ausstellen.

Info 4 Pflichten des Auszubildenden = Rechte des Ausbildenden

Pflichten	Der Auszubildende muss ...
Lernpflicht	... sich bemühen, sich alle Fertigkeiten und Kenntnisse anzueignen, die für den Ausbildungserfolg wichtig sind.
Teilnahmepflicht	... an außerbetrieblichen Ausbildungsmaßnahmen (z. B. von der Kammer) teilnehmen.
Schweigepflicht	... über Betriebs- und Geschäftsgeheimnisse unbedingtes Stillschweigen wahren.
Sorgfaltspflicht	... Werkzeuge, Maschinen und alle Betriebseinrichtungen pfleglich behandeln (auch säubern).
Schulpflicht	... die Berufsschule besuchen.
Berichtsheft führen	... ein Berichtsheft führen, soweit es für seine Ausbildung verlangt wird.
Einhaltung der Betriebsordnung	... die Betriebsordnung beachten und einhalten.
Befolgungspflicht	... den Weisungen des Ausbilders, Betriebsinhabers oder anderer weisungsberechtigter Personen folgen.

Info 5 Probezeit

Jedes Berufsausbildungsverhältnis beginnt mit einer Probezeit. Diese muss mindestens einen und darf höchstens vier Monate betragen.

In dieser Probezeit können sowohl der Azubi als auch der Ausbildungsbetrieb den geschlossenen Ausbildungsvertrag jederzeit kündigen. Die Kündigung ist fristlos und es müssen keine Kündigungsgründe genannt werden.

Warum gibt es diese Probezeit?

Ausbildungsbetrieb und Auszubildende schließen einen Ausbildungsvertrag über 2 bis sogar 3 ½ Jahre. Da man so lange zusammen arbeiten und auskommen muss, sollte man vorher prüfen:

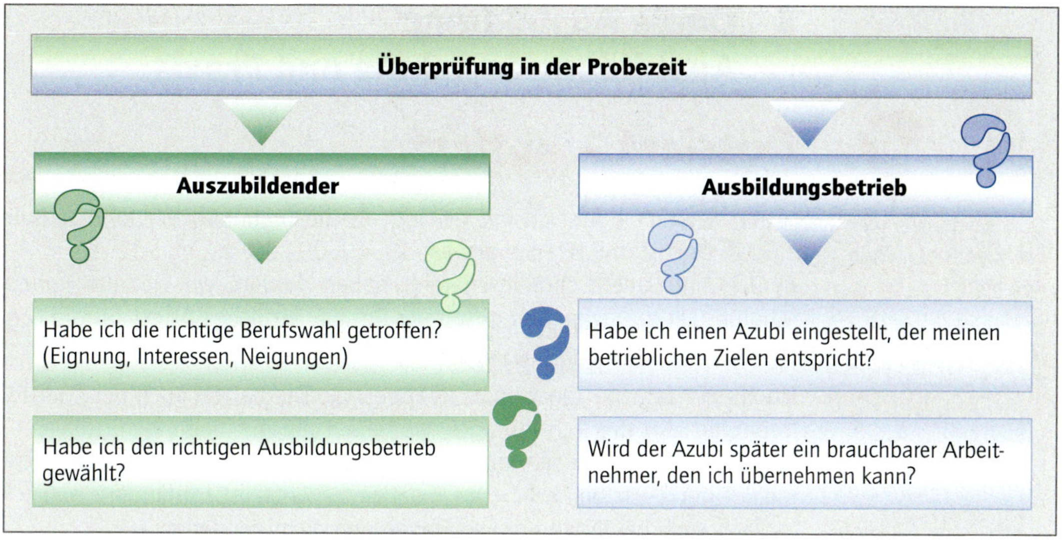

Es kann sein, dass der Auszubildende merkt, der Ausbildungsberuf macht keinen Spaß oder der Betrieb gefällt ihm nicht. Dann kann er in der Probezeit ohne Probleme kündigen. Aufgeben könnte er aber den Ausbildungsplatz auch, wenn er von den Mitarbeitern oder Ausbildern geschnitten oder nicht richtig behandelt würde, bzw. er nicht richtig ausgebildet würde.

Aber auch der Ausbildungsbetrieb kann in der Probezeit fristlos kündigen, ohne Nennung von Gründen. Dies wird er tun, wenn er merkt, dass der Auszubildende kein Interesse an der Ausbildung und dem Betrieb hat, wenn er schwänzt, faul ist oder bei Mitarbeitern, Chef oder Kunden aneckt.

Fit im Web

Die aktuelle Fassung des Berufsbildungsgesetzes finden Sie auf der Homepage des Bundesministeriums für Bildung und Forschung. Sie können sich den Text speichern und/oder ausdrucken lassen: ***www.bmbf.de – Suchbegriff: "Berufsbildungsgesetz"***

Arbeitsvorschläge — DO IT!

1. Beschreiben Sie Ihre Pflichten als Azubi an Beispielen aus Ihrer Ausbildung. Begründen Sie diese jeweils.
2. Erklären Sie die Pflichten Ihres Ausbildenden an praktischen Beispielen.
3. Warum gibt es die Probezeit und was sollten Sie in dieser beachten?
4. Wie lange dauert die Probezeit mindestens und höchstens?
5. Beurteilen Sie folgende Fälle:
   a) Ein Azubi erscheint montags regelmäßig zu spät am Arbeitsplatz. Obwohl die Probezeit vorbei ist, soll er entlassen werden.
   b) Weil er die Zwischenprüfung mit „mangelhaft“ abgeschlossen hat, wurde einem Azubi wegen „mangelnder Eignung“ gekündigt.

3 Duale Ausbildung: Ausbildung in Schule und Praxis

Passiert – notiert

Darf der Meister die Fehltage vom Urlaub abziehen?

Wie ist die Ausbildung im dualen System geregelt?

„Cool bleiben", hatte ich mir gesagt, als die Mahnung der Berufsschule eintraf. Dort stand: „Da Sie am 12. 09., 19. 09., 26. 09. und 02. 10. in der Berufsschule unentschuldigt gefehlt haben, fordern wir Sie zum Berufsschulbesuch auf. Daneben bitten wir um ein ärztliches Attest für die o. g. Fehlzeiten ..."

Doch am nächsten Tag kam es knüppeldick: Die hatten auch den Meister informiert. Als der sich aufregte, wollte ich ihn nur beruhigen. „Meister", sagte ich, „regen Sie sich doch nicht so auf – Berufsschule ist halt nicht mein Ding – ich bin froh, dass die Penne vorbei ist. Außerdem hab ich doch auch bei Ihnen unterschrieben und nicht bei denen."

Da wurde mein Meister zornig rot im Gesicht und sagte mit drohender Stimme: „Die Berufsausbildung steht auf zwei Säulen: Die Ausbildung im Betrieb und die in der Berufsschule. Beide ergänzen sich. Und für beide bezahle ich dich. Eure Ausbildungsvergütung wird sowieso immer höher. Wir mussten früher das Lehrgeld noch mitbringen. Und wenn mein Herr Azubi nicht damit einverstanden ist, dann kannst du dir dein Geld vom Sozialamt holen. Noch einen Fehltag und bei mir ist Schluss. Außerdem werde ich dir die unentschuldigt gefehlten Schultage vom Urlaub abziehen ..."

Ran an die Informationen

Info 1 Das „duale System" der Berufsausbildung

Schule	abgestimmte Zusammenarbeit	Betrieb
Vermittlung der theoretischen Ausbildungsinhalte	⇔	Vermittlung der praktischen Ausbildungsteile
Erweiterung der allgemeinen Bildung (z. B. Englisch, Politik, Deutsch)	⇔	Einführung in die Arbeitswelt
beaufsichtigt durch: Kultusministerien der Länder	⇔	beaufsichtigt durch die zuständigen Kammern
gesetzliche Grundlagen: Schulgesetze, Lernzielkataloge	⇔	gesetzliche Grundlage: Berufsbildungsgesetz

Welche Betriebe dürfen ausbilden?

Info 2

Ausbilden dürfen alle Betriebe, wenn:

- sie persönlich und fachlich zur Ausbildung geeignet sind (Ausbildereignungsprüfung des Chefs oder eines Mitarbeiters),
- Art und Einrichtung für die Ausbildung geeignet sind (falls nicht alle Kenntnisse und Fertigkeiten vermittelt werden können, ist eine zusätzliche Ausbildung außerhalb des Betriebes notwendig),
- die Zahl der Auszubildenden in einem angemessenen Verhältnis zur Anzahl der insgesamt beschäftigten Personen steht. (Ausnahmen können von den Kammern genehmigt werden.)

Ausbildungsordnung und Ausbildungsrahmenplan

Info 3

Im Betrieb soll die Ausbildung mehr praxisbezogen sein. Außerdem sollen betriebliche Strukturen erkannt werden und die Auszubildenden auf ihre Rolle als Arbeitnehmer vorbereitet werden. In den anerkannten Ausbildungsberufen darf nur nach der bundeseinheitlichen Ausbildungsordnung für den jeweiligen Beruf ausgebildet werden.

Die Ausbildungsordnung regelt verbindlich:

- die Ausbildungsdauer,
- die zu vermittelnden Fertigkeiten und Kenntnisse (Ausbildungsinhalt),
- den zeitlichen Ablauf der Ausbildung (Ausbildungsrahmenplan),
- die Prüfungsanforderungen.

Der Ausbildungsbetrieb ist verpflichtet, dem Auszubildenden die Ausbildungsordnung vor Beginn der Ausbildung kostenlos auszuhändigen.

Fit im Web

Ausbildungsordnungen *finden sie auf: www.berufsinfo.org*

Ihre Schule im Web? *Fragen Sie nach der Webadresse Ihrer Schule und besuchen Sie diese von Zeit zu Zeit.*

Berichtsheft

Info 4

Der Ausbildungsbetrieb muss seinem Auszubildenden die Berichtshefte kostenlos zur Verfügung stellen. Jeder Auszubildende muss während der gesamten Ausbildungszeit regelmäßig, mindestens wöchentlich ein Berichtsheft stichwortartig führen. Das gilt für

- die praktische Ausbildung im Betrieb,
- die überbetriebliche Ausbildung im Bildungszentrum
- sowie für den Unterricht in der Berufsschule.

Der Ausbildungsbetrieb muss dem Auszubildenden während der Ausbildungszeit Gelegenheit zur Berichtsheftführung geben.

Der Ausbildungsbetrieb ist verpflichtet, den Auszubildenden zur Führung des Berichtsheftes anzuhalten und es regelmäßig, mindestens monatlich, durchzusehen.

Unvollständige bzw. fehlende Ausbildungsnachweise können eine **Nichtzulassung zur Gesellenprüfung** zur Folge haben.

Tipp

Das Berichtsheft dient bei Streitfällen über die ordnungsgemäße Ausbildung als Nachweis über die tatsächlich erfolgte Ausbildung.

Daher unbedingt nur das eintragen, was auch tatsächlich gemacht wurde!

Sie sollen im Berichtsheft mit kurzen berufsspezifischen Formulierungen die täglich ausgeführten Arbeiten und Lehrinhalte beschreiben. Erforderlich sind kurze Angaben

- zu der ausgeübten Tätigkeit,
- des eingesetzten Werkstoffes,
- der eingesetzten Maschinen und Hilfsmittel (Prüfzeuge),
- ob die Tätigkeit selbstständig ausgeübt wurde.

Info 5 Lernort Berufsschule

Für alle Auszubildenden besteht eine gesetzliche Berufsschulpflicht. Dies gilt für die gesamte Dauer der Ausbildung, d. h. auch wenn man die Ausbildung verlängert. Der Unterricht ist in der Regel in Teilzeitform organisiert: An einem oder zwei Tagen ist Berufsschulunterricht, an den anderen Tagen findet die Ausbildung im Betrieb statt. In manchen Berufen werden die Berufsschultage aber auch zu Blöcken gebündelt, dem sogenannten **Blockunterricht.** Der Schulstoff ist in Lehrplänen vorgeschrieben. Diese werden bundeseinheitlich von der Kultusministerkonferenz erlassen. Die einzelnen Bundesländer können aber eigene Lehrpläne herausgeben.

Tipp

Wer durch die Abschlussprüfung fällt, muss weiterhin die Berufsschule besuchen.

Abschluss:
Facharbeiter-, Gesellen- oder Gehilfenbrief

Im Berufsschulunterricht werden neben Theorie und Praxis auch allgemeinbildende Inhalte unterrichtet (z. B. Politik, Deutsch, Fremdsprachen, Religion). Hier sollen neben dem Fachwissen die Schlüsselqualifikationen (siehe Kap. 4) gefördert werden.

Eine erfolgreiche Berufsausbildung schließt im betrieblichen Teil mit der Facharbeiter-, Gesellen- oder Gehilfenprüfung ab.

Unabhängig davon können Auszubildende den **Berufsschulabschluss** erwerben. Dafür müssen die Leistungen am Ende der Ausbildung in allen Fächern mindestens „ausreichend" oder in nicht mehr als einem Fach „mangelhaft" sein. Eventuell gibt es Sperrfächer, die besser als „mangelhaft" sein müssen. Der Berufsschulabschluss richtet sich nur nach den

Zeugnisnoten der Berufsschule und nicht nach der Gesellenprüfung. Wird ein Berufsschulabschluss nicht erreicht, erhält man ein Abgangszeugnis von der Berufsschule. Es wäre sogar möglich, dass man auch beim dritten Mal durch die Gesellenprüfung gefallen ist, durch positive Noten im Abschlusszeugnis aber dennoch den Berufsschulabschluss erreicht hat. Er ist dem Hauptschulabschluss gleichzusetzen. Durch Zusatzleistungen kann man sogar den Realschulabschluss oder die Fachoberschulreife erreichen.

Die Anrechnung der Berufsschulzeiten auf die Ausbildungszeit und die Freistellung nach der Berufsschule sind für Voll- und Minderjährige unterschiedlich.

Tipp

Bei zwei Berufsschultagen mit mindestens 6 Unterrichtsstunden obliegt dem Firmeninhaber die Entscheidung, an welchem Tag die Freistellung erfolgt.

Berufsschulzeit

Minderjährige Azubis	Volljährige Azubis
Die Anrechnung ist im Jugendarbeitsschutzgesetz geregelt.	Jugendarbeitsschutzgesetz gilt nicht für Volljährige.
Beschäftigung vor der Berufsschule: An einem vor 9 Uhr beginnenden Unterrichtstag dürfen Auszubildende vorher nicht in dem Betrieb beschäftigt werden.	**Beschäftigung vor der Berufsschule:** An einem vor 9 Uhr beginnenden Unterrichtstag dürfen Auszubildende vorher nicht in dem Betrieb beschäftigt werden.
Beschäftigung nach der Berufsschule: An einem Berufsschultag mit mehr als 5 Unterrichtsstunden (also 6 oder mehr) dürfen sie nicht mehr beschäftigt werden. An einem zweiten „langen" Berufsschultag oder an einem Berufsschultag mit maximal 5 Unterrichtsstunden entfällt die Freistellung.	**Beschäftigung nach der Berufsschule:** Volljährige Azubis können generell nach der Berufsschule in den Betrieben beschäftigt werden.
Anrechnung der Berufsschulzeit auf die Arbeitszeit: An einem Berufsschultag mit mehr als 5 Unterrichtsstunden sind 8 Zeitstunden auf die Wochenarbeitszeit anzurechnen. An dem zweiten Berufsschultag dürfen nur die tatsächlichen Unterrichtszeiten einschließlich der Pausen angerechnet werden.	**Anrechnung der Berufsschulzeit auf die Arbeitszeit:** Auf die Wochenarbeitszeit werden grundsätzlich nur die tatsächlichen Unterrichtszeiten einschließlich der Pausen angerechnet.

Arbeitsvorschläge DO IT!

1. Erklären Sie das System der „dualen Ausbildung".
2. Warum sollten Auszubildende ihre Berichtshefte sehr sorgfältig führen?
3. Beschreiben Sie die Anrechnung des Berufsschulbesuchs.
4. Erklären Sie, in welchen Fällen man von der Berufsschule ein Abschluss- oder ein Abgangszeugnis bekommt.

4 Schlüsselqualifikationen – das neue Zauberwort

Passiert – notiert

Was sind Schlüsselqualifikationen?

Warum legen die Arbeitgeber so viel Wert auf sie?

Jung-Koch
Teamfähigkeit und Flexibilität bezüglich Ihrer Arbeitszeit sind unbedingt erforderlich.

Mechatroniker
Sie sind teamfähig, flexibel und arbeiten selbstständig.

Auszubildende zur Friseurin gesucht
Sie sind kommunikationsfähig, freundlich und offen. Adrette und modische Kleidung setzen wir voraus ...

Fleischereifachverkäuferin
Sie sind kundenfreundlich und offen, dann sollten Sie uns anrufen ...

Ran an die Informationen

Info 1 Warum Schlüsselqualifikationen?

Was erwarten die Betriebe? Natürlich keine Einsteins und Supermenschen – aber Schlüsselqualifikationen sind unbedingt erwünscht. Wer sie hat,

- der hat große Chancen, seinen Wunschberuf zu bekommen,
- der wird der **Aufsteiger** von morgen sein.

Mit einem Schlüssel schließt man etwas auf – ein Schloss, aber auch eine Tür oder eine Schranke, die einem einen Weg öffnet. Schlüsselqualifikationen sind solche Eigenschaften, die einem die Schranke auf dem Weg in eine gute berufliche Zukunft öffnen.

Neben dem schulischen Basiswissen und einer soliden Allgemeinbildung wird heute immer mehr Wert auf Persönlichkeitswerte und Motivation – also die Schlüsselqualifikationen – der zukünftigen Mitarbeiter gelegt.

Info 2 Warum reicht das Schul- und Allgemeinwissen nicht mehr aus?

Die wirtschaftliche Entwicklung wird immer schneller. Arbeitnehmer müssen immer öfter Neues lernen und sich den neuen Anforderungen anpassen. Das geht nur, wenn sie verantwortungsvoll und selbstständig arbeiten können und sich weiterbilden wollen.

Die beruflichen Anforderungen wachsen. Damit unsere Firmen im internationalen Wettbewerb bestehen können, brauchen sie gute, kreative und flexible Mitarbeiter. Diese müssen außerdem zuverlässig und belastbar sein. Neue Organisationsmethoden in den Betrieben verlangen Teamfähigkeit, Toleranz, Kritikfähigkeit und andere Schlüsselqualifikationen.

Die Kunden rücken bei steigendem Wettbewerb in den Mittelpunkt. Freundlichkeit, Kommunikationsfähigkeit, ein sicheres Auftreten usw. sind wichtige Verhaltensweisen, um die Kunden zu gewinnen und zu halten.

Die wichtigsten Schlüsselqualifikationen

Info 3

Es gibt zahlreiche Schlüsselqualifikationen. Manche sind für alle Berufe wichtig, andere wiederum nur für spezielle Berufe oder Betriebe.

Die wichtigsten sind nachfolgend genannt:

Leistungsbereitschaft, Leistungswille

Geben Sie nicht bei jedem Misserfolgserlebnis auf, haben Sie den Willen und die Durchsetzungskraft, etwas zu schaffen. „Ich muss ..." ist megaout – „Ich will ..." ist in – „Ich werde es schaffen ..." ist die Erfolgsformel.

Geben Sie nicht auf, wenn etwas in Schule oder Ausbildung nicht sofort klappt. Sie sollten sich in eine Aufgabe vertiefen können und versuchen, diese zu meistern und nicht gleich bei der ersten Schwierigkeit passen.

Zuverlässigkeit, Verantwortungsbewusstsein

„Bleib cool und lass mal Fünf gerade sein ..." Dieser Leitsatz mag für viele Alltagssituationen richtig sein – er gilt aber nicht für die Ausbildung oder die spätere Berufstätigkeit. Hier kommt es darauf an, dass man sich auf Sie verlassen kann; dass Sie eine Ihnen übertragene Arbeit auch gewissenhaft ausführen. Wenn Sie Arbeiten nicht gewissenhaft erledigen, nicht beenden ohne Ihre Kollegen darauf hinzuweisen, wenn Sie Termine vergessen, dann steht am Ende meist ein unzufriedener Kunde – und der entscheidet über Sein und Nichtsein der Firma – also auch über Ihren Ausbildungs- und späteren Arbeitsplatz. Zuverlässig heißt natürlich auch pünktlich zu sein und sich an die betrieblichen Regeln (Betriebsordnung) zu halten.

Teamfähigkeit, Kommunikationsfähigkeit

Da immer mehr Arbeiten im Team erledigt werden, ist es sehr wichtig, dass man mit anderen ohne größere Probleme zusammenarbeiten kann.

Out sind die Einzelkämpfer und einsamen Tüftler, die alles allein machen, weil sie den anderen gar nichts zutrauen.

Um mit den Kollegen, aber auch den Kunden und Lieferanten zusammenarbeiten zu können, muss man auch kommunikationsfähig sein. Klare Ausdrucksweise, die Fähigkeit, anderen zuhören zu können und in Gespräch oder Diskussion auf deren Argumente einzugehen wird erwartet. Man soll aber auch sachlich argumentieren und eigene Standpunkte vertreten können.

Selbstständigkeit

Sie sollen ohne Hilfe und Kontrolle gute Arbeit leisten, selbstständig auch Sachen erledigen, die gemacht werden müssen und Ihnen gerade nicht aufgetragen wurden.

Kreativität und Flexibilität

Das bedeutet sich wechselnden Aufgaben und Anforderungen gut anpassen zu können; sich immer wieder in neue Gebiete einzuarbeiten; zeitlich flexibel zu sein; auch mal Überstunden machen zu wollen. Räumlich flexibel zu sein bedeutet eventuell wegen der Arbeit den Wohnort zu wechseln. In manchen Berufen kommt es darauf an, möglichst kreative neue Ideen zu haben.

Info 4 Von den Betrieben gewünscht ...

Das Institut der deutschen Wirtschaft fragte bei über 800 Betrieben nach den Schlüsselqualifikationen, die von Ausbildungsplatzbewerbern erwartet werden. Dabei wurden genannt:

Schlüsselqualifikation:	sehr wichtig in %
Leistungsbereitschaft	100
Zuverlässigkeit	100
Verantwortungsbewusstsein	97
Konzentrationsfähigkeit	97
Teamfähigkeit	95
Eigeninitiative	95
selbstständiges Lernen	94
Zielstrebigkeit	93
kommunikatives Verhalten	92
Kritikfähigkeit	84
Belastbarkeit	83

nach: Institut der Deutschen Wirtschaft, Wirtschaft und Unterricht, Sept. 2000

Fit im Web

Weitere Schlüsselqualifikationen für Auszubildende finden Sie auf der Seite www.top-bewerbung.de.

Arbeitsvorschläge DO IT!

1. **Dirk wird in der Situation auf S. 8 wegen mangelnder Schlüsselqualifikationen zu Beginn der Ausbildung gekündigt.**
   a) **Prüfen Sie, ob die Kündigung möglich ist.**
   b) **Diskutieren Sie darüber, ob die Kündigung unangemessen hart ist. Sollen in der Ausbildung nicht erst Qualifikationen erworben werden?**
2. **Warum sind neben fachlichen Qualifikationen die Schlüsselqualifikationen von Auszubildenden und Arbeitnehmern so wichtig?**
3. **Beschreiben Sie an Beispielen aus Ihrem Beruf jeweils eine der in Info 3 genannten Schlüsselqualifikationen.**

5 Das Jugendarbeitsschutzgesetz

Passiert – notiert

Wenn das nicht am Chef liegt, woran dann?

Zwei Azubis unterhalten sich:

Birgit: Kommst du nach der Schule noch mal mit zum Billard-Cafe?

Melanie: Nein, das geht nicht.

Birgit: Mensch, da ist immer mords was los, da kommen doch fast alle hin – und auch die Jungs aus der Klasse über uns, da sind ein paar ganz süße dabei ...

Melanie, 19 Jahre, Auszubildende Fleischereifachverkäuferin

Birgit, 17 Jahre, Auszubildende Bäckereifachverkäuferin

Melanie: Mag sein, doch ich kann nicht, es ist unser zweiter Berufsschultag und da muss ich nach der Schule in den Betrieb ...

Birgit: Ich nicht, solltest mal bei meinem Chef arbeiten!

Melanie: Das liegt doch nicht am Chef ...

Ran an die Informationen

Info 1

Jugendarbeitsschutz – für wen?

Das Jugendarbeitsschutzgesetz soll alle junge Menschen unter 18 Jahren, die in der Berufsausbildung oder einem ähnlichen Ausbildungsverhältnis stehen, sowie alle noch nicht volljährigen Arbeitnehmer vor einer Gefährdung ihrer Gesundheit oder einer Störung ihrer Entwicklung bewahren. Es schützt die Jugendlichen vor Arbeiten, die zu schwer sind, zu lange dauern, gesundheitsschädigend sind oder sie sonst gefährden.

Ausbildungsbetriebe und Arbeitgeber sind gesetzlich verpflichtet, die zahlreichen Schutzvorschriften einzuhalten.

Das Gesetz gilt aber nicht für volljährige Auszubildende. Nachfolgend sind die wichtigsten gesetzlichen Regelungen in Stichworten aufgeführt. Die ausführlichen Gesetzestexte, Ausnahmen usw. können Sie im Internet abrufen.

Fit im Web

Das komplette Jugendarbeitsschutzgesetz finden Sie in:
www.steuernetz.de/gesetze/

Info 2 Die wichtigsten Bestimmungen

Bestimmung	Inhalt	Ausnahmen/Besonderheiten	§§ JArbSchG
Kinderarbeit	ist verboten, Mindestalter für eine Beschäftigung: 15 Jahre	Ab einem Alter von 13 Jahren sind leichte Tätigkeiten erlaubt, wie z. B. Prospekte austragen.	§§ 5-7
Arbeitszeit	höchstens 8 Stunden pro Tag und 40 Stunden pro Woche	in der Landwirtschaft während der Erntezeit höchstens 9 Stunden pro Tag, höchstens 85 Stunde pro Doppelwoche	§ 8
Berufsschulbesuch	Auszubildende sind für den Berufsschulbesuch freizustellen.	gilt auch für volljährige Auszubildende	§ 9
	Beginnt die Berufsschule ab 9:00 Uhr, darf der/die Azubi vorher nicht im Betrieb beschäftigt werden.	gilt auch für volljährige Auszubildende	
	Berufsschulzeit ist Arbeitszeit. Ein Berufsschultag mit 5 und mehr Unterrichtsstunden gilt als voller Arbeitstag. Ein zweiter Berufsschultag wird nur mit der Anzahl der Schulstunden als Arbeitsstunden angerechnet. Hat dieser zweite Tag weniger als 6 Unterrichtsstunden, muss der/die Azubi anschließend in den Betrieb. Bei Blockunterricht gilt: Mindestens 25 Wochenstunden an 5 Tagen sind eine volle Arbeitswoche.		
Prüfung	Freistellung an allen Prüfungstagen und am Tag vor der schriftlichen Abschlussprüfung		§ 10
Ruhepausen	Arbeitszeit 4,5–6 Std.: Pause mind. 30 Min. Arbeitszeit über 6 Std.: Pause mind. 60 Min. Jugendliche dürfen nicht länger als 4,5 Stunden ohne Pause arbeiten.	Mindestdauer je Pause: 15 Minuten	§ 11
beschäftigungsfreie Zeit	Zwischen Arbeitsende und nächstem Arbeitsbeginn müssen mindestens 12 Stunden liegen.		§ 13
Nachtruhe	Jugendliche dürfen nur von 6:00 bis 20:00 Uhr arbeiten; am Tag, der dem Berufsschulbesuch vorausgeht, nicht nach 20:00 Uhr.	ab einem Alter **von 16 Jahren:** in Gaststätten bis 22:00 Uhr, in Bäckereien und Konditoreien ab 5:00 Uhr, in mehrschichtigen Betrieben bis 23:00 Uhr, in der Landwirtschaft zwischen 5:00 und 21:00 Uhr **ab 17 Jahren:** in Bäckereien ab 4:00 Uhr Damit Wartezeiten entfallen, sind Ausnahmen zwischen 5:30 und 23:30 Uhr möglich. Diese müssen genehmigt werden.	§ 14
5-Tage-Woche	Jugendliche dürfen nur an insgesamt 5 Tagen der Woche beschäftigt werden.	Die beiden freien Tage sollen möglichst zusammenhängen.	§ 15

Wochenende und Feiertage	keine generelle Beschäftigung für Jugendliche	Krankenhäuser, Verkaufsstellen, Gaststätten, Landwirtschaft, Verkehrswesen, Kfz-Werkstätten (aber mindestens 2 Samstage pro Monat müssen frei sein); Anspruch auf freie Ersatztage (außer an Berufsschultagen)	§§ 16-18
Urlaub	unter 16 Lebensjahren: Jahresurlaub von mindestens 30 Werktagen; noch nicht 17 Jahre: 27 Werktage; noch nicht 18 Jahre: 25 Werktage	Im JArbSchG ist der Mindesturlaub angegeben, länger ist möglich. Der Urlaub sollte in den Berufsschulferien liegen, sonst muss die Berufsschule auch während des Urlaubs besucht werden. Liegt der Urlaub außerhalb der Ferien, verlängert er sich pro Tag des Berufsschulbesuchs.	§ 19
Beschäftigungsverbote	Arbeit unter Tage; Akkord- und Fließbandarbeit; gefährliche Arbeiten bei: Lärm, Strahlen, außergewöhnlicher Hitze, Kälte, Nässe, mit gefährlichen Stoffen; Überschreitung der Leistungsfähigkeit	Für Jugendliche über 16 Jahren werden Ausnahmen nur zum Zweck der Ausbildung genehmigt.	§§ 22-24
Gefahrenschutz	Ausbilder muss den Jugendlichen über Gefahren im Betrieb informieren.		§ 29
Untersuchungen	Vorgeschrieben sind je eine Untersuchung vor Beginn und ein Jahr nach Beginn der Ausbildung.	Auf Wunsch des Jugendlichen sind häufigere Untersuchungen möglich.	§§ 32-46

Arbeitsvorschläge

DO IT!

1. **Warum gibt es für Birgit und Melanie unterschiedliche Regelungen für den Berufsschulbesuch?**
2. **Erklären Sie die Regelung für Jugendliche und für Volljährige, wenn der Berufsschulunterricht auf zwei Tage in der Woche verteilt ist.**
3. **Wie viel Jahresurlaub bekommen Jugendliche mindestens?**
4. **Wie sind die Pausen nach dem JArbSchG geregelt?**

HOT

Pro-und-Kontra-Diskussion

„Die können trinken wie die Großen – also sollen sie auch so arbeiten ..." Das sagte ein Gerüstbauer zu seinem 17-jährigen Auszubildenden, als sich dieser auf die besonderen Rechte nach dem JArbSchG berief.

1. Vergleichen Sie folgende Bestimmungen zwischen 17- und 18-jährigen Auszubildenden:
   - Arbeitszeit,
   - Pausenregelung,
   - Ruhezeit,
   - Nachtarbeit,
   - Urlaub.
2. Organisieren Sie eine Pro-und-Kontra-Diskussion darüber, ob es sinnvoll, zeitgemäß und gerecht ist, dass jugendliche Auszubildende besonders geschützt werden, die volljährigen Auszubildenden aber nicht.

6 Beendigung oder Verlängerung der Berufsausbildung

Passiert – notiert

Wann endet die Berufsausbildung?

Wie kann ein Ausbildungsvertrag vorher gekündigt werden?

„Steh doch endlich auf!", rief die besorgte Mutter und rüttelte an Oli herum. „Wieso?", brummte Oli, „ich bin doch grad erst ins Bett gekommen ..." – „Die werden dich kündigen", sagte seine Mutter erregt. „Du hast doch schon eine Abmahnung bekommen." – „Das können die nicht, denn ich bin nicht mehr in der Probezeit", entgegnete Oli. Doch auch die zweite Abmahnung ließ nicht lange auf sich warten. Hierin wurde eine Kündigung angedroht. Das hatte gewirkt, denn Oli war nun wirklich jeden Morgen pünktlich am Ausbildungsplatz – jedenfalls für die erste Woche. Doch dann kam das Schützenfest: Donnerstag „angefeiert", Freitag zu spät im Betrieb, Sonntag gefeiert und Montag nur eine halbe Stunde zu spät im Betrieb – Dienstag gekündigt ... „Denen werd ichs zeigen", sagte Oli, „wofür gibt es denn den Ausbildungsberater?"

Ran an die Informationen

Ein Ausbildungsvertrag ist ein zweiseitiger Vertrag. Er gilt für die im Vertrag geschlossene Laufzeit. Die Ausbildung ist aber tatsächlich mit dem Tag des Bestehens des letzten Teils der Abschlussprüfung beendet. Eine Änderung (Verlängerung, Verkürzung oder Aufhebung) kann nur mit beiderseitiger Zustimmung erfolgen.

Ausnahmen sind

- die einseitige Kündigung in der Probezeit (siehe hierzu Kap. 2, Info 5),
- die Kündigung nach der Probezeit,
- die Pflicht zur Verlängerung nach nicht bestandener Abschlussprüfung.

Wie schon im Teil „Berufsbildungsgesetz" (siehe Kap. 2, Info 2) beschrieben, kann ein Ausbildungsvertrag in der Probezeit sowohl vom Ausbilder als auch vom Auszubildenden jederzeit und fristlos gekündigt werden. Nach der Probezeit ist eine Kündigung nur unter besonderen Bedingungen möglich. Damit sollen vor allem die Auszubildenden geschützt werden.

Normale Beendigung des Ausbildungsverhältnisses

Info 1

„Alles hat ein Ende ... auch das Ausbildungsverhältnis und dann darf natürlich gefeiert werden."

Die Berufsausbildung ist beendet mit dem Bestehen des letzten Teils der Prüfung. Ab dem nächsten Tag ist man dann kein Azubi mehr. Das bedeutet, dass man ab diesem Tag auch den Gesellenlohn oder das Gehalt bekommt.

Dies gilt auch, wenn im Ausbildungsvertrag das Monatsende als Ausbildungsende genannt wurde. Und natürlich auch, wenn die Abschlussprüfung vorgezogen wurde.

Beispiel: Ein Ausbildungsvertrag läuft bis zum 30.07. Der letzte Teil der Abschlussprüfung wurde aber am 12.07. bestanden. An diesem Tag endet auch die Berufsausbildung. Wird der Auszubildende weiterbeschäftigt, erhält er ab dem 13.07. mindestens den tariflichen Lohn.

Aufhebung in beiderseitigem Einvernehmen

Info 2

Nach der Probezeit kann ein Ausbildungsverhältnis jederzeit in beiderseitigem Einvernehmen durch einen Aufhebungsvertrag beendet werden. Mögliche Gründe für eine solche Beendigung:

- kein Interesse mindestens einer Seite an einer Fortsetzung des Ausbildungsverhältnisses;
- der Azubi wird den Anforderungen der Ausbildung in keiner Weise gerecht, sodass ein Bestehen der Prüfung unmöglich erscheint;
- großer Streit zwischen Ausbilder und Auszubildendem usw.

Vor Abschluss eines Aufhebungsvertrages sollte jedoch stets erwogen werden, ob das Ausbildungsverhältnis nicht durch die Einschaltung Dritter (Eltern, Berufsschullehrer, Ausbildungsberater der Kammer, Lehrlingswart der Innung) gerettet werden kann.

Ein Aufhebungsvertrag mit einem minderjährigen Auszubildenden ist nur dann wirksam, wenn der gesetzliche Vertreter (in der Regel die Eltern) zustimmt.

Tipp

Erst wenn alle Vermittlungsmöglichkeiten ausgeschöpft sind, sollte ein Vertrag zur Aufhebung des Ausbildungsverhältnisses geschlossen werden.

Info 3 Verlängerung oder Verkürzung der Ausbildung

> **Tipp**
> Wenn Sie Ihre Ausbildung verkürzen wollen, wenden Sie sich an Ihren Klassenlehrer oder an den Ausbildungsberater der Kammer.

Die Ausbildung verlängert sich automatisch bis zur nächsten Prüfung, wenn der/die Azubi die Abschlussprüfung nicht besteht, höchstens jedoch um ein Jahr.

Eine Verlängerung kann aber auch vor der Abschlussprüfung vom Azubi beantragt werden. Hier muss der Ausbilder zustimmen. Bei besonders guten Leistungen kann die Ausbildung um ein halbes Jahr verkürzt werden. Auch damit muss der Ausbilder einverstanden sein.

Info 4 Kündigung des Ausbildungsverhältnisses

Nach der Probezeit wird eine Kündigung des Ausbildungsverhältnisses vom Gesetzgeber bewusst erschwert. Dies geschieht, um insbesondere die Auszubildenden zu schützen. Ihnen soll eine Beendigung ihrer Ausbildung unter normalen Umständen ermöglicht werden. Dennoch gibt es aber für beide Seiten die Möglichkeit, das Ausbildungsverhältnis zu kündigen:

Kündigung des Ausbildungsverhältnisses

durch

Auszubildende	**Ausbilder**
in der Probezeit, fristlos und ohne Grund	**in der Probezeit, fristlos und ohne Grund**
aus wichtigem Grund (Angriff auf Körper und Gesundheit, Krankheit durch Arbeit, Allergien usw. und Nicht-Zahlung der Ausbildungsvergütung) – **Kündigung erfolgt fristlos**	aus wichtigem Grund (tätlicher Angriff, schwerer Diebstahl, grobe Beleidigungen von Kunden oder Mitarbeitern) – **Kündigung erfolgt fristlos**
bei Aufgabe oder Wechsel der Berufsausbildung **mit Einhaltung einer 4-Wochen-Frist**	Kündigung wegen vertragswidrigem Verhalten (wiederholte Arbeitsverweigerung, laufende Verletzung der Betriebsordnung, Versäumnis der Berufsschule usw.) **Kündigung nach Abmahnung**

Kündigung nach Abmahnung

Info 5

Wann ist eine Abmahnung erforderlich?

Vor Ausspruch einer Kündigung wegen vertragswidrigen Verhaltens (so genannte verhaltensbedingte Kündigung), z. B. wegen unentschuldigten Fehlens in der Berufsschule oder mangelnder Bereitschaft zur Eingliederung in die betriebliche Ordnung, muss der Auszubildende zweimal abgemahnt werden. Der Ausbildungsbetrieb muss dem Auszubildenden also in diesen Fällen zuerst die „gelbe Karte" zeigen und ihm damit Gelegenheit geben, sein Verhalten zu ändern. Wenn nach beiden Abmahnungen keine Besserung erfolgt, kann aus diesem Grund gekündigt werden.

Ansonsten ist die Kündigung **unwirksam**.

Nur bei **schweren** Vertrauensverstößen (z. B. bei Unterschlagung eines größeren Geldbetrages) kann eine Kündigung direkt ohne vorherige Abmahnung ausgesprochen werden.

Wie lange wirkt eine Abmahnung?

Die Rechtswirkung einer Abmahnung ist zeitlich begrenzt. Hat der Auszubildende, nachdem sie ausgesprochen wurde, längere Zeit seine Pflichten erfüllt, wird eine Abmahnung gegenstandslos.

Abmahnungen, die länger als ein Jahr zurückliegen, dürften in der Regel gegenstandslos geworden sein.

In welcher Form muss eine Abmahnung erteilt werden?

Die Abmahnung ist formfrei, d. h. sie kann grundsätzlich auch mündlich erfolgen. Sie wird jedoch aus Beweisgründen in der Praxis schriftlich erteilt.

Arbeitsvorschläge

DO IT!

1. Begründen Sie, ob Olis Kündigung rechtlich möglich ist.
2. Marco hat am 19.07.04 seine Ausbildung mit dem letzten Prüfungsteil bestanden. Er wird für ein halbes Jahr befristet übernommen. Doch Gesellenlohn soll er erst ab dem 01.08. bekommen, da seine Ausbildung laut Ausbildungsvertrag bis zum 31.07. läuft. Und dieser wurde nicht gekündigt, meint der Meister. Prüfen Sie, ob er im Recht ist.
3. Beate möchte ihre Ausbildung nach 10 Monaten kündigen, auch ihr Ausbilder ist damit einverstanden. Prüfen Sie, ob dies möglich ist.
4. Svenja ist zum ersten Mal durch die Abschlussprüfung gefallen. Sie möchte diese nach einem halben Jahr wiederholen. Ihre Ausbilderin will sie nicht weiter ausbilden, da ja der geschlossene Ausbildungsvertrag ablaufe und vom Betrieb nicht verlängert werde. Ist dies möglich?
5. Pascal ist einmal wegen Unpünktlichkeit abgemahnt worden. Die zweite Abmahnung erhält er wegen unentschuldigten Fehlens in der Berufsschule. Als er jetzt gegen die Betriebsordnung verstößt, wird er gekündigt. Ist diese Kündigung rechtens?

7 Berufliche Weiterbildung und Umschulung

Passiert – notiert

Warum soll man schon jetzt an Weiterbildung denken?

Welche Möglichkeiten der Weiterbildung gibt es?

Wie wird Weiterbildung finanziell gefördert?

Seit drei Jahren arbeitet André als Gas- und Wasserinstallateur. „Duschen und Wannen einbauen, Armaturen montieren und ab und zu mal einen Wasserrohrbruch beheben, das reicht mir eigentlich auf Dauer nicht aus. Ich möchte mehr und das auch auf meinem Gehaltskonto“, so seine Worte zu seiner Freundin. André hat nachgedacht. Er hat beschlossen voranzukommen „auf der Straße des beruflichen Erfolgs“. Nicht langsam dahinschleichen will er wie viele andere. Nein, auf die Überholspur möchte er wechseln. An anderen vorbeiziehen und Karriere machen als Meister oder Techniker, so seine Vorstellung. André weiß, um so richtig in die berufliche Zukunft durchstarten zu können muss er sich jetzt um eines kümmern: seine Weiterbildung!

Ran an die Informationen

Info 1

Warum Weiterbildung und Umschulung?

André möchte beruflich weiterkommen. Ohne Weiterbildung läuft da wenig und wenn er wirklich seinen Meister machen möchte, geht das nicht ohne Büffeln. So manchen Abend wird er wohl in der Schule und manches Wochenende hinter seinen Büchern zubringen. Ohne eine ständige Anpassung an eine sich immer schneller wandelnde Berufswelt geht heute nichts mehr. Neue Techniken, neue Arbeitsabläufe und veränderte Produktionsverfahren sind eine ständige Herausforderung an die Arbeitnehmer. Galt früher ein gutes Fachwissen als ihre wichtigste Eigenschaft, so sieht die Sache heute anders aus. Fachwissen ist nach wie vor zwar unverzichtbar. Für wichtiger werden aber in immer mehr Berufen die Schlüsselqualifikationen (siehe Kap. 4) gehalten. Eine dieser Qualifikationen ist das lebenslange Lernen. Wer dazu nicht bereit ist, gerät sehr schnell ins berufliche Abseits.

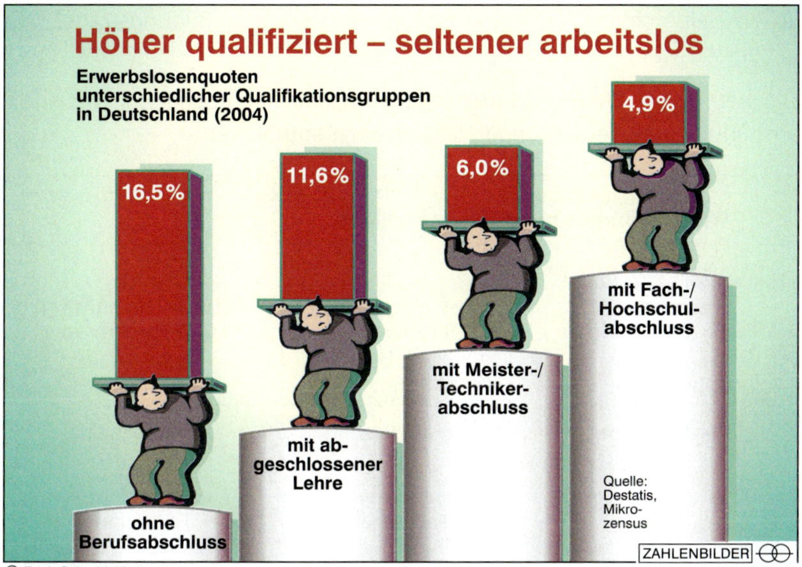

© Erich Schmidt Verlag 258 332

Experten sagen, dass die Arbeitsanforderungen in der Zukunft weiter ansteigen werden. Der Bedarf an ungelernten Arbeitskräften wird weiter zurückgehen. Zunehmen wird die Nachfrage nach Meistern, Technikern und Hochschulabsolventen.

Wer besser qualifiziert ist, wird auch seltener arbeitslos. Das vorstehende Schaubild informiert über diese Tatsache. Und ein anderer Zusammenhang liegt natürlich auch auf der Hand: Mit der Qualifikation steigt auch das Einkommen. Weiterbildung wird häufig durch bessere Verdienstmöglichkeiten belohnt.

Übrigens: Weiterbildung hilft auch sehr bei der Mäusejagd ...

Die berufliche **Umschulung** ist eine **Zweitausbildung**. Durch die Teilnahme an geeigneten Umschulungsmaßnahmen soll es ermöglicht werden, eine andere berufliche Tätigkeit auszuüben. Gründe, die eine Umschulung notwendig machen, sind:

- Der betreffende Arbeitnehmer kann aus gesundheitlichen Gründen seinen Beruf nicht mehr ausüben.
- Es besteht auf dem Arbeitsmarkt für den zur Zeit ausgeübten Beruf kein Bedarf.
- Eine drohende Arbeitslosigkeit soll verhindert werden, weil z. B. durch betriebliche Rationalisierungsmaßnahmen der alte Arbeitsplatz weggefallen ist.

Info 2 Möglichkeiten zur beruflichen Weiterbildung und Umschulung

Die Möglichkeiten zur beruflichen Weiterbildung sind vielfältig. Das Angebot an Kursen und Lehrgängen ist riesengroß. Berufliche Schulen, Volkshochschulen, Arbeitsämter, Kammern und Gewerkschaften sind nur einige Anbieter von Kursen. Mit etwas Mühe kann jeder den für seine beruflichen Ziele richtigen Lehrgang finden. Die jeweiligen Bildungsträger sind bei der Auswahl der Kurse gern behilflich.

Die häufigsten **Weiterbildungsziele** nach einer abgeschlossenen Berufsausbildung sind der folgenden Übersicht zu entnehmen:

Weiterführende berufliche Abschlüsse

Meister/-in (z. B. im Handwerk, in der Industrie, in der Landwirtschaft)	Fachwirt/-in Fachkaufmann/frau (verschiedene Fachrichtungen)	Staatlich geprüfte/r Techniker/-in (verschiedene Fachrichtungen)	Staatlich geprüfte/r Betriebswirt/-in (verschiedene Fachrichtungen)
Voraussetzung	**Voraussetzung**	**Voraussetzung**	**Voraussetzung**
Vorbereitungslehrgänge	**Fachschule**	**Fachschule**	**Fachschule**
mehrjährige berufliche Tätigkeit; für Industriemeister auch ohne Berufsabschluss mindestens 8-jährige Berufstätigkeit	mindestens 3 Jahre Berufspraxis oder bei fehlendem Berufsabschluss mindestens 6 Jahre Berufstätigkeit	mindestens 1 Jahr Berufstätigkeit; ohne Berufsabschluss mindestens 7 Jahre Berufstätigkeit	2 bzw. 3 Jahre Berufspraxis; ohne Berufsabschluss mindestens 5 bis 7 Jahre Berufstätigkeit

Großes Interesse an der Weiterbildung ihrer Mitarbeiter haben die Betriebe selbst. Um sicherzustellen, dass die neuartigen Arbeitsanforderungen von den Beschäftigten erfüllt werden können, schicken sie ihre Mitarbeiter auf Lehrgänge. Betriebe führen aber auch im eigenen Haus direkt an dem jeweiligen Arbeitsplatz Fortbildungsmaßnahmen durch.

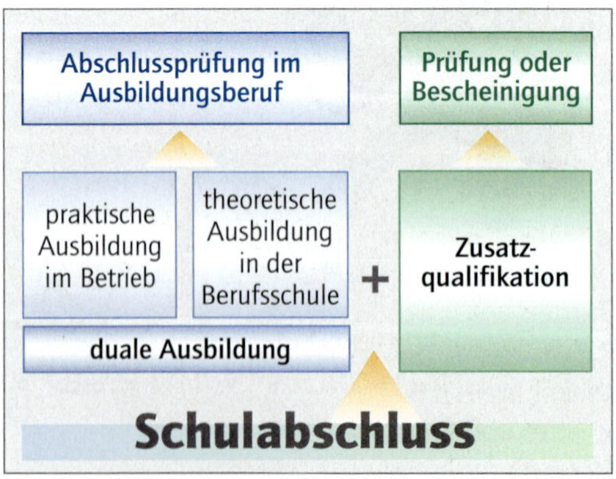

Mit der beruflichen Weiterbildung muss man nicht unbedingt bis nach dem Abschluss der Berufsausbildung warten. Schon während der dualen Ausbildung lassen sich parallel hierzu **Zusatzqualifikationen** erwerben. Welche Qualifikationen sinnvoll sind, ist natürlich abhängig von dem jeweiligen Berufsbild. Auszubildende in Handwerksberufen können z. B. zusätzlich betriebswirtschaftliche Kenntnisse erwerben. Während der Ausbildung können sie sich so schon einen Teil des Wissens für die Meisterprüfung aneignen. In anderen Berufsbildern können z. B. durch den Besuch von Fremdsprachen- oder EDV-Kursen sinnvolle Zusatzqualifikationen erworben werden.

Eine „Ausbildung im Doppelpack" gibt es aber auch in der Kombination von Studium und Berufsausbildung. Zum Erfolgsrezept gemausert hat sich das Konzept der Berufsakademie. Die Ausbildung erfolgt sowohl im Ausbildungsbetrieb als auch an einer mit dem Betrieb zusammenarbeitenden Studienakademie. Die Studierenden schließen einen Ausbildungsvertrag mit dem Betrieb. Hier leisten sie ihre Praxisphasen ab. Sie erhalten während der ganzen Ausbildungsdauer eine Vergütung. Ihre dreijährige Ausbildung schließen sie mit einem „BA-Diplom" ab.

Finanzielle Förderung — Info 3

Aus- und Weiterbildung kann manchmal teuer sein. Damit sie nicht am Geld scheitert, gewährt der Staat finanzielle Hilfen. Im Einzelnen sind zu unterscheiden:

- **Berufsausbildungsbeihilfen (BAB):** Anspruch auf BAB haben Auszubildende und Teilnehmer an einer berufsvorbereitenden Ausbildungsmaßnahme. Die Beihilfe soll helfen, den Lebensunterhalt und die Ausbildungskosten bezahlen zu können. Auszubildende haben nur dann einen Anspruch, wenn sie nicht bei ihren Eltern wohnen. BAB wird immer nur als Zuschuss gewährt (d. h., sie deckt nicht alle Kosten ab) und braucht nicht zurückgezahlt zu werden.
- **BAföG-Zahlungen:** Mögliche Empfänger sind Schüler und Studenten. Schüler erhalten BAföG als Zuschuss, Studenten jeweils zur Hälfte als Zuschuss und als Darlehen. Zu den Schülergruppen, die BAföG erhalten, gehören:
  - Schüler weiterführender allgemeinbildender Schulen und Berufsfachschulen ab Klasse 10 und Schüler von Fachoberschulklassen ohne abgeschlossene Berufsausbildung, sofern sie nicht bei ihren Eltern wohnen;
  - Schüler von Abendschulen und Berufsaufbauschulen;
  - Schüler ohne abgeschlossene Berufsausbildung in Fach- und Berufsschulklassen;
  - Schüler in Fachoberschul- und Fachschulklassen, deren Besuch eine abgeschlossene Berufsausbildung voraussetzt.
- **Aufstiegsfortbildungsförderung:** Sie wird auch als Meister-BAföG bezeichnet. Diese Fördermaßnahme hat das Ziel, die berufliche Fortbildung zu erleichtern. Die Fördermittel werden nur gewährt, wenn der angestrebte Abschluss über dem Niveau einer Facharbeiter-, Gesellen- oder Gehilfenprüfung liegt. Zu den geförderten Personen gehören z. B. Handwerker, die sich auf die Meisterprüfung vorbereiten wollen. Aber auch andere Fachkräfte wie z. B. Techniker, Kaufleute, Informatiker und Beschäftigte in Gesundheitsberufen können finanziell unterstützt werden. Voraussetzung für eine Förderung ist eine abgeschlossene Erstausbildung. Die staatlichen Zuschüsse werden als regelmäßige monatliche Unterhaltsbeträge gezahlt. Möglich ist aber auch, dass ein zinsgünstiges Darlehen gewährt wird.

Fit im Web

*Weitergehende Infos zum BAföG gibt es unter: **www.bafoeg-infos.de***

Fit im Web

*Weitergehende Infos zum Meister-BAföG gibt es unter: **www.meister-bafoeg.info***

Fit im Web

Weitergehende Infos zu den beschriebenen Zuschüssen gibt es unter:
www.arbeitsagentur.de

Um notwendige Weiterbildungsmaßnahmen für bestimmte Personengruppen finanziell zu unterstützen, hat der Staat eine weitere gesetzliche Bestimmung geschaffen: das **Job-AQTIV-Gesetz.** Nach diesem Gesetz werden Zuschüsse für folgende Maßnahmen gezahlt:

- Förderung der Weiterbildung von Arbeitnehmern, die von Arbeitslosigkeit bedroht sind
  - Durch die Zuschüsse sollen sich deren Chancen verbessern erst gar nicht arbeitslos zu werden. Werden sie trotzdem entlassen, können sie leichter eine neue Stelle finden.
- Förderung der Weiterbildung von Ungelernten
  - Der gewährte Zuschuss soll ihnen helfen, einen fehlenden Berufsabschluss nachzuholen ohne ihr Arbeitsverhältnis kündigen zu müssen.
- Förderung der Weiterbildung von Arbeitnehmern ab 50
  - Durch die gewährten Zuschüsse soll es Betrieben erleichtert werden, ihre älteren Arbeitnehmer auf den neuesten Stand der beruflichen Anforderung zu bringen.
- Förderung der Weiterbildung durch Versetzung
  - Der Zuschuss soll es Arbeitgebern erleichtern, Arbeitnehmer für die berufliche Weiterbildung freizustellen. Das gezahlte Geld soll dazu dienen, befristet einen Arbeitslosen einzustellen, der währenddessen seine Arbeit im Betrieb leistet.

Tipp

Wer private Bildungsausgaben hat, die dazu dienen, die beruflichen Fertigkeiten zu erhalten oder zu erweitern, kann auch Steuern sparen. Er kann diese Ausgaben als Werbungskosten gegenüber dem Finanzamt geltend machen.

Arbeitsvorschläge DO IT!

1. Welches sind die häufigsten Weiterbildungsziele nach einer abgeschlossenen Berufsausbildung?
2. Wer hat Anspruch auf eine Berufsausbildungsbeihilfe?
3. Was versteht man unter Meister-BAföG?
4. Welche Weiterbildungsmaßnahmen werden nach dem Job-AQTIV-Gesetz gefördert?
5. Welche beruflichen Gründe können eine Umschulung notwendig machen?
6. Zeigen Sie den Zusammenhang zwischen beruflicher Qualifikation und Arbeitslosigkeit auf.

HOT

Wie solls beruflich weitergehen? – Checken Sie Ihre Möglichkeiten.

Beruflich am Ball zu bleiben ist wichtiger denn je. Wer sich rechtzeitig darüber informiert, welche Möglichkeiten der Weiterbildung es für seinen Beruf gibt, hat die Nase vorn.

1. Besorgen Sie sich Informationen über Möglichkeiten der Weiterbildung nach dem Abschluss Ihrer Berufsbildung.
2. Informieren Sie sich darüber, welche Zusatzqualifikationen Sie eventuell schon während Ihrer Berufsausbildung erwerben können. Klären Sie, ob auch Ihr Ausbildungsbetrieb daran Interesse hätte und Sie unterstützen würde.

Hinweis: Um an Infos zu kommen gibt es viele Möglichkeiten. Zum Beispiel geben die Kammern jährlich ein umfangreiches Verzeichnis ihrer regionalen Weiterbildungsangebote heraus. Eine gute Informationsquelle ist auch eine spezielle Datenbank mit der Bezeichnung „Kurs“. Kurs ist das zentrale Informationssystem für Aus- und Weiterbildung der Bundesagentur für Arbeit. Es dokumentiert alle berufsbezogenen Bildungsmöglichkeiten in Deutschland. Auch Angebote über Zusatzqualifikationen sind hier zu finden.

Über Zusatzqualifikationen speziell für Auszubildende informiert die Datenbank „AusbildungPlus“. Es handelt sich hier um ein Projekt des Instituts der Deutschen Wirtschaft. Auch diese Infos sind kostenlos.

Fit im Web

Datenbank für Aus- und Weiterbildung der Bundesagentur für Arbeit: ***www.arbeitsagentur.de/Kurs/C***

Datenbank des Instituts der Deutschen Wirtschaft über Zusatzqualifikationen bei Auszubildenden: ***www.ausbildungplus.de***

1 Der Abschluss eines Arbeitsvertrages

Passiert – notiert

Welcher Unterschied besteht zwischen einem befristeten und einem unbefristeten Arbeitsvertrag?

Was muss im Arbeitsvertrag stehen?

Steffen: „Hallo Jenny – halt dich fest, es hat geklappt!"

Jenny: „Was hat geklappt? Bist du beim Casting angenommen worden?"

Steffen: „Falsch, noch ein Versuch ..."

Jenny: „Hast du den Jackpot geknackt?"

Steffen: „Nein, heute kam der Chef und sagte: Steffen, wenn ich an Ihre Zeugnisse denke, dann nehme ich ja an, dass Sie die Abschlussprüfung schaffen werden. Da auch wir hier ganz zufrieden mit Ihnen sind, will ich Sie nach der Prüfung in einen befristeten Arbeitsvertrag übernehmen. Eine Verlängerung oder eine Übernahme in ein unbefristetes Arbeitsverhältnis ist möglich, wenn die Auftragslage sich bessert. – Jetzt können wir zusammenziehen, Schatz!"

Jenny: „Halt mal, nicht so schnell ... außerdem, was heißt denn befristeter Arbeitsvertrag? Schmeißen die dich dann wieder raus? Du weißt doch, wie es der Babs voriges Jahr gegangen ist. Nach einem Vierteljahr war sie draußen – und sie sucht heute noch eine Stelle."

Steffen: „Was glaubst du, das macht mein Chef nicht, er ist O.K."

Jenny: „Aber irgendeine Bedeutung hat das doch. Frag doch mal, was genau der Unterschied zwischen einem befristeten und unbefristeten Arbeitsvertrag ist ... Und dann können wir immer noch über die Wohnung reden ..."

Ran an die Informationen

Arbeitsverträge werden überwiegend unbefristet abgeschlossen. In letzter Zeit nimmt aber die Zahl der befristeten Verträge zu. Vor allem werden oftmals Auszubildende nach bestandener Abschlussprüfung mit einem befristeten Arbeitsvertrag übernommen.

Voraussetzungen für befristete Arbeitsverträge

Info 1

Heute können ohne sachliche Begründung befristete Arbeitsverträge angeboten werden.

- Sie müssen die gleiche Form und die gleichen Inhalte haben, wie unbefristete Verträge (siehe Info 3).
- Sie dürfen höchstes 24 Monate Laufzeit haben.
- Sie dürfen nur zweimal verlängert werden. Beim dritten Mal wandeln sie sich automatisch in unbefristete Verträge.

Ein auf Zeit abgeschlossener Arbeitsvertrag darf allerdings nur abgeschlossen werden

- **bei Neueinstellung:** Der Arbeitnehmer wird im Betrieb für eine befristete Zeit neu eingestellt oder nach einer mindestens 4-monatigen Pause nochmals auf Zeit eingestellt.
- **im Anschluss an die Berufsausbildung:** Wenn der Azubi nur befristet weiterbeschäftigt werden kann, da für eine unbefristeten Stelle nicht genügend Arbeit vorhanden ist.

Neben dieser zeitlichen Befristung gibt es auch eine Zweckfristung. Hier erfolgt die Befristung nicht für eine bestimmte Zeit, sondern für einen bestimmten Zweck.

Gründe für eine Zweckfristung:

- Schwangerschaftsvertretung,
- Vertretung eines für längere Zeit kranken Mitarbeiters,
- Saisonarbeit (z. B. Ernte oder Arbeit während der Kampagne einer Zuckerfabrik),
- ein Geselle ist auf Meisterkurs usw.

Tipp

Wenn Sie Ihr Betrieb nach der Ausbildung nicht weiterbeschäftigen kann, bitten Sie um einen befristeten Vertrag von wenigstens 3 Monaten. In dieser Zeit können Sie eine neue Stelle suchen.

Ende der befristeten Arbeitsverträge

Info 2

Die befristeten Arbeitsverträge enden

- entweder nach Ablauf der genannten Frist (z. B. nach drei Monaten),
- mit dem Erreichen eines genannten Datums (z. B. am 31.12.05) oder
- mit der Zweckerreichung (z. B. kehrt der Kranke oder die vordem schwangere Arbeitnehmerin zurück oder die Saison ist beendet).

Ein befristeter Arbeitsvertrag muss also nicht gekündigt werden. Er unterliegt natürlich auch keinem Kündigungsschutz.

Tipp

Folgende Arbeitspapiere müssen Sie bei Einstellung zum neuen Arbeitgeber mitbringen:

- **Lohnsteuerkarte,**
- **Sozialversicherungsausweis,**
- **Bescheinigung über genommenen Urlaub,**
- **Sozialversicherungsnachweisheft.**

Unbefristete Arbeitsverträge

Info 3

Diese laufen auf unbestimmte Zeit. Da Arbeitsverträge von zwei Partnern (dem Arbeitgeber und dem Arbeitnehmer) geschlossen werden, müssen sie auch von beiden durch einen Aufhebungsvertrag beendet werden. Beide Partner müssen mit allen Bedingungen in diesem Vertag einverstanden sein. Da in diesen Fällen eine einseitige Trennung nicht möglich wäre, gibt es für beide Seiten die Möglichkeit zur Kündigung. Hierfür gibt es Fristen. Es kann auch der Kündigungsschutz eintreten. (Siehe hierzu: Beendigung von Arbeitsverhältnissen, Kap. 7)

Info 4 Form von Arbeitsverträgen

In zahlreichen kleineren Handwerksbetrieben war es früher üblich, dass ein Arbeitsvertrag per Handschlag zwischen dem Inhaber und dem Arbeitnehmer geschlossen wurde. Dies führte in Streitfällen häufig zu großen Schwierigkeiten. Wie sollte ein Arbeitnehmer zum Beispiel dem Arbeitsgericht beweisen, dass ihm mehr Überstundengeld, Ausgleich für Fahrten zur Montage oder Ähnliches versprochen wurde, wenn sich der Meister nicht mehr daran erinnern konnte, dies damals bei Vertragsschluss versprochen zu haben?

Daher wurde von der Europäischen Union der schriftliche Arbeitsvertrag vorgeschrieben. Diesen müssen Arbeitgeber und Arbeitnehmer unterschreiben.

Info 5 Inhalte von Arbeitsverträgen

Tipp

Eine Ausfertigung eines von beiden Seiten unterschriebenen Arbeitsvertrages muss dem Arbeitnehmer spätestens nach einem Monat gegeben werden. Bestehen Sie darauf und heben Sie diesen gut auf.

Folgende Inhalte muss ein Arbeitsvertrag mindestens enthalten:

- Namen und Anschriften beider Parteien,
- Bezeichnung und Beschreibung der Tätigkeit,
- Zeitpunkt des Beginns des Arbeitsvertrags,
- die Dauer des Arbeitsvertrags (nur bei befristeten Verträgen),
- Arbeitsort oder der Hinweis, dass der Arbeitnehmer an verschiedenen Orten beschäftigt werden kann,
- die Dauer des Jahresurlaubs,
- die Höhe und die Zusammensetzung des Lohnes oder Gehaltes einschließlich der Zulagen, Prämien, Sonderzahlungen sowie anderer Zahlungen (z. B. vermögenswirksame Leistungen, Betriebsrente) und die Fälligkeit der Zahlungen,
- Tages- und Wochenarbeitszeit,
- Fristen für die Kündigung des Arbeitsverhältnisses,
- einen Hinweis auf die geltenden Tarifverträge, Betriebs- oder Dienstvereinbarungen.

Info 6 Wichtige Pflichten aus einem Arbeitsvertrag

Nach Abschluss eines Arbeitsvertrages entstehen beiden Vertragsparteien Pflichten und auch Rechte. Wobei die Pflichten des einen jeweils die Rechte des anderen sind.

Pflichten des Arbeitgebers

Beschäftigung:
Der Arbeitnehmer muss in der vertraglich festgelegten Tätigkeit beschäftigt werden.

Vergütung:
Das vereinbarte Gehalt und etwaige Nebenleistungen wie Urlaubsgeld, vermögenswirksame Leistungen, Überstundengeld usw. müssen pünktlich gezahlt werden.

Fürsorge:
Der Arbeitgeber ist verpflichtet, Gesundheit und Leben seiner Angestellten zu schützen (z. B durch Einhaltung des Arbeitszeitgesetzes, der Unfallverhütungsvorschriften, des Jugendarbeitsschutzgesetzes, durch die Abführung der Sozialversicherungsbeiträge).

Zeugnis:
Er muss bei Beendigung des Arbeitsverhältnisses ein Zeugnis oder auf Wunsch Zwischenzeugnisse ausstellen.

= Rechte des Arbeitnehmers

Pflichten des Arbeitnehmers

Arbeitsleistung:
Der Arbeitnehmer muss sich bemühen, die vereinbarte Arbeitsleistung zu erbringen.

Gehorsamspflicht:
Die Anweisungen des Arbeitgebers müssen befolgt werden.

Sorgfaltspflicht:
Die Arbeiten müssen sorgfältig und nach bestem Wissen ausgeführt werden.

Schweigepflicht:
Betriebsgeheimnisse und der Datenschutz von Kunden und Mitarbeitern müssen gewahrt bleiben.

Betriebsordnung:
Der Arbeitnehmer muss sich an die Betriebsordnung halten.

Wettbewerbsverbot:
Der Arbeitnehmer darf dem Arbeitgeber keine Konkurrenz durch Schwarzarbeit machen. Er darf nebenbei auch nicht für Firmen derselben Branche arbeiten oder für diese werben.

Erholung:
Er darf an Wochenenden, Feiertagen oder im Urlaub nicht anderweitig gegen Entgelt arbeiten. Diese Zeiten dienen zur Erholung.

= Rechte des Arbeitgebers

Pflichtverletzungen können ein Kündigungsgrund sein oder gar zu Schadenersatz führen.

Fit im Web

Damit Sie einen guten Start im neuen Betrieb haben und nicht gleich in ein Fettnäpfchen treten: In **www.top-bewerbung.de** *unter Berufsstart finden Sie zahlreiche wertvolle Tipps, was vor Beginn einer neuen Arbeit alles zu bedenken ist: Wie verhalte ich mich beispielsweise in den ersten 100 Tagen im Betrieb? Über 100 Tipps zum Umgang mit den neuen Kollegen und Chefs usw.*

Arbeitsvorschläge — DO IT!

1. Warum müssen Arbeitsverträge schriftlich abgeschlossen werden?
2. Welche Vorteile, aber auch welche Nachteile hätte es, wenn Ihnen nach bestandener Ausbildung ein auf 6 Monate befristeter Arbeitsvertrag angeboten würde?
3. Unter welchen Voraussetzungen dürfen befristete Arbeitsverträge abgeschlossen werden?
4. Welche Inhalte müssen in Arbeitsverträgen aufgenommen sein?

2 Sozialer Arbeitsschutz

2.1 Arbeitszeit- und Urlaubsgesetz

Passiert – notiert

Wird Rolf mitfahren dürfen?

Welche Regelungen gibt es über Urlaub und Arbeitszeit?

Aufstieg geschafft

Freudentaumel in Gilsa-Jesberg. Die erste Mannschaft steigt endlich auf in die Bezirksklasse. Auf der großen Aufstiegsfeier wurde für die Mannschaftskasse gesammelt. Denn die Mannschaft will für eine Woche nach Mallorca zum „Ballermann" fahren. Dort soll der Aufstieg erst richtig gefeiert werden. Doch Rolf ist entsetzt. Als er bei seinem Chef den Urlaub einreichen will, lehnt dieser ab. „Erstens darfst du als Auszubildender nur in den Ferien Urlaub machen und zweitens brauche ich jetzt jeden Mann. Sonst schaffen wir den Auftrag nicht und müssen Konventionalstrafe zahlen. Dann können wir den Laden hier zumachen." „Aber man steigt doch nur einmal auf!", entgegnet Rolf. „Na und ... Bin ich dein Verein oder dein Arbeitgeber?", entgegnet sein Chef.

Ran an die Informationen

Arbeitszeit- und Urlaubsgesetz gelten nur für volljährige Arbeitnehmer/-innen. Für die Ausbildung und Beschäftigung von Jugendlichen (d. h. unter 18-Jährigen) gilt das Jugendarbeitsschutzgesetz (siehe TK 1, Kap. 5).

Arbeitszeit

Info 1

Als Arbeitszeit wird die Zeit vom Beginn bis zum Ende der Arbeit ohne die Ruhepausen gerechnet.

Grundsatz: Die werktägliche Arbeitszeit von 8 Stunden darf nicht überschritten werden. Die höchstzulässige Wochenarbeitszeit beträgt 6 Werktage à 8 Stunden = 48 Stunden.

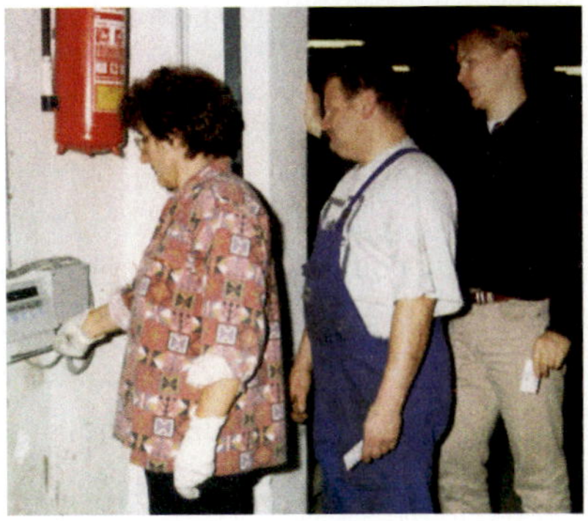

Tarifvertrag: Wenn im Tarifvertrag kürzere Arbeits- oder andere Ruhepausenzeiten festgelegt wurden, dann gelten diese als Höchstgrenze (siehe auch Kap. 4.2).

Die meisten Tarifverträge verbessern diese Mindestbestimmungen. So legte z. B. der Manteltarifvertrag für metallverarbeitende Betriebe für Berlin, Hamburg und Hessen für das Jahr 2004 eine wöchentliche Höchstarbeitszeit von 38 Stunden fest. Der Haustarif bei der Volkswagen AG lag im Jahr 2004 sogar bei nur 28,5 Wochenstunden.

Ausnahmen: Die tägliche Arbeitszeit kann bis auf 10 Stunden verlängert werden, wenn im Durchschnitt 8 Stunden an den Werktagen in einem bestimmten Ausgleichszeitraum nicht überschritten werden.

Ruhepausen und Ruhezeit

Info 2

Ruhepausen: Bei einer Arbeitszeit von mehr als 6 bis zu 9 Stunden müssen mindestens 30 Minuten Ruhepause, bei mehr als 9 Stunden mindestens 45 Minuten Ruhepause gewährt werden.

Zu beachten ist:

- Ruhepausen werden nicht als Arbeitszeit vergütet.
- Ruhepausen müssen mindestens 15 Minuten dauern.
- Länger als 6 Stunden dürfen Mitarbeiter nicht ohne Ruhepause beschäftigt werden.
- Ruhepausen müssen im Voraus festgelegt sein.

Ruhezeit: Nach Beendigung der täglichen Arbeitszeit muss eine ununterbrochene Ruhezeit von mindestens 11 Stunden gewährleistet sein.

Feiertagsarbeit

Info 3

Im Allgemeinen dürfen Mitarbeiter/-innen an Sonn- und Feiertagen von 0.00 bis 24.00 Uhr nicht beschäftigt werden. Ausnahmen gibt es für bestimmte Berufe im Gastgewerbe, in Verkehrsbetrieben, Krankenhäusern, bei Energieproduzenten, Tankstellen, Notdiensten usw. Daneben darf aber auch in Arbeitsstätten, deren Organisation einen dauernden Betrieb notwendig macht, an diesen Tagen gearbeitet werden. Hochöfen oder Gießereien müssen z. B. durchlaufen, um nicht wieder neu angeheizt werden zu müssen. Je Sonn- oder Feiertag ist ein Ausgleich von einem Ersatzruhetag innerhalb von 2 Wochen zu gewähren. Es müssen aber mindestens 15 Sonntage im Jahr beschäftigungsfrei bleiben.

Info 4 Bundesurlaubsgesetz

Tipp

Gesetzliche Feiertage sind, soweit sie in den Urlaub fallen, keine Arbeitstage.

Wenn Sie im Urlaub krank werden und dies durch ärztliches Attest nachweisen, werden diese Krankheitstage nicht auf den Jahresurlaub angerechnet.

Eine zusätzliche Sonderregelung gilt für Auszubildende: Ihnen muss der Urlaub innerhalb der Schulferien gewährt werden.

Gesetzlicher Mindeststandard: Nach dem Bundesurlaubsgesetz hat jeder Arbeitnehmer Anspruch auf mindestens 24 Werktage Urlaub pro Jahr. Das entspricht – bei einer Fünf-Tage-Woche – knapp 5 Wochen Urlaub pro Jahr. Während des Urlaubs muss das durchschnittliche Gehalt des letzten Vierteljahres (ohne Überstundenvergütung) weitergezahlt werden.

In den **Manteltarifverträgen** (siehe Kap. 4.2, Info 2) wird meist ein längerer Urlaub ausgehandelt. Im Tarifbereich der IG Metall betrug er im Jahr 2004 30 Arbeitstage (= 6 Wochen) pro Jahr. In **Betriebsvereinbarungen** werden häufig zusätzliche Urlaubstage z. B. für Schichtarbeiter oder zu Arbeitsjubiläen gewährt.

In zahlreichen Tarifbereichen wird zusätzlich zur Lohnfortzahlung noch ein **Urlaubsgeld** bezahlt. Die Höhe ist in den verschiedenen Tarifbereichen sehr verschieden.

Info 5 Grundsatz der Urlaubserteilung

Den Zeitpunkt des Urlaubs bestimmt der Arbeitgeber. Er muss dabei allerdings die Wünsche seiner Arbeitnehmer berücksichtigen, sofern diesen nicht dringende Belange des Betriebes entgegenstehen. Bei der Erteilung des Urlaubs kann es immer wieder zu Schwierigkeiten zwischen den Erfordernissen der Arbeitgeber und den Wünschen der Mitarbeiter oder zu Überschneidungen innerhalb der Interessen der Belegschaft kommen. Den Urlaub genehmigt grundsätzlich der Betrieb. Eine eigenmächtige Urlaubsnahme gegen diesen Willen ist nicht erlaubt und kann zur Kündigung führen (siehe Kap. 7).

Arbeitsvorschläge DO IT!

1. Erklären Sie die wichtigsten Regelungen des Arbeitszeitgesetzes.
2. Wie viel Mindesturlaub hat jeder Arbeitnehmer?
3. Wird Rolf (aus dem Eingangsbeispiel) mit der Mannschaft mitfliegen können, wenn der Chef bei seiner Meinung bleibt? Überprüfen Sie die folgende Rechtslagen:

a) Er ist Azubi und die Woche würde in die Sommerferien der Berufsschule fallen.

b) Er ist Azubi und der Termin liegt außerhalb der Berufsschulferien.

c) Er ist Arbeiter und besteht auf diesen Urlaub.

d) Obwohl der Chef diesen Urlaub nicht genehmigt hat, fliegt Rolf einfach weg.

HOT

Rücken Sie Ihrer Kammer virtuell oder telefonisch auf die Pelle:

Informieren Sie sich bei Ihrer zuständigen Handwerkskammer über die in dem für Sie zuständigen Manteltarifvertrag abgeschlossene

- Arbeitszeitregelung
- Ruhepausen,
- Urlaubstage,
- Urlaubsgeld.

Fit im Web

Die für Sie zuständige Handwerkskammer finden Sie unter www.zhd.de ➜ Handwerkskammern ➜ Adressen.

2.2 Das Mutterschutzgesetz

Passiert – notiert

„Ja, Frau Schulte, kein Zweifel, ich darf Ihnen gratulieren", sagte die Frauenärztin Dr. Weber. „Sie sind schwanger und zwar im zweiten Monat".

„Das ist ja ..." Karin Schulte wusste gar nicht, was sie sagen sollte. „Ich möchte aber, dass es keiner erfährt", sagte sie nach kurzer Überlegung zur Ärztin. „Wollen Sie das Kind nicht bekommen?", fragte Dr. Weber. „Doch, natürlich, aber es soll so lange wie möglich das Geheimnis von meinem Mann und mir bleiben."

?

Welchen besonderen Schutz genießen werdende Mütter?

„Da haben Sie aber ein Problem, denn Sie müssen sofort Ihren Arbeitgeber informieren", entgegnete Dr. Weber. „Den Arbeitgeber? Was geht den denn an, ob ich schwanger bin oder nicht?", empörte sich Frau Schulte. „Sie müssen Ihren Arbeitgeber so schnell wie möglich informieren", entgegnete Dr. Weber, „denn ab diesem Zeitpunkt kommen Sie in den Genuss des Mutterschutzgesetzes. Gehen Sie am besten morgen in Ihr Personalbüro."

Ran an die Informationen

Info 1

Was „frau" wissen sollte

Nach Art. 6, Abs. 4 im Grundgesetz hat jede Mutter Anspruch auf Schutz und die Fürsorge der Gemeinschaft. Dieser Schutz wird durch das Mutterschutzgesetz festgelegt. Dieses Gesetz gilt für alle Frauen, die in einem Arbeitsverhältnis stehen, auch für Teilzeitbeschäftigte, Haushaltsgehilfinnen, Heimarbeiterinnen, für Beschäftigte im öffentlichen Dienst sowie für Auszubildende. Die Regelungen der Elternzeit (siehe Info 7) gelten sogar auch für Väter.

Info 2 Bei Schwangerschaft sofort den Arbeitgeber informieren

Sobald man Gewissheit über die Schwangerschaft hat, sollte man unverzüglich den Arbeitgeber informieren, denn der Arbeitgeber muss die Mutterschutzbestimmungen ab dem Tag der Kenntnis der Schwangerschaft beachten. Er muss die Schwangerschaft dem Gewerbeaufsichtsamt mitteilen. Dieses kontrolliert dann die Einhaltung der Mutterschutzvorschriften. Die werdende Mutter soll durch die Bestimmungen des Mutterschutzgesetzes vor Gefahren, Überforderungen und Gesundheitsschädigungen am Arbeitsplatz geschützt werden. Gleichzeitig wird sie vor finanziellen Einbußen und dem Verlust des Arbeitsplatzes bewahrt.

Tipp

Im Vorstellungsgespräch dürfen Frauen vom Arbeitgeber nicht gefragt werden, ob sie schwanger sind. Das Bundesarbeitsgericht hat die Frage des Arbeitgebers nach dem Bestehen einer Schwangerschaft als unzulässige geschlechtsspezifische Benachteiligung bewertet. Wird eine solche Frage gestellt und bewusst nicht zutreffend beantwortet, so liegt keine arglistige Täuschung vor. Die spätere Anfechtung des Arbeitsvertrages wäre nicht möglich.

Info 3 Arbeitszeit

Werdende und stillende Mütter unter 18 Jahren dürfen nicht länger als täglich 8 Stunden beschäftigt werden. Sind sie über 18 Jahre, dürfen sie täglich nicht länger als 8 ½ Stunden arbeiten.

Info 4 Gestaltung des Arbeitsplatzes

Der Arbeitsplatz muss so eingerichtet sein, dass Leben und Gesundheit der werdenden Mutter geschützt sind. Der Arbeitgeber hat ihr auch eine Sitzgelegenheit zum Ausruhen bereitzustellen. Die Schwangere muss Gelegenheit zu kurzen Arbeitsunterbrechungen erhalten. Außerdem muss ein Liegeraum eingerichtet werden, in dem sich die werdende Mutter nach Bedarf ausruhen kann.

Tipp

Beim Bundesministerium für Familie, Senioren, Frauen, Jugend, Jägerstr. 8/9, 10117 Berlin können Sie folgende beiden kostenlosen Infobroschüren bestellen:
- Erziehungsgeld/Elternzeit
- Alleinerziehend

Sie können diese auch online bestellen.

959640

Beschäftigungsverbote

Info 5

Bescheinigt ein Arzt, dass Leben oder Gesundheit von Mutter oder Kind gefährdet sind, wenn die Mutter weiterarbeiten würde, dann darf der Arbeitgeber sie nicht beschäftigen. Dasselbe gilt auch für Arbeiten mit schädlichen Einwirkungen von Strahlen, Gasen, Dämpfen. Weiterhin dürfen werdende Mütter nicht beschäftigt werden

- nach Ablauf des 5. Monats der Schwangerschaft mit Arbeiten, bei denen sie ständig stehen müssen,
- mit Arbeiten, bei denen sie infolge ihrer Schwangerschaft in besonderem Maße der Gefahr ausgesetzt sind, an einer Berufskrankheit zu erkranken,
- mit Mehr-, Nacht- (zwischen 20:00 und 06:00 Uhr) sowie Sonn- und Feiertagsarbeit,
- mit Akkord- und Fließbandarbeit,
- mit gesundheitsgefährdenden Stoffen.

Ein generelles Beschäftigungsverbot besteht für die Zeit von

- 6 Wochen vor der Entbindung oder
- 8 Wochen bzw. 12 Wochen bei Früh- oder Mehrlingsgeburten

bis jeweils 8 Wochen nach der Entbindung.

Mitteilungspflicht bei Beendigung der Schwangerschaft

Info 6

Die Beschäftigte ist verpflichtet, den Arbeitgeber unverzüglich zu informieren, wenn z. B. aufgrund einer Fehlgeburt die Schwangerschaft vorzeitig endet.

Elternzeit/Elterngeld

Info 7

Mutter und Vater eines Kindes haben die Möglichkeit, bis zu drei Jahren Elternzeit zu beantragen. Dies gilt auch für beide Eltern gleichzeitig. Die von den Eltern allein oder gemeinsam genommene Elternzeit darf insgesamt auf bis zur vier Zeitabschnitte verteilt werden. Bis zu 12 Monaten Elternzeit können mit Zustimmung des Arbeitgebers auf die Zeit bis zum 8. Lebensjahr des Kindes „aufgespart" werden (z. B. Elternzeit für das erste Schuljahr). Jeder Elternteil kann in dieser Zeit eine Teilzeitbeschäftigung von bis zu 30 Std./Woche ausüben.

Beide Eltern haben zusammen Anspruch auf 12 Monate Elterngeld und auf weitere zwei Monat, wenn sie für mindestens 2 Monate ihre Erwerbstätigkeit reduzieren. Das Elterngeld kann aber auch halbiert werden und dadurch doppelt so lange ausgezahlt werden. Grundsätzlich werden

Fit im Web

Zu Mutterschutz, Elterngeld und Elternzeit siehe
- *focus.de-„Mutterschutz"*
- *www.bmfsfj.de (Hier finden Sie das gesamte Gesetz.)-„Mutterschutz"*

Info 8

monatlich 67 % des Einkommens als Elterngeld, höchstens aber 1.800,00 € gewährt. Mindestens bekommen alle Eltern 300,00 € pro Monat. Für Mehrlingsgeburten gibt es zusätzlich pro Kind 300,00 €. Das Elterngeld ist netto, d.h. es ist steuer- und abgabefrei.

Kündigungsschutz

Das Kündigungsverbot des Arbeitgebers beginnt mit der Schwangerschaft und endet vier Monate nach der Entbindung. Ein Kündigungsschutz besteht auch während der Elternzeit. Gekündigt werden kann während der Elternzeit nur bei Ablauf des Beschäftigungsverhältnisses durch Befristung, Aufhebungsvertrag, Ende des Berufsausbildungsverhältnis oder bei Stilllegung des Betriebes.

In Ausnahmefällen ist eine Kündigung möglich, wenn der Arbeitgeber dringend auf eine qualifizierte Ersatzkraft angewiesen ist, diese aber auf einem unbefristeten Arbeitsvertrag besteht.

Arbeitsvorschläge DO IT!

1. **Welche Tätigkeiten sind Schwangeren untersagt. Nennen Sie als Beispiele spezielle Arbeiten aus Ihren Betrieben.**

2. **Welchen besonderen Kündigungsschutz haben werdende Mütter?**

3. **Was muss eventuell am Arbeitsplatz verändert werden, wenn eine Mitarbeiterin schwanger wird?**

4. **Wie lange dauert die Mutterschutzfrist?**

5. **Ihre Freundin plant eine baldige Schwangerschaft. Erklären Sie ihr die Elternzeit.**

HOT

Vorstellungsgespräch mit TED

Nach der Ausbildung stellt sich die Lagerfachkraft Marita bei einem anderen Betrieb vor. Sie wird im Vorstellungsgespräch nach einer bestehenden Schwangerschaft gefragt.

Strategie: Drei Schülerinnen entwickeln (unabhängig voneinander) eine Strategie, wie sie sich am besten verhalten, wenn sie tatsächlich im 2. Monat schwanger sind und gefragt werden: „Sind Sie schwanger?"

Tafelanschrieb und Stimmzettel: Während dieser Zeit bereiten die anderen Schüler/-innen den Tafelanschrieb und die Stimmzettel vor.

Tafelanschrieb

Kategorie	Name	Name	Name
Argumentation			
Vortrag			
Mimik und Gestik			

Stimmzettel: wie Tafelanschrieb – für jeden Schüler/jede Schülerin (außer den Vortragenden)

Vortrag: Die Schülerinnen tragen ihre Antwort vor.

Abstimmung (TED): Es werden je Kategorie 3 Punkte (für die beste Leistung), 2 Punkte und einer (für die schwächste Leistung) vergeben. Die Punkte werden (für jede Vortragende) addiert.

959642

2.3 Der Schwerbehindertenschutz

Passiert – notiert

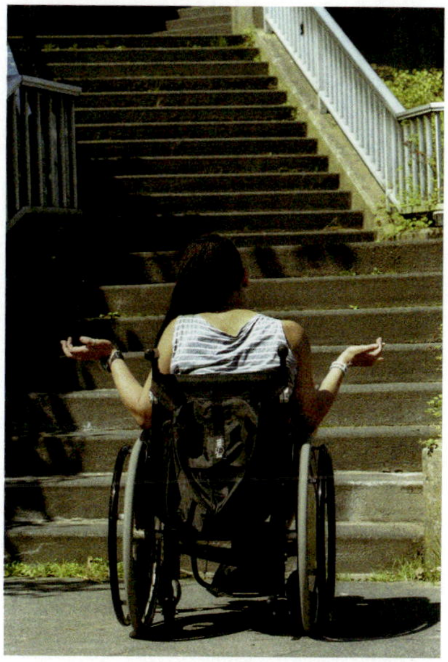

Es war ein schönes Sommerfest. Sie hatten gegrillt und natürlich auch etwas getrunken. Auch Jan und die 16-jährige Maike. Und dann nahm er doch das Auto – er wollte ja nur Maike nach Hause bringen ...

Die Fahrt endete an einem Baum. Maike war sehr schwer verletzt. Sie hatte letztendlich Glück und überlebte. Doch sie war querschnittsgelähmt – mit 16 Jahren für immer an den Rollstuhl gefesselt.

Nach zwei Jahren in verschiedenen Kliniken und Rehas[1] wollte Maike eine Ausbildung beginnen. „Meinen Sie, ich habe überhaupt Chancen", fragte sie den Arbeitsvermittler. „Bessere als die gesunden Bewerberinnen und Bewerber", hatte dieser entgegnet.

?

Warum haben Schwerbehinderte recht gute Einstellungschancen?

Welchen besonderen Schutz genießen sie?

Ran an die Informationen

Warum ein besonderes Gesetz?

In Deutschland leben etwa 4 Millionen körperlich und geistig behinderte Menschen. Das sind ca. 5 Prozent oder jeder 20. Mensch unter uns. Wenn die Behinderung so schwerwiegend ist, dass die Erwerbsfähigkeit unter 50 % liegt, ist man Schwerbehinderter.

Schwerbehinderte können oftmals Arbeiten, die für Nichtbehinderte problemlos sind, nicht ausführen. Andere bewegen sich langsamer, haben Sprach- oder Konzentrationsschwierigkeiten. Daneben müssen für sie am Arbeitsplatz oftmals besondere Investitionen getätigt werden (z. B. rollstuhlgerechte Türen, Toiletten und Aufzüge). Da lag es nahe, dass die Arbeitgeber den Schwerbehinderten lieber gesunde Arbeitnehmer/-innen vorzogen. Um auch den schwerbehinderten Menschen eine Chance zu geben und sie in den Arbeitsprozess einzugliedern, wurde das Schwerbehindertengesetz geschaffen.

!

Info 1

Tipp

Bei einem Vorstellungsgespräch oder im Personalfragebogen darf ein Schwerbehinderter diesen Status nicht verneinen. Sonst kann der Arbeitsvertrag wegen arglistiger Täuschung angefochten werden.

---

1 Rehas = Rehabilitationsmaßnahmen; Wiederherstellung/Wiedereingliederung eines Kranken

Info 2 Die wichtigsten Bestimmungen des Schwerbehindertengesetz

Beschäftigungspflicht	Betriebe mit mindestens 20 Arbeitsplätzen müssen mindestens 5 % Schwerbehinderte einstellen.	§ 5
Ausgleichsabgabe	Für jeden nicht mit einem Schwerbehinderten besetzten Platz muss der Arbeitgeber bei mindestens 20 Arbeitsplätzen eine Ausgleichsabgabe von mindestens 100,00 € bis höchstens 250,00 € an einen Ausgleichsfond bezahlen (je nach Beschäftigungsquote). Dieses Geld wird für die berufliche Förderung von Schwerbehinderten verwendet.	§§ 11, 12
besonderer Kündigungsschutz	Wenn ein Schwerbehinderter, der mindestens 6 Monate im Betrieb tätig war, gekündigt werden soll, muss dies die Hauptfürsorgestelle schriftlich genehmigen.	§§ 15, 16, 20
zusätzlicher Urlaub	Schwerbehinderten steht ein Zusatzurlaub von 5 Tagen pro Jahr zu.	§§ 47

Info 3 Weitere besondere Rechte für Schwerbehinderte

Bewerbung: Wenn ein Schwerbehinderter nicht eingestellt wird, muss der Arbeitgeber beweisen, dass er den Bewerber nicht wegen seiner Behinderung benachteiligt, sondern ihn aus sachlichen Gründen nicht eingestellt hat. Bei Verstoß gegen dieses Benachteiligungsverbot kann der Bewerber eine finanzielle Entschädigung fordern. Die Höhe beträgt höchstens drei Monatsverdienste (Einstellungsgehalt). Ein Recht auf Einstellung hat er aber nicht.

Einkommensteuer: Bei der Einkommensteuer können Steuerfreibeträge geltend gemacht werden, deren Höhe mit dem Grad der Behinderung ansteigt.

Öffentliche Verkehrsmittel: Er erhält Ermäßigungen bei der Deutschen Bahn AG und im öffentlichen Nahverkehr.

Kraftfahrzeug: Schwerbehindete zahlen weniger Kraftfahrzeugsteuer. Außerdem gibt es besondere Parkplätze für Behinderte.

Zusätzlich erhalten Behinderte
- einen Freibetrag bei der Wohngeldberechnung,
- Eintrittsermäßigungen bei verschiedenen Veranstaltungen,
- einen Nachlass bei den Rundfunkgebühren.

Fit im Web

Schwerbehindertengesetz auf www.schwerbehindertengesetz.de

Urteile zum Arbeitsrecht auch für Schwerbehinderte auf www.anwaltonline.net/arbeitsrecht/index.html

Diabetiker können prüfen, wie hoch ihre Schwerbehinderung in Prozent ist auf www.diabetes-news.de/info/soziales2.htm

Arbeitsvorschläge DO IT!

1. Welche Menschen gelten als „schwerbehindert"?
2. Warum müssen diese Menschen besonders geschützt werden?
3. Wie viele Schwerbehinderte müssen Arbeitgeber einstellen, bei a) 18; b) 42; c) bei 358 Arbeitsplätzen?
4. Was passiert, wenn die Schwerbeschädigtenquote in einem Betrieb nicht erfüllt wird?

3 Technischer Arbeitsschutz

Passiert – notiert

Welche Unfallgefahren bestehen am Arbeitsplatz?

Wie ist der technische Arbeitsschutz geregelt?

Wenn Karsten abends vor dem Fernseher sitzt, gibt es Krach. Krach mit seiner Familie, weil Krach aus dem Lautsprecher kommt. Aber ohne diese Lautstärke kann Karsten seinen Krimi nicht mehr verstehen. Er ist schwerhörig – durch Lärm. Und er wird es bleiben bis an sein Lebensende. Denn Lärmschwerhörigkeit ist nicht heilbar.

Was ist mit Karstens Gehör geschehen? Viele Jahre lang hat Karsten dort gearbeitet, wo es laut zuging. Er hat diesen Lärm im Laufe der Jahre immer weniger empfunden. Karsten dachte, das ist schon O.K. Das war sein Irrtum. Zuerst verliert ein Lärmschwerhöriger die Empfänglichkeit für hohe Töne, dann versteht er die Sprache nicht mehr richtig.

Und wie sah es bei Karsten mit Ohrenschutz aus? Auch den hatte er zwischendurch getragen. Doch der brachte andere Probleme: Er schwitzte stark an den Ohren und mit seinen Kollegen konnte er sich auch nicht mehr verständigen. „Also was solls", dachte Karsten, „runter mit den lästigen Dingern. Das wird schon gut gehen."

Karsten weiß jetzt, dass er da einen großen Fehler gemacht hat.

Ran an die Informationen

Info 1

Belastungen am Arbeitsplatz

Wer arbeitet, braucht Sicherheit und Schutz an seinem Arbeitsplatz. Bei Karsten hat dies nicht funktioniert. Mehr als 10.000 neue Fälle von Lärmschwerhörigkeit werden bei den Berufsgenossenschaften Jahr für Jahr gemeldet. Lärmschwerhörigkeit ist damit die häufigste Berufskrankheit überhaupt. Würden alle Schutzmaßnahmen konsequent umgesetzt, ließe sich diese Krankheit völlig vermeiden. Was kann man im Einzelnen tun?

Was kann man tun?

1
möglichst leise Maschinen und Anlagen einsetzen

wenn das nicht ausreicht ...

2
Lärmquelle von der Arbeitsumgebung isolieren (z. B. durch Lärmschutzwände)

wenn das nicht ausreicht ...

Forderung der Berufsgenossenschaft
Jeder, der in einem Lärmbereich mit einem Geräuschpegel von 90 Dezibel oder darüber arbeitet, muss einen Gehörschutz tragen!

3
persönlichen Gehörschutz verwenden

Tipp

Wer einen lauten Arbeitsplatz hat, sollte die Arbeitspause für eine Gehörerholung nutzen.

Nach einer Tätigkeit am lauten Arbeitsplatz sollte man seine Ohren nicht noch mit lautstarker Musik belasten.

Der klassische Arbeitsschutz umfasst eine Vielzahl von Maßnahmen. Sie sollen dazu beitragen

- Leben und Gesundheit der Arbeitskräfte zu schützen,
- die Arbeit menschengerechter zu gestalten,
- die Arbeitskraft der Beschäftigten zu erhalten.

Arbeitsunfälle und Berufskrankheiten werden von vielen Faktoren beeinflusst. Lärm ist dabei nur einer von vielen. Zahlreiche andere Belastungen wie z. B. Dämpfe, Zugluft, Gefahrenstoffe, Erschütterungen und Nässe gefährden die Arbeitnehmer.

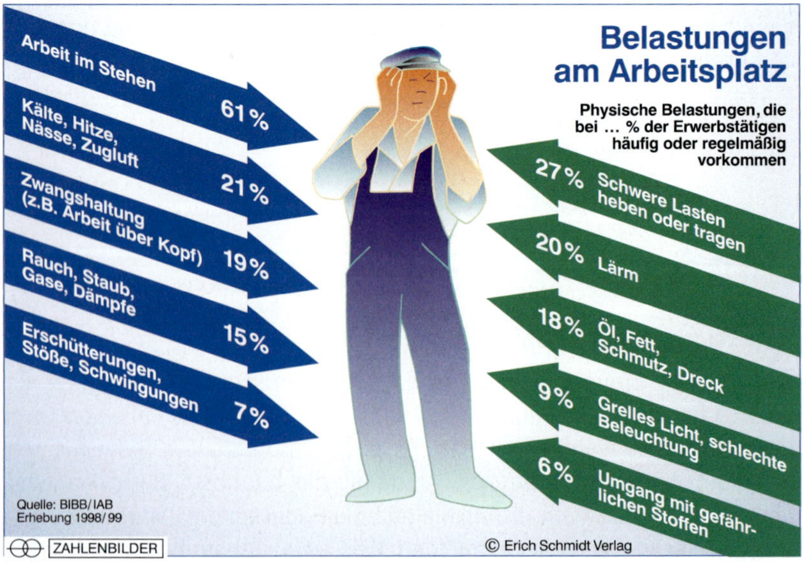

280 201

Fit im Web

Interessante Informationen zum Thema Berufsgenossenschaft gibt es unter den Adressen

www.hrbg.de

www.berufsgenossenschaften.de

Organisation des Arbeitsschutzes

Info 2

Der Staat hat zahlreiche Vorschriften erlassen, die dem Arbeitsschutz dienen. Die wichtigsten sind:

Gesetze	Inhalt
Arbeitsschutzgesetz	Es verpflichtet den Arbeitgeber die Gesundheitsgefahren am Arbeitsplatz zu beurteilen und geeignete Schutzmaßnahmen zu treffen.
Gefahrenstoffverordnung	Sie regelt die Schutzmaßnahmen für Arbeitnehmer beim Umgang mit Gefahrenstoffen (Gifte, Säuren, Dämpfe usw.).
Arbeitstättenverordnung	Sie bestimmt, wie Fabriken, Werkstätten, Büros und Lager ausgestattet sein müssen. Das betrifft z. B. Beleuchtung, Belüftung, Temperatur, Abmessungen.
Baustellenverordnung	Sie soll dazu beitragen, dass die im Baubereich besonders hohen Unfall- und Gesundheitsrisiken gesenkt werden.
Bildschirmarbeitsverordnung	Durch sie werden Schutzbestimmungen für die Arbeit an Bildschirmgeräten zusammengefasst und alle Arbeitgeber zu ihrer Beachtung verpflichtet.
Gerätesicherheitsgesetz	Das Gesetz soll dafür sorgen, dass in Deutschland nur solche technischen Geräte angeboten und verkauft werden, die sicherheitstechnisch einwandfrei sind. Geräte die nach dem Gerätesicherheitsgesetz geprüft wurden, dürfen das GS-Zeichen tragen. Geprüft hat nicht der Hersteller, sondern eine unabhängige und dafür zugelassene Prüfstelle, wie z. B. der TÜV.
Biostoffverordnung	Sie dient dem Schutz der Beschäftigten, die bei der Ausübung ihres Berufs (z. B. in der Gesundheitsfürsorge oder der Abfallwirtschaft) mit krankheitserregenden Mikroorganismen in Kontakt kommen.
PSA-Benutzerverordnung	PSA ist die Abkürzung für Persönliche Schutzausrüstung. Die Verordnung regelt die Auswahl, Bereitstellung und die Benutzung der jeweils notwendigen Schutzausrüstung (Brillen, Helme, Handschuhe usw.).

Nicht nur der Staat sondern auch die **Berufsgenossenschaften** haben eine wichtige Aufgabe im Rahmen des Arbeitsschutzes. Sie erlassen Unfallverhütungsvorschriften, die von den Unternehmen und den Beschäftigten unbedingt zu beachten sind.

Beispiel

Eine Unfallverhütungsvorschrift: Rettungswege und Notausgänge müssen deutlich erkennbar und dauerhaft gekennzeichnet sein und auf möglichst kurzem Weg ins Freie oder in einen gesicherten Bereich führen.

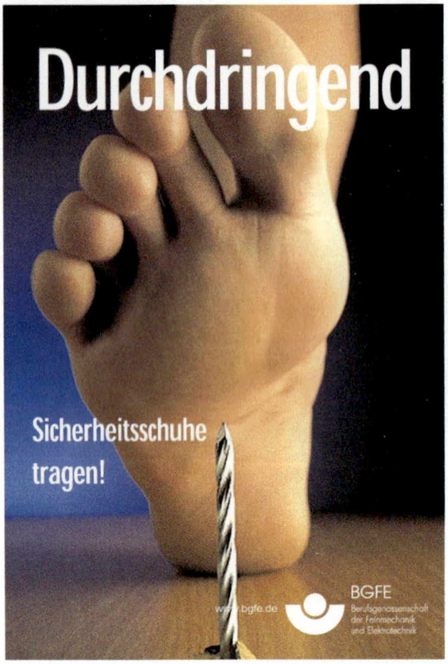

Auch ein noch so guter Arbeitsschutz kann nicht verhindern, dass Arbeitsunfälle passieren. Die Unfallhäufigkeit ist in den einzelnen Branchen sehr unterschiedlich. Am Bau und in den Holz verarbeitenden Betrieben ist sie am größten. Wenige Unfälle ereignen sich in den Gesundheitsdiensten und in der Verwaltung. Ist ein Unfall passiert, so ist die gesetzliche Unfallversicherung gefordert. Sie betreut den Beschäftigten und seine Familie bei den Folgen von Arbeitsunfällen und Berufskrankheiten. Träger der gesetzlichen Unfallversicherung sind die Berufsgenossenschaften. Sie haben technische Aufsichtsdienste eingeführt. Zusammen mit den staatlichen Gewerbeaufsichtsämtern wachen sie darüber, dass alle Vorschriften des Arbeitsschutzes genau beachtet werden. Auch mit Informationsschriften und Plakaten wenden sich die Berufgenossenschaften direkt an die Beschäftigten. Sie versuchen so deren Bewusstsein für die unmittelbaren Gefahren am Arbeitsplatz und auf dem Weg von und zur Arbeit zu stärken.

Um die Arbeitnehmer vor Gefahren und Überforderung am Arbeitsplatz zu schützen reicht der technische Arbeitsschutz nicht aus. Auch ein **sozialer Arbeitsschutz** ist notwendig. Er enthält allgemeine Schutzbestimmungen. Sie betreffen z. B. die Arbeitszeit, den Urlaub und die Kündigung des Arbeitnehmers. Auch der Schutz von benachteiligten Arbeitnehmergruppen wie z. B. werdenden Müttern, Jugendlichen oder auch Schwerbehinderten zählt zum sozialen Arbeitsschutz. Für die jeweiligen Schutzbestimmungen gibt es spezielle Gesetze (Mutterschutzgesetz Kap. 2.2, Jugendarbeitsschutzgesetz TK 1, Kap. 5, Schwerbehindertengesetz Kap. 2.3).

Arbeitsschutz

sozialer Arbeitsschutz	**technischer Arbeitsschutz**
allgemeine Schutzbestimmungen *Beispiel:* Kündigungsschutzgesetz	**Unfallverhütungsvorschriften** *Beispiel:* Rettungswege und Notausgänge müssen deutlich erkennbar und dauerhaft gekennzeichnet sein
Schutz benachteiligter Arbeitnehmergruppen *Beispiel:* Mutterschutzgesetz	**staatliche Vorschriften** *Beispiel:* Gefahrstoffverordnung

959648

Arbeitsvorschläge DO IT!

1. Welche Faktoren verursachen Belastungen am Arbeitsplatz?
2. Ein technisches Gerät trägt das GS-Zeichen. Was hat dies zu bedeuten?
3. Wer ist für den technischen Arbeitsschutz zuständig?
4. Nennen Sie Beispiele aus dem Bereich des sozialen Arbeitsschutzes.
5. Wer kontrolliert, ob die Arbeitsschutzbestimmungen auch eingehalten werden?
6. In Ihrem Ausbildungsbetrieb sehen Sie die folgenden Zeichen a.–f. Erklären Sie deren Bedeutung.

a. b. c. d. e. f.

Teilnahme an der Aktion: „Jugend will sicher leben"

Arbeiten und dabei gesund bleiben – wer möchte das nicht? Damit das auch klappt und die Arbeit nicht auf die Knochen geht, sollte man Bescheid wissen über die Gefahren am Arbeitsplatz und wie man sich schützen kann. Die Verbände der gewerblichen Berufsgenossenschaften unterstützen die Schulen bei ihrem Unterricht über Arbeitssicherheit. Sie bekommen Material (Videos, Folien, Arbeitsblätter) zu einem jährlich wechselnden Thema der Arbeitssicherheit (z. B. Gefahrenstoffe) zur Verfügung gestellt. Das Material ist nicht nur rein betriebsbezogen. Es berücksichtigt auch den Bereich Haushalt und Freizeit.

Nehmen Sie an dieser einmal im Jahr stattfindenden Aktion teil. Die Teilnahme ist kostenlos. Außerdem gibt es Preise zu gewinnen.

Fit im Web

Informationen zur Aktion „Jugend will sicher leben" erhalten Sie unter ***www.lvbg.de***

4 Tarifrecht

4.1 Tarifautonomie

Passiert – notiert

Tarifautonomie: Was ist das überhaupt?

Wer sind die Tarifpartner?

Bitte, die Herren, das übliche Zeremoniell – es ist angerichtet!

Jedes Jahr das gleiche Spiel. Fernsehkameras surren. Ernst dreinschauende Damen und Herren verkünden, dass man sich auch in der dritten Sitzung dieser Tarifrunde nicht geeinigt habe. Schuld daran sei natürlich die starre Haltung der anderen Seite. Die sei ja so was von unbeweglich! Und dass die auf die berechtigten Forderungen nicht eingehen wollten, sei eigentlich ein Skandal. Nun ja, in 14 Tagen wird ein neuer Versuch gestartet. Und wenn die anderen nicht nachgeben werden, dann wird es ernst . . .

Ran an die Informationen

Info 1

Tarifpartner

Wer legt sie eigentlich fest, die Löhne und Arbeitsbedingungen?

Zwei Wege lassen sich unterscheiden:

- Der Staat bestimmt. Dies ist in sozialistischen Ländern der Fall, so z. B. in China. Der Staat allein entscheidet in seinen Wirtschaftsplänen, wie hoch die Lohnerhöhung ausfallen soll, wann es sie geben wird und wie lange in Zukunft zu arbeiten ist.
- Die Tarifpartner entscheiden im Rahmen ihrer **Tarifautonomie.** Hierunter versteht man das Recht der Gewerkschaften und Arbeitgeber, Löhne und Arbeitsbedingungen in eigener Verantwortung zu vereinbaren. Der Staat

mischt sich nicht ein. Er geht davon aus, dass die Sozialpartner selbst am besten wissen, welche Vereinbarungen sie treffen sollten. Für den Staat hat das den Vorteil, dass er sich aus schwierigen Lohnkonflikten heraushalten kann. Dieser Freiraum der Sozialpartner ist in der Bundesrepublik sogar in der Verfassung garantiert.

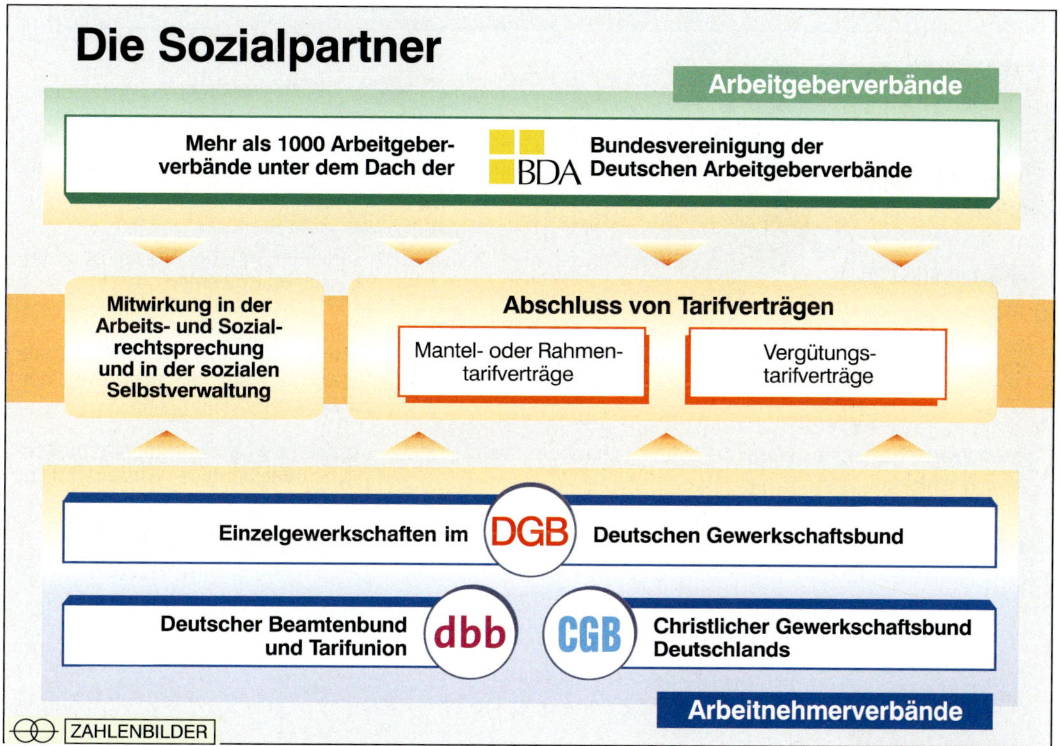

240 010

© Erich Schmidt Verlag

Wenn der Staat sich aus den Tarifverhandlungen heraushält, heißt das aber nicht, dass er ganz unbeteiligt ist. Zahlreiche Gesetze hat er erlassen, die auch die Arbeitsbedingungen regeln. Dies ist z. B. der Fall beim Kündigungsschutzgesetz, der Arbeitszeitordnung, dem Urlaubs- und Schwerbehindertengesetz. Aber der Staat hat durch diese Gesetze nur **Mindestbedingungen** festgelegt. Den Tarifpartnern steht es frei, andere Vereinbarungen zu treffen.

Tipp

Durch die ausgehandelten Arbeitsbedingungen der Tarifpartner darf der Arbeitnehmer nicht schlechter gestellt sein als es in den jeweiligen Gesetzen steht.

Manchmal lässt der Staat den Tarifpartnern auch **„Orientierungsdaten"** zukommen. Er gibt dadurch zu erkennen, welche Richtung er bei den Tarifverhandlungen für wünschenswert hält. Ist z. B. ein niedriges Wirtschaftswachstum zu erwarten, so könnten hohe Lohnabschlüsse das Problem der Arbeitslosigkeit verschlimmern. Der Staat wird daher vor anstehenden Tarifverhandlungen zu maßvollen Lohnabschlüssen raten. Staatliche Orientierungsdaten sind aber immer unverbindliche Empfehlungen an die Tarifpartner.

Info 2 Verantwortung der Tarifpartner

Mit dem Recht der Tarifautonomie übernehmen die Tarifpartner auch **Verantwortung** für ihre Tarifpolitik:

Gewerkschaften und Arbeitgeber handeln Löhne und Arbeitsbedingungen aus.

Dies hat Auswirkungen auf ...		Wirtschaftliche Folgen
Beschäftigung	Wenn die Lohnabschlüsse zu hoch sind ...	kann die Arbeitslosigkeit zunehmen.
Kosten und Preise	Wenn die Lohnabschlüsse zu hoch sind ...	kann eine Inflation ausgelöst oder beschleunigt werden.
Konkurrenzfähigkeit	Wenn die Lohnabschlüsse zu hoch sind ...	kann die nationale oder internationale Wettbewerbsfähigkeit erschwert werden oder verloren gehen.
gesamtwirtschaftliche Nachfrage	Wenn die Lohnabschlüsse zu niedrig sind ...	können die Kaufkraftimpulse zur Konjunkturbelebung der Wirtschaft nicht ausreichen.
Lebensbedingungen der Arbeitnehmer	Wenn die Lohnabschlüsse zu niedrig sind ...	kann sich der Lebensstandard der Arbeitnehmer verschlechtern.

Arbeitsvorschläge DO IT!

1. Was versteht man unter Tarifautonomie?
2. Erklären Sie den Aussagegehalt der vorstehenden Karikatur (siehe S. 50).
3. Der Staat hält sich aus den Tarifverhandlungen heraus. Er ist aber nicht unbeteiligt am Tarifgeschehen. Wie ist das zu verstehen?
4. Wenn Gewerkschaften und Arbeitgeber Löhne und Gehälter aushandeln hat dies auch volkswirtschaftliche Auswirkungen. Nennen Sie Beispiele hierfür.
5. Diskutieren Sie über die Meinung des ernst dreinschauenden „Wikingers", kundgetan bei einer gewerkschaftlich organisierten Demonstration.

4.2 Tarifvertrag

Passiert – notiert

Wie kommen Tarifverträge zustande?

Wie lassen sich Tarifverträge unterscheiden?

IG Metall Tarifinformationen

Die IG Metall-Tarifkommission hat am 23. September in Darmstadt für die Beschäftigten der Textil- und Bekleidungsindustrie einen guten Tarifabschluss erzielt. Ergebnis: Es gibt 3 % mehr Lohn und Gehalt, plus 30,00 € für die Azubis und 60,00 € für die Altersversorgung.

„Mit dem Abschluss haben wir den Anschluss an die Einkommensentwicklung in anderen Wirtschaftsbereichen gehalten", erklärte der Verhandlungsführer der IG Metall, Peter Donath. Als Erfolg werteten er und die IG Metall-Tarifkommission auch, dass sich die Arbeitgeber in Zukunft an der betrieblichen Altersvorsorge beteiligen und dass die Auszubildenden zusätzlich mehr Geld erhalten.

Ran an die Informationen

Info 1

Abschluss der Tarifverträge

Tarifverträge werden von den Tarifpartnern ausgehandelt. Die Gewerkschaften, einzelne Arbeitgeber sowie Arbeitgeberverbände (Vereinigungen von Arbeitgebern) können Vertragspartner sein. Die Arbeitgeberverbände für das Handwerk sind die Landesinnungsverbände. Der Tarifvertrag regelt die Rechte und Pflichten der Vertragspartner. Wie jeder andere Vertrag kommt auch er zustande, wenn die Vertragspartner sich in allen Punkten einig sind.

Kernstück eines Tarifvertrags sind die Vereinbarungen über Lohn, Gehalt und Ausbildungsvergütungen. Weitere Angelegenheiten, die geregelt werden können, sind z. B.:

- Urlaubsdauer, Urlaubsgeld,
- Arbeitszeit,
- Eingruppierung in Lohn- und Gehaltsklassen,
- Prämien, Erfolgsbeteiligungen,
- Kurz- und Mehrarbeit,
- menschengerechte Gestaltung der Arbeit.

Info 2 Arten der Tarifverträge

Bei den zahlreichen Tarifverträgen, die jedes Jahr abgeschlossen werden gibt es viele Unterschiede:

Unterscheidung der Tarifverträge	
Unterscheidungsmerkmale	Erklärung
Inhalt der Tarifverträge	▸ Manteltarifverträge regeln Arbeits- und Ausbildungsbedingungen, Urlaub, Kündigungsfristen, Arbeitszeiten. ▸ Rahmentarifverträge regeln z. B. die Lohngruppeneinteilung. So könnte hier festgelegt sein, dass gewerbliche und kaufmännische Azubis nach Abschluss ihrer Ausbildung den gleichen Lohn bekommen. ▸ Vergütungstarifverträge (Lohn- und Gehaltstarifverträge) regeln die Vergütung der Arbeitnehmer.
Laufzeit der Tarifverträge	▸ Vergütungstarifverträge haben häufig nur ein Jahr Laufzeit. ▸ Rahmen- und Manteltarifverträge haben Laufzeiten von mehreren Jahren.
beteiligte Tarifpartner	▸ Firmentarifverträge (Haustarifverträge) werden zwischen Gewerkschaften und großen Firmen abgeschlossen. Sie gelten nur für ein Unternehmen. ▸ Verbandstarifverträge werden zwischen Gewerkschaften und Arbeitgebern abgeschlossen, die Mitglied eines tarifabschließenden Verbandes sind (z. B. Arbeitgeberverband der Metall- und Elektroindustrie).
räumlicher Geltungsbereich der Verträge	▸ Bundestarifvertrag: gilt für das gesamte Bundesgebiet ▸ Landestarifverträge: gelten nur in einem oder mehreren Bundesländern. ▸ Regionaltarifverträge: gelten nur für eine bestimmte Region oder einen Ort.

Die für bestimmte Regionen geltenden Tarifverträge werden auch als **Flächentarifverträge** bezeichnet. Arbeitgeberverbände und Gewerkschaften handeln Lohn und Arbeitsbedingungen aus. Das Ergebnis ist dann quasi Gesetz für ein bestimmtes Tarifgebiet. Flächentarifverträge sind in die Kritik geraten. Der Grund: Die wirtschaftliche Situation der Betriebe ist häufig sehr unterschiedlich. Manche Firmen können die regional ausgehandelten Tariflöhne nicht bezahlen. Diese Arbeitgeber möchten daher lieber einen individuellen **Haustarifvertrag** speziell für ihren Betrieb abschließen. Das sich dieser Wunsch verwirklichen lässt, haben die letzten Jahre bewiesen. Immer häufiger werden neben den üblichen Flächentarifverträgen maßgeschneiderte Haustarifverträge abgeschlossen.

Info 3

Funktionen und Pflichten beim Tarifvertrag

Für wen gelten die Tarifverträge? Sie gelten eigentlich nur für die Arbeitnehmer, die der tarifabschließenden Gewerkschaft angehören. Ganz grob gesagt wären das etwa 30 % aller Arbeitnehmer. Und die vielen anderen? Gehen die leer aus? Das ist nicht der Fall. Ein Tarifvertrag kann nämlich für allgemein verbindlich erklärt werden (Allgemeinverbindlichkeitserklärung). Dies geschieht durch den Bundesminister für Arbeit und Sozialordnung. Vorausgehen muss ein Antrag von einer Tarifvertragspartei. Auch wenn Arbeitnehmer und Arbeitgeber nicht einer Tariforganisation angehören, wird für sie der Tarifvertrag zu zwingendem Recht.

Tarifverträge haben für die Arbeitnehmer eine **Schutzfunktion.** Die hier vereinbarten Regelungen sind Mindestleistungen. Durch die im Arbeitsvertrag getroffenen Vereinbarungen darf ein Arbeitnehmer nicht schlechter gestellt werden als tariflich vereinbart wurde. Eine Besserstellung ist dagegen zulässig.

Während der Laufzeit des Vertrages sind bestimmte **Pflichten** zu erfüllen:

Pflichten beim Tarifvertrag

Erfüllungspflicht	Friedenspflicht	Nachwirkung
Vertragspartner müssen die im Tarifvertrag getroffenen Vereinbarungen auch wirklich erfüllen.	Alle Kampfmaßnahmen wie Streik und Aussperrung müssen während der Laufzeit eines Tarifvertrages unterbleiben.	Die alten Vereinbarungen sind auch nach Ablauf des Tarifvertrags einzuhalten und zwar so lange, bis ein neuer Vertrag abgeschlossen wurde.

Arbeitsvorschläge DO IT!

1. Unterscheiden Sie zwischen einem Mantel- und einem Vergütungstarifvertrag.
2. Immer mehr Betriebe wollen statt Firmen- Flächentarifverträge abschließen. Begründen Sie, warum.
3. Welche Pflichten sind mit einem Tarifvertrag verbunden?
4. Welche Bedeutung hat die „Allgemeinverbindlichkeitserklärung" bei Tarifverträgen?
5. Warum haben Manteltarifverträge wohl eine längere Laufzeit als Vergütungstarifverträge?

HOT

Rollenspiel: Ist „Trittbrettfahren" eigentlich in Ordnung?

Holger und Erik sind Kollegen. Erik ist Gewerkschaftsmitglied. Holger ist nicht organisiert. Beide sind heute ganz happy. Sie haben gerade gehört, dass die Tarifverhandlungen nun endlich erfolgreich abgeschlossen wurden. 3,5 % mehr Lohn und 2 Tage zusätzlichen Urlaub gibt es im kommenden Jahr. Für Erik hat die Sache aber einen Pferdefuß. Und damit hält er auch nicht hinter dem Berg: „Nicht in der Gewerkschaft zu sein und trotzdem die zusätzliche Kohle einzustreichen, das finde ich ungerecht. Diese Trittbrettfahrer, die nur ihre Vorteile sehen, die stinken mir ganz gewaltig!" Holger sieht die ganze Sache anders ...

Führen Sie in Partnerarbeit ein Rollenspiel durch:

Teilen Sie die Klasse in Kleingruppen zu jeweils drei Schüler/-innen auf.

1. Besetzen Sie die beiden Rollen von Holger und Erik.
2. Überlegen Sie sich Argumente, die Ihre Einstellung untermauern.
3. Tauschen Sie die Argumente aus und nehmen Sie kritisch Stellung zu den Argumenten Ihres Rollengegners.
4. Besetzen Sie als dritte Rolle die des Arbeitgebers. In dieser Rolle sollen Sie zwischen den Positionen von Erik und Holger abwägen und ihre eigene Meinung finden.

Sprechen Sie anschließend in der Klasse darüber, welche Erfahrungen Sie in ihren jeweiligen Rollen gemacht haben.

4.3 Arbeitskampfmaßnahmen

Passiert – notiert

Die Tarifverhandlungen sind gescheitert. Die Gewerkschaft lässt in einer Urabstimmung ihre Mitglieder abstimmen, ob sie für einen Streik sind.

75 % der Gewerkschaftsmitglieder sind bereit für die Forderungen der Gewerkschaft zu streiken.
Der Streik beginnt.

Nach dem Scheitern der Verhandlungen, nach den einstimmigen Beschlüssen von Tarifkommission und Vorstand läuft jetzt die Urabstimmung. Gebt die richtige Antwort auf das Diktat der Stahlindustriellen.
Die Tarifkommission empfiehlt, mit JA zu stimmen.

STIMMZETTEL

zur Urabstimmung ab Samstag, dem 18. November 20.., 14.00 Uhr, bis Dienstag, den 21. November 20.., 14.00 Uhr.

Bist du bereit, für folgende Forderungen zu streiken?

Verkürzung der tariflichen Wochenarbeitszeit bei vollem Lohnausgleich mit dem Ziel der 35-Stunden-Woche, auch durch Freizeitausgleich.

Erhöhung der Tariflöhne und Tarifgehälter um 5 % sowie Erhöhung der Ausbildungsvergütung
für das 1. und 2. Ausbildungsjahr um 20,00 €,
für das 3. und 4. Ausbildungsjahr um 15,00 €.

☒ JA ○ NEIN

Die Tarifkommission empfiehlt: Stimme mit „JA".

Welche Arbeitskampfmaßnahmen gibt es?

Wie laufen Arbeitskampfmaßnahmen ab?

Ran an die Informationen

Info 1

Schlichtung, Streik und Aussperrung

Tarifverhandlungen führen nicht immer zum Erfolg. Sie können auch scheitern. Gemeinsam können die Parteien dann ein **Schlichtungsverfahren** beantragen. Auch eine Partei allein kann das tun. Die andere Seite muss das hinnehmen. In der Schlichtungsstelle sind beide Parteien mit gleicher Personenzahl vertreten. Eine unparteiische Person führt den Vorsitz.

Erst wenn die Schlichtung gescheitert ist, darf gestreikt werden. Manchmal graben allerdings die Gewerkschaften das „Kriegsbeil" schon vorher aus. Während die Verhandlungen noch laufen, kommt es zu **Warnstreiks.** Eigentlich besteht zu dieser Zeit noch Friedenspflicht. Warnstreiks sind daher, wie alle anderen „wilden Streiks" auch, rechtswidrig. Löhne und Gehälter braucht der Arbeitgeber für die ausgefallenen Arbeitsstunden nicht zu zahlen.

Ist die Schlichtung gescheitert, **darf** gestreikt werden. Bedingung ist, dass mindestens 75 % der gewerkschaftlich organisierten Arbeitnehmer sich in einer **Urabstimmung** für einen Streik aussprechen. Soll ein Streik beendet werden, müssen sich mindestens 25 % der Gewerkschaftsmitglieder in einer Urabstimmung dafür aussprechen. Eine große Bedeutung hat der **Schwerpunktstreik** als Kampfmittel der Gewerkschaft gewonnen. Wenige Arbeiter in Schlüsselpositionen sind heute in der Lage, wichtige Funktionen in der Wirtschaft zu unterbinden. Wird z. B. ein bedeutender Autozulieferer bestreikt, können ganze Automobilfabriken lahmgelegt werden.

Arbeitgeber sind im Arbeitskampf nicht wehrlos. Sie können Streiks mit **Aussperrung** beantworten. Die Folge für die Arbeitnehmer ist, dass sie nicht mehr an ihre Arbeitsplätze gelassen werden. Wer ausgesperrt wird, bestimmt der Arbeitgeber. Er kann die ganze Belegschaft aussperren, einzelne Gruppen oder wenige Arbeitnehmer. Ebenso wie streikende Arbeitnehmer erhalten auch ausgesperrte Arbeiter keinen Lohn und kein Gehalt. Die Gewerkschaft zahlt nur an ihre Mitglieder eine **Streikunterstützung.** Sie liegt meist erheblich unter dem Nettolohn. Die Höhe dieses Streikgeldes richtet sich nach den gezahlten Beiträgen und der Dauer der Zugehörigkeit zur Gewerkschaft. Arbeitnehmern, die sich nicht an einem Streik beteiligen, steht auch weiterhin Lohn zu.

Verlauf eines Arbeitskampfes

Verschiedene Streikarten lassen sich unterscheiden

Info 2

Ein Streik kann sein ...

Schwerpunktstreik	Vollstreik	Sympathiestreik	Warnstreik	Generalstreik
Nur in einzelnen ausgewählten Betrieben wird die Arbeit niedergelegt.	Von allen Arbeitnehmern eines bestimmten Tarifgebiets wird die Arbeit niedergelegt.	Streikende Arbeitnehmer eines anderen Tarifgebiets sollen durch die Niederlegung der eigenen Arbeit unterstützt werden.	Durch kurzzeitiges Niederlegen der Arbeit soll Streikbereitschaft demonstriert werden.	Alle Arbeitnehmer in allen Wirtschaftszweigen stellen ihre Arbeit ein. Der Generalstreik ist ein politischer Streik und grundsätzlich nicht zulässig.

Arbeitsvorschläge

DO IT!

1. Beschreiben Sie den Ablauf von Tarifverhandlungen vom Scheitern der Verhandlungen bis hin zum Abschluss eines neuen Tarifvertrages.
2. Was bedeutet es, wenn sich in einer Urabstimmung 72 % der Gewerkschaftsmitglieder für einen Streik aussprechen?
3. Peter Müller soll 1,50 € weniger von seinem Arbeitgeber als Stundenlohn erhalten als tariflich vereinbart wurde. Wie ist die Rechtslage?
4. Ein großer Reifenhersteller wird bestreikt. Wer kann alles von diesem Streik betroffen werden?
5. Welche Pflichten sind während der Laufzeit eines Tarifvertrages zu erfüllen?
6. Wann werden bei Tarifauseinandersetzungen Schlichter eingeschaltet?

HOT

Fall: Der Motorenhersteller Agro AG wird bestreikt

Schon 14 Tage dauert der Streik in der Agro AG. Der Standort des Unternehmens, mit immerhin 1280 Beschäftigten, befindet sich in einer strukturschwachen Region. Der Betrieb liegt am Rande einer Kleinstadt in Sachsen-Anhalt. Die Agro AG ist dort der einzige größere Arbeitgeber. Produziert werden Motoren für Zweiräder. Zu dem Kundenkreis des Betriebs zählen namhafte Motorradhersteller in verschiedenen europäischen Staaten. Bestandteile des Produktionsprogramms sind auch Motorenersatzteile, die vor allem an Reparaturwerkstätten geliefert werden. Nicht alle Bauteile für ihre Erzeugnisse stellt die Agro AG selbst her. So werden z. B. Vergaser und Zündkerzen als Zulieferteile von französischen Firmen bezogen.

1. Überlegen Sie, wer alles von dem Streik der Agro AG betroffen ist.
2. Benennen Sie die Folgen für die jeweils Betroffenen.
3. Erstellen Sie eine Übersicht, in der Sie Ihre Überlegungen aus Aufgabe 2 vermerken.

Wer ist betroffen?	Welche Auswirkungen?

4. Diskutieren Sie im Klassenverbund über den Inhalt Ihrer Übersichten.
5. Alternativvorschlag: Erstellen Sie ein Mind-Map zu dem Thema: „Streikfolgen der Agro AG".

5 Mitwirkung und Mitbestimmung der Arbeitnehmer

In einer Betriebsordnung aus dem frühen 20. Jahrhundert ist zu lesen: **„Der Arbeiter ist Untergebener und ist Gehorsam schuldig."** Die Zeiten haben sich geändert. Unternehmer sind heute verpflichtet, auch die Interessen der Arbeitnehmer zu berücksichtigen. Das geht aber nicht soweit, dass in den Betrieben nur noch demokratisch gehandelt wird. Aber immerhin: Viele Konflikte werden nicht mehr durch Anweisung des Chefs gelöst, sondern im Gespräch mit den Mitarbeitern. Denn auch die Chefs wissen: Wer mitbestimmen darf, ist einfach motivierter und leistet bessere Arbeit. Darauf kommt es letztlich an.

Um in Betrieben mitwirken und mitbestimmen zu können sind die Arbeitnehmer in verschiedenen Organen vertreten:

Vertretungsorgane der Arbeitnehmer

- Betriebsrat
- Betriebsversammlung
- Jugend- und Auszubildendenvertretung
- Einigungsstelle
- Wirtschaftsausschuss
- Vertretung im Aufsichtsrat

5.1 Der Betriebsrat

Passiert – notiert

Karsten, Serina und Simon finden es Klasse, dass es in ihrem Unternehmen einen Betriebsrat gibt. Warum stehen sie so hinter ihrem Betriebsrat? Hier ihre Antworten:

Karsten: *„Vor zwei Jahren sah es in unserem Werk ganz mies aus. Alle redeten nur noch von Entlassungen, aber der Betriebsrat hat es hingebogen. Statt Leute vor die Tür zu setzen war unser Chef damit einverstanden zu versuchen, mit Kurzarbeit über die Durststrecke zu kommen. Und es hat geklappt!"*

Welche Aufgaben hat der Betriebsrat?

Aus wie viel Mitgliedern besteht der Betriebsrat und wie wird er gewählt?

Serina: *„Letztes Jahr ist der Urlaub mit meinem Freund ins Wasser gefallen. Wegen angeblich dringender betrieblicher Aufgaben wurde ihm der schon lang geplante Urlaub einfach gestrichen. Bei uns wäre das nicht passiert. Da entscheidet nämlich nicht nur der Chef allein. Auch der Betriebsrat hat ein Wörtchen mitzureden."*

Simon: *„Wie in vielen anderen kleinen Betrieben ging es bei uns auch zu. Ohne große Vorankündigung wurden mal auf die Schnelle ein paar Überstunden angeordnet. Geregelte Arbeitszeiten gab es häufig gar nicht. So manchen privaten Termin konnte ich abschreiben. Seitdem wir einen Betriebsrat haben, ist alles anders. Er bestimmt mit über Beginn und Ende der Arbeitszeit und über Überstunden."*

Ran an die Informationen

Info 1

Wahl des Betriebsrats

Der Betriebsrat vertritt die Interessen der Arbeitnehmer im Betrieb. Auch für Karsten, Serina und Simon haben sich die Arbeitsbedingungen durch den Einfluss des Betriebsrats verbessert. Bei den nächsten Wahlen zum Betriebsrat geben auch sie wieder ihre Stimme ab. Das ist alle 4 Jahre der Fall und zwar jeweils in der Zeit vom 1. März bis 31. Mai.

Betriebsräte können gewählt werden in Betrieben mit 5 ständigen wahlberechtigten Arbeitnehmern. Drei von ihnen müssen wählbar sein. Betriebsratsmitglieder müssen für die Betriebsratsarbeit und zur Teilnahme an Schulungs- und Bildungsveranstaltungen freigestellt werden.

Wahlberechtigt ist jeder Arbeitnehmer, der das 18. Lebensjahr vollendet hat.

Wählbar ist jeder Wahlberechtigte, der mindestens ein halbes Jahr dem Betrieb angehört.

Wahlausschreiben für die Wahl des Betriebsrats

Aufgrund des Betriebsverfassungsgesetzes ist im Betrieb Heinz Naumann OHG ein Betriebsrat zu errichten.

Die Wahl des Betriebsrats findet am ..-04-15 statt.

Der Betriebsrat besteht aus 7 Mitgliedern, davon erhalten

die Arbeiter 5 Mitglieder,

die Angestellten 2 Mitglieder (§§ 9 und 10 BetrVG).

Aufgrund der am ..-01-30 erfolgten Abstimmung wird die Betriebsratswahl in **gemeinsamer Wahl** durchgeführt.

Wahlberechtigt sind alle Arbeitnehmer, die das 18. Lebensjahr vollendet haben (§ 7 BetrVG).

Wählbar sind alle Wahlberechtigten, die sechs Monate dem Betrieb angehören oder als in Heimarbeit Beschäftigte in der Hauptsache für den Betrieb gearbeitet haben. Auf diese sechsmonatige Betriebszugehörigkeit werden Zeiten angerechnet, in denen der Arbeitnehmer unmittelbar vorher einem anderen Betrieb desselben Unternehmens oder Konzerns (§ 18 Abs. 1 des Aktiengesetzes) angehört hat. Nicht wählbar ist, wer infolge strafgerichtlicher Verurteilung die Fähigkeit, Rechte aus öffentlichen Wahlen zu erlangen, nicht besitzt (§ 8 Abs. 1 BetrVG).

Wählen oder gewählt werden kann nur, wer in die Wählerliste eingetragen ist (§ 2 Abs. 3 WO).

Die Wählerliste und die Wahlordnung (WO) liegen wie folgt bereit:

für Arbeiter im Personalbüro

für Angestellte im Personalbüro

Die Wählerliste kann von jedem Wahlberechtigten täglich von 08:00 bis 15:30 Uhr eingesehen werden. ...

Größe der Betriebsräte nach Betriebsgrößenklassen

Wahlberechtigte Arbeitnehmer	Betriebsratsmitglieder
5-20	1
21 - 50	3
51 - 100	5
101 - 200	7
201 - 400	9
401 - 700	11
2 001 - 2 500	19
4 001 - 4 500	27
5 001 - 6 000	31
7 001 - 9 000	35

Wirtschaftsausschuss

Haben Unternehmen mehr als 100 ständig beschäftigte Arbeitnehmer, so ist ein Wirtschaftsausschuss zu bilden. Er hat die Aufgabe die wirtschaftlichen Angelegenheiten mit dem Arbeitgeber zu beraten. Alle Mitglieder des Ausschusses müssen dem Betrieb angehören. Mindestens ein Mitglied muss aus dem Betriebsrat stammen. Der Betriebsrat ist über das Ergebnis der Beratung zu unterrichten.

Info 2 Mitwirkungs- und Mitbestimmungsrecht des Betriebsrats

Die rechtliche Grundlage für die Arbeit des Betriebsrates ist das Betriebsverfassungsgesetz (BetrVG). Es enthält Hinweise auf Rechte, die dem

Betriebsrat gegenüber der Unternehmensleitung zustehen. Betriebsräte haben in betrieblichen Angelegenheiten ein **Mitbestimmungsrecht,** ein **Mitwirkungsrecht** oder zumindest ein **Informations- und Beratungsrecht.**

Neben diesen Beteiligungsrechten hat der Betriebsrat auch verschiedene **allgemeine Aufgaben** zu erledigen. So muss er z. B. Beschwerden von Arbeitnehmern entgegennehmen und er unterstützt besonders schutzbedürftige Personen (z. B. Schwerbeschädigte).

Die Rechte des Betriebsrats im Überblick

	Umfang der Rechte	Bedeutung	Beispiele
	**Mitbestimmungsrechte**	Betriebsrat und Arbeitgeber können **Entscheidungen** nur **gemeinsam treffen.** Bei Meinungsverschiedenheiten entscheidet eine Einigungsstelle.	Geschäftsleitung und Betriebsrat der Fahrradfabrik Velo AG beschließen gemeinsam den täglichen Betriebsbeginn vorzuverlegen.
	**Mitwirkungsrechte**	**Zustimmung** des Betriebsrats ist erforderlich. Die kann er nur verweigern, wenn er wichtige Gründe gegen eine Entscheidung der Geschäftsleitung vorbringen kann (eingeschränktes Mitwirkungsrecht).	In der Velo AG soll einem Facharbeiter gekündigt werden. Der Betriebsrat verweigert seine Zustimmung, da soziale Gesichtspunkte (Familienvater mit Kindern) nicht berücksichtigt wurden.
	**Beratungs- bzw. Informationsrechte**	▸ Der Arbeitgeber und der Betriebsrat **beraten** gemeinsam eine betriebliche Angelegenheit. Die Geschäftsleitung **kann** die Meinung des Betriebsrats berücksichtigen, sie muss es aber nicht.	Die Fertigungszeit der Fahrradherstellung soll aus Kostengründen vermindert werden. Der Betriebsrat gibt zu bedenken, dass die höhere Arbeitsgeschwindigkeit die Arbeitnehmer körperlich stärker belastet.
		▸ Die Geschäftsleitung **informiert** den Betriebsrat über wichtige Änderungen bei wirtschaftlichen Angelegenheiten.	Die Geschäftsleitung der Velo AG hat beschlossen, das Produktionsprogramm zu erweitern. Der Betriebsrat wird von der Geschäftsleitung über diesen Plan informiert.

In Unternehmen sind ständig betriebliche Angelegenheiten zu regeln. Sie lassen sich einteilen in **soziale, personelle** und **wirtschaftliche** Angelegenheiten. Welche Rechte der Betriebsrat hierbei hat, zeigt die folgende Tabelle:

Die Rechte des Betriebsrats im Einzelnen

Mitbestimmungsrechte in sozialen Angelegenheiten

Der Betriebsrat hat, soweit keine gesetzliche Regelung besteht, u. a. in folgenden Fällen mitzubestimmen:

- Betriebsordnung und Arbeitnehmerverhalten
- Beginn, Ende und Verteilung der täglichen Arbeitszeit, Pausen
- Urlaubsplan
- Einführung von technischen Einrichtungen zur Überprüfung von Verhalten und Leistung der Arbeitnehmer
- Unfallverhütung
- Sozialeinrichtungen im Betrieb
- betriebliche Entlohnungsgrundsätze und -methoden
- Akkord- und Prämiensätze
- betriebliches Vorschlagswesen

Mitwirkungsrechte in personellen Angelegenheiten

Der Betriebsrat ist bei der Durchführung einer Maßnahme zu beteiligen:

- Einstellung, Ein- und Umgruppierung, Versetzung
- betriebliche Berufsbildungsmaßnahmen
- Kündigungen

Unterrichtungsrechte in wirtschaftlichen Angelegenheiten

Der Arbeitgeber muss den Betriebsrat/Wirtschaftsausschuss unterrichten und sich mit ihm beraten:

- wirtschaftliche und finanzielle Lage
- Produktions- und Absatzlage
- Investitionen und Rationalisierungen
- Arbeitsmethoden
- Stilllegen, Verlegen und Zusammenschließen von Betrieben
- Änderung der Betriebsorganisation
- Getaltung des Arbeitsplatzes

nach: Sozialpolitik, Arbeitsgemeinschaft Jugend & Bildung e. V. (Hrsg.), Wiesbaden 2002, S. 13

Tipp

Wird eine Kündigung ohne Anhörung des Betriebsrates ausgesprochen, so ist sie unwirksam.

Besonders wichtig für den Arbeitnehmer ist das Mitwirkungsrecht des Betriebsrats bei Kündigungen. Vor jeder **Kündigung** muss der Betriebsrat gehört werden. Er kann einer ordentlichen Kündigung innerhalb einer Woche widersprechen, wenn bestimmte Gründe vorliegen. Diese sind im Einzelnen:

- Es besteht die Möglichkeit den Arbeitnehmer an einem anderen Arbeitsplatz im Betrieb weiter zu beschäftigen.

  Beispiel: Ein Gabelstaplerfahrer kann weiterbeschäftigt werden, wenn er in das Verkaufslager des Betriebes wechselt.

- Soziale Gesichtspunkte wurden bei der Kündigung nicht berücksichtigt.

  Beispiel: Ein Familienvater mit drei schulpflichtigen Kindern soll statt eines jüngeren ledigen Arbeitnehmers entlassen werden.

- Eine Weiterbeschäftigung ist nach einer zumutbaren Umschulungs- oder Fortbildungsmaßnahme möglich.
  Beispiel: Ein Kraftfahrzeugtechniker lässt sich weiterbeschäftigen, wenn er sich zum Schweißfachmann ausbilden lässt.
- Die Kündigung verstößt gegen eine zwischen dem Arbeitgeber und dem Betriebsrat vereinbarten Auswahlrichtlinie.
  Beispiel: Es wurde von der Geschäftsleitung gegen die Vereinbarung mit dem Betriebsrat verstoßen, im laufenden Geschäftsjahr keine Facharbeiter zu entlassen.

Organisationen, in denen der Betriebsrat mitwirkt — Info 3

Betriebsvereinbarungen

Mitbestimmung im betrieblichen Alltag erfolgt auch häufig durch Betriebsvereinbarungen. Diese werden gemeinsam vom Betriebsrat und dem Arbeitgeber beschlossen. Sie sind schriftlich abzufassen und an geeigneter Stelle im Betrieb so auszulegen, dass die Arbeitnehmer/-innen sie jederzeit lesen können. Betriebsvereinbarungen betreffen z. B. das Verhalten der Arbeitnehmer/-innen am Arbeitsplatz, beispielsweise das Tragen von Schutzkleidung oder das Rauchverbot. Betriebsvereinbarungen dürfen den Gesetzen und den geltenden Tarifverträgen nicht widersprechen.

Betriebsversammlung

Einmal im Vierteljahr hat der Betriebsrat eine Betriebsversammlung einzuberufen. Die Betriebsversammlung besteht aus den Arbeitnehmern des Betriebs. Geleitet wird sie von dem Vorsitzenden des Betriebsrats. Er hat einen Tätigkeitsbericht vorzulegen. Der Arbeitgeber ist zu der Betriebsversammlung einzuladen.

Einigungsstelle

Bestehen Meinungsverschiedenheiten zwischen Arbeitgeber und Betriebsrat in Angelegenheiten, in denen der Betriebsrat mitzubestimmen hat, ist eine Einigungsstelle anzurufen. Sie besteht aus einer gleichen Anzahl von Beisitzern, die jeweils vom Arbeitgeber und vom Betriebsrat bestellt werden. Hinzu kommt ein unparteiischer Vorsitzender.

Beispiel für Anrufung einer Einigungsstelle:

Situation

1 Die Unternehmensleitung der Metallbau AG beschließt am Werkstor Taschenkontrollen einzuführen.

2 Mehrere Arbeitnehmer weigern sich ihre Taschen zu öffnen. Sie wenden sich an den Betriebsrat. Auch der ist mit der Entscheidung der Unternehmensleitung nicht einverstanden.

3 Um die Meinungsverschiedenheiten beizulegen, wird eine Einigungsstelle gebildet.

4 **Ergebnis:**
Mit der Stimmenmehrheit (2 Stimmen der Betriebsratsbeisitzenden und der des neutralen Vorsitzenden) wird beschlossen, dass die einseitige Entscheidung der Unternehmensleitung nicht zulässig war.

Begründung: Die Einführung der Taschenkontrolle ist eine Abänderung der Betriebsordnung. Dies bedarf der Zustimmung des Betriebsrats.

5 Entweder verzichtet die Unternehmensleitung auf die Taschenkontrolle oder sie legt dem Betriebsrat einen Antrag zur Zustimmung vor.

Arbeitsvorschläge

DO IT!

1. Beurteilen Sie, ob in den folgenden Fällen rechtlich korrekt gehandelt wurde:
   a) Die Unternehmensleitung teilt dem Betriebsrat mit, dass ab sofort das Radiohören während der Arbeitszeit verboten ist.
   b) Die Unternehmungsleitung beschließt in ihrer letzten Sitzung, dass die geplanten Investitionen wegen der schlechten Absatzlage erst einmal zurückgestellt werden und informiert den Betriebsrat.
   c) Der Betriebsrat verweigert bei einer Neueinstellung seine Zustimmung, weil sein Mitbestimmungsrecht verletzt worden sei.
   d) Der Betriebsrat verweigert die Zustimmung zu einer einer Kündigung, weil die Arbeitskraft in einer anderen Abteilung weiterbeschäftigt werden könnte.
   e) Die Geschäftsleitung informiert den Betriebsrat, dass die Prämienraten beim Lohn um 10 % gesenkt werden.
2. Ab wie viel Mitarbeitern kann ein Betriebsrat gewählt werden?
3. In welchen Zeitabständen ist ein Betriebsrat zu wählen?
4. Welche Aufgabe erfüllt der Wirtschaftsausschuss?
5. Entscheiden Sie, ob der Betriebsrat in den folgenden Fällen ein Mitbestimmungsrecht, Mitwirkungsrecht oder nur ein Beratungs- bzw. Informationsrecht hat.
   a) Die Verteilung der Arbeitszeit soll neu geregelt werden.
   b) Eine Arbeitskraft soll in eine andere Abteilung versetzt werden.
   c) Ein Zweigwerk soll wegen Auftragsmangels stillgelegt werden.
   d) Ein betriebseigener Kindergarten soll eingerichtet werden.
   e) Zum Bau einer neuen Lagerhalle ist geplant einen Kredit aufzunehmen.
6. Eine Betriebsvereinbarung widerspricht der Unfallverhütungsvorschrift der Berufsgenossenschaft. Wie ist die Rechtslage?

HOT

Stecken Sie Ihre Nase einmal in die Betriebsvereinbarungen Ihres Ausbildungsbetriebes

Die Mitbestimmung des Betriebsrats zeigt sich auch in dem Abschluss von (freiwilligen) Betriebsvereinbarungen. Gesetzliche Grundlage hierfür ist das Betriebsverfassungsgesetz (BetrVG).

§ 88 BetrVG: Freiwillige Betriebsvereinbarungen

Durch freiwillige Betriebsvereinbarungen können insbesondere geregelt werden:

1 zusätzliche Maßnahmen zur Verhütung von Arbeitsunfällen und zum Gesundheitsschutz

2 Maßnahmen des betrieblichen Umweltschutzes

3 die Errichtung von Sozialeinrichtungen

4 Maßnahmen zur Förderung von Vermögensbildung

5 Maßnahmen zur Integration ausländischer Arbeitnehmer

1. Nehmen Sie in Ihrem Ausbildungsbetrieb Kontakt zum Betriebsrat auf und erkundigen Sie sich, zu welchem der genannten Punkte in § 88 Betriebsvereinbarungen bestehen.
2. Informieren Sie sich über den genauen Inhalt der Betriebsvereinbarungen und machen Sie sich darüber Notizen.
3. Stellen Sie fest, ob noch zusätzliche Vereinbarungen über den § 88 hinaus bestehen und um was es sich dabei handelt.
4. Tauschen Sie anhand Ihrer Notizen aus Aufgabe 2 in der Klasse Ihre Erfahrungen aus.
5. Diskutieren Sie darüber, welche Arten von betrieblichen Angelegenheiten sich dazu eignen über Betriebsvereinbarungen geregelt zu werden und welche nicht.

5.2 Die Jugend- und Auszubildendenvertretung (JAV)

Passiert – notiert

Sich stark machen für die Interessen der Auszubildenden und richtig was für sie bewegen – geht das überhaupt? Es geht und zwar mit Hilfe der JAV. Mike, Claudia und Jens arbeiten mit in der JAV der Möbelwerke Holzbau AG. Hier ihr Kommentar:

Welche Aufgaben hat die Jugend- und Auszubildendenvertretung?

Wie wird sie gewählt?

***Claudia:** „Kaffeekochen, Papierkörbe leeren und Getränke holen sind jetzt tabu. Wir haben uns erfolgreich gegen ausbildungsfremde Arbeiten gewehrt. Auch kümmern wir uns darum, dass Azubis keine Überstunden mehr machen müssen und die Arbeitszeitregelungen eingehalten werden.“*

***Mike:** „Wir haben auch erreicht, dass es in jeder Abteilung einen Azubi-Paten gibt, der bei Problemen ein offenes Ohr hat. Gemeinsam mit dem Betriebsrat haben wir es geschafft, dass es mit der Vorbereitung auf die Abschlussprüfung jetzt besser klappt.“*

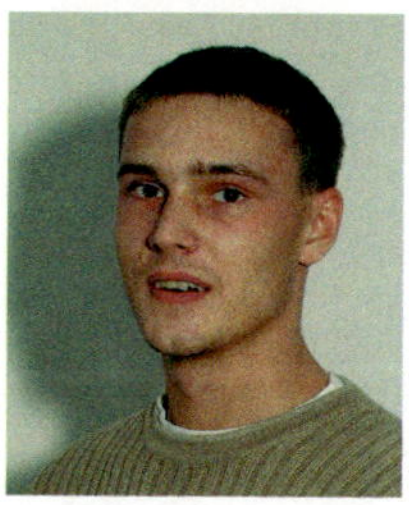

***Jens:** „Wir haben es durchgesetzt, dass wir eine neue Drehmaschine und eine neue Fräsmaschine für die Lehrwerkstatt bekommen haben. Tolle Geräte sind das. Wir kümmern uns auch darum, dass die Azubis möglichst alle übernommen werden.“*

Ran an die Informationen

Mike, Claudia und Jens arbeiten seit einem Jahr in der JAV. Vieles wäre in ihrem Ausbildungsbetrieb ohne die JAV und deren Unterstützung durch den Betriebsrat nicht erreicht worden.

Die JAV ist die gewählte Interessenvertretung aller Jugendlichen und Auszubildenden in Betrieben mit 5 Arbeitnehmern, die noch keine 18 Jahre alt sind. Wahlberechtigt sind alle jugendlichen Arbeitnehmer unter 18 Jahren und alle Auszubildenden bis zum 25. Lebensjahr. Wählbar sind alle, die das 25. Lebensjahr noch nicht vollendet haben. Die JAV kümmert sich um die unterschiedlichsten Probleme, die Azubis an ihrem Arbeitsplatz haben. Sie achtet darauf, dass Gesetze und auch die Tarifverträge eingehalten werden. Die JAV arbeitet mit dem Betriebsrat zusammen. In Jugendfragen hat sie hier ein Stimmrecht. Über den Betriebsrat reicht die JAV Beschwerden und Verbesserungsvorschläge zur Ausbildung an den Arbeitgeber weiter. Sie kann sich dafür einsetzen, die Qualität der Ausbildung zu verbessern. Auch kann sie sich dafür stark machen, dass die Azubis nach abgeschlossener Ausbildung übernommen werden.

Tipp

Die JAV kann zu allen Betriebsratssitzungen einen Vertreter entsenden.

Fit im Web

Weiterführende Informationen zum Betriebsrat und zur Jugend- und Auszubildendenvertretung gibt es unter der Internetadresse: ***www.mitbestimmung.dgb.de***

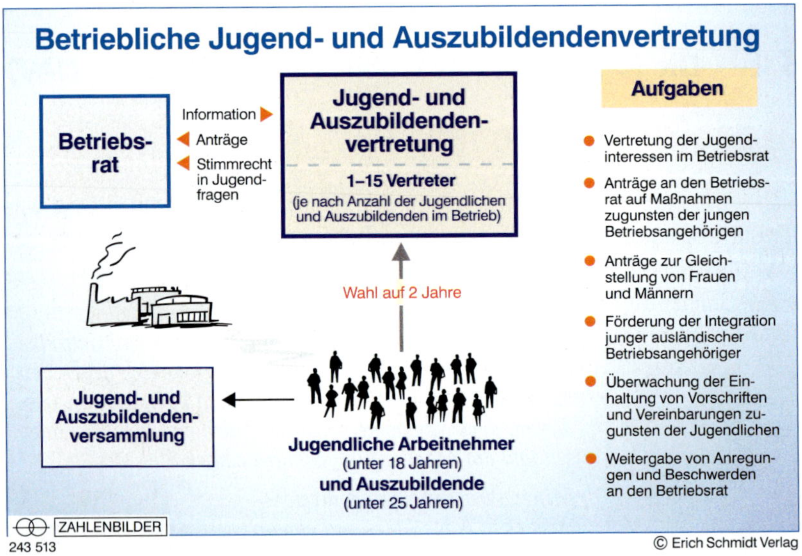

© Erich Schmidt Verlag

Arbeitsvorschläge DO IT!

1. Wer darf die JAV wählen und wer darf gewählt werden?
2. Welche Aufgaben hat die JAV?
3. Welche Beziehung besteht zwischen der JAV und dem Betriebsrat?
4. In welchen zeitlichen Abständen finden die Wahlen zur JAV statt?

5.3 Mitbestimmung von Arbeitnehmern im Aufsichtsrat

Passiert – notiert

Welche Bedeutung hat die Mitbestimmung im Aufsichtsrat für die Arbeitnehmer?

Wie ist die Mitbestimmung der Arbeitnehmer im Aufsichtsrat gesetzlich geregelt?

Petra und Olga sind Arbeitskolleginnen. Ihr Arbeitsplatz ist die Fertigungsabteilung der Maschinenfabrik Construkta AG. Das Unternehmen hat 680 Beschäftigte. Petra und Olga machen gerade Mittagspause in der Großkantine und unterhalten sich ...

Petra: *„Olga, du als Betriebsratsmitglied kannst mir sicher was erklären. Am Schwarzen Brett hängt die Aufforderung, die Arbeitnehmervertreter in den Aufsichtsrat zu wählen. Was soll das eigentlich? Wir sind doch so kleine Rädchen im Getriebe. Und unsere Arbeitnehmervertreter im Aufsichtsrat, was können die schon gegen die Bosse ausrichten?“*

Olga: *„Du musst das anders sehen, Petra. Der Aufsichtsrat kontrolliert nämlich den Vorstand. Er bestimmt auch, wer in den Vorstand kommt. Das kann uns doch nicht egal sein. Und wenn es in der Geschäftspolitik ums ‚Eingemachte‘ geht, dann wird der Aufsichtsrat auch gefragt. Denk doch nur mal an letztes Jahr. Unser ach so geschätzter Vorstand wollte die Montageabteilung aus Kostengründen nach Ungarn verlegen. Die 42 dort arbeitenden Kollegen hätten dann mit ihrem Arbeitsplatz ganz schlechte Karten gehabt. Der Aufsichtsrat war es, der große Bedenken gegen diesen Plan hatte. Und hier mischen ja unsere Leute auch mit. So wurde die Sache erst einmal auf Eis gelegt. Also Petra, ran an die Wahlurne ...“*

Ran an die Informationen

Info 1

Warum Mitbestimmung im Aufsichtsrat?

Petra und Olga wissen, die wichtigsten Entscheidungen in ihrem Betrieb betreffen wirtschaftliche Aufgaben. Sie haben es selbst an ihrer Arbeitsstelle am Beispiel der Montageabteilung miterlebt. Das große Zittern ging dort um, als die Schließung der Abteilung befürchtet wurde.

Egal ob es um die Beschaffung von Maschinen, die Güterherstellung, den Absatz von Erzeugnissen oder die Auslagerung ganzer Abteilungen geht: Alle Entscheidungen, die im Aufsichtsrat getroffen werden, wirken sich stark auf den Erfolg eines Unternehmens aus. Und der ist natürlich auch wichtig für die Sicherheit der Arbeitsplätze. In all diesen wirtschaftlichen Angelegenheiten hat der Betriebsrat kein Mitbestimmungsrecht. Die hier zu treffenden wichtigen Führungsentscheidungen werden in den jeweiligen Unternehmensorganen getroffen. Bei Aktiengesellschaften (AG) ist dies der Vorstand (leitendes Organ), der Aufsichtsrat (überwachendes Organ) und die Hauptversammlung (beschlussfassendes Organ). Bei der Gesellschaft mit beschränkter Haftung (GmbH) heißen die entsprechenden Organe Geschäftsführer, Aufsichtsrat und Gesellschafterversammlung (siehe auch TK 9, Kap. 2.3).

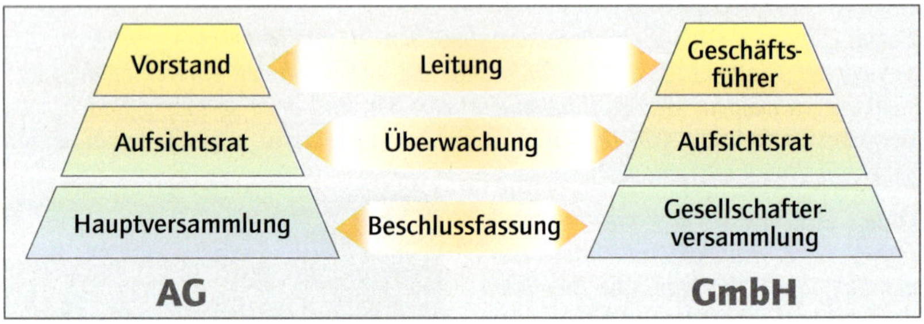

Die gesetzlichen Regelungen zu dieser Unternehmensmitbestimmung sollen den Arbeitnehmern die Möglichkeit einräumen, wichtige unternehmerische Planungen und Entscheidungen zu beeinflussen. Die Mitbestimmung bezieht sich vor allem auf die Zusammensetzung des **Aufsichtsrats.** Der bestellt die Mitglieder des Vorstands, kontrolliert sie und kann so die Unternehmenspolitik in ihren Grundzügen mitbestimmen. Bei zwei der drei Mitbestimmungsmodelle werden außerdem Arbeitnehmervertreter direkt in den Vorstand gewählt. Die Modelle sind im Einzelnen:

Info 2 Betriebsverfassungsgesetz von 1952

Das Gesetz regelt die Mitbestimmung von Arbeitnehmervertretern im Aufsichtsrat von Kapitalgesellschaften mit 501 - 2000 Beschäftigten (Aktiengesellschaften, Gesellschaften mit beschränkter Haftung) und Genossenschaften. Der Aufsichtsrat muss hier zu einem Drittel aus Vertretern der Arbeitnehmer bestehen. Zwei Drittel der Mitglieder sind Vertreter der Kapitaleigner. Bei Aktiengesellschaften sind dies Vertreter der Aktionäre. Im Vorstand dieser Betriebe sitzt kein Vertreter der Arbeitnehmer.

Mitbestimmungsgesetz von 1976

Info 3

Es gilt für Aktiengesellschaften, Gesellschaften mit beschränkter Haftung und Genossenschaften, die mehr als 2000 Arbeitnehmer beschäftigen und nicht der Montanmitbestimmung unterliegen. Das Gesetz sieht vor, dass . . .

- der Aufsichtsrat je zur Hälfte aus Vertretern der Kapitaleigner und der Arbeitnehmer besteht. Eine echte paritätische Mitbestimmung ist aber nicht gegeben, da unter den Arbeitnehmervertretern ein leitender Angestellter sein muss.
- bei Stimmengleichheit im Aufsichtsrat die Stimme des Vorsitzenden den Ausschlag gibt. Der Aufsichtsratsvorsitzende ist im Allgemeinen ein Vertreter der Kapitaleigner.
- für soziale und personelle Fragen ein Arbeitsdirektor als Mitglied des Vorstands zuständig ist. Er kann **gegen** die Stimmer der Arbeitnehmer bestellt und abberufen werden.

Montanmitbestimmungsgesetz von 1951

Info 4

Es gilt für Unternehmen im Bergbau und in der Eisen- und Stahlindustrie mit mehr als 1000 Beschäftigten. Die Unternehmen müssen in Form einer Aktiengesellschaft oder als Gesellschaft mit beschränkter Haftung betrieben werden. Das Gesetz sieht vor, dass ...

- der Aufsichtsrat je zur Hälfte mit Vertretern der Kapitaleigner und der Arbeitnehmer besetzt wird (echte paritätische Mitbestimmung).
- sich die Vertreter der beiden Gruppen auf ein neutrales Mitglied einigen. Bei Abstimmungen soll so Stimmengleichheit vermieden werden.
- im Vorstand von Montangesellschaften ein Arbeitsdirektor als Arbeitnehmervertreter bestellt wird. Er ist auch hier zuständig für soziale und personelle Fragen. Der Arbeitsdirektor kann **nicht gegen** die Stimmen der Arbeitnehmer bestellt oder abberufen werden.

Arbeitsvorschläge

DO IT!

1. Auf welche Unternehmen sind die einzelnen Mitbestimmungsgesetze anzuwenden?
2. Beschreiben Sie das zahlenmäßige Verhältnis von Arbeitnehmervertretern zu Anteilseignern nach den einzelnen Mitbestimmungsgesetzen.
3. Das Chemiewerk BUNO-AG hat 3100 Beschäftigte.
   a) Welches Mitbestimmungsgesetz ist für diesen Betrieb anzuwenden?
   b) Wie setzt sich der Aufsichtsrat zusammen?
   c) Beurteilen Sie, ob die Vertreter der Arbeitnehmer und die der Aktionäre wirklich gleichberechtigt sind.
4. Frau Sonja Klug wurde zur Arbeitsdirektorin des Stahlwerks RUPP-AG berufen.
   a) Für welche Aufgabenbereiche ist sie zuständig?
   b) Welchen Einfluss haben die Arbeitnehmer auf die Besetzung dieser Stelle?

HOT

Rollenspiel: Arbeit contra Kapital

Ausgangspunkt des Rollenspiels ist die nebenstehende Karikatur.

1. Bilden Sie zwei Arbeitsgruppen:
   - Rolle des Produktionsfaktors Arbeit (Arbeitnehmerrolle). Was würde der Arbeitnehmer sagen?
   - Rolle des Produktionsfaktors Kapital (Unternehmerrolle). Was würde der Unternehmer sagen?
2. Nehmen Sie kritisch Stellung zu den Kommentaren Ihres Rollengegners.
3. Diskutieren Sie, inwieweit die Karikatur die tatsächlichen Verhältnisse in der Wirtschaft abbildet.

6 Entlohnung der Arbeit

Wenn Menschen arbeiten, erhalten sie Lohn oder Gehalt. Unternehmer dagegen haben einen Gewinn, wenn sie erfolgreich gewirtschaftet haben. Die meisten Arbeitnehmer beziehen Lohn oder Gehalt als einzige Einkommensquelle. Personen dagegen, die z. B. über Sparguthaben oder auch Wohnungen verfügen, fließt Einkommen in Form von Zinsen oder Mieten zu. Viele Faktoren beeinflussen die Höhe des Lohns. So z. B. können sich das Alter des Arbeitnehmers, seine Qualifikation, die erbrachte Leistung und die Art der ausgeübten Tätigkeit auf die Lohnhöhe auswirken. Wenn von Entlohnung die Rede ist, sind meistens Bruttolöhne gemeint. Die auszubezahlenden Nettolöhne ergeben sich, wenn die Bruttolöhne um die Lohnabzüge (Lohnsteuer, Sozialversicherungsabgaben) gekürzt werden.

Löhne, die für den Arbeitnehmer Einkommen darstellen, sind aus der Sicht des Betriebes Kosten. Damit wird klar, warum Arbeitnehmer und Arbeitgeber unterschiedliche Ziele verfolgen. Arbeitnehmer möchten gern möglichst hohe Löhne erhalten, Unternehmer dagegen möglichst niedrige Löhne zahlen. Hohe Lohnkosten verteuern die hergestellten Erzeugnisse und gefährden den Absatz. Können die höheren Lohnkosten nicht auf die Kunden abgewälzt werden, vermindert sich der Gewinn der Unternehmung. Arbeitnehmer möchten aber nicht nur hohe Löhne bekommen. Ein sicherer Arbeitsplatz, ein angenehmes Betriebsklima und eine interessante Tätigkeit zählen ebenfalls zu den beruflichen Zielen der Arbeitnehmer.

Eine häufig gehörte Forderung bei der Arbeitsentlohnung ist auch die Lohngerechtigkeit. Für gleich bewertete Arbeitsleistungen sollten demnach auch gleich hohe Löhne gezahlt werden. Frauen allein wegen ihres Geschlechts finanziell zu benachteiligen ist nicht zulässig. Der betriebliche Alltag zeigt jedoch: Die Durchschnittsverdienste von Männern und Frauen weisen noch immer erhebliche Unterschiede auf.

Die Schwierigkeit, einen geeigneten Maßstab für eine angemessene Entlohnung zu finden, hat zu zahlreichen Entlohnungsformen geführt:

Grundformen der Entlohnung

- Zeitlohn
- Leistungslohn
  - Akkordlohn
  - Prämienlohn
- Beteiligungslohn

6.1 Der Zeitlohn

Passiert – notiert

Was ist überhaupt ein Zeitlohn?

Wie wird er berechnet?

„Mein Name ist Claudia Koch. Ich bin als Bäckerin in einer Konditorei beschäftigt. Meine tägliche Arbeitszeit beträgt 7,5 Stunden. Dafür habe ich letzten Monat 1.985,00 € brutto erhalten. Wenn mal Überstunden anstehen, bin ich dabei. Das gibt dann zusätzlich ein paar € und die kann ich für die Ratenzahlungen für mein Auto gut gebrauchen."

„Ich heiße Dirk Maibaum, bin Meister und arbeite als Ausbilder in der Lehrlingswerkstatt einer Automobilfirma. Mein monatliches Gehalt beträgt 3.050,00 €. Geschenkt werden die mir nicht gerade. Die Jugendlichen immer bei Laune zu halten und den häufigen Zoff zwischen denen zu schlichten finde ich ziemlich anstrengend. Beruflich muss ich mich ständig auf dem Laufenden halten. Da geht auch ein Teil meiner Freizeit mit drauf."

Ran an die Informationen

Beispiele für Zeitlohn sind das Monatsgehalt von Angestellten und der Stundenlohn von Arbeitern. Die als Bäckerin arbeitende Claudia Koch erhält z. B. einen Zeitlohn. Ihr Verdienst richtet sich nicht danach, wie viel Kuchen, Brot oder Brötchen sie hergestellt hat, sondern nach der im Betrieb zugebrachten Zeit. Für jede Stunde Arbeitszeit erhält sie den Stundenlohn von 13,50 €. Claudia wird zwar nicht nach Leistung bezahlt, aber trotzdem drückt sich ihre Leistungsfähigkeit in der Höhe ihres Stundenlohnes aus. Ein Arbeitskollege von Claudia erhält nämlich einen höheren Stundenlohn, weil nur er in dem Betrieb auch alle Arten von Feinbackwaren herstellen kann.

Der Zeitlohn wird als Entlohnungsform verwendet wenn

- die Qualität der Arbeit eine besondere Rolle spielt (z. B. Arbeiten im Labor);
- die Arbeitsleistung nicht oder nur schwer zu messen ist (z. B. Bürotätigkeit);
- der Arbeitnehmer die Arbeitsmenge nicht beeinflussen kann (z. B. Fließbandarbeit).

Der Zeitlohn hat Vor- und Nachteile:

Vorteile	Nachteile
Vermeidung von Leistungsdruck	geringer Anreiz zur Leistungssteigerung
einfache Art der Lohnberechnung	Risiko von Minderleistungen trägt der Betrieb
einfache Kontrolle der Arbeitszeit (z. B. duch Stechuhr)	auf Lohnhöhe hat der Arbeitnehmer kaum Einfluss

Arbeitsvorschläge DO IT!

1. Welche Grundformen der Entlohnung lassen sich unterscheiden?
2. Wann ist es sinnvoll, den Zeitlohn als Entlohnungsform zu wählen?
3. Beim Zeitlohn wird der Arbeitnehmer zwar nicht nach Leistung bezahlt, aber trotzdem wird seine Leistungsfähigkeit berücksichtigt. Wie funktioniert das?

6.2 Leistungslohn

Passiert – notiert

„Mein Name ist Bernd Fuhrmann. Ich bin Fliesenleger in einem handwerklichen Verlegebetrieb. Ich arbeite im Akkord und hatte letzten Monat einen Lohn von 2.469,60 € auf meinem Konto. Wenn ich so richtig ranklotze, sind auch noch 150,00 € mehr drin."

?

Was versteht man unter Leistungslohn?

Welche Lohnarten zählen zu den Leistungslöhnen?

„Ich bin Modeschneiderin in einer Textilfabrik und heiße Olga Kulitsch. Meine Aufgabe besteht darin, Stoff zuzuschneiden und anschließend die Teile zusammenzunähen. Vor zwei Wochen passierte es: Eine Maschine fiel aus und der Liefertermin der Wintermäntel für Ende des Monats war gefährdet. Letztlich haben wir es aber doch geschafft. Die Geschäftsleitung hat sich nicht lumpen lassen. 80,00 € gabs zusätzlich als Termineinhaltungsprämie."

Ran an die Informationen

Wie es das Wort Leistungslohn schon sagt: Die Lohnhöhe ist abhängig von der erbrachten Leistung des Arbeitnehmers. Zu der Gruppe der Leistungslöhne gehören der Akkord- und der Prämienlohn.

Info 1

Akkordlohn

Tipp

Jugendliche dürfen grundsätzlich nicht mit Akkordarbeiten beschäftigt werden. Damit soll sichergestellt werden, dass sie keinem erhöhten Leistungsdruck ausgesetzt sind. Von diesem Verbot darf jedoch abgewichen werden, wenn es zur Erreichung des Ausbildungsziels notwendig ist.

Nur die erbrachte Menge ist für die Höhe des Akkordlohnes entscheidend. Je höher die Arbeitsleistung ist, desto höher ist auch der zu zahlende Lohn.

Nicht jede Art von Arbeit ist zur Bezahlung im Akkord geeignet. Zwei wichtige Bedingungen müssen erfüllt sein:

- der Arbeitnehmer muss sein Arbeitstempo den Arbeitsbedingungen anpassen können;
- die auszuführenden Arbeiten müssen sich ständig wiederholen.

Für die Berechnung der Akkordlöhne sind die tariflichen Mindestlöhne heranzuziehen. Sie müssen dann gezahlt werden, wenn der Arbeitnehmer z. B. wegen gesundheitlicher Probleme nur unterdurchschnittliche Leistungen erbringt. Außerdem ist der Akkordzuschlag zu beachten. Er wird dem Mindestlohn hinzugerechnet. Das Ergebnis ist der **Akkordrichtsatz.**

Beispiel:	Mindestlohn	10,00 € je Stunde
	+ 20 % Akkordzuschlag	2,00 €

Der Akkordrichtsatz ist der Grundlohn im Akkord, der bei Normalleistung zu zahlen ist. Wie hoch die Normalleistung ist, wird zuvor in Zeitstudien mit der Stoppuhr festgelegt.

Wird Akkordlohn gezahlt, so sind zwei Möglichkeiten zu unterscheiden: Entlohnung mit Geldakkord und Entlohnung mit Zeitakkord.

Entlohnung mit Geldakkord

Das Entlohnungsprinzip: Ein Arbeiter erhält für den Transport von Kartons von Lager 1 nach Lager 2 pro Karton 0,40 €. Transportiert er viele Kartons, erhält er mehr Lohn; transportiert er wenige Kartons, bekommt er einen geringeren Lohn.

Die Entlohnungsform Geldakkord findet man vor allem im Bauhaupt- und -nebengewerbe. Der Arbeitnehmer erhält für jedes hergestellte Stück oder jede erbrachte Arbeitsleistung einen bestimmten Geldbetrag.

Beispiel für Geldakkord

Die Normalleistung von Verlegarbeiten von Fliesen beträgt 2 m^2 pro Stunde. Der Fliesenleger Bernd Fuhrmann (siehe Passiert-notiert) hat eine tägliche Arbeitszeit von 7 Stunden. Als Akkordrichtsatz werden 12,00 € ermittelt. Das Arbeitsentgelt, das er pro m^2 verlegte Fliesen erhält, wird als **Stückakkordsatz** bezeichnet. Es beträgt 6,00 €.

$$\text{Stückakkordsatz} = \frac{\textit{Akkordrichtsatz}}{\textit{Normalleistung}} = \frac{12}{2} = 6{,}00\ €$$

Der **Tagesverdienst** beträgt bei einer Verlegleistung von z. B. 2,1 m^2 pro Stunde (Istleistung) 88,20 €.

Rechenweg: Stückakkordsatz x Tagesleistung = Tagesverdienst (brutto)
6 m^2 x 2,1 x 7 = 88,20 €

Entlohnung mit Zeitakkord

Das Entlohnungsprinzip: Ein Arbeiter hat für den Transport von Kartons von Lager 1 nach Lager 2 eine Vorgabezeit von 8 Min. pro Stück. Braucht er weniger Zeit und kann er deshalb mehr transportieren, steigt sein Lohn. Benötigt er mehr Zeit, erhält er weniger Lohn.

In Industriebetrieben mit stark arbeitsteiliger Produktion findet man vor allem den Zeitakkord. Grundlage für die Lohnberechnung bildet hierbei der Zeitwert, den der Arbeitnehmer je Arbeitsgang angerechnet bekommt. Man bezeichnet ihn als **Zeitakkordsatz.**

Beim Zeitakkord ist auch der **Minutenfaktor** zu berechnen. Er gibt den Wert einer Arbeitsminute in € an.

Beispiel für Zeitakkord

Sylvia Schuster arbeitet als Zweiradmechanikerin in der Vormontageabteilung einer Fahrradfabrik. Sie montiert Gangschaltungen an die Rahmen. Die Normleistung wurde durch Zeitstudien mit „20 Gangschaltungen" pro Stunde ermittelt. Daraus berechnet sich ein Zeitakkordsatz von 3 Minuten pro Stück. Der Akkordrichtsatz (Grundlohn + Akkordzuschlag) beträgt 12,00 € pro Stunde. Sylvia Schuster arbeitet täglich 7 Stunden.

$$\text{Zeitakkordsatz} = \frac{\textit{60 Minuten}}{\textit{Normalleistung}} = \frac{60}{20} = 3 \textit{ Minuten pro Stück}$$

$$\text{Minutenfaktor} = \frac{\textit{Akkordrichtsatz}}{\textit{60}} = \frac{12}{60} = 0{,}20\ € \textit{ pro Minute}$$

Der **Tagesverdienst** von Sylvia Schuster beträgt bei einer Montageleistung von z. B. 21 Gangschaltungen pro Stunde (Istleistung) 94,50 €.

Rechenweg: Zeitakkordsatz x Minutenfaktor x Tagesleistung = Tagesverdienst (brutto)
3 x 0,20 x 21 x 7,5 = 94,50 €

Entlohnung im Gruppenakkord

Beim Akkordlohn wird im Allgemeinen eine Einzelleistung bezahlt (Einzelakkord). Seltener ist der Fall, dass eine ganze Gruppe von Akkordarbeitern einen gemeinsamen Lohn erhält.

Das Entlohnungsprinzip: Eine Gruppe von Arbeitern hat den Transport von Kartons von Lager 1 nach Lager 2 durchzuführen. Nicht die Leistung eines einzelnen Arbeiters, sondern die Transportleistung der gesamten Gruppe ist die Grundlage für die Entlohnung.

Beim Gruppenakkord wird eine Gruppe von Arbeitnehmern nach ihrer Leistung entlohnt. Dabei kann es schwierig sein, den Anteil des Einzelnen zu ermitteln. Um dieses Problem zu lösen werden Verteilungsschlüssel herangezogen. Gruppenakkord gibt es z. B. für Arbeitskräfte, die Montagearbeiten gemeinsam ausführen. Damit die Sache auch funktioniert, muss das Klima innerhalb der Gruppe stimmen. Ein guter Teamgeist und die richtige Qualifikation der einzelnen Gruppenmitglieder sind für den Erfolg der Arbeit sehr wichtig.

Die Akkordentlohnung hat Vor- und Nachteile:

Vorteile	Nachteile
die Entlohnung richtet sich nach der erbrachten Leistung	durch hohes Arbeitstempo können Arbeitnehmer gesundheitliche Probleme bekommen
die Arbeitnehmer haben Einfluss auf ihre Lohnhöhe	es besteht Gefahr von Qualitätseinbußen und höherem Ausschuss
auf Leistungskontrollen kann verzichtet werden	die Produktqualität muss ständig kontrolliert werden, was zusätzliche Kosten verursacht
gute Ausnutzung der Betriebsmittel	die Betriebsmittel unterliegen starkem Verschleiß
	die Arbeit kann sehr monoton sein

Prämienlohn

Info 2

Name:	Auftrg.:	Auftrags-menge:	Gute Stücke:
Olga Kulitsch	WM-02	680	672
Prämienlohn – Scheck			
Zahlungsgrund: Terminauftrag Wintermäntel pünktlich erledigt			
Prämie: 80,00 €	Datum: 20..-10-01	Meister: *Müller*	

Prämienlohn ist eine Form des Leistungslohns. Zu einem vereinbarten Grundlohn wird zusätzlich eine leistungsabhängige Vergütung gezahlt. Der Grundlohn darf dabei nicht unter dem Tariflohn liegen. Prämien werden nur dann gezahlt, wenn eine bestimmte Normalleistung überschritten wird. Gründe um Prämien zu zahlen können z. B. sein:

- wichtiger Fertigungstermin wird trotz Zeitdruck eingehalten (Termineinhaltungsprämie);
- Ausschussquote wird unterschritten (Qualitätsprämie);
- geringer Energieverbrauch und sparsamer Rohstoffeinsatz (Ersparnisprämie);
- kurze Reparaturzeiten und niedrige Leerlaufzeiten der Betriebsmittel (Nutzungsgrundprämie).

Häufig werden auch Prämien an Mitarbeiter gezahlt, die Verbesserungsvorschläge machen (Anerkennungsprämie). Gute Ideen, welche die Kosten senken, werden von den Betrieben dankbar begrüßt und finanziell belohnt. Wie bei den anderen Prämienarten auch fließt dem Prämienberechtigten nicht der gesamte eingesparte Betrag zu, er bekommt nur einen Anteil.

Vor- und Nachteile des Prämienlohns:

Vorteile	Nachteile
der Betriebsprozess verläuft reibungsloser (z.B. durch Qualitätsprämien, Terminprämien)	die richtige Prämienhöhe zu finden kann schwierig werden
für Arbeitnehmer besteht zusätzlicher Leistungsanreiz	die Arbeitnehmer müssen den Wert ihrer Mehrleistung mit dem Betrieb teilen

Arbeitsvorschläge

DO IT!

1. Erklären Sie die Begriffe Akkordrichtsatz und Minutenfaktor.
2. Der tarifliche Grundlohn beträgt 12,00 €. Der Akkordzuschlag 10 %. Wie hoch ist der Akkordrichtsatz?
3. Unterscheiden Sie zwischen:
   a) Geld- und Zeitakkord;
   b) Einzel- und Gruppenakkord.
4. Welche Vor- und welche Nachteile hat der Akkordlohn?
5. Nennen Sie vier verschiedene Gründe, die Ursache für eine Prämienzahlung sein können.

Arbeitsvorschläge DO IT!

6. Lösen Sie folgende Lohnaufgaben zu dem Fliesenleger Bernd Fuhrmann:
   a) Ermitteln Sie seinen Tagesverdienst gemäß folgenden Angaben: Akkordrichtsatz 10, Normalleistung 2 m^2 pro Stunde, Istleistung 2,2 m^2, tägliche Arbeitszeit 7,5 Stunden.
   b) Wie verändert sich sein Tageslohn, wenn der Akkordrichtsatz auf 12,00 steigt und als Normalleistung 2,2 m^2 pro Stunde angesetzt werden? Istleistung und Arbeitszeit bleiben unverändert.
   c) Der tariflich vereinbarte Grundlohn steigt auf 11,00 €, der Akkordzuschlag wird auf 15 % gesenkt. Wie hoch ist der Akkordrichtsatz?

7. Lösen Sie die folgende Lohnaufgabe zu der Zweiradmechanikerin Sylvia Schuster.
   a) Wie hoch ist ihr Tagesverdienst bei folgenden Lohnangaben: Akkordrichtsatz 11,5, Normalleistung 24 Stück pro Stunde, Istleistung 25 Stück, tägliche Arbeitszeit 8 Stunden.
   b) Um wie viel € hat sich der Tagesverdienst gegenüber a) verändert, wenn durch die Anschaffung leistungsfähigerer Maschinen die Normalleistung auf 28 Stück angestiegen ist und die Istleistung von Sylvia Schuster ebenfalls nur 28 Stück beträgt?

6.3 Beteiligungslohn

Passiert – notiert

Beteiligungslohn, was ist das eigentlich?

Als Aktionär der Technik AG ist bei mir jetzt mehr Sorgfalt angesagt.

„Ich heiße Hasan Yildiz und arbeite schon 10 Jahre als Industriemechaniker bei der Maschinenbaufirma Technik AG. Der Laden läuft gut. Der Absatz brummt. Auch in diesem Jahr wird der Gewinn wieder um 20 % steigen. Als kleines Dankeschön für unsere gute Arbeit gibt es am Ende des Jahres sogar etwas zusätzlich. Fünf Belegschaftsaktien wird uns der Vorstand dieses Jahr gratis zukommen lassen. Da kann man nicht meckern, oder?“

Ran an die Informationen

Um das Interesse des Arbeitnehmers an „seinem" Betrieb und seiner Arbeit zu steigern, sind zahlreiche Unternehmen dazu übergegangen, die Belegschaft zu beteiligen. Über ihren normalen Lohn hinaus erhalten die Arbeitnehmer einen Beteiligungslohn.

Beteiligungen an Unternehmen sind als Leistungsanreize für die Arbeitnehmer gedacht, damit sich diese an ihrer Arbeitsstelle besonders anstrengen. Der Unternehmer hofft auf eine verbesserte Leistung und eine stärkere

Bindung an seinen Betrieb. Wird Beteiligungslohn gezahlt, verbessert dies auch die Lohngerechtigkeit. Denn nicht nur der Produktionsfaktor Kapital, sondern auch der Faktor Arbeit wirken ja am Erfolg eines Unternehmens mit. Da liegt es nahe, die Arbeitskräfte hieran zu beteiligen.

Mitarbeiter können am Gewinn oder am Kapital eines Unternehmens beteiligt werden.

- **Gewinnbeteiligung:** Der Gewinn wird ausgezahlt oder einem Konto gutgeschrieben, über das der Arbeitnehmer nur verfügen kann, wenn er eine vereinbarte Kündigungsfrist einhält.
- **Kapitalbeteiligung:** Die Gewinnanteile bleiben im Unternehmen in Form eines Darlehens, das der Arbeitnehmer seinem Betrieb gewährt. Er wird damit zum Gläubiger seines Betriebes. Möglich ist auch, dass die Mitarbeiter in den Genuss von Belegschaftsaktien kommen. Sie werden damit zu Kapitaleignern (Gesellschaftern) ihrer Arbeitsstätte. Einzuhaltende Sperrfristen verhindern, dass die Aktien sofort wieder verkauft werden.

Vor- und Nachteile des Beteiligungslohnes

Vorteile	Nachteile
▸ stärkerer Leistungsanreiz ▸ geringere Fluktuation innerhalb der Belegschaft ▸ verbessertes Betriebsklima ▸ höhere Lohngerechtigkeit	▸ stärkere finanzielle Belastung des Unternehmens durch den Produktionsfaktor Arbeit ▸ Probleme können auftreten, wenn das Unternehmen Verluste erwirtschaftet (Frage: Sind die Arbeitnehmer auch daran beteiligt?)

Arbeitsvorschläge DO IT!

1. Welche Gründe sprechen für die Zahlung von Beteiligungslöhnen?
2. Informieren Sie sich, ob Ihre Ausbildungsfirma die Arbeitnehmer/-innen am Erfolg des Unternehmens beteiligt.
3. Beschreiben Sie bei den Beteiligungslöhnen den Unterschied zwischen Erfolgs- und Kapitalbeteiligung.

7 Beendigung des Arbeitsverhältnisses

Passiert – notiert

Wie ist Ihre Meinung zu Steffens Situation?

Welche Kündigungsfristen gibt es?

Wie und wen schützt das Kündigungsschutzgesetz?

Steffen hatte es geschafft. Die Abschlussprüfung war bestanden und er wurde auch als Schreiner in seinem Ausbildungsbetrieb übernommen. Doch schon nach kurzer Zeit war er mit dem Job sehr unzufrieden. Er arbeitete jetzt nämlich in einer Abteilung, die für einen Hersteller von Fertighäusern als Subunternehmer tätig war. Sie bauten die Häuser auf und bearbeiteten auch Reklamationen. Die Aufträge waren über ganz Deutschland verteilt. So kam es immer wieder vor, dass Steffen entweder sehr spät abends nach Hause kam oder sogar auswärts übernachten musste. Das hatte er sich natürlich anders vorgestellt.

In der ersten Fußballmannschaft wurde er nicht mehr aufgestellt, weil er kaum noch zum Training kam. Für seine Kumpels hatte er nur noch am Wochenende Zeit. Da kam Inga gerade recht: Sie hatte eine Anzeige gefunden „Möbelhaus sucht handwerklich geschickten Schreiner für sofort. Tätigkeiten: Umbau im Möbelhaus, Auslieferung und Aufstellen der Möbel bei Kunden ..."

Steffen stellte sich vor und unterschrieb am nächsten Tag schon den Arbeitsvertrag. In seinem alten Betrieb rief er an und teilte die fristlose Kündigung mit.

„So geht das nicht, du kannst nicht einfach wegbleiben. Ich werde dich auf Schadenersatz verklagen, wenn wir die nächsten Aufträge nicht schaffen oder die anderen Überstunden machen müssen ..." – „Das ist bestimmt eine leere Drohung!", antwortete Steffen. „Du wirst schon sehen, hast wohl damals in der Schule grad geschlafen, als das Thema Kündigung dran war ...", war die wütende Antwort des Chefs.

Ran an die Informationen

Jeder Arbeitsvertrag kommt durch zwei übereinstimmende Willenserklärungen zustande. Eine Weiterbeschäftigung nach bestandener Prüfung ist auch eine solche zweiseitige Willenserklärung, in diesem besonderen Fall eine stillschweigende. Der Betrieb beschäftigt den ausgebildeten Schreiner zu tariflichen Bedingungen weiter, dieser willigt stillschweigend ein, indem er am Tag nach der praktischen Prüfung zur Arbeit kommt.

Arbeitsverträge können befristet oder unbefristet abgeschlossen werden (siehe hierzu auch Kap. 1). In **befristeten Arbeitsverträgen** endet das Beschäftigungsverhältnis mit Ende der im Vertrag festgelegten Frist. Eine **Beendigung unbefristeter Arbeitsverträge** geschieht entweder durch einen Aufhebungsvertrag oder durch Kündigung. Kündigungen, Aufhebungsverträge aber auch Befristungen müssen schriftlich erfolgen.

Aufhebungsvertrag

Info 1

In einem Aufhebungsvertrag erklären sich beide Vertragspartner zur Beendigung eines bestehenden Arbeitsverhältnisses bereit. Oftmals erhält der Arbeitnehmer für die Einwilligung eine Abfindung, wenn der Arbeitgeber großes Interesse an der Beendigung hat. Ein Teil der Abfindung wird allerdings auf das Arbeitslosengeld angerechnet. Dessen Bezug kann bis zu drei Monate gesperrt werden.

Aufhebungsverträge werden oft aus betriebsbedingten Gründen (z. B. Auftragsrückgang, Kosteneinsparungen) angeboten, um die Kündigungsschutzfristen zu umgehen. Sie können aber auch angewendet werden, wenn der Arbeitnehmer einen Grund für eine fristlose Kündigung liefert, der Chef ihm aber eine solche Kündigung ersparen will, damit er bei folgenden Bewerbungen bessere Chancen hat. In diesem Fall wird sicherlich keine Abfindung vereinbart.

Tipp

Überlegen Sie sich einen Aufhebungsvertrag gut. Sie verzichten damit auf den Ihnen eventuell zustehenden Kündigungsschutz (auch auf den besonderen von Schwangeren und Schwerbehinderten). Erkundigen Sie sich auch vorher beim Arbeitsamt ob eine Ausgleichszahlung angerechnet wird und ob Sie eine Sperrzeit für den Bezug von Arbeitslosengeld bekommen.

Kündigungsfristen

Info 2

Eine Kündigung ist eine einseitige Willenserklärung des Kündigenden, die vom anderen Vertragspartner lediglich empfangen werden muss.

Wenn der **Arbeitgeber** kündigt: Für Beschäftigte unter 25 Jahren gelten ebenfalls die einfache Kündigungsfristen von 4 Wochen zum 15. oder zum Monatsende. Für Beschäftigte über 25 Jahre hängen die Kündigungsfristen von der Betriebszugehörigkeit ab.

Betriebszugehörigkeit	Kündigungsfrist
unter **2 Jahren**	**4 Wochen** zum 15. oder Monatsende
ab **2 Jahren**	**1 Monat** zum Monatsende
ab **5 Jahren**	**2 Monate** zum Monatsende
ab **8 Jahren**	**3 Monate** zum Monatsende
ab **10 Jahren**	**4 Monate** zum Monatsende
ab **12 Jahren**	**5 Monate** zum Monatsende
ab **15 Jahren**	**6 Monate** zum Monatsende
ab **20 Jahren**	**7 Monate** zum Monatsende

In der **Probezeit** können Arbeitsverträge mit einer Frist von 2 Wochen gekündigt werden. **Arbeitnehmer** können grundsätzlich mit einer Kündigungsfrist von 4 Wochen zum 15. oder zum Monatsende kündigen.

Info 3 Außerordentliche, fristlose Kündigung

Es gibt drei Kündigungsarten:	ordentliche, fristgemäße Kündigung	außerordentliche, fristlose Kündigung	Änderungskündigung

Diese kann sowohl vom Arbeitgeber als auch vom Arbeitnehmer erfolgen. Bedingung ist, dass dem Kündigenden eine Fortsetzung des Arbeitsverhältnisses nicht mehr zugemutet werden kann.

Dies ist allerdings nur möglich, wenn ein wichtiger Grund vorliegt, wie zum Beispiel:

- Diebstahl,
- Arbeitsverweigerung,
- grober Verstoß gegen die Betriebsordnung,
- ungenehmigter Urlaub,
- Beleidigungen,
- Vorenthaltung des Gehaltes,
- sexuelle Belästigung usw.

Jeder Vertragspartner muss dem anderen den Kündigungsgrund unverzüglich mitteilen. Eine fristlose Kündigung ist auch nur möglich, wenn der Kündigungsgrund nicht länger als zwei Wochen bekannt ist.

Info 4 Änderungskündigung

Ein Arbeitnehmer soll an einem anderen Platz als dem im Arbeitsvertrag festgelegten eingesetzt werden. Es soll ihm aber nicht gekündigt werden. Oder aber seine im Vertrag festgelegten Arbeitsbedingungen sollen geändert werden. Dann bietet sich eine Änderungskündigung an. Dies bedeutet: Dem Beschäftigten wird die Fortsetzung der Anstellung zu geänderten Bedingungen angeboten. Diese könnten sein: weniger Lohn, Wegfall von Überstundenregelungen, eine andere Tätigkeit oder eine Beschäftigung an einem anderen Standort usw. Unterschreibt der Arbeitnehmer den neuen Vertrag nicht, verliert sein alter Vertrag trotzdem seine Gültigkeit.

Kündigungsschutz

Info 5

Die zwei Voraussetzungen des Kündigungsschutzes:

- Der Kündigungsschutz gilt nur für Mitarbeiter in Betrieben mit mehr als 5 vollbeschäftigten Arbeitnehmern (über 30 Wochenstunden). Für Mitarbeiter, die ab 2004 neu eingestellt wurden, gilt er sogar erst in Betrieben ab 10 Arbeitnehmern. Auszubildende zählen nicht mit. Teilzeitbeschäftigte zählen mit geringerem Faktor.
- Zum Zeitpunkt der Kündigung muss der Arbeitnehmer länger als sechs Monate im Betrieb angestellt sein.

Allgemeiner Kündigungsschutz

Einem Arbeitnehmer darf, wenn die unten genannten Voraussetzungen erfüllt sind, nur dann gekündigt werden, wenn er durch seine Person oder sein Verhalten einen Kündigungsgrund gibt oder wenn betriebliche Erfordernisse vorliegen.

Kündigungsgründe nach dem Kündigungsschutzgesetz

personenbedingte Gründe	verhaltensbedingte Gründe	betriebliche Gründe
• mangelhafte Kenntnisse und Fähigkeiten (dürfen bei der Einstellung nicht bekannt gewesen sein) • mangelnde körperliche oder geistige Eignung (z. B. Allergien) • lange Krankheit, deren Ende nicht absehbar ist • häufige Kurzerkrankungen (wenn die wirtschaftliche Belastung für den Arbeitgeber zu groß wird)	• schuldhafte Vertragsverletzung wie Arbeitsverweigerung, häufige Unpünktlichkeit, selbstgenommener und nicht genehmigter Urlaub • Verletzung arbeitsrechtlicher Nebenpflichten wie Nichtvorlage einer Arbeitsunfähigkeitsbescheinigung • Verstöße gegen die Betriebsordnung, Verweigerung von Überstunden, Verweigerung der Aufgabenaufteilung im Betriebsteam • Drogenkonsum am Arbeitsplatz (auch Alkohol) • Verletzung eines Rauchverbotes im Betrieb • fehlender Leistungswille • Störung des Betriebsfriedens durch Beleidigung von Kollegen, dem Meister und Kunden oder sexuelle Nötigung	• Umsatz- oder Ertragsrückgang • Umstrukturierung des Betriebes • Betriebsverkleinerung (z. B. aus Altersgründen, Krankheit) • Umorganisation (z. B. Einsatz modernerer Maschinen)
Zusatzpflichten des Betriebsinhabers:	**vorherige schriftliche Abmahnung:** Dadurch erhält der Arbeitnehmer die Chance, sein Verhalten zu ändern. Erfolgt dies nicht, kann die Kündigung ausgesprochen werden.	Berücksichtigung sozialer Gesichtspunkte

Soziale Abwägung: Es muss der Kollege gekündigt werden, für den eine Kündigung die geringste soziale Härte darstellt. Zu berücksichtigende soziale Faktoren sind z. B. Lebensalter, Dauer der Betriebszugehörigkeit, Unterhaltsverpflichtung, Familienstand, Vermögensverhältnisse, Schulden, Krankheiten. Mitarbeiter, auf die der Betrieb aufgrund ihrer Qualifikation besonderen Wert legt, sollen aber nicht als erste gehen müssen, nur weil sie z.B. jung und unverheiratet sind.

Tipp
Bei betriebsbedingten Kündigungen hat der Arbeitgeber die Möglichkeit, eine Abfindung anzubieten. Der Arbeitnehmer kann entscheiden, ob er das Angebot annimmt oder ob er klagen will. Dies soll langwierige juristische Streitereien vermeiden helfen.

In Betrieben mit **Betriebsrat** ist dieser vor jeder Entlassung **anzuhören.** Unterbleibt dies, ist die Kündigung unwirksam. Widerspricht der Betriebsrat einer Kündigung und es wird Klage eingereicht, muss der Gekündigte weiterbeschäftigt werden, bis vom Arbeitsgericht eine Entscheidung getroffen wurde.

Besonderer Kündigungsschutz

Folgende Gruppen genießen einen besonderen Kündigungsschutz:

- Wehr- und Ersatzdienstleistende sind während dieser Tätigkeit nicht kündbar;
- Schwerbehinderte (siehe Kap. 2.3)
- Schwangere (siehe Mutterschutzgesetz, Kap. 2.2)
- Auszubildende nach der Probezeit (siehe TK 1, Kap. 1)
- Betriebsratsmitglieder
- Jugend- und Auszubildendenvertreter sind während ihrer Amtszeit und ein Jahr danach unkündbar.

Rechte des Arbeitnehmers nach der Kündigung

- Anspruch auf angemessene Freistellung zu Vorstellungsgesprächen
- Ausstellung eines Arbeitszeugnisses (auf Wunsch qualifiziertes Zeugnis)
- evtl. Resturlaub
- Aushändigung der Arbeitspapiere (Lohnsteuerkarte, Sozialversicherungsnachweis, Urlaubsbescheinigung)

Arbeitsvorschläge — DO IT!

1. Überprüfen Sie den Fall in „Passiert-notiert“: Wer hat Recht?
2. Irene hat sich in der Fabrik „ASS“ beworben und könnte zum 01.06. 2006 dort beginnen. Wann muss sie spätestens bei ihrem jetzigen Arbeitgeber kündigen?
3. Vergleichen Sie die Kündigungsfristen während der Probezeit in der Ausbildung mit denen in der Probezeit eines Arbeitsplatzes.
4. Beurteilen Sie die Rechtslage folgender Fälle. Entscheiden Sie, ob eine Kündigung möglich ist. Wenn JA, welche?
   a) Lars wurde nun schon zum dritten Mal aufgefordert, nicht angetrunken in die Nachtschicht zu kommen.
   b) Klaus ist vor allem freitags öfter krank. Wenn er donnerstags lange aus war, kämpft er morgens häufig mit starker „Migräne“.
   c) Andreas kann wegen eines Bandscheibenvorfalles seine Tätigkeit als Gabelstaplerfahrer nicht mehr ausüben.
   d) Klara weigert sich, nachdem sie nach der Ausbildung übernommen wurde, die ihr zugewiesenen Arbeiten zu übernehmen. Sie möchte lieber im Lager arbeiten, als an der Maschine zu stehen.
   e) Maike ist nicht gewillt, einen Lehrgang für die neuen Maschinen zu machen.

Arbeitsvorschläge DO IT!

5. Erklären Sie die „Änderungskündigung", möglichst an einem Beispiel aus Ihrem Ausbildungsbetrieb.
6. Was ist ein „Aufhebungsvertrag" und wann wird ein solcher wohl einem Arbeitnehmer angeboten?
7. Warum ist für einen Arbeitnehmer ein Aufhebungsvertrag besser als eine fristlose Kündigung?

Wir spielen Betriebsrat und entscheiden: „Wer fliegt raus?"

In einem Betrieb arbeiten 23 Mitarbeiter/-innen. Wegen Auftragsmangel muss einer/eine entlassen werden.

1. Prüfen Sie, ob für diesen Betrieb das Kündigungsschutzgesetz gilt.
2. Prüfen Sie die gesetzlichen Kündigungsfristen der infrage kommenden Arbeitnehmer.
3. Diskutieren Sie über die Sozialverträglichkeit und machen Sie dem Personalchef einen Vorschlag, welcher Kündigung Sie zustimmen würden. Begründen Sie Ihren Vorschlag.
4. Klären Sie den/die Gekündigte/n über seine/ihre Rechte auf.

Name	Alter	Betriebszugehörigkeit	Sonstiges
Klara Schumann	53	13 Jahre	verheiratet, Ehemann macht Altersteilzeit, Kinder verheiratet, eigenes Haus
Christoph Kuslowski	46	12 Jahre	verheiratet, solide finanzielle Verhältnisse, Sohn studiert, Frau arbeitet halbtags
Claudia Schmidt	28	10 Jahre	alleinerziehende Mutter, Sohn 8 Jahre, benötigt öfter unbezahlten Urlaub wegen der Erziehung ihres Sohnes
Vera Sverowska	24	6 Jahre	verheiratet, nimmt gerade Elternzeit
Lars Kramer	20	2 Jahre	Schulden für Pkw und Motorrad
Hassan Yildiz	19	3 Monate nach Ausbildung	leistet gerade seinen Zivildienst ab
Semra Günes	18	14 Monate	im zweiten Ausbildungsjahr
Klaus Müller	17	1 Monat	in der Probezeit der Ausbildung

8 Arbeitszeugnisse

Passiert – notiert

Wie unterscheiden sich einfache von qualifizierten Arbeitszeugnissen?

Wie würden Sie das qualifizierte Arbeitszeugnis von Bernd Stange bewerten?

Bernd Stange ist Auszubildender bei der Müller OHG in Erfurt. Er lernt dort den Beruf des Anlagenelektronikers. Da er nach der Abschlussprüfung nicht übernommen werden kann, will er sich noch vor der Prüfung bei einer anderen Firma bewerben. Er bittet seinen Chef um ein Zwischenzeugnis. Der Chef gibt ihm zuerst folgendes einfaches Arbeitszeugnis:

Herr Bernd Stange, geb. am 16.01.1985 in Erfurt, absolviert in der Zeit vom 01.08. 2000 bis zum 22.01.2004 eine Ausbildung zum Energieelektroniker – Fachrichtung Anlagentechnik.

Nach der Ausbildung scheidet Herr Stange auf eigenen Wunsch aus.

Erfurt, 200..-12-11
Elektrohaus Müller OHG

Klaus Müller

Da Bernd meint, dass dieses Zeugnis nicht sehr aussagefähig für seine Bewerbung sei, verlangt er ein qualifiziertes Arbeitszeugnis und erhält es auch:

Herr Bernd Stange, geb. am 16.01.1985 in Erfurt, absolviert in der Zeit vom 01.08. 2000 bis zum 22.01.2004 eine Ausbildung zum Energieelektroniker – Fachrichtung Anlagentechnik. Während dieser dreieinhalbjährigen Ausbildung absolvierte Herr Stange alle im Ausbildungsplan genannten Ausbildungsinhalte.

Er wurde dabei besonders bei folgenden praktischen Arbeiten eingesetzt:
- in der Montagewerkstatt Schalt- und Verteilungsanlagen gebaut;
- auf Baustellen: Zurichten, Verlegen und Anschließen von Leitungen der Energie- und Kommunikationstechnik sowie Installation von Wärmepumpen;
- an wechselnden Orten Anlagen der Energieverteilung, Steuerungs-, Melde- und Beleuchtungstechnik montiert und installiert.

Herr Stange hat die ihm übertragenen Arbeiten zu unserer vollen Zufriedenheit ausgeführt. Er zeigte Interesse an allen Teilen der Ausbildung und hat sich stets bemüht allen Anforderungen der Ausbildung gerecht zu werden. Er war mit Interesse bei der Sache und bemühte sich stets nach Kräften und arbeitete mit größter Genauigkeit. Vor allem auf Baustellen trug er durch seine Geselligkeit zur Verbesserung des Betriebsklimas bei.

Herr Stange wird im Januar 2004 voraussichtlich seine Ausbildung beenden. Er scheidet dann auf eigenen Wunsch aus unserem Unternehmen aus.

Wir wünschen ihm für seinen weiteren Lebensweg alles Gute und viel beruflichen Erfolg.

Erfurt, 200..-12-11
Elektrohaus Müller OHG

Klaus Müller

Ran an die Informationen

Info 1

Arbeitszeugnisse – wem sie nutzen?

Warum eigentlich ein Arbeitszeugnis nach der Berufsausbildung? Man bekommt doch schon ein Abschluss- bzw. ein Abgangszeugnis von der Berufsschule. Außerdem werden ja auch von der Kammer die Leistungen der Abschlussprüfung bescheinigt.

Arbeitszeugnisse haben zwei Aufgaben:

- Rückmeldung über seine Leistung
  Die Arbeitnehmer erhalten mit ihm eine Bewertung der eigenen Leistung und Tätigkeit und eine Beurteilung der Persönlichkeit. So wird man auf Fehler hingewiesen und kann diese verbessern. Man bekommt aber auch eine Rückmeldung, was man gut gemacht hat.
- Unterlagen für die Bewerbung
  Bei einer Bewerbung ist ein Arbeitszeugnis sehr wichtig. Denn hier werden die betrieblichen Leistungen und Fähigkeiten aus der Sicht eines Arbeitgebers beurteilt.

Neben dem Bewerbungsschreiben, dem Assessment-Center und/oder dem Vorstellungsgespräch sind die Arbeitszeugnisse daher ein sehr wichtiges Kriterium bei der Entscheidung über eine Einstellung.

Das Ergebnis der Abschlussprüfung und das Abschluss- (oder Abgangs-) zeugnis der Berufsschule geben mehr Aufschluss über den theoretischen Kenntnisstand. Dieser wird auch mit weiteren Bescheinigungen und Zeugnissen über besuchte Fortbildungslehrgänge belegt.

Die Leistungen in der Praxis, den Einsatzwillen, das soziale Verhalten im Praxisteam und weitere Schlüsselqualifikationen werden dagegen eher in einem Arbeitszeugnis bescheinigt.

Daher ist jeder Arbeitgeber verpflichtet, beim Austritt eines ausscheidenden Mitarbeiters – auch ohne ausdrückliches Verlangen - ein Arbeitszeugnis auszustellen. Je länger die Zeit der Ausbildung vorüber ist, desto wichtiger werden die Arbeitszeugnisse.

Tipp

Zwischenzeugnis: Der Anspruch auf ein Ausbildungszeugnis entsteht mit dem Abschluss bzw. Abbruch der Ausbildung. Um sich rechtzeitig um einen anderen Arbeitsplatz nach Beendigung der Ausbildung bewerben zu können, kann auch die Ausstellung eines Zwischenzeugnisses verlangt werden.

Zwei Arten von Arbeitszeugnissen

Info 2

Einfaches Arbeitszeugnis:

Es enthält Angaben zur Person des Arbeitnehmers, Art und Dauer der Ausbildung (oder später: der Beschäftigung) sowie eine Beschreibung der Tätigkeiten. Auf Wunsch des Arbeitnehmers kann noch erwähnt werden, dass er selbst gekündigt hat.

Qualifiziertes Arbeitszeugnis:

Es wird auf Wunsch der Arbeitnehmer ausgestellt. Es enthält zusätzliche Angaben über die Leistungen, besondere Tätigkeiten, die übernommen wurden. Außerdem beschreibt es auch besondere fachliche Fähigkeiten und die Schlüsselqualifikationen (siehe Kap. 4) der Arbeitnehmer. Dies können sein: Einsatzwille, Verhalten gegenüber Kunden, Kollegen/-innen, Vorgesetzten usw.

Info 3 Gefahr von Arbeitszeugnissen für die Beurteilten

Arbeitszeugnisse sind Beurteilungen durch andere Personen. Manche Chefs sind kritischer, andere dagegen großzügiger. So könnten gleiche Leistungen von verschiedenen Personen unterschiedlich bewertet werden. Es ist menschlich, dass man nicht alle Personen gleich sympathisch findet. Hier liegt eine große Gefahr für die Beurteilten, denn für sie sind ja die Arbeitszeugnisse sehr wichtig. Daher hat das Bundesarbeitsgericht vor allem für qualifizierte Arbeitszeugnisse festgelegt:

- Zeugnisse müssen wohlwollend abgefasst werden, um das Fortkommen des Arbeitnehmers nicht unnötig zu erschweren.
- Zeugnisse müssen der Wahrheit entsprechen.
- Einmalige Vorfälle oder Umstände, die für den Arbeitnehmer, seine Führung und Leistung nicht charakteristisch sind, dürfen nicht im Zeugnis erscheinen.

Aber: Ein stark negatives Verhalten eines Arbeitnehmers muss in das qualifizierte Arbeitszeugnis aufgenommen werden. Denn die Ausstellung eines bewusst wahrheitswidrigen Zeugnisses kann zu Schadenersatzansprüchen des neuen Arbeitgebers gegenüber dem ehemaligen führen.

Hier steckt der Schreibende in einer Zwickmühle. Dies führte dazu, dass sich immer mehr Verschlüsselungen eingebürgert haben. Einige Beispiele:

Noten von 1 bis 6	Texte im Arbeitszeugnis
sehr gut	*„stets zur vollsten Zufriedenheit"*
gut	*„stets zur vollen Zufriedenheit"*
befriedigend	*„zur vollen Zufriedenheit"*
ausreichend	*„zur Zufriedenheit", „zufriedenstellend"*
mangelhaft	*„insgesamt/weitgehend/im Großen und Ganzen zur Zufriedenheit", „... entsprach den Erwartungen"*
ungenügend	*„hat sich (stets) bemüht, ... zur Zufriedenheit zu erfüllen"*

Das steht im Arbeitszeugnis	Das ist damit gemeint
Durch seine Geselligkeit trug er zur Verbesserung des Betriebsklimas bei.	Er trank Alkohol am Arbeitsplatz.
Er bemühte sich, den Anforderungen gerecht zu werden.	Er hat versagt.
Er war immer/stets mit Interesse bei der Sache.	Er hat aber keine gute Leistung gebracht.
Er zeigte stets Verständnis für seine Arbeit.	Verständnis ja, Können nein: Er hat versagt.
Er arbeitete mit größter Genauigkeit.	Ihm fehlten Schnelligkeit und Flexibilität.
Er setzte sich im Rahmen seiner Möglichkeiten/Fähigkeiten ein.	Note: Ungenügend.
Im Kollegenkreis galt er als umgänglicher/toleranter Mitarbeiter.	Für Vorgesetzte ist er allerdings ein „harter Brocken".
Für die Belange der Belegschaft bewies er stets Einfühlungsvermögen.	Er war ständig auf der Suche nach Sexualkontakten.

Dies sind nur einige von zahlreichen Beispielen, deren wirkliche Bedeutung man zwischen den Zeilen lesen muss. Es gibt zahlreiche weitere Verschlüsselungsmöglichkeiten. So kann z. B. das vorzeitige Ende einer Beschäftigung (nicht zum 15. oder Monatsende) eine fristlose Entlassung bedeuten. Spärliches Lob wie „sie hat sich bemüht" oder „sie zeigte Interesse" soll oftmals zeigen, dass die Leistung weit unterdurchschnittlich war.

Ein sehr gutes bis gutes Arbeitszeugnis erkennt man an der Verwendung von Superlativen (wie z. B. größte, vollste, herausragend, außergewöhnlich).

Widerspruch gegen ein Arbeitszeugnis — Info 4

Gegen ein negatives Arbeitszeugnis kann man sich wehren. Man kann versuchen ein besseres Zeugnis zu erhalten. Fühlen Sie sich dann aber immer noch ungerecht bewertet, bleibt der Weg einer Schlichtung bis hin zum Arbeitsgericht (siehe hierzu Kap. 9).

Verschlüsselungen sind kein Geheimnis mehr. Sie können sogar deren Verwendung einklagen. Denn die meisten Chefs achten bei Bewerbungen auf diese Codes.

Tipp

Sind Sie mit Ihrem Zeugnis nicht einverstanden, sollten Sie zuerst versuchen sich mit Ihrem Arbeitgeber gütlich zu einigen um Ihr Zeugnis zu verbessern. Unterbreiten Sie ihm Änderungsvorschläge.

Erst, wenn Sie auf gütlichem Wege nichts erreichen, sollten Sie sich an den Ausbildungsberater der Kammer oder gar an einen Fachanwalt für Arbeitsrecht wenden.

Fit im Web

Weitere Beispiele für Verschlüsselungen sowie Wissenswertes zu Arbeitszeugnissen finden Sie auf folgenden Seiten:

www.top-bewerbung.de

www. Maennerseiten.de/arbeitszeugnis.htm

Arbeitsvorschläge — DO IT!

1. Bewerten Sie das qualifizierte Arbeitszeugnis in Passiert-notiert nochmals. Kommen Sie jetzt eventuell zu einem anderen Ergebnis als bei der ersten Bewertung? Wenn ja, warum?
2. Unterscheiden Sie zwischen einem einfachen und einem qualifizierten Arbeitszeugnis.
3. Warum kann ein einfaches Arbeitszeugnis schon einen negativen Eindruck machen?
4. Schauen Sie sich die „verschlüsselten" Beispiele in Info 3 an und diskutieren Sie die Gefahr der Verschlüsselung in Arbeitszeugnissen.

9 Arbeitsgerichtsbarkeit

Passiert – notiert

Für welche Streitigkeiten sind die Arbeitsgerichte zuständig?

Wie ist die Arbeitsgerichtsbarkeit aufgebaut?

„Ich bin jetzt 49 Jahre alt, wie soll ich da noch eine vernünftige Stelle bekommen?“

Karsten Suther ist Mechaniker und arbeitete schon 19 Jahre in einem örtlichen Krankenhaus. Jetzt steht Karsten vor dem Neustädter Arbeitsgericht. Die Geschäftsleitung hatte ihm fristlos gekündigt wegen wiederholten Alkoholmissbrauchs am Arbeitsplatz. „Ich fühle mich mittlerweile außerstande, Herrn Suther noch einen anderen Arbeitsplatz anbieten zu können“, so der Geschäftsführer achselzuckend.

Claudia Dombrowski arbeitet als Bäckerin in einer Großbäckerei und steht jetzt vor dem Arbeitsgericht. Sie hat mehrfach unentschuldigt an ihrem Arbeitsplatz gefehlt. Ihr Chef hat sie deshalb einige Male abgemahnt. Das hat aber alles nichts genutzt. Im Dezember war sie wieder nicht da. „Keine Entschuldigung, keine Krankmeldung – nichts. So etwas können wir uns doch nicht bieten lassen“, so ihr Arbeitgeber.

„Nicht zur Arbeit zu gehen, dass kann doch mal vorkommen, wenn man dringende Dinge zu erledigen hat. Mein Chef soll sich nicht so anstellen!“

„Immer nur geschuftet habe ich für meinen Betrieb und jetzt soll ich auch noch auf Lohn verzichten. Und das bei meinen Ausgaben. Das lasse ich mir nicht bieten!“

Holger Willems arbeitet als Maurer in einer Baufirma. Auch er steht in Neustadt vor dem Arbeitsgericht. Der Grund: Wegen der schlechten Auftragslage am Bau sollen er und seine Kollegen auf 10 % ihres Lohnes verzichten. Weigern sie sich, droht ihnen die Kündigung. „Wir müssen runter mit den Kosten, sonst kann ich meinen Betrieb zumachen“, so sein Chef.

Ran an die Informationen

Info 1

Zuständigkeit der Arbeitsgerichtsbarkeit

Karsten, Holger und Claudia haben Streit mit ihrem Arbeitgeber. Versuche, den Konflikt innerbetrieblich zu lösen, sind gescheitert. Gespräche zwischen dem Arbeitgeber, den Arbeitnehmern und dem Betriebsrat haben letztlich zu nichts geführt. Man trifft sich jetzt vor dem Arbeitsgericht.

Arbeitsgerichte sind zuständig für Rechtsstreitigkeiten, die sich im Arbeitsleben ergeben.

Zuständigkeitsbereiche der Arbeitsgerichtsbarkeit (Beispiele)

Rechtsstreitigkeiten ...	Beispiele:
zwischen Arbeitgebern und Arbeitnehmern aus dem Arbeitsverhältnis	Streit zwischen Paul Hermann und seiner Firma wegen ausstehender Bezahlung von Überstunden
zwischen Arbeitgebern und Arbeitnehmern wegen unerlaubter Handlungen	Streit zwischen Olga Kretschmer und ihrem Arbeitgeber wegen angeblicher Mitnahme von betriebseigenem Material
zwischen Gewerkschaften und Arbeitgeberverbänden oder einzelnen Arbeitgebern	Streit zwischen der IG-Metall und der Volkswagen AG über den Umfang einer tariflich vereinbarten Arbeitszeitverkürzung
zwischen Arbeitnehmern untereinander	Streit zwischen den beiden im Gruppenakkord arbeitenden Transportarbeitern Felix H. und Axel M. über die Aufteilung des Akkordlohnes
die sich aus den Mitbestimmungsrechten der Arbeitnehmer nach dem Betriebsverfassungsgesetz ergeben	Streit zwischen dem Betriebsrat und der Geschäftsleitung der Holzbau AG über Inhalte einer neuen Betriebsordnung

Wie die Übersicht zeigt, sind die Arbeitsgerichte für sehr verschiedene Arten von Rechtsstreitigkeiten aus dem Arbeitsleben zuständig. Mehr als drei viertel aller Arbeitsgerichtsentscheidungen entfallen auf die beiden Streitgegenstände Lohn- und Gehaltsansprüche und Kündigung. An erster Stelle stehen dabei die Kündigungen. In wirtschaftlich schlechten Zeiten mit hoher Arbeitslosigkeit haben die Arbeitsgerichte besonders viel mit Kündigungsproblemen zu tun.

Fit im Web

Weiterführende Informationen zum Arbeitsgericht finden Sie im Internet unter www.bundesarbeitsgericht.de

Das Arbeitsrecht kennt drei Arten von Kündigungen:

- personenbedingte Kündigung, z. B. wegen lang andauernder Krankheit;
- verhaltensbedingte Kündigung, z. B. wegen unentschuldigten Fehlens des Arbeitnehmers;
- betriebsbedingte Kündigung, z. B. wegen schlechter Auftragslage des Betriebes.

Besonders häufig sind betriebsbedingte Kündigungen vor den Arbeitsgerichten anhängig.

Info 2 Aufbau der Arbeitsgerichtsbarkeit

Tipp

Damit Gerichtskosten kein Hindernis für ein Arbeitsgerichtsverfahren darstellen, sind sie besonders niedrig. Anders als bei der Zivilgerichtsbarkeit müssen auch keine Vorschüsse auf die Gerichtskosten gezahlt werden. Als Gewerkschaftsmitglied erhält man kostenlosen juristischen Beistand.

Eine Besonderheit der Arbeitsgerichtsbarkeit ist die Güteverhandlung. Sie findet vor jeder Hauptverhandlung des Arbeitsgerichts statt. Die Güteverhandlung möchte dazu beitragen, den Arbeitsfrieden im Betrieb zu wahren. Der Streit soll geschlichtet werden ohne eine gerichtliche Verhandlung. Die Parteien können sich vor den Arbeitsgerichten selbst vertreten. Ein Rechtsanwalt ist nicht unbedingt notwendig. Möglich ist auch, dass Arbeitnehmer sich durch einen Vertreter der Gewerkschaft vertreten lassen. Wenn eine gütliche Einigung nicht möglich ist, wird der Rechtsstreit vor einer Kammer des Arbeitsgerichts weiter verhandelt. Gegen Urteile des Arbeitsgerichts (1. Instanz) kann die unterlegene Partei Berufung beim zuständigen Landesarbeitsgericht (2. Instanz) einlegen. Revision gegen Urteile des Landesarbeitsgericht kann beim Bundesarbeitsgericht (3. Instanz) eingelegt werden. Dies ist aber nur in Fällen möglich bei denen die Urteile Rechtsfehler enthalten.

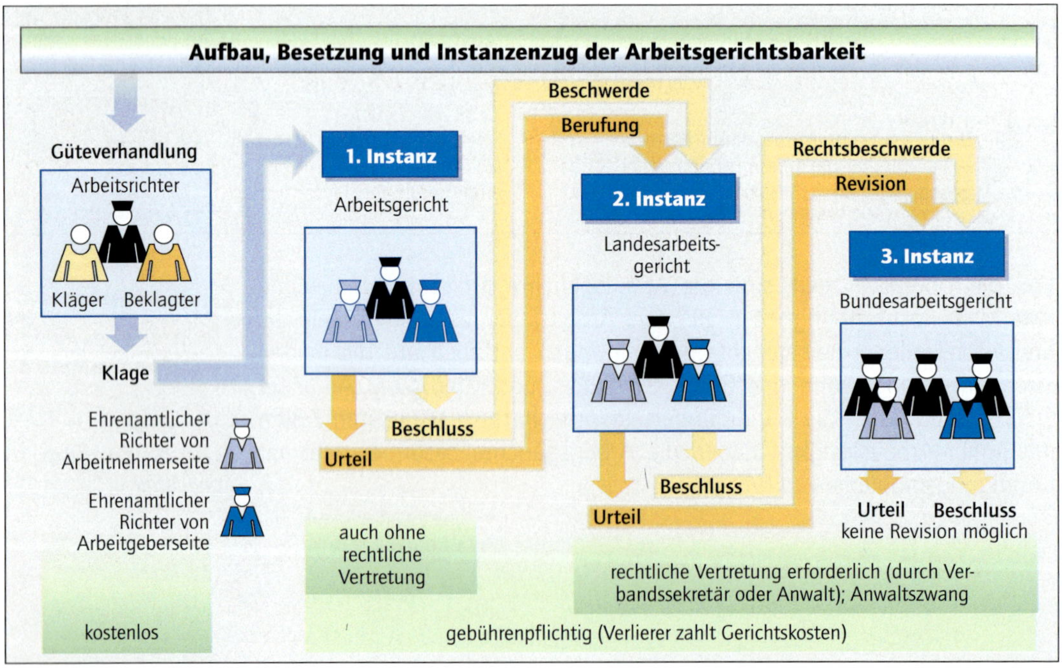

Arbeitsvorschläge

DO IT!

1. Beschreiben Sie den Instanzenweg der Arbeitsgerichtsbarkeit.
2. Karsten Suther und sein Chef werden zu einer Güteverhandlung vor das Neustädter Arbeitsgericht geladen. Welches Ziel hat diese Vorladung?
3. Bernd, ein Kollege des Maurers Holger Willems scheut den Gang zum Arbeitsgericht wegen der angeblich zu hohen Kosten. Wie beurteilen Sie diese Meinung?
4. Für welche Arten von Rechtsstreitigkeiten ist die Arbeitsgerichtsbarkeit zuständig?

HOT

Besuch bei Justitia: Verhandlungstermine vor dem Arbeitsgericht erkunden

Nichts ist so anschaulich wie die Praxis selbst. Das gilt auch für die Arbeitsgerichtsbarkeit. Verschaffen Sie sich mit Ihrer Klasse einen Eindruck über den Inhalt und Ablauf eines Arbeitsgerichtstermins. Sie sollten darauf achten nicht zu einem Kammertermin sondern zu einem Gütetermintag das Arbeitsgericht zu besuchen. Gütetermine sind interessanter und dauern nur relativ kurze Zeit. Innerhalb weniger Stunden lernt man so eine Reihe unterschiedlicher Streitgegenstände kennen.

1. Melden Sie sich mit Ihrer Klasse bei der Geschäftsstelle eines Arbeitsgerichts an und zwar für einen Wochentag an dem Gütetermine verhandelt werden.
2. Versuchen Sie vorab zu klären, ob der Arbeitsrichter Ihnen im Anschluss oder zwischen den Verhandlungsterminen für ein Gespräch zur Verfügung steht.
3. Machen Sie sich während der Verhandlungen Notizen und bereiten Sie sich auf ein Gespräch mit dem Arbeitsrichter bzw. eine Diskussion in der Klasse vor.

1 Die Sozialversicherung

1.1 Das System der sozialen Sicherung

Passiert – notiert

Welche Sozialversicherungsarten gibt es, von denen die Menschen in Problemsituationen Hilfe erwarten können?

Wie hat sich unser Sozialsystem entwickelt?

Petra, Mareike, Andreas und Sven sind gut drauf. Die Welt ist für sie in Ordnung. Es könnte zur Zeit kaum besser sein. Wie alle Menschen haben sie natürlich auch Wünsche. Ganz oben auf ihrer Wunschliste stehen folgende Punkte:

Wunschliste

- *Strandurlaub auf Mallorca*
- *heißes Motorrad fahren*
- *immer genügend Geld in der Tasche für die kleinen Wünsche des Lebens*
- *gesund und fit bleiben*

Nun weiß jeder, mit Wünschen ist das so eine Sache. Einige gehen in Erfüllung, andere zerplatzen wie Seifenblasen. Es ist sicher nicht sehr schlimm statt eines größeren ein bescheideneres Auto zu fahren. Wer aber an einer schweren Krankheit leidet und deshalb nicht mehr arbeiten kann, was wird aus dem? Im Gegensatz zu früheren Zeiten bleibt ihm ein Fall ins Bodenlose erspart. Dafür sorgt unser soziales Netz, das allerdings heutzutage nicht mehr so dicht geknüpft ist wie vor einigen Jahrzehnten. Es macht einschneidende Risiken des Lebens besser kalkulierbar. Den wichtigsten Beitrag für ein Leben in relativer Sicherheit bietet die Sozialversicherung.

Ran an die Informationen

Info 1 **Die soziale Sicherung im Überblick**

Das System der Sozialversicherung steht auf fünf Säulen:

- gesetzliche Krankenversicherung
- gesetzliche Rentenversicherung
- Arbeitslosenversicherung
- gesetzliche Unfallversicherung
- gesetzliche Pflegeversicherung

Der Grundstein der deutschen Sozialversicherung, die als erste Regelung dieser Art für zahlreiche andere Staaten Vorbild wurde, wurde durch einen historischen Beschluss gelegt: Es ist die auf den Reichskanzler Otto von Bismarck zurückgehende „Kaiserliche Botschaft" von Wilhelm I. am 17. November 1881. Die Verelendung des Proletariats durch die Industrialisierung war der Auslöser dieser Botschaft. Seit Bismarcks Zeiten hat sich viel getan und unser Sozialstaat wurde ständig weiterentwickelt.

Das System der sozialen Absicherung besteht nicht nur aus der Sozialversicherung. Das „soziale Netz" ist viel engmaschiger geknüpft.

Es besteht noch aus zahlreichen anderen Sozialleistungen. Alle zusammen weisen die Bundesrepublik als **Sozialstaat** aus.

Die Grundlage hierfür bildet das Grundgesetz.

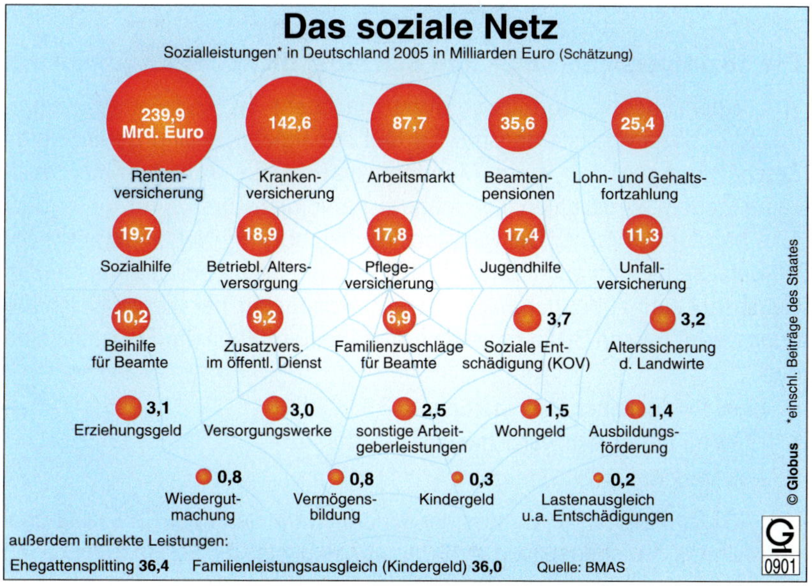

§§§

Grundgesetz § 20:

„Die Bundesrepublik ist ein demokratischer und sozialer Rechtsstaat."

In der Sozialversicherung ist der weitaus größte Teil der deutschen Bevölkerung versichert. Untereinander verbunden sind die Versicherten durch das Prinzip der **Solidarität.**

Das heißt z. B.: Gesunde zahlen für die Kranken und Pflegebedürftigen, die Beschäftigten für die Arbeitslosen und die Jungen für die Alten. In den letzten Jahren hat dieses schöne Bild aber Risse bekommen.

Die Gelder werden zu knapp um alle Ansprüche der Versicherten zu bezahlen. Vor allem die hohe Arbeitslosigkeit und eine immer älter werdende Bevölkerung reißen neue Löcher in die Sozialkassen.

Eine ständig ansteigende Zahl von Pflegefällen, teurere Medikamente und aufwändige Untersuchungsmethoden verschlingen Summen, die Reformen im Sozialsystem notwendig machen.

Info 2 Die Sozialversicherungs- und Beitragspflicht

Wer einem Beschäftigungsverhältnis nachgeht ist sozialversicherungspflichtig. Sozialversicherungsfrei für den Arbeitnehmer sind geringfügige Beschäftigungen. Für diese Mini-Jobs braucht der Arbeitnehmer auch keine Steuern zu bezahlen. Die monatliche Verdienstgrenze für diese Mini-Jobs beträgt 400,00 €. Die Mini-Jobs können auch im Nebenjob ausgeübt werden. Sie bleiben auch dann für den Arbeitnehmer versicherungsfrei. Im Gegensatz zum Arbeitnehmer muss der Arbeitgeber bei diesen Beschäftigungsverhältnissen 30 % pauschale Abgaben abführen. Im Einzelnen sind dies:

- 15 % für die Rentenversicherung
- 13 % für die Krankenversicherung
- 2 % Steuern für das Finanzamt

Von 401,00 bis 800,00 € muss der Arbeitnehmer verminderte Sozialabgaben zahlen. Sie steigen von 4 % bis auf maximal 21 %. Einkommen ab dieser Höhe werden normal besteuert.

Tipp

Die Geringverdienergrenze für Auszubildende beträgt nicht 400,00 sondern 325,00 €. Nur bis zu diesem Betrag ist die Vergütung sozialversicherungsfrei.

	Arbeitnehmer ◄ das zahlt ►	Arbeitgeber
bis zu 400,00 € pro Monat	▸ keine Steuern ▸ keine Sozialabgaben (gilt auch für Nebenjobs)	pauschal 30 %, davon: ▸ 13 % Krankenversicherung ▸ 15 % Rentenversicherung
von 401,00 bis 800,00 € pro Monat	▸ Sozialbeiträge von 4 auf 21 % ansteigend ▸ normale Besteuerung	Sozialabgaben ▸ maximal 21 %

Ab einem bestimmten Bruttoeinkommen werden die Beiträge zur Sozialversicherung „eingefroren", d. h. sie steigen nicht mehr weiter. Diese **Beitragsbemessungsgrenze** wird jährlich der Einkommensentwicklung angepasst.

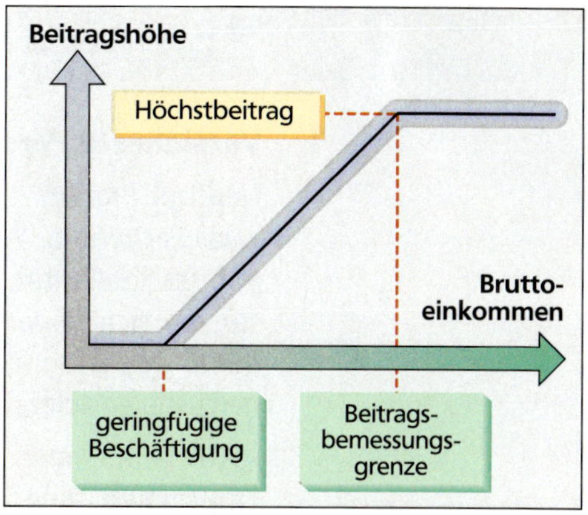

Arbeitsvorschläge DO IT!

1. Was ist das Soziale an der Sozialversicherung?
2. Welches Ereignis gilt als Geburtsstunde der Sozialversicherung?
3. Kritische Stimmen bezeichnen das soziale Netz auch als soziale Hängematte. Was soll durch diese Bezeichnung ausgedrückt werden?
4. Wie ist die Sozialversicherungspflicht bei Mini-Jobs geregelt?

1.2 Die gesetzliche Krankenversicherung

Passiert – notiert

Wie ist die gesetzliche Krankenversicherung aufgebaut?

Welche Leistungen erbringt sie?

Der Winterurlaub in Gerlos war für Petra und ihren Freund bisher einfach toll verlaufen. Pulverschnee, blauer Himmel und dann mit dem Snowboard die Hänge runterheizen, das war Klasse. Und abends, beim Après-Ski, da ging die Post noch mal so richtig ab. So konnte man es aushalten. Doch dann, am vorletzten Urlaubstag, passierte es: Petra kam durch eine Schneewehe von der Piste ab, rutschte den Abhang runter, überschlug sich und prallte gegen einen Baum. Das Ergebnis: komplizierter Schienbeinbruch und schmerzhafte Prellungen im Beckenbereich.

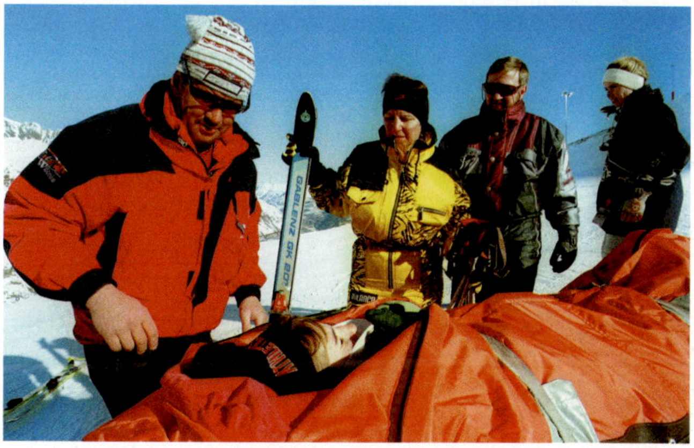

Petra liegt seit 21 Wochen im Krankenhaus und musste schon dreimal operiert werden. Bis sie ihre Ausbildung als Zahntechnikerin fortsetzen kann, werden noch mindestens zwei Monate vergehen.

! Ran an die Informationen

Info 1 Versicherte Personen

Neunzig Prozent aller Bürger sind heute Mitglied der gesetzlichen Krankenversicherung. Wie alle übrigen Sozialversicherungszweige beruht diese auf der Solidarität. Alle Versicherten bilden eine Gemeinschaft und unterstützen sich gegenseitig. Die Aufgabe der Krankenversicherung besteht darin, den Gesundheitszustand der Versicherten zu erhalten, ihn wiederherzustellen oder aber ihn zu bessern.

Als Arbeitnehmer ist man automatisch versicherungspflichtig, wenn das Einkommen eine bestimmte Höchstgrenze pro Jahr nicht übersteigt. Außerdem besteht eine Versicherungspflicht für folgende Bevölkerungsgruppen: Rentner, Studenten, selbstständige Landwirte, Arbeitslose, Behinderte. Neben diesen Pflichtmitgliedern hat die gesetzliche Krankenversicherung auch freiwillige Mitglieder. Zu ihnen zählen im Wesentlichen Arbeitnehmer, die wegen ihres hohen Einkommens eigentlich nicht mehr versicherungspflichtig sind und bestimmte Versicherungszeiten erfüllt haben.

Info 2 Finanzierung

Die gesetzliche Krankenversicherung finanziert sich durch die Beiträge ihrer Mitglieder. Was Petra zahlen muss, hängt ab von dem Beitragssatz ihrer Krankenkasse und von ihrem Verdienst. Jeder Versicherte hat somit einen anderen Beitragssatz. Besser Verdienende zahlen mehr als die einkommensschwächeren Versicherten und das, obwohl sie gleiche Leistungen erhalten. Dies bezeichnet man als Solidarität der Versicherten. Die Beitragssolidarität ist allerdings begrenzt. Höher verdienende Arbeitnehmer zahlen ihren prozentualen Beitrag nur bis zur Beitragsbemessungsgrenze. Diese wird jährlich der allgemeinen Einkommensentwicklung angepasst. Während früher Unternehmen und Arbeitgeber jeweils die Hälfte des Betrages aufzubringen hatten, zahlen die Arbeitnehmer inzwischen 0,9% mehr an Beiträgen. Der Grund ist darin zu sehen, dass sie den Versicherungsanteil für Zahnersatz und Krankengeld aus eigener Tasche zahlen müssen. Beiträge für Arbeitslose zahlt die Agentur für Arbeit. Für Wehr- und Zivildienstleistende bringt der Bund die Beiträge aus Steuermitteln auf. Rentner zahlen ebenfalls nur die Hälfte des Beitrags. Die andere Hälfte zahlt der Rentenversicherungsträger.

Eine besondere Regelung besteht für Arbeitnehmer die Mini-Jobs ausüben. Der Arbeitgeber muss die Kassenbeiträge allein tragen, wenn das Monatseinkommen unter 400,00 € liegt. Bei Auszubildenden beträgt diese Grenze 325,00 €.

Das deutsche Gesundheitssystem ist viel zu teuer, es gibt zu viel Bürokratie und seine Strukturen sind unflexibel. Eine neue umfassende Reform des Gesundheitssystems soll es nun richten. Viele zweifeln an ihrem Erfolg.

Die wichtigsten Regelungen der Gesundheitsreform, die teilweise bereits ab 1. April 2007 in Kraft treten sollen, sind z. B.:

- Alle Einwohner ohne Absicherung im Krankheitsfall werden in die Krankenversicherung einbezogen.
- Die privaten Krankenkassen müssen einen günstigen Basistarif für alle anbieten, die privat versichert sind oder privat versichert sein könnten.
- Patienten, die an schweren Krankheiten wie z. B. Aids oder Krebs leiden, wird der Zugang zu ambulanten Behandlungen in Krankenhäusern erleichtert.
- Wichtige Impfungen müssen künftig von den Krankenkassen bezahlt werden.
- Jüngere Versicherte müssen künftig die empfohlenen Untersuchungen zur Vorsorge und Früherkennung wahrnehmen. Nur dann haben sie bei einer späteren chronischen Erkrankung einen Anspruch auf eine verminderte Belastung bei Medikamentenzuzahlungen.
- Zukünftig wird geprüft, ob die Preise der Arzneimittel in einem angemessenen Verhältnis zu ihrem medizinischen Nutzen stehen.
- Apotheken dürfen künftig auch einzelne Tabletten an Patienten abgeben.
- Unnötige Mehrfachuntersuchungen sollen durch geeignete Maßnahmen künftig vermieden werden.
- Jede Krankenkasse muss künftig ihren Versicherten einen speziellen kostengünstigen Hausarzttarif anbieten. Wer ihn wählt hat die Pflicht, bei einer Krankheit zuerst zum Hausarzt zu gehen.

Tipp

Kassenversicherte können ihre Kasse jederzeit mit einer Frist von zwei Kalendermonaten zum Monatsende kündigen. Der Gesetzgeber verlangt aber, dass sich der Versicherte 18 Monate an die neue Kasse bindet. Werden die Beiträge von der Kasse erhöht, hat der Versicherte ein verkürztes Sonderkündigungsrecht.

Als Antwort auf die Finanzkrise der gesetzlichen Krankenversicherung wurde ein **Gesundheitsfond** beschlossen.

Er soll ab 1. Januar 2009 seine Arbeit aufnehmen.

Und so funktioniert er:

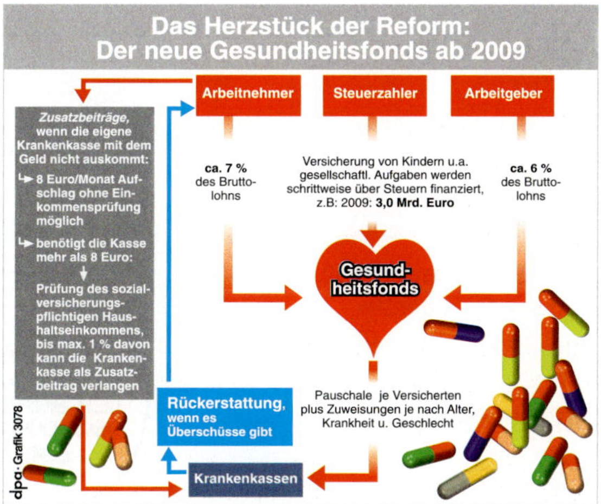

Fit im Web

Weitergehende Informationen zur Gesundheitsreform gibt es im Internet unter www.die-gesundheitsreform.de

Träger der gesetzlichen Krankenversicherung

Info 3

In der Bundesrepublik besteht ein gegliedertes Krankenkassensystem, weil es sieben Kassenarten mit zahlreichen Krankenkassen gibt. Die Arten im Einzelnen sind:

- Allgemeine Ortskrankenkasse
- Bundesknappschaft
- Betriebskrankenkassen
- Landwirtschaftliche Krankenkasse
- See-Krankenkasse

Alle Krankenkassen unterliegen der staatlichen Aufsicht. Alle ihre Ausgaben müssen durch Beiträge finanziert werden. Die Beitragssätze werden noch bis 2009 von jeder Krankenkasse selbst festgelegt. Die Höhe der Beiträge ist bis dahin von Kasse zu Kasse unterschiedlich.

Info 4 Leistungen

Versicherte der gesetzlichen Krankenkassen haben Anspruch auf folgende Leistungen:

Leistungen	Was sie beinhalten ...
Förderung der Gesundheit	Maßnahmen zur Früherkennung von Krankheiten, so z. B. Herz- und Kreislauferkrankungen, Krebsvorsorge
Krankengeld	Arbeitnehmer, die durch Krankheit arbeitsunfähig werden, erhalten nach 6 Wochen Krankengeld. Im Gegensatz zu früher müssen sich die Arbeitnehmer ohne Arbeitgeberzuschuss für das Krankengeld zusätzlich versichern.
Krankenbehandlung	Dazu gehören ärztliche und zahnärztliche Behandlung, Versorgung mit Arznei- und Verbandmitteln, Krankenhausbehandlung, Versorgung mit Heil- und Hilfsmitteln. Ab 2005 wurde der Zahnersatz aus dem Leistungskatalog der gesetzlichen Krankenversicherung gestrichen. Deren Mitglieder sind aber verpflichtet sich selbst zu versichern.
Leistungen bei Schwangerschaft und Mutterschaft	ärztliche Betreuung und Hebammenhilfe, Versorgung mit Arznei-, Verband- und Heilmitteln, stationäre Entbindung, häusliche Pflege, Mutterschaftsgeld
Maßnahmen zur Rehabilitation	ambulante oder stationäre Rehabilitationskuren

Arbeitsvorschläge DO IT!

1. Petra kann nach ihrem Snowboard-Unfall erst nach zwei Monaten wieder arbeiten.
   a) Wie lange muss nun ihr Arbeitgeber ihr Gehalt weiterzahlen?
   b) Wie sieht ihre finanzielle Situation anschließend aus?
2. Diskutieren Sie den Aussagegehalt der nebenstehenden Karikatur.
3. Was bedeutet die Aussage: „Die gesetzliche Krankenversicherung ist eine Familienversicherung."?
4. Auf welche Leistungen haben die Mitglieder der gesetzlichen Krankenkasse Anspruch?
5. Wie werden geringfügig Beschäftigte in der Sozialversicherung behandelt?

1.3 Arbeitslosenversicherung und Arbeitsförderung

Passiert – notiert

Sven war sehr froh, als er vor einem Jahr endlich die Abschlussprüfung als Maurer bestanden hatte. Das Büffeln hatte sich gelohnt und der Stellenwechsel hatte ihm auch richtig Kohle gebracht. Aber letzte Woche passierte es: Sven wurde zu Herrn Krause, dem Personalchef bestellt. Er ahnte schon nichts Gutes ...

Welche Leistungen erbringt die Bundesagentur für Arbeit?

Wie werden die Leistungen finanziert?

Als Sven sich von diesem Tiefschlag etwas erholt hatte, war ihm klar: „Ich muss unbedingt zum Arbeitsamt. Vielleicht können die mir ja helfen!"

Ran an die Informationen

Info 1 Versicherte Personen

„Zähle ich überhaupt zu den versicherten Personen?", war eine der Fragen, die Sven durch den Kopf ging.

In der Arbeitslosenversicherung gibt es nur Pflichtversicherte. In diese Gruppe gehören alle Arbeiter, Angestellte, Auszubildende und Heimarbeiter. Wer allerdings sich selbstständig macht und dafür seinen bisherigen Job aufgibt, kann in der Arbeitslosenversicherung bleiben. Beamte, geringfügig Beschäftigte und Arbeitnehmer ab dem 65. Lebensjahr sind keine Mitglieder der Arbeitslosenversicherung.

Info 2 Träger der Versicherung

Träger der Arbeitslosenversicherung und auch der Arbeitsförderung ist die Bundesagentur für Arbeit in Nürnberg. Für die einzelnen Bundesländer werden die Aufgaben von den Regionalämtern und den örtlichen Ämtern der Bundesagentur für Arbeit wahrgenommen.

Info 3 Beiträge

Tipp

Für Arbeitslose zahlt die Bundesagentur für Arbeit die Beiträge zur Sozialversicherung in voller Höhe allein.

Auch bei der Arbeitslosenversicherung sind die Beiträge jeweils zur Hälfte vom Arbeitgeber und Arbeitnehmer zu zahlen. Die Beitragshöhe wird begrenzt durch die jeweils aktuelle Beitragsbemessungsgrundlage. Der Arbeitgeber trägt Beiträge allein, wenn der Arbeitnehmer nur wenig verdient. Geringfügig Beschäftigte brauchen keinen Beitrag zu zahlen. Die Bestimmung über die Mini-Jobs, wonach jemand, der nicht mehr als 400,00 € monatlich verdient, keine Sozialabgaben zu zahlen hat, gilt nicht für Auszubildende.

Info 4 Leistungen

Die Bundesagentur für Arbeit hat zwei große Aufgabenbereiche:

Arbeitsförderung

Folgende Leistungen werden angeboten:

- Arbeitsvermittlung
- Berufsberatung
- Förderung der beruflichen Bildung
- Gewährung von Eingliederungszuschüssen
- Maßnahmen zur Arbeitsbeschaffung (ABM)

Tipp

In nahezu allen Agenturen für Arbeit sind Berufsinformationszentren (BIZ) vorhanden. Jeder kann sich dort über Fragen zur Aus- und Weiterbildung kostenlos informieren. Auch das Internet bietet zahlreiche Informationsmöglichkeiten, so z. B.: unter der Internetadresse: *www.arbeitsagentur.de.*

Arbeitslosenversicherung

An individuellen Leistungen werden vor allem erbracht:

Art der Leistung	Erklärung
Arbeitslosengeld	Grundlage für die Berechnung des Arbeitslosengeldes ist der früher erzielte Nettolohn. Das Arbeitslosengeld beträgt 67 % für Arbeitslose mit Kindern und 60 % für Arbeitslose ohne Kinder. Die Zahlung des Arbeitslosengeldes ist befristet. Die Bezugsdauer wird nach einer Übergangsfrist ab 01.02.2006 auf zwölf Monate gekürzt. Für Arbeitnehmer über 55 verlängert sich die Anspruchsdauer auf bis zu 18 Monate.
Arbeitslosengeld II	Dies ist eine fürsorgliche Leistung aus Steuermitteln, die an die bisherigen Empfänger von Arbeitslosenholfe sowie an erwerbsfähige Sozialhilfeempfänger gezahlt wird. Arbeitslosengeld II wird nur gewährt, wenn der Arbeitslose den Lebensunterhalt für sich und seine Familie nicht durch andere Einkommensarten bestreiten kann. Anspruch auf Arbeitslosengeld II haben alle Erwerbstätigen zwischen 15 und 65 Jahren, die bedürftig sind. Mit der Reform der Arbeitslosenversicherung ist der Name des ehemaligen VW-Vorstandsmitglied Peter Hartz verbunden. Das Reformpaket wird deshalb auch als „Hartz IV" bezeichnet.
Kurzarbeitergeld	wird gewährt bei Kurzarbeit im Betrieb.
Insolvenzausfallgeld	wird gezahlt bei Ansprüchen auf rückständiges Arbeitsentgelt für die letzten drei Monate vor Eröffnung des Insolvenzverfahrens.
Saison-Kurzarbeitergeld (Saison-Kug)	Um Entlassungen am Bau in der Winterzeit zu verhindern, zahlt die Arbeitsagentur Zuschüsse zu den Löhnen der Bauarbeiter. Mit Beginn der Schlechtwetterzeit (01.12. - 31.03.) können Betriebe bei saisonalen Arbeitsausfällen Anträge bei der Arbeitsagentur stellen.
Wintergeld	Bauarbeiter erhalten für geleistete Arbeitsstunden innerhalb der tariflichen Arbeitszeit zwischen dem 15. Dezember und Ende Februar je einen € Wintergeld. Die Zahlung erfolgt zum Ausgleich für witterungsbedingte Erschwernisse.
Arbeitsbeschaffungsmaßnahme (ABM)	Für schwer vermittelbare Arbeitslose in Regionen mit hoher Arbeitslosigkeit können Arbeitgeber Zuschüsse zum auszuzahlenden Arbeitsentgelt erhalten.

Arbeitsvorschläge — DO IT!

1. Welche Leistungen erbringen die Agentur für Arbeit im Rahmen der Arbeitsförderung?
2. Berechnen Sie das Arbeitslosengeld für folgende Fälle:
   - Sven Lodicek, ledig, bisheriges Nettoeinkommen 1380,00 €
   - Gudrun Heinemann, ein Kind, bisheriges Nettoeinkommen 1820,00 €
3. Peter Hülya, seit fünf Jahren verheiratet mit der Besitzerin einer gutgehenden Gaststätte, ist seit einem Jahr arbeitslos. Letzte Woche wurde ihm mitgeteilt, dass der Anspruch auf Arbeitslosengeld in zwei Monaten ausläuft. Beurteilen Sie seine Chance, ab diesem Zeitpunkt das Arbeitslosengeld II zu erhalten.

1.4 Die gesetzliche Rentenversicherung

Passiert – notiert

Wie ist die gesetzliche Rentenversicherung aufgebaut?

Welche Leistungen erbringt sie?

Welche Probleme hat die Rentenversicherung?

Eine Zeitungsmeldung zum Thema Rentenversicherung:

Studie:
Vielen Rentnern geht es besser

Den meisten Rentnern geht es nach einer Studie im Auftrag des Arbeitsministeriums besser als je zuvor. Dabei stiegen in den neuen Ländern die Alterseinkommen stärker als in den alten, heißt es in der Untersuchung „Alterssicherung in Deutschland“, die der „Neuen Sonntagszeitung“ vorliegt.
Nach der Studie haben mehr als die Hälfte aller Rentnerehepaare in den neuen Ländern 1.500,00 bis 2.000,00 € netto im Monat. Das sei ein Zuwachs um mehr als 50 % seit 1992. (rlp)

Der Kommentar von Andreas Bertram, 25 Jahre alt, Anlagenelektroniker

Ich muss mich krumm legen, damit es den Rentnern gut geht. Wenn ich sehe, wie wenig von meinem Bruttogehalt noch rüberkommt, packt mich manchmal der Zorn. Noch bin ich jung, will was erleben und brauche das Geld. Und wer weiß denn, ob ich die Rentenversicherung überhaupt mal in Anspruch nehme. Für die Alten die hohen Beiträge blechen, damit die auf Mallorca überwintern können, das stinkt mir gewaltig. Jetzt soll ich auch noch zusätzlich eine private Altersvorsorge abschließen. Wo soll das bei meinem Lohn nur hinführen?

Ran an die Informationen

Info 1

Versicherte Personen

In der Rentenversicherung gibt es Pflicht- und freiwillig Versicherte. Pflichtversicherte Mitglieder sind Auszubildende, Arbeiter, Angestellte, Wehr- und Zivildienstleistende sowie Behinderte. Von den Selbstständigen sind nur bestimmte Personenkreise pflichtversichert (z. B. selbständige Handwerker), andere dagegen können sich freiwillig versichern (z. B. Ärzte, Rechtsanwälte).

9596106

Finanzierung

Info 2

Die Rentenversicherung finanziert sich vor allem aus Beiträgen der Versicherten und der Arbeitgeber. Sie werden von ihnen jeweils zur Hälfte aufgebracht. Für Arbeitslose zahlt die Agentur für Arbeit die Beiträge, für die Wehr- und Zivildienstleistenden zahlt der Bund. Geringfügige Beschäftigungen bleiben versicherungsfrei. Bei einem geringen Arbeitsentgelt von nicht mehr als 400,00 € monatlich zahlt der Arbeitgeber die Beiträge allein. Für Auszubildende liegt die Grenze bei 325,00 €.

Die Beiträge richten sich nach dem Arbeitsverdienst. Sie sind nicht von jeder Einkommenshöhe zu zahlen, sondern nur bis zur Beitragsbemessungsgrenze.

Träger und Leistungen der gesetzlichen Rentenversicherung

Info 3

Die Zahl der Versicherungsträger ist auf zwei reduziert worden. Neben der Vereinigung der Bundesversicherungsanstalt und der Landesversicherungsanstalten zur „Deutschen Rentenversicherung" sind die Bundesknappschaft, die Bahnversicherungsanstalt und die Seekasse zur „Deutschen Rentenversicherung Knappschaft-Bahn-See" vereinigt worden.

Von der gesetzlichen Rentenversicherung werden Leistungen zur Rehabilitation[1] erbracht und Renten gezahlt.

Leistungen	Was sie beinhalten ...
Leistungen zur Rehabilitation	Ziel der Maßnahmen ist es, die Arbeitskraft des Versicherten wiederherzustellen. Erbracht werden medizinische Leistungen (ärztliche Behandlung, Kuren usw.) und berufliche Leistungen (berufliche Umschulung, Umzugskosten zum neuen Arbeitsplatz usw.).
Rentenzahlungen	**Altersrente, Witwen-** und **Waisenrente, Erziehungsrente** Eine **Erwerbsminderungsrente** wird Versicherten gewährt, die nicht mehr voll arbeiten können. Für alle nach 1960 geborenen Arbeitnehmer gibt es die Erwerbsminderungsrente in 2 Arten: ▸ Rente wegen teilweiser Erwerbsminderung, ▸ Rente wegen voller Erwerbsminderung. Die Renten werden im Normalfall jährlich der Einkommensentwicklung angepasst. Man spricht daher von einer dynamischen Rente. Mehre Jahre hintereinander gab es inzwischen Nullrunden. Sinkende Renten sind nicht mehr unwahrscheinlich. Bis 2029 soll nach dem Willen des Gesetzgebers das Rentenalter stufenweise auf 67 Jahre steigen.

Tipp

Auch Berufsanfänger haben bei einem Arbeitsunfall vom ersten Tag an einen Rentenanspruch in der gesetzlichen Rentenversicherung.

1 Rehabilitation, die = Wiedereingliederung eines Kranken, körperlich oder geistig Behinderten in das berufliche und gesellschaftliche Leben

Info 4 Die Rentenreform

Die Grundlage unseres Rentensystems ist der **Generationenvertrag.** Er beruht auf dem Umlageverfahren. Das bedeutet, dass die arbeitende Bevölkerung die Renten der Alten bezahlt. Seit Jahren ist klar, dass dieses

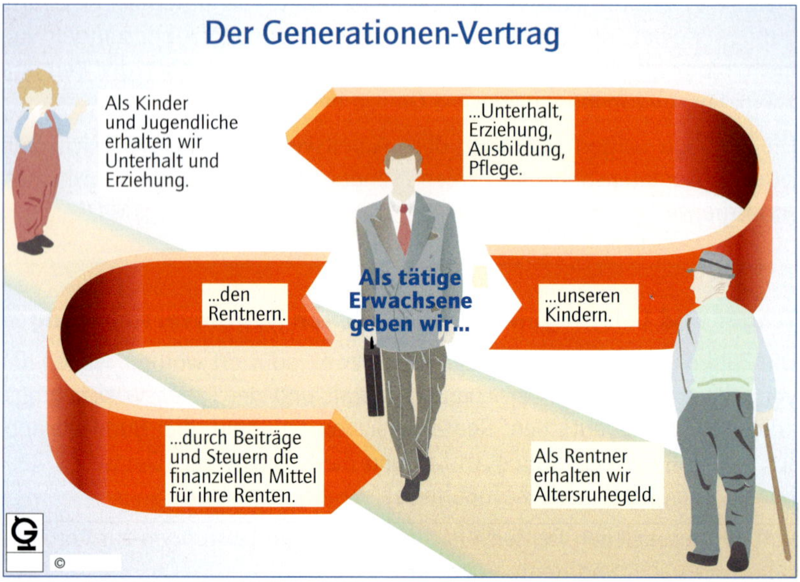

System so nicht mehr funktionieren kann. Die Sicherheit der Renten war nicht mehr gegeben. Große Versorgungslücken waren zu befürchten. Probleme, die dem alten System das Leben schwer machten, sind:

- Der Anteil der älteren Menschen erhöht sich bei anhaltend niedrigen Geburtenraten.
- Die jungen Menschen treten später in das Erwerbsleben ein. Dadurch zahlen sie auch später in die Rentenkassen ein.
- Die Rentenlaufzeit ist länger, weil der Rentenbeginn häufig schon früher eintritt. Kaum ein Arbeitnehmer hört heute erst mit 65 auf zu arbeiten. Außerdem steigt die Lebenserwartung.

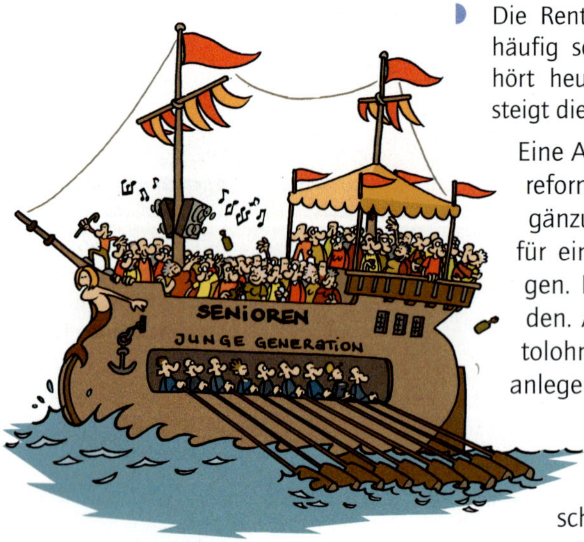

Eine Antwort auf diese Entwicklung ist die Rentenreform. Ihr Kernstück ist das „Altersvermögensergänzungsgesetz". Danach sollen möglichst viele für eine zusätzliche Altersvorsorge Geld zurücklegen. Das staatliche System soll so entlastet werden. Arbeitnehmer können bis zu 4 % ihres Bruttolohnes in einem Renten- oder Wertpapiervertrag anlegen. Als Belohnung gibt es vom Staat – je nach Kinderzahl und Einkommen – Zulagen und Steuervorteile. Wer möchte, kann sich auch für eine Betriebsrente entscheiden. Auch diese wird staatlich gefördert.

Arbeitsvorschläge DO IT!

1. Was versteht man unter einer dynamischen Rente?
2. Wer ist Träger der Rentenversicherung für Arbeiter?
3. Diskutieren Sie über die kritische Aussage der Karikatur aus Info 4.
4. In der gesetzlichen Rentenversicherung hat der Begriff Generationenvertrag eine große Bedeutung.
   a) Was meint man, wenn man von dem Generationenvertrag spricht?
   b) Warum funktionierte der Vertrag früher besser als heute?
5. Wer zahlt die Beiträge zur gesetzlichen Rentenversicherung des Kraftfahrzeugmechanikers Jörg Schuster (monatliche Ausbildungsvergütung 520,00 €) und der Friseurin Daniela Kolbe (Ausbildungsvergütung 312,00 €).
6. Erklären Sie die Grafik zum Generationenvertrag in Info 4.

1.5 Die gesetzliche Unfallversicherung

Passiert – notiert

?

Wie ist die gesetzliche Unfallversicherung aufgebaut?

Welche Leistungen erbringt sie?

Es ging alles blitzschnell. Wie jede Nacht musste Mareike auch diesmal um 02:00 Uhr an der Arbeit sein. Als Bäckerin hatte sie wahrhaftig keinen leichten Beruf. Aber in dieser Nacht war alles etwas anders. Lag es daran, dass sie nicht richtig einschlafen konnte, oder lag es daran, dass sie sich mit ihrem Freund Michael etwas „gezofft" hatte?

Als sie im Krankenhaus aufwachte, konnte sie sich nur noch daran erinnern, dass sie während der Fahrt zur Arbeit plötzlich einen Schreck bekam, weil sie von irgend etwas geblendet wurde. Von einem entgegenkommenden Auto hatten die Unfallzeugen allerdings nichts bemerkt. Die Polizei tippte auf „Sekundenschlaf", der bei ihr ernste Folgen hatte. Trotzdem hatte sie noch Glück im Unglück gehabt. Drei Tage Krankenhausaufenthalt und sie konnte wieder nach Hause gehen. Der kleine Blechschaden an ihrem Auto war nicht der Rede wert. „Aber es hätte auch schlimmer kommen können und was wäre dann geworden?", war ein Gedanke, der ihr immer wieder durch den Kopf ging.

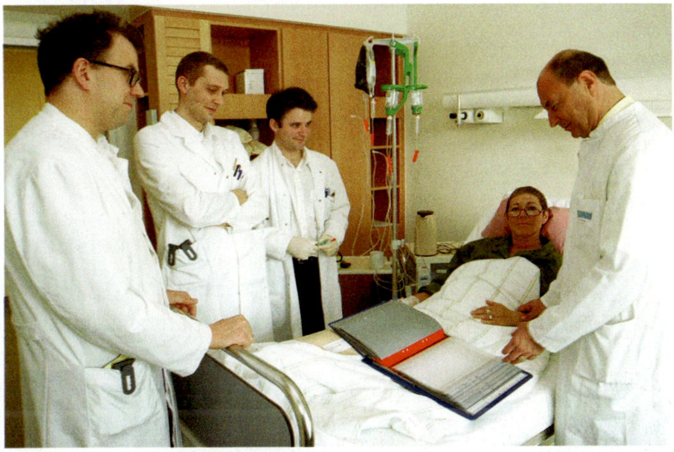

Wer kommt für die Kosten des Krankenhausaufenthalts auf? Wer hätte zahlen müssen, wenn ich meinen Beruf nicht mehr hätte ausüben können?

Ran an die Informationen

Info 1 Versicherte Personen

Wer bei der Ausübung seiner beruflichen Tätigkeit einen Unfall erleidet, wird von der gesetzlichen Unfallversicherung betreut. Aber auch auf dem direkten Weg zur und von der Arbeit besteht Versicherungsschutz. Das gilt also auch für Mareike, die ja nachts auf dem Weg zu ihrer Arbeit war, als der Unfall passierte. Außer Arbeitnehmern sind noch weitere Personenkreise versichert. Welche das sind, zeigt folgende Übersicht:

Bei Unfall geschützte Personen

Personen	Schutz
alle Arbeitnehmer; einige Selbstständige	während der beruflichen Tätigkeit; auf dem direkten Weg zur und von der Arbeit
Lebensretter	während der Hilfeleistung
Kinder; Schüler; Studenten	beim Besuch des Kindergartens, der Schule/Hochschule und auf dem Hin- und Rückweg

Tipp

Die Berufsgenossenschaft versichert keine absichtlich herbeigeführten Unfälle. Auch bei Unfällen, die auf Trunkenheit oder anderen Drogenmissbrauch zurückzuführen sind oder die bei privaten Tätigkeiten geschehen, erbringt die Berufsgenossenschaft keine Leistung. Der Versicherungsschutz erlischt übrigens, wenn der Versicherte auf der Fahrt zur Arbeit sein Auto verlässt, um noch etwas einzukaufen.

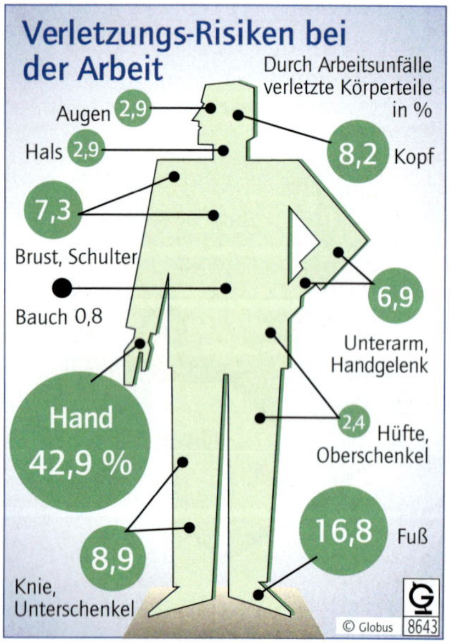

Info 2 Träger der gesetzlichen Unfallversicherung

Für die Unfallversicherung sind in erster Linie die gesetzlichen Berufsgenossenschaften zuständig. Die Unfallrisiken der Gebietskörperschaften (z. B. Gemeinden, Städte) werden durch spezielle Versicherungsträger abgedeckt.

Info 3 Leistungen

Die wichtigsten Leistungen der Unfallversicherung sind:

- Maßnahmen zur Verhütung von Arbeitsunfällen;
- Maßnahmen zur Früherkennung von Berufskrankheiten;
- Bei einem Unfall während der beruflichen Tätigkeit oder auf dem Weg zur Arbeit Heilbehandlung, Kuren, Verletztengeld, Umschulung, Renten an Verletzte oder Hinterbliebene, Sterbegeld.

Finanzierung

Info 4

Die Berufsgenossenschaften finanzieren sich allein aus den Beiträgen der Arbeitgeber. Die Beitragshöhe wird bestimmt durch die

- Unfallgefährdung in einem Betrieb,
- Lohn- und Gehaltssumme der Mitarbeiter,
- Schwere, Anzahl und Kosten der Unfälle.

Arbeitsvorschläge

DO IT!

1. In welchem der folgenden Fälle erbringt die gesetzliche Unfallversicherung dem Arbeitnehmer Leistungen?

   a) Der Montagearbeiter Bernd Friedrichs bricht sich beim Fußballspielen das rechte Handgelenk und fällt im Betrieb für acht Wochen aus.

   b) Die Auszubildende Katja Schröder wird von ihrem Chef zu einem PC-Laden geschickt um dort Druckerpapier zu kaufen. Von einem unbekannt bleibenden Motorradfahrer wird sie angefahren und zieht sich eine tiefe Fleischwunde zu.

   c) Der Maurer Peter Kowalcik stürzt bei der Arbeit von einem Gerüst und muss in ein Krankenhaus eingeliefert werden. Bei der Untersuchung wird festgestellt, dass er am Abend vorher große Mengen Alkohol getrunken hat.

   d) In der Frühstückspause rutscht der Holzmechaniker Frank Silin auf verschüttetem Orangensaft aus und verletzt sich am Arm.

2. Wer sind die Träger der gesetzlichen Unfallversicherung?

3. Welchen speziellen Verletzungsrisiken sind Sie an Ihrem Arbeitsplatz ausgesetzt?

1.6 Die gesetzliche Pflegeversicherung

Passiert – notiert

Welche Aufgaben hat die Pflegeversicherung?

Wie ist die Pflegeversicherung aufgebaut?

Andreas Bertram erzählt: „Meine Oma Gertrud ist einfach Klasse. Wie die mit 85 trotz ihrer kaputten Knie und ihrem hohen Blutdruck immer noch allein in ihrem Haushalt klar kommt, das finde ich super. Und dabei ist die Frau immer gut drauf."

Doch dann, zwei Tage vor Weihnachten, passierte es. Oma Gertrud bekam einen Schlaganfall und war rechtsseitig gelähmt. Trotz eines mehrwöchigen Aufenthalts in einer Spezialklinik stand bald fest, dass Gertrud Schmick für immer ein Pflegefall bleiben würde. Andreas Eltern mussten nicht lange überlegen, sie nahmen die 85-Jährige in ihrem Haus auf. Die alte Frau in einem Pflegeheim unterzubringen, kam für sie erst einmal nicht in Frage.

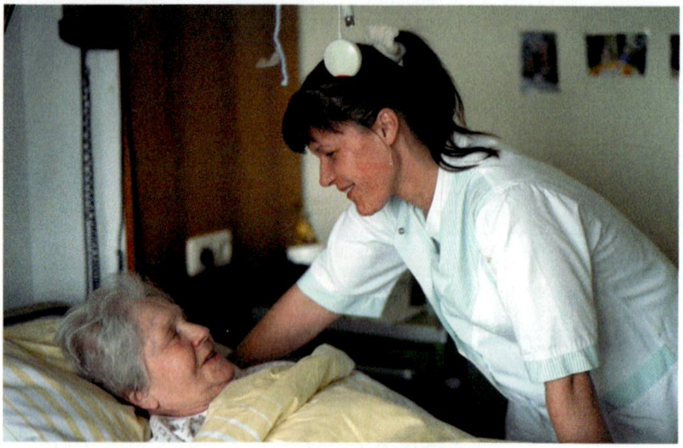

Ambulanter Pflegedienst

Ein Jahr später klingelt das Telefon bei Andreas Mutter, einer gelernten Bankkauffrau. Ihr früherer Chef will sie für drei Stunden täglich einstellen. Ein verlockendes Angebot, doch wer kümmert sich um ihre pflegebedürftige Mutter, wenn sie in der Bank arbeitet?

Meine Mutter bekommt 310,00 € monatlich für ihre paar Stunden Arbeit bei der Bank. Muss sie auch Beiträge zur Pflegeversicherung zahlen?

Ran an die Informationen

Info 1

Versicherte Personen

Eine Versicherungspflicht besteht in der sozialen Pflegeversicherung für alle versicherungspflichtigen Mitglieder der gesetzlichen Krankenkasse. Die nicht berufstätigen Ehepartner und Kinder sind mitversichert. Alle privat krankenversicherten Personen müssen eine private Pflegeversicherung abschließen.

Finanzierung

Info 2

Tipp

Unterhaltspflichtige Kinder und Ehegatten, deren monatliches Gesamteinkommen eine bestimmte Höhe (Geringfügigkeitsgrenze) nicht übersteigt, sind beitragsfrei mitversichert.

Grundsatz

Finanzierung erfolgt nach dem Umlageverfahren. Dies bedeutet, dass Beitragszahler für heutige Pflegebedürftige aufkommen.

Einzelheiten zur Finanzierung

- Arbeitnehmer und Arbeitgeber finanzieren die Versicherung je zur Hälfte.
- Kinderlose Versicherte zahlen ab dem 23. Lebensjahr 1,95 % vom krankenversicherungspflichtigen Einkommen. Die 0,25 % höhere Mehrbelastung gegenüber dem Standardbeitragssatz von 1,7 % trägt der Arbeitnehmer allein.
- Es sind 1,7 % vom Einkommen des Versicherungsnehmers zu zahlen.
- Der Ausgleich des Arbeitgeberanteils erfolgt durch Streichung eines Feiertages.[1]
- Rentner müssen nicht den halben, sondern den vollen Beitragssatz bezahlen.

1 Diese Regelung wird in den Bundesländern unterschiedlich gehandhabt.

Träger

Info 3

Die Pflegeversicherung hat keine eigenständigen Träger. Die Aufgaben der Pflegeversicherung werden von den gesetzlichen Krankenkassen und den privaten Krankenkassen wahrgenommen.

Leistungen

Info 4

Leistungen	Was sie beinhalten ...
Leistungen für die häusliche Pflege	Die Pflegebedürftigen erhalten ein Pflegegeld, das nach der Stufe der Pflegebedürftigkeit gestaffelt ist. Die häusliche Pflege kann dabei von Familienangehörigen oder auch durch ambulante Dienste erbracht werden.
Pflegevertretung	Bei Verhinderung der Pflegeperson, z. B. weil diese in Urlaub ist, besteht ein Anspruch auf Pflegevertretung.
Pflegehilfsmittel	Die Leistungen der Versicherung zur häuslichen Pflege werden ergänzt durch Pflegehilfsmittel. Dies sind z. B. Pflegebetten, Rollstühle, Gehwagen.
Leistungen für die stationäre Pflege	Bei Unterbringung in einem privaten Pflegeheim übernimmt die Pflegeversicherung ganz oder teilweise die Kosten.

Die finanziellen Leistungen, die erstattet werden, richten sich nach der Pflegestufe, in welche der Pflegebedürftige eingeordnet ist. Drei Stufen werden unterschieden:

- Stufe I: erhebliche Pflegebedürftigkeit
- Stufe II: Schwerpflegebedürftigkeit
- Stufe III: Schwerstpflegebedürftigkeit

Die Oma von Andreas ist schwer pflegebedürftig. Wenn Andreas Mutter in der Arbeit ist, wird die alte Frau von einem Pflegedienst betreut. Als schwer pflegebedürftig werden Personen wie folgt eingestuft:

Fit im Web

Weitergehende Informationen zur Sozialversicherung gibt es im Internet unter: www.bma.bund.de. Hier lassen sich auch Broschüren bestellen, die fast alle kostenlos erhältlich sind.

Hilfebedarf

- mindestens 3 x täglich zu verschiedenen Tageszeiten bei der Körperpflege, Ernährung oder Mobilität
- mehrfach wöchentlich bei hauswirtschaftlicher Versorgung

Zeitaufwand

- wöchentlich im Tagesdurchschnitt mindestens drei Stunden, davon mindestens zwei Stunden Grundpflege

Stationärer Pflegedienst

Arbeitsvorschläge DO IT!

1. Welche beiden Arten der Pflege werden bei der gesetzlichen Pflegeversicherung unterschieden?
2. Welche sonstigen Leistungen werden von der Pflegeversicherung ganz oder teilweise erbracht?
3. Die Eltern von Andreas wollen vierzehn Tage Urlaub an der See machen. Welche Regelung sieht die Pflegeversicherung für diesen Fall vor?
4. Wie erfolgt die Finanzierung der gesetzlichen Pflegeversicherung?

HOT

Expertenbefragung:
Gesetzliche Krankenkasse

Machen Sie einen Check-up der gesetzlichen Krankenkasse (z. B. AOK, Barmer, Techniker).

1. Falls die Beitragssätze nicht schon bekannt sind, informieren Sie sich bei den jeweiligen Kassen.
2. Erkundigen Sie sich außerdem danach, welche freiwilligen Zusatzleistungen die Kasse erbringt.
3. Tauschen Sie Erfahrungen aus, die einzelne Mitschüler/-innen mit bestimmten Kassen schon gemacht haben.
4. Kommen Sie zu einem Urteil und versuchen Sie eine Rangfolge der Kassen festzulegen.

Rollenspiel: Rentenversicherung

Bei Diskussionen über die Rentenversicherung kann es hoch hergehen. Unterschiedlichste Meinungen treffen aufeinander.

Versuchen Sie in einem Rollenspiel die Interessen verschiedener Personen auf den Punkt zu bringen.

Rolle	Situationsbeschreibung
Oskar Schulz, Rentner	hat 40 Jahre Beiträge in die Rentenkasse gezahlt und hat noch einiges vor im Leben
Renate Bachmann, Inhaberin einer Möbelfabrik	hat einen Betrieb, der unter den hohen Personalnebenkosten leidet. Immer wieder muss sie feststellen, dass die ausländische Konkurrenz aufgrund der niedrigeren Kosten die Möbel günstiger herstellen kann.
Florian Kroll, junger Arbeitnehmer	packt am Monatsende der Zorn, wenn er sieht, wie wenig er von seinem Bruttogehalt überwiesen bekommt.
Dr. Erika Braun, Wissenschaftlerin	setzt sich für ein Rentensystem ein, dass auch noch zukünftig funktioniert.
Monika Hartmann, Witwe	hat ihren berufstätigen Mann durch einen privaten Autounfall verloren. Sie ist Mutter einer einjährigen Tochter.

1. Bilden Sie mehrere Gruppen in der Klasse, sodass jede Rolle auch vertreten ist.
2. Sammeln Sie ausgehend von der kurzen Situationsbeschreibung in der Tabelle Argumente für die Interessenlage der jeweiligen Person.
3. Verteidigen Sie deren Interessen gegenüber den Vertretern der anderen Rollen in einer Diskussion.

2 Das System der Individualversicherungen (Privatversicherungen)

Passiert – notiert

Karsten Hoffmann, Bäcker, 19 Jahre alt und seit einem Jahr ausgelernt, im Gespräch mit seinem Arbeitskollegen Bernd Vaupel:

Karsten: *Stell dir vor, mein Kumpel Sven hat vor einem Jahr als Bäcker ausgelernt und jetzt muss er sich einen ganz anderen Job suchen.*

Bernd: *Wo gibt's denn so was?*

Karsten: *Tja, schwerer Trümmerbruch am linken Bein durch einen Sturz beim Skifahren. Der kann sein Bein nicht mehr voll belasten. Von seinem Beruf kann er sich verabschieden.*

Bernd: *Verdammt harter Schicksalsschlag. Wie sieht es denn jetzt mit seinem Einkommen aus? Der hat doch auch 'ne Menge Ausgaben ...*

Karsten: *Ganz mau! Sven hat sich erkundigt. Rente würde es in seinem Fall erst nach fünf Jahren Wartezeit geben. Und die Berufsgenossenschaft rückt auch kein Geld raus, denn es war ja kein Arbeitsunfall.*

Bernd: *Ich habe das Gefühl, wenn so etwas passiert, sitzt man auf einem Pulverfass. Vielleicht gibt es eine private Versicherung, die man für solche Fälle abschließen kann?*

?

Welche Versicherung kann in dieser Situation helfen?

Welche Arten der Privatversicherung lassen sich unterscheiden?

Info 1 Individualversicherungen im Überblick

Als Arbeitnehmern werden Karsten und Bernd monatlich Beiträge zur Sozialversicherung vom Lohn abgezogen. Die Sozialversicherung ist für sie eine Pflichtversicherung. Die Beitragszahlungen richten sich nach der Höhe des Einkommens oder bei der Unfallversicherung (die der Arbeitgeber allein bezahlt) vor allem nach dem Risiko der jeweiligen Branche.

Anders als Sozialversicherungen bieten private Zusatzversicherungen (Individualversicherungen) die Möglichkeit der persönlichen Gestaltung des Versicherungsschutzes. Vieles spricht für, manches aber auch gegen eine Individualversicherung.

Individualversicherungen lassen sich einteilen in Personen-, Vermögens- und Sachversicherungen.

Das System der Individualversicherungen

Personenversicherungen	Vermögensversicherungen	Sachversicherungen
Beispiele:	**Beispiele:**	**Beispiele:**
Berufsunfähigkeitsversicherung	Privat-Haftpflichtversicherung	Hausratversicherung
private Krankenversicherung	Kfz-Haftpflichtversicherung	Feuerversicherung
private Unfallversicherung	Rechtsschutzversicherung	Einbruchdiebstahlversicherung
Lebensversicherung	Reiserücktrittsversicherung	Kaskoversicherung
	Reisegepäckversicherung	

Info 2 Personenversicherungen

Berufsunfähigkeitsversicherung. Laut Statistik muss jeder vierte Beschäftigte wegen Krankheit aus seinem Beruf aussteigen. In diesen Fällen soll eigentlich die gesetzliche Rentenversicherung greifen. Wie Sven (siehe „Passiert-notiert") bereits erfahren musste, hat diese einen gewichtigen Nachteil: In den ersten fünf Versicherungsjahren zahlt sie keinen Cent, wenn kein Arbeitsunfall vorliegt. Auch gibt es eine volle Erwerbsminderungsrente nur dann, wenn der Versicherte weniger als drei Stunden täglich irgendeiner Tätigkeit nachgehen kann. Eine private Berufsunfähigkeitsversicherung bietet hier Abhilfe.

Lebensversicherung. Sie dient vor allem der finanziellen Absicherung im Alter und der Unterstützung der Familie (Hinterbliebene), falls der Versicherte früher stirbt. Oft wird eine gemischte Lebensversicherung abgeschlossen, die entweder eine Auszahlung bei Tod des Versicherten vornimmt oder bei Erleben zu einem vereinbarten Zeitpunkt (z. B. 60 oder 65 Lebensjahre) die Versicherungssumme plus erworbener Gewinnanteile auszahlt.

Private Krankenversicherung. Sie gilt für Angestellte und Selbstständige, die über der Gehaltsgrenze der gesetzlichen Krankenversicherung liegen. Die Mitglieder einer gesetzlichen Krankenversicherung können aber auch eine private Zusatzversicherung abschließen. So z. B. in Form einer Krankenhaustagegeldversicherung oder einer Krankenhauskosten-Zusatzversicherung. Eine besondere Art der privaten Krankenversicherung ist die Auslandsreise-Krankenversicherung. Sie ist für Kassenpatienten, die ins außereuropäische Ausland reisen, unverzichtbar.

Tipp

Eine private Absicherung ist in jungen Jahren besonders preiswert.

Wer eine Berufsunfähigkeitsversicherung abschließt, sollte sich nicht auf die billigste Police stürzen. In manchen Policen ist nämlich eine „Verweisungsklausel" enthalten. Sie besagt, dass der Versicherer den Kunden im Ernstfall auf einen anderen Beruf verweisen kann, anstatt ihm die Rente auszubezahlen.

Wichtig ist, eine ausreichend hohe Rente abzusichern. Sparen wäre an dieser Stelle verfehlt, denn es ist ja möglich, dass man später von dem Geld leben muss.

Private Unfallversicherung. Sie zahlt für Invalidität oder Tod infolge von Unfällen, die nicht in den Bereich der gesetzlichen Unfallversicherung fallen (z. B. Freizeitunfälle).

Insassenunfallversicherung. Durch sie haben Kraftfahrer die Möglichkeit, mitfahrende Insassen gegen Unfälle zu versichern.

Info 3 Vermögensversicherungen

Kraftfahrzeug-Haftpflichtversicherung. Für die Folgen aller Unfälle, die der Fahrer eines Autos oder Zweirades einem anderen zufügt, kommt die Kfz-Haftpflichtversicherung auf. In Deutschland muss jedes Fahrzeug versichert sein.

Privat-Haftpflichtversicherung. Nach dem Gesetz haftet jeder unbegrenzt für Schäden, die er anderen zufügt. Wer z. B. als Fußgänger oder Radfahrer einen Verkehrsunfall verursacht, als Hausbesitzer seiner Streupflicht nicht nachkommt, wessen Kind die Scheibe des Nachbarn einschießt bzw. wer einen Hund besitzt, der den Briefträger beißt, haftet für die Schäden. Die Haftpflichtversicherung bezahlt den Schaden in Höhe der vereinbarten Deckungssumme. Sie übernimmt auch den Rechtsschutz, um ungerechtfertigte Ansprüche abzuwehren.

Rechtschutzversicherung. Wer in einem Rechtsstreit unterliegt, hat die entstehenden Kosten zu tragen. Sie zu übernehmen ist Aufgabe der Rechtschutzversicherung. Sie ersetzt die Aufwendungen für den Rechtsanwalt, die Gerichtskosten, die Auslagen für Zeugen und Sachverständige.

Tipp

Die Rechtsschutzversicherung übernimmt nur dann die Kosten, wenn der Rechtsstreit nicht von Anfang an aussichtslos ist. Darüber entscheidet der Rechtsanwalt des Versicherungsnehmers.

Reiserücktrittsversicherung. Versichert sind die dem Reiseveranstalter geschuldeten Rücktrittskosten. Das sind die Stornogebühren, die anfallen, wenn man eine Reise nicht antreten oder eine Ferienwohnung nicht nutzen kann.

Reisegepäckversicherung. Sie sichert den Versicherten vor dem finanziellen Schaden, der durch Verlust oder Beschädigung des Reisegepäcks entstehen kann. Versichert sind sämtliche Sachen des persönlichen Reisebedarfs.

Info 4 Sachversicherungen

Hausratversicherung. Sie ersetzt Schäden am Hausrat (z. B. Bekleidung, Elektrogeräte, Möbel), die durch Feuer, Sturm, Hagel, Raub, Leitungswasser und Einbruchdiebstahl verursacht worden sind. Der Normaltarif der Hausratversicherung kann erweitert werden, sodass auch Schadenersatz bei Fahrraddiebstahl und Glasbruch geleistet wird.

Feuerversicherung. Ersetzt werden Schäden, die durch Brand, Blitzschlag, Explosion oder Flugzeugabsturz entstanden sind. Der Versicherungsschutz wird nur für Sachen gewährt, die dem Versicherungsnehmer selbst gehören.

Einbruchdiebstahlversicherung. Der Versicherer leistet Ersatz für Gegenstände, die durch Einbruchdiebstahl aus einem Gebäude entfernt oder dabei beschädigt oder zerstört werden. Entsprechend dem Namen dieser Versicherung müssen zwei Tatbestände zusammentreffen:

- der Einbruch und
- der Diebstahl.

Kaskoversicherung. Sie beinhaltet einen Versicherungsschutz gegen Schäden am eigenen Fahrzeug. Als **Teilkaskoversicherung** tritt sie z. B. ein bei Schäden durch Brand, Explosion, Entwendung, Sturm und Hagel. Die **Vollkaskoversicherung** deckt darüber hinaus Schäden, die der Besitzer durch einen selbst verschuldeten Unfall am eigenen Fahrzeug verursacht hat.

Arbeitsvorschläge

DO IT!

1. Beschreiben Sie die Unterschiede zwischen Individual- und Sozialversicherung.

2. Entscheiden Sie, ob die gesetzliche oder die private Unfallversicherung zuständig ist: Unfall
   a) beim Fußballspielen,
   b) auf dem Weg zur Arbeit,
   c) als Lkw-Fahrer auf der Fahrt zu einer betrieblichen Baustelle,
   d) als Friseurin auf dem Weg zur Schwiegermutter, die kostenlos frisiert werden soll.

3. Welche Versicherung ist für folgende Schadensfälle zuständig:
   a) Frau Bachmann verursachte schuldhaft einen Unfall, bei der ihre Mitfahrerin erheblich verletzt wurde. Diese fordert ein Schmerzensgeld von 80.000,00 €.
   b) Im Sommerurlaub verkratzte Frau Möller mit ihrem Surfbrett die Autotür eines Bekannten. Der Lackschaden ist beträchtlich.
   c) Um ein nicht begründetes Bußgeldverfahren abwehren zu können, entstanden Herrn Frank Anwaltskosten von 1.800,00 €.
   d) Durch einen geplatzten Schlauch an der Waschmaschine kam es in der Wohnung von Frau Sabine Ziller zu einem Wasserschaden von über 3.000,00 €.

HOT

Pro- und Kontra-Diskussion

Führen Sie eine Pro- und Kontra-Diskussion zum Thema: „Versicherungen – sind sie wirklich notwendig?"

Ausgangspunkt der Aufgaben sollten die beiden kritischen Informationen zum Versicherungswesen sein.

Info 1: Die Einstellung von Mark Twain

Der amerikanische Schriftsteller Mark Twain hielt nichts von Versicherungen:

„Das sind Gesellschaften, die bei Sonnenschein Regenschirme ausleihen und sie einsammeln, sobald die ersten Tropfen fallen".

Info 2: Eine Karikatur von Wolter

„... versichert gegen Hundebisse jeder Art, ausgenommen sind lediglich
a) Bisse von männlichen Hunden.
b) Bisse von weiblichen Hunden.
Kastrierte Hunde fallen nicht unter den Begriff Hund ..."

1. Die Klasse wird in Gruppen zu je 4 bis maximal 6 Teilnehmer eingeteilt. Jede Gruppe bestimmt ihren Sprecher.

2. Nach dem Zufallsprinzip (z. B. durch Los) werden die Pro- und Kontra-Gruppen bestimmt.

3. Die Kontra-Gruppe greift die vorhandene Information auf und formuliert weitere Kritikpunkte.

4. Die Pro-Gruppe versucht die Ausgangsinformationen zu entkräften und Argumente für den Abschluss von Versicherungen zu finden.

5. Die Argumente werden von den jeweiligen Gruppensprechern vorgetragen und von der Klasse diskutiert.

6. Eine abschließende Stellungnahme zu der Eingangsfrage sollte von der gesamten Klasse diskutiert und anschließend formuliert werden.

3 Die Sozialgerichtsbarkeit

Passiert – notiert

Für welche Angelegenheiten ist die Sozialgerichtsbarkeit zuständig?

Wie ist die Sozialgerichtsbarkeit aufgebaut?

Während eines Besuchs bei seinem Freund in Düsseldorf wird Sven Bartel plötzlich krank. Der behandelnde Arzt stellt eine Blinddarmentzündung fest und rät zu einer sofortigen Operation in der Düsseldorfer Langenberg-Klinik. Als Sven wieder zu Hause in Regensburg ist, erhält er von seiner Betriebskrankenkasse einen Brief mit dem Inhalt: „... können leider nur 80 % der Pflegesätze der Langenberg-Klinik übernehmen, da sie unangemessen hoch sind." „Das lasse ich mir nicht bieten", ist Svens erste Reaktion, als er ärgerlich die Nachricht liest. Sven erkundigt sich und erfährt, dass man gegen den Bescheid der Krankenkasse **Widerspruch** einlegen kann. Er schreibt einen Brief an die Krankenkasse:

Sehr geehrte Damen und Herren,

am 15. Juni 20.. teilten Sie mir mit, dass Sie die Pflegesätze des Krankenhauses in Düsseldorf nicht anerkennen. Gegen diesen Bescheid möchte ich mit folgender Begründung Widerspruch einlegen:

1. Die Operation in Düsseldorf war dringend erforderlich und konnte nicht verschoben werden.
2. Aus Ihren Versicherungsbedingungen ist zu entnehmen, dass den Versicherten eine freie Krankenhauswahl zusteht.

Ran an die Informationen

Info 1 Zuständigkeit der Sozialgerichtsbarkeit

Die Bedeutung der Sozialgerichtsbarkeit wird deutlich, wenn das breite Feld der Rechtsfragen betrachtet wird, für die diese Gerichte zuständig sind. Sie entscheiden über Rechtsstreitigkeiten, die insbesondere folgende Angelegenheiten betreffen:

- Sozialversicherung (Renten-, Kranken-, Unfallversicherung),
- Ansprüche an die Bundesagentur für Arbeit (z. B. Arbeitslosenversicherung, Insolvenzausfallgeld),
- Kassenarztrecht (z. B. Streit über Kürzung von Arzthonoraren),
- soziale Entschädigung für Soldaten,
- Gewaltopferentschädigung.

Tipp

Die Verfahren vor den Gerichten der Sozialgerichtsbarkeit sind kostenfrei. Eine persönliche Vertretung vor dem Sozial- und Landessozialgericht ist möglich.

Info 2 Aufbau der Sozialgerichtsbarkeit

Sven Bartel legt gegen die Entscheidung seiner Krankenkasse (Sozialversicherungsträger) Widerspruch ein. Zwei Wochen später erhält er einen Antwortbrief, dass sein Widerspruch zurückgewiesen wurde. Er entschließt sich daher vor dem Sozialgericht zu einer ...

Sozialgerichtsbarkeit und Widerspruchsausschuss im Überblick:

- Lehnt das Landessozialgericht das Begehren des Versicherungsnehmers ab, so kann Revision beim **Bundessozialgericht** eingelegt werden. Bedingung: Das Verfahren muss von grundsätzlicher Bedeutung sein. Das Bundessozialgericht ist mit drei Berufsrichtern und zwei ehrenamtlichen Richtern besetzt. →
- Gegen das Urteil des Sozialgerichts kann Berufung eingelegt werden beim **Landessozialgericht.** Das mit drei Berufsrichtern und zwei ehrenamtlichen Richtern besetzte Gericht prüft den Streitfall erneut. →
- Wurde der Widerspruch zurückgewiesen, kann Klage vor dem **Sozialgericht** erhoben werden. Dieses ist besetzt mit einem Berufs- und zwei ehrenamtlichen Richtern. →
- Der Versicherungsnehmer legt Widerspruch beim zuständigen **Widerspruchsausschuss** ein. →
- Der **Versicherungsträger** (z. B. Krankenkasse) fällt eine Entscheidung, mit der der Versicherungsnehmer nicht einverstanden ist. →

Arbeitsvorschläge DO IT!

1. Für welche Rechtsstreitigkeiten sind die Gerichte der Sozialgerichtsbarkeit zuständig?
2. Beschreiben Sie den Aufbau der Sozialgerichtsbarkeit.
3. Wie begründet das Bundessozialgericht die Ablehnung des Versicherungsschutzes in folgendem Zeitungsartikel?

Krankenkasse muss Auslandstransport nicht bezahlen

Kassel. Wer im Ausland erkrankt und sich in sein Heimatland zurücktransportieren lässt, könnte auf den Kosten sitzen bleiben. Denn die gesetzlichen Krankenkassen müssen in der Regel nicht für die Kosten eines Krankentransportes aus dem Ausland aufkommen. Das gilt nach einer (...) Entscheidung des Bundessozialgerichtes (BSG) in Kassel auch für Transporte aus EU-Ländern.
Aus möglicherweise vorhandenen Unterschieden in der Qualität der jeweiligen medizinischen Versorgung lasse sich kein Anspruch auf einen Rücktransport ableiten.

1 „Alles geregelt …" Grundlagen des Rechts

Passiert – notiert

Warum muss es für fast alles Gesetze und Regeln geben?

Welche Gegenstände des Rechts unterscheidet man?

„Achtung, Achtung, auf der A3 Richtung Kassel kommt Ihnen zwischen Abfahrt Alsfeld Nord und Melsungen ein Falschfahrer entgegen. Fahren Sie sehr vorsichtig, bleiben Sie ganz rechts und überholen Sie nicht – wir werden Sie unterrichten, wenn die Gefahr vorbei ist."

Die obige Meldung ist inzwischen schon fast eine alltägliche Nachricht. Manche fahren falsch, weil sie die Orientierung verloren haben und in der verkehrten Richtung auf die Autobahn auffahren. Wenn sie ihren Fehler dann merken, haben sie Todesangst. Sie können nicht wenden. In Panik fahren sie oftmals weiter, um die nächste Ausfahrt zu erreichen.

Es soll aber auch Fälle geben, in denen Jugendliche bewusst falsch fahren. Die „Kumpels" hören dann im Verkehrsfunk, ob sie auch tatsächlich falsch gefahren sind und die wahnsinnige „Mutprobe" bestanden haben. Doch werden sie nicht selten für diese Dummheit bestraft. Es war dann die letzte Wette in ihrem Leben. Und was noch viel schlimmer ist: Auch die letzte Fahrt für Unbeteiligte, Väter, Mütter, Kinder – sie konnten nichts dafür, waren nur zur falschen Zeit an der falschen Stelle …

Ran an die Informationen

Info 1

Alles geregelt

Das Zusammenleben von Menschen ist nur möglich, wenn bestimmte Regeln eingehalten werden. Diese schränken zwar die persönliche Freiheit des Einzelnen ein. Sie sind aber notwendig, damit ein reibungsloses Leben in der Gesellschaft möglich ist. So gibt es bestimmte Regeln, die eingehalten werden sollten, wenn man kein Außenseiter werden will. Man sollte sich z. B. waschen, kämmen und bestimmte Manieren haben. Diese Verhaltensweisen und Regeln sind keine Gesetze. Es sind Sitten und Gebräuche.

Wenn diese nicht eingehalten werden, wird man durch Kritik, Verachtung oder Ablehnung bestraft. Man wird aber auch erst gar nicht als Auszubildender oder Arbeiter eingestellt oder in de Probezeit entlassen (siehe auch „Schlüsselqualifikationen", TK 1, Kap. 4).

Da diese gesellschaftlichen Regeln nicht ausreichen, gibt es noch **Gesetze, Erlasse, Verordnungen** usw. Wenn man gegen diese verstößt, kann man bestraft werden. Oder aber man wird richterlich gezwungen bestimmte Leistungen zu erbringen (z. B. seine Schulden zu zahlen).

Alle in einem Land gültigen Rechtsvorschriften bezeichnet man als die **Rechtsordnung.** Sie wird von Zeit zu Zeit den sich ändernden Lebensgewohnheiten und Bedingungen angepasst. So war z. B. Abtreibung in Deutschland früher ohne Ausnahme verboten. Heute ist sie mit bestimmten Einschränkungen erlaubt. Sterbehilfe ist in Deutschland (noch?) verboten – in anderen Ländern wird sie auf ausdrücklichen Wunsch eines unheilbar Kranken gewährt.

Straf- und Zivilrecht

Info 2

Strafrecht ist neben dem Verwaltungsrecht ein Teil des öffentlichen Rechts. Das Zivilrecht gehört dagegen zum Privatrecht.

Strafrecht

Straftaten entstehen, wenn Personen gegen Gesetze handeln. Dies können sein:

- Übertretungen (z. B. Geschwindigkeitsüberschreitung im Straßenverkehr)
- Vergehen oder Verbrechen

Sie werden vom Staat verfolgt. Die Folgen sind Freiheits- oder Geldstrafen (oder z. B. die Aberkennung der bürgerlichen Ehrenrechte, Ausweisung aus Deutschland usw.).
Die Bürger haben nur in bestimmten Fällen Einfluss auf die Strafverfolgung, z. B. als Privat- oder Nebenkläger.

Zivilrecht

Hier können die Verhandlungspartner selbst Vereinbarungen treffen. Damit Zivilgerichte aktiv werden, muss immer eine Person klagen. Dies geschieht also nicht automatisch – wie im Strafrecht. Zuerst wird versucht sich außergerichtlich zu einigen. In vielen Orten hilft hierbei der Schiedsmann. Wenn keine außergerichtliche Einigung zustande kommt, dann geht die Klage vor Gericht.
Urteile können sein: Aufforderungen zur Einstellung oder Unterlassung eines bestimmten Verhaltens, der Widerruf einer Aussage oder auch eine Geldstrafe.

Info 3 Aufbau des Rechtssystems

Das Zusammenleben von Menschen

wird geregelt durch

Gewohnheitsrecht	geschriebenes Recht	
Sitte, Gewohnheit, Brauch (historisch gewachsen)	Rechtsordnung: vom Staat festgesetzte Rechtsvorschriften und -regeln	
	öffentliches Recht Staat	**privates Recht** (Zivilrecht): Bürger
▸ entsteht aufgrund längerer Ausübung, ▸ ersetzt geschriebenes Recht, da die Überzeugung vorliegt, dass das Verhalten oder ein Zustand rechtens ist	▸ Grundgesetz ▸ Staatsrecht ▸ Verwaltungsrecht ▸ Strafrecht ▸ Steuerrecht usw.	▸ bürgerliches Recht (BGB) ▸ Handelsrecht (HGB) ▸ Aktiengesetz usw.

Arbeitsvorschläge

DO IT!

1. Versuchen Sie Beispiele für Sitten und Gebräuche zu geben.
2. Was bedeutet der Spruch: „Wo kein Kläger ist, da ist auch kein Richter."?
3. Beschreiben Sie die Unterschiede zwischen Straf- und Zivilrecht.
4. Welche Rechtsgebiete gehören zum öffentlichen und welche zum privaten Recht?

HOT

Planen Sie einen Besuch im Amtsgericht und nehmen Sie an einer öffentlichen Gerichtsverhandlung teil.

Entwerfen Sie zuerst einen Ablauf der Tätigkeiten. Danach bestimmen Sie Personen oder Gruppen für bestimmte Aufgaben. Folgende Aufgaben könnten anfallen:

- Ort des nächsten Amtsgerichts suchen
- Kontaktaufnahme mit einem Rechtspfleger oder Amtsrichter und einen Besuchstermin festlegen
- Wie kommen Sie zum Amtsgericht (öffentliche Verkehrsmittel/Bus/zu Fuß – Kostenvergleich)?

Bereiten Sie den Besuch inhaltlich vor, eventuell mithilfe eines Rechtspflegers, z. B.:

- Informationen über den Aufbau unseres Gerichtswesens sammeln,
- auswählen, welche Verhandlungen die Klasse besuchen will,
- sich über die „Verhandlungssache" kundig machen usw.

9596124

2 Besitz und Eigentum von Sachen und Rechten

Passiert – notiert

Alex las in der Zeitung folgendes Angebot und war begeistert - lange hatte er ein ganz besonderes Geschenk für Janines 18. Geburtstag gesucht. Jetzt hatte er es. War zwar etwas teuer, aber etwas ganz Außergewöhnliches:

Steigen Sie ein! – Mieten Sie mich! – Besitzen Sie mich!

Ich mache Ihre Träume wahr. Ich erfülle Sehnsüchte und Wünsche.

Ein Wochenende als Besitzer eines Sportwagens, von dem Sie bisher nur träumten ...

Das ganze Wochenende für nur **300,00 €** (inklusive 200 km, Vollkasko extra).

Doch verlieben Sie sich nicht zu sehr, denn montags muss ich wieder zu meinem Eigentümer zurückkehren.

Wird Alex Besitzer oder Eigentümer, wenn er den Sportwagen für ein Wochenende mietet?

Warum ist der Unterschied zwischen Besitz und Eigentum wichtig?

Ran an die Informationen

Info 1

Besitz und Eigentum

Die Sache ist eigentlich ganz einfach: Besitzer ist, wer gerade die tatsächliche Gewalt über eine Sache oder Recht hat. Der Eigentümer hat dagegen die rechtliche Gewalt. Er kann, aber muss nicht der Besitzer sein. Benjamin ist Eigentümer einer Shopper-Maschine. Gerd hat sie sich gerade einmal ausgeliehen. Damit ist Gerd, während er mit dem Bike fährt, der Besitzer, Benjamin bleibt der Eigentümer.

Doch ist eine solche Unterscheidung überhaupt wichtig?

Und ob: Ein Besitzer muss die Sache pfleglich behandeln. Er darf sie nicht verändern und muss sie zum vereinbarten Zeitpunkt unbeschädigt zurückgeben. Der Eigentümer dagegen darf die Sache verändern und auch verkaufen.

Übrigens: Eigentümer eines Kraftfahrzeuges ist derjenige, auf den der Kfz-Brief ausgestellt ist.

Info 2 Rechtsobjekte

Eigentümer oder Besitzer kann man nur von Rechtsobjekten werden. Man unterscheidet dabei zwischen Sachen und Rechten.

Rechtsobjekte

Sachen	Rechte
▸ **unbewegliche Sachen:** Immobilien (Häuser, Grundstücke) ▸ **bewegliche Sachen:** Mobilien (sie lassen sich transportieren) ▸ **vertretbare Sachen:** Sie sind durch gleichwertige Güter ersetzbar (z. B. Autos, Lebensmittel, Bekleidung usw.). ▸ **nicht vertretbare Sachen:** Sie sind einmalig und können nicht einfach durch andere ersetzt werden (z. B. Tiere, Antiquitäten, handgemaltes Bild usw.).	Rechte gewähren ihrem Inhaber einen bestimmten Anspruch. Die wichtigsten Rechte sind: Rechte aus ... ▸ Forderungen, Patenten und Lizenzen, ▸ Miet-, Leasing- oder anderen Verträgen, ▸ Vermietung und Verpachtung, ▸ Arbeitsverträgen usw.

Arbeitsvorschläge DO IT!

1. Ist Alex in „Passiert-notiert" Besitzer oder Eigentümer?
2. Was dürfen Eigentümer mit einer Sache machen?
3. Welche Pflichten haben Besitzer einer Sache?
4. Unterscheiden Sie zwischen den verschiedenen Arten von Sachen und nennen Sie jeweils Beispiele.
5. Nennen Sie Beispiele für die Eigentümer und die Besitzer von Rechten
   a) eines Patents für Flaschenverschlüsse,
   b) einer Mietwohnung,
   c) eines geleasten Autos.

9596126

3 Rechts- und Geschäftsfähigkeit natürlicher und juristischer Personen

Passiert – notiert

Welche Arten von „Personen" gibt es rechtlich gesehen?

Kann ein Kleinkind Erbe werden?

Wie geschäftsfähig sind Jugendliche?

Baby wird Millionenerbe

Hamburg (xx) – Die neun Monate alte Carolin ist Alleinerbin ihrer Eltern geworden. Mutter und Vater waren auf einer Geschäftsreise mit einer Chesna bei dichtem Nebel gegen einen Berg geprallt und tödlich verunglückt. Damit erbte ihr einziges Kind Carolin ihr gesamtes Vermögen. Hierzu gehören neben zahlreichen Immobilien und Bankguthaben auch über 55 % der Geschäftsanteile von XXL-STORE.

Diese GmbH, die sich ausschließlich in Familienbesitz befindet, ist eine der großen deutschen Möbelhausketten. 1 200 Mitarbeiter erwirtschafteten im vergangenen Jahr ca. 14 Mio. € Gewinn. Wird Carolin bald, wie abgebildet, als Geschäftsführerin die Geschicke der GmbH leiten müssen?

Ran an die Informationen

Info 1

Personen des Rechtsverkehrs

Alle Personen dürfen Willenserklärungen abgeben. Juristisch nennt man sie auch Rechtssubjekte. Dabei unterscheiden die Juristen zwischen:

Rechtssubjekte

natürliche Personen

alle lebenden Menschen, unabhängig vom Alter, Geistes- oder Gesundheitszustand, von der Rasse, Abstammung oder sonstigen Merkmalen

Tiere gehören zu den Rechtsobjekten.

juristische Personen

Personenvereinigungen oder so genannte „Vermögensmassen"

Privatrecht

- rechtsfähige Vereine, die keinen wirtschaftlichen Zielen nachgehen (z. B. Sportverein, Gesangverein, Feuerwehr) oder wirtschaftliche Vereine in Form einer handelsrechtlichen Gesellschaft (Kapitalgesellschaft oder Genossenschaft)
- Stiftungen von Einzelpersonen, Gesellschaften oder Vereinen (z. B. VW-Stiftung)

öffentliches Recht

- Körperschaften des öffentlichen Rechts (Bund, Länder, Gemeinden, Ärztekammer usw.)
- Anstalten des öffentlichen Rechts (z. B. Universitäten, Schulen, Bibliotheken, Rundfunkanstalten)
- staatliche Stiftungen (z. B. Studienstiftung des Deutschen Volkes, Stiftung Preußischer Kulturbesitz)

Info 2 Rechtsfähigkeit

Natürliche Personen sind alle Menschen. Warum haben sich die Juristen aber zusätzlich noch die „juristischen Personen" ausgedacht? An einem Beispiel soll dies verdeutlicht werden: Wenn Sie z. B. einen Pkw von einem Privatmann kaufen, dann können Sie diesen notfalls wegen eines Mangels am Fahrzeug verklagen. Doch passiert Ihnen das gleiche Missgeschick bei einem Neuwagen, dann können Sie ja nicht den Vorstandsvorsitzenden von VW, BMW oder DaimlerChrysler verklagen. Der Vorstandsvorsitzende von Opel könnte auch nicht alle Verträge seiner AG mit den vielen Kunden allein schließen. Damit also Kapitalgesellschaften und andere (siehe Info 1) auch rechts- und geschäftsfähig sind, hat man sie zu künstlichen, d. h. zu juristischen Personen gemacht.

Alle natürliche Personen sind von ihrer Geburt an bis zum Tode rechtsfähig. Sie sind damit Träger von Rechten und Pflichten. Juristische Personen sind ebenfalls rechtsfähig, d. h. auch sie haben Rechte und Pflichten. Sie können auch verklagt werden. Ihre Rechtsfähigkeit beginnt mit der Eintragung in das Vereinsregister, Handelsregister oder anderen und endet mit der Löschung aus diesen Registern.

Info 3 Rechts- und Geschäftsfähigkeit von natürlichen Personen

Hallo, ich bin Carolin. Ich werde bald 23 Jahre und studiere Betriebswirtschaftslehre. Denn ich will ja später einmal meine eigene Firma führen. Das Baby im Zeitungsausschnitt (Passiert-notiert) soll mich vor 22 Jahren darstellen. Damals ging meine tragische Geschichte in die Presse. Ich wurde als die jüngste Chefin in Deutschland beschrieben.

Zurzeit leitet meine GmbH ein Geschäftsführer. Er wurde damals von meinem Erziehungsberechtigten eingestellt. Dieser wurde vom Gericht bestimmt, nachdem meine Eltern verunglückt waren. Bis zu meinem 18. Geburtstag hat er diese Aufgabe wahrgenommen.

Ab der Geburt bis zu ihrem Tod sind alle Menschen rechtsfähig. So konnte ich also die Firma meiner Eltern erben. Doch führen musste sie halt ein anderer, denn geschäftsfähig war ich nicht. Meine GmbH ist als juristische Person **rechtsfähig** und auch voll **geschäftsfähig.** Die Mitarbeiter können im Namen der GmbH Verträge schließen. Neulich wurde meine GmbH sogar von einem entlassenen Mitarbeiter verklagt.

Bei Personen ist die Geschäftsfähigkeit dagegen abhängig vom Alter und dem Geisteszustand. Dauernd geistesgestörte Menschen sind geschäftsunfähig. Alle anderen Menschen sind **bis zu ihrem 7. Geburtstag** ebenfalls **geschäftsunfähig.** Falls sie Verträge schließen würden, wären diese nichtig. Das heißt, sie sind gar nicht geschlossen worden. Tante Ilse, bei der ich aufgewachsen bin, schickte mich zwar öfter zum Metzger. Dabei war ich aber nur ihr Bote. Kaufverträge durfte ich selbst noch nicht schließen. Der Gesetzgeber will die Kinder so vor Ausnutzung durch Betrüger schützen.

Das sah ich natürlich als Jugendliche nicht ein. Den Schutz verstand ich als Bevormundung. Mit 16 Jahren wusste ich natürlich, dass ich eine sehr reiche Erbin bin. Ich hatte viele Wünsche. Doch wenn ich was Teureres kaufen wollte, dann musste erst mein **Erziehungsberechtigter zustimmen.** Das gab öfter Zoff. Mal wollte ich 'ne teure Urlaubsreise machen, dann wollte ich meinem damaligen Freund einen Porsche kaufen. „Du fährst dann ja immer mit", hatte er gesagt. Heute weiß ich, dass die Regelung gar nicht schlecht für mich war. Der damalige Freund war nur auf mein Geld aus. Und ich hätte auch sonst recht locker mein Geld mit vollen Händen ausgegeben. Doch wie ist nun die gesetzliche Regelung? Also sie besagt, dass Verträge mit Minderjährigen **schwebend unwirksam** sind. Das bedeutet, sie müssen erst von den Erziehungsberechtigten genehmigt werden. Stimmen diese zu, dann ist der Vertrag gültig. Lehnen diese aber ab, dann ist der Vertrag nichtig. Eine Ausnahme sind Verträge, die mit dem **Taschengeld** bezahlt werden. Diese sind sofort gültig. Es dürfen aber keine **Ratenkäufe** sein.

Gültig sind auch Verträge die ein Jugendlicher in Ausübung seiner **Arbeit oder Ausbildung** schließt. Hier müssen die Erziehungsberechtigten nicht zustimmen. Dies gilt auch, wenn ein Minderjähriger mit Erlaubnis seiner Erziehungsberechtigten eine Unternehmung betreibt. Dann darf er in seiner Firma Verträge abschließen - privat darf er allerdings nur in Höhe seines Taschengeldes einkaufen.

Da ich seit meinem **18. Geburtstag geschäftsfähig** bin, kann ich nun alle Verträge allein abschließen. Das ist toll aber auch gefährlich, denn nun bin ich auch für meine geschlossenen Verträge voll **haftbar.** Das Schiff kaufte ich mir zum 18. Geburtstag. Doch sonst bin ich eher sparsam.

Arbeitsvorschläge DO IT!

1. Warum gibt es juristische Personen?
2. Arbeiten Sie aus obigem Text die Antworten zu folgenden Fragen heraus:
   a) Ab wann sind natürliche und juristische Personen rechtsfähig?
   b) Bis wann ist eine natürliche Person geschäftsunfähig?
   c) Begründen Sie, warum Verträge von Geschäftsunfähigen nichtig sind.
   d) Wie ist die Geschäftsfähigkeit vom 7. bis zum 18. Lebensjahr geregelt?
   e) Wie sind juristisch gesehen Verträge von beschränkt Geschäftsfähigen? Erklären Sie dies!
   f) Welche Ausnahmeregelungen gibt es?
   g) Mit welchem Alter ist man voll geschäftsfähig? Was bedeutet dies?
3. Sie überlegen, ob Sie sich ein Handy mit Prepaid-Karte kaufen oder das gleiche Handy mit Abschluss eines Vertrags mit zweijähriger Laufzeit für 1,00 € bekommen. Sie wissen, dass Ihre Erziehungsberechtigten nicht einverstanden sind, dass Sie sich schon wieder ein neues Handy kaufen. Welchen Weg müssten Sie wählen?

HOT

Streitgespräch: Werden Jugendliche geschützt oder bevormundet?

Fall: Die 17-jährige Claudia befindet sich seit mehr als einem halben Jahr als Reisekauffrau in der Ausbildung. Sie erhält im ersten Ausbildungsjahr pro Monat 495,00 €. Obwohl sie noch zu Hause wohnt, muss sie ihren Eltern nichts von ihrer Ausbildungsvergütung abgeben.

Claudia glaubt, dass sie mit ihrem selbst verdienten Geld machen kann, was sie will. Ihre Eltern kontrollieren dies im Normalfall auch nicht. Das Einzige, zu dem sie ihre Tochter zu Beginn der Ausbildung ermahnt haben, war, dass sie „sparsam" sein soll.

Als Claudia eines Tages nach Hause kommt und erzählt, sie habe von ihrem selbst verdienten Geld zusammen mit ihrem gerade kennen gelerntem Freund einen Urlaub nach Ibiza für je 1.095,00 € gebucht, glauben ihr das die Eltern zunächst nicht. Der Freund sei arbeitslos und daher habe sie ihm 1.000,00 € Kredit gegeben, damit dieser mitfliegen könne. Da ist das gute Verhältnis zu ihren Eltern plötzlich gestört. Sie verweisen auf ihre Rechte und genehmigen die Urlaubsbuchungen nicht.

Claudia ist sauer. Wie steht sie nun vor ihrem Freund und den anderen aus der Clique da? Sie zählt auf: Erstens ist es von meinem verdienten Geld – also zählt der Taschengeldparagraf.

Zweitens darf man Verträge im Ausbildungsbetrieb auch als Minderjährige schließen.

Drittens: Wenn man einen eigenen Betrieb hat, darf man auch Verträge schließen.

Die Eltern argumentieren: „Wir müssen Dich vor jugendlichem Leichtsinn schützen!" Claudia hält dagegen: „In einem Vierteljahr bin ich 18, glauben die Politiker etwa, dass ich dann von einem auf den anderen Tag vernünftiger werde?"

1. Beurteilen Sie den Streit rein rechtlich.
2. Erarbeiten Sie die Argumente für eine Pro- und Kontra-Diskussion mit dem Thema „Müssen 17-Jährige geschützt werden?" und führen Sie eine solche durch. Suchen Sie noch zusätzliche Argumente zu den oben genannten.

4 Zustandekommen von Rechtsgeschäften

Passiert – notiert

Hat Sabine einen Vertrag geschlossen?

Wie kommen Rechtsgeschäfte zustande?

Welche Rechtsgeschäfte sind nichtig – welche anfechtbar?

Wie Sabine zur Hilti kam

„Da gehen wir mal hin", hatten Sabine und Jörg gesagt, als sie die Meldung in der Zeitung lasen. Der Baustoffhandel in ihrem Ort hatte Insolvenz angemeldet. Und am Samstag sollten die restlichen Waren versteigert werden. Doch dann kam es knüppeldick. „Der Verkaufsraum war voll", erzählte Sabine am Abend im Club. an einem Rednerpult war der Auknator mit einem Hammer und neben ihn wurden laufend andere Waren hingestellt. Ich hatte endlich zwei Plätze in der vorletzten Stuhlreihe gefunden. Ich setzte mich und winkte Jörg zu, denn er sollte sich neben mich setzen. Der Auktionator rief gerade „Zum Ersten, zum Zweiten und zum ... Dritten". Dann klopfte er mit dem Hammer auf das Pult und rief: „Die Hilti geht für 285,00 € an die blonde junge Dame in der vorletzten Reihe – herzlichen Glückwunsch zu Ihrem Kauf. Wir kommen nun zum Objekt 436 ..."

Ran an die Informationen

Info 1

Die Vertragsfreiheit

In Deutschland besteht Vertragsfreiheit. Das bedeutet, soweit man nicht gegen Gesetze verstößt, kann man in beliebiger Form Verträge schließen mit wem man will und über was man will. Aber auch hierfür gibt es Ausnahmen. So müssen die Vertragspartner geschäftsfähig sein. Manchmal müssen bestimme Formvorschriften eingehalten werden und für manche Rechtsgeschäfte benötigt man gar keinen Partner.

Info 2 Was sind Rechtsgeschäfte?

Rechtsgeschäfte sind das Ergebnis einer oder mehrerer Willenerklärungen. Man unterscheidet zwischen einseitigen und zweiseitigen Rechtsgeschäften.

Rechtsgeschäfte

1 einseitige Rechtsgeschäfte

Sie gehen nur von einer Person aus. Sie werden verbindlich, ohne dass eine andere Person zustimmen muss.

nicht empfangsbedürftige Willenserklärungen

Sie werden mit ihrer Abgabe wirksam.

Beispiel: Testament

empfangsbedürftige Willenserklärungen

Sie sind an eine bestimmte Person gerichtet. Sie werden mit der Zustellung beim Empfänger rechtswirksam. Die Willenserklärung muss also vom Empfänger zur Kenntnis genommen werden.

Beispiel: Kündigung

2 zweiseitige Rechtsgeschäfte

Hier sind zwei oder mehrere Partner beteiligt. Zwei in allen Punkten übereinstimmende Willenserklärungen führen zum Vertragsabschluss.

ohne Formvorschriften

Beispiel:
Kaufvertrag (für bestimmte Güter), Leasing-, Leih-, Behandlungs-, Schenkungsvertrag

mit Formvorschriften

Beispiel:
Ausbildungs-, Arbeits-, Kredit-, Miet-, Kaufvertrag für Immobilien

Info 3 Wie kommen Rechtsgeschäfte zustande?

Einseitige Rechtsgeschäfte kommen durch eine Willenserklärung zustande. In einem Testament steht z. B. der letzte Wille des Verstorbenen. Eine Kündigung ist eine Erklärung, einen Mitarbeiter zu entlassen. Dieser muss die Kündigung aber erhalten.

Zweiseitige Rechtsgeschäfte kommen dagegen nur dann zustande, wenn zwei in allen Punkten übereinstimmende Willenserklärungen vorliegen – z. B. bei einem Kaufvertrag über einen gebrauchten Pkw.

Die Willenserklärungen können grundsätzlich auf folgende Weise geäußert werden:

- **ausdrückliche Äußerung:** Die Vertragspartner erklären ihren Willen offen in einer für jeden erkennbaren Form. Dies kann schriftlich, mündlich, telefonisch, per Fax oder E-Mail geschehen.

- **bloßes Handeln:** Ein Vertrag kann durch eine absichtliche Handlung geschlossen werden, z. B. Heben der Hand bei einer Versteigerung oder elektronisch durch Anklicken eines Buttons „Kaufen".
- **Schweigen:** Wenn zwischen zwei Unternehmungen eine dauernde Geschäftsbeziehung besteht, dann kann Schweigen auch als Zustimmung gewertet werden. Wenn z. B. über einen längeren Zeitraum regelmäßige Öllieferungen vereinbart waren, dann gilt ein Schweigen des Käufers auf ein Mail (z. B. „Öllieferung morgen gegen 15:30 Uhr") als Annahme.

Formvorschriften bei Rechtsgeschäften

Info 4

Für die meisten Willenserklärungen gibt es keine Formvorschriften, d. h. sie können je nach Wahl durch bloßes Handeln, mündlich, telefonisch, schriftlich usw. abgegeben werden. Dennoch gibt es aber auch einige mit vorgeschriebener Form. Wenn diese dann nicht eingehalten würde, wäre der Vertrag nichtig (siehe Info 5).

Wie müssen Willenserklärungen abgegeben werden?

ohne	mit Formvorschriften		
Formfreiheit	**Schriftform**	**öffentliche Beglaubigung**	**öffentliche Beurkundung**
Natürlich wird man Kaufverträge über den täglichen Einkauf im Supermarkt nicht schriftlich abschließen. Aber es empfiehlt sich, Verträge über höhere Kaufsummen nicht mündlich zu schließen, wegen der Beweisführung im Streitfall.	Folgende Verträge sind nur in Schriftform gültig: ▸ Kündigungen ▸ Kreditverträge ▸ Arbeits- und Ausbildungsverträge ▸ Bürgschaften ▸ Ratenkäufe ▸ Mietverträge	Ein Notar oder eine dazu ermächtigte andere Person bestätigt die Echtheit der Unterschriften der Vertragspartner. Dies ist Pflicht für: ▸ Eintragung als Hypothek ▸ Testamentsbeglaubigung	Ein Notar muss die Vertragspartner auf Vor- und Nachteile des Vertrags hinweisen. Danach bestätigt er die Unterschrift und Willenserklärungen für diesen Vertrag.

Nichtige Willenserklärungen

Info 5

Nicht alle Willenserklärungen sind rechtlich bindend. In manchen Fällen schränkt der Staat die Vertragsfreiheit ein. Dies führt dann unter anderem zu nichtigen oder anfechtbaren Willenserklärungen.

Nichtige Rechtsgeschäfte sind von Anfang an unwirksam. Sie gelten rechtlich so, als wären sie nie geschlossen worden.

Willenserklärungen sind nichtig, wenn ...	Beispiele
... sich die beiden Parteien nicht über alle Inhalte einig werden (Einigungsmangel).	Der Käufer verlangt einen Rabatt von 15 % auf den Neuwagenpreis, der Verkäufer will höchstens 8 % gewähren.
... sie von Geschäftsunfähigen geschlossen wurden (sie sind sofort nichtig). ... sie von beschränkt Geschäftsfähigen geschlossen wurden (dann sind die Willenserklärungen zuerst schwebend unwirksam und nach Verweigerung der Zustimmung durch die Erziehungsberechtigten nichtig).	Ein 5-Jähriger kauft sich ein Spielzeug. Eine 16-Jährige bucht ohne Zustimmung der Eltern eine Ferienreise. Der Preis übersteigt bei weitem ihr Taschengeld.
... sie gegen ein gesetzliches Verbot oder unter Ausnutzung einer Notlage, des Leichtsinns, der Unerfahrenheit gegen die guten Sitten verstoßen.	Eine Privatperson ohne Waffenschein kauft eine waffenscheinpflichtige Pistole. Ein Krankenwagenfahrer nimmt einen Verletzten nur gegen ein Trinkgeld von 200,00 € mit.
... sie offensichtlich nicht ernst gemeint sind oder nur zum Schein abgegeben wurden.	Ein Deutscher heiratet eine Nigerianerin nur, um ihre Ausweisung zu verhindern. Ein Reisebüro bietet Ihnen einen Flug zum Mond an.
... sie nicht in der gesetzlich vorgeschriebenen Form abgegeben wurden (Schriftform, Beglaubigung, Beurkundung).	Der Kauf einer Eigentumswohnung wird nur per Handschlag „besiegelt". Ein Mietvertrag für eine Wohnung wird nur mündlich abgeschlossen.

Info 6

Anfechtbare Willenserklärungen

Diese Willenserklärungen sind erst einmal gültig. Durch eine Anfechtung können sie aber rückwirkend ungültig gemacht werden.

Willenserklärungen sind anfechtbar, die ...	Frist für Anfechtung	Beispiele
... durch einen **Irrtum** zustande gekommen sind. a) Inhaltsirrtum: Ein anderer Inhalt wird vorausgesetzt.	Die Anfechtung muss unverzüglich nach Kenntnis des Irrtums erfolgen. Nach 10 Jahren ist die Anfechtung verjährt.	- Am Telefon bestellt Schreiner Alheit 10 qm der preiswerten Holzplatte. Er meint, dass es eine Schreinerplatte sei. Tatsächlich handelt es sich um eine minderwertige Spanplatte.
b) Irrtum in der Erklärung (Übermittlung): Die Äußerung entspricht nicht dem, was der Erklärende wirklich aussagen wollte.		- Wegen technischer oder menschlicher Fehler wird eine Ware für 18,45 € statt 81,45 € angeboten.
c) Irrtum über wesentliche Eigenschaften der Sachen.		- Anstatt Modeschmuck wird echter Schmuck zum selben Preis angeboten.

Willenserklärungen sind anfechtbar, die ...	Frist für Anfechtung	Beispiele
... durch **arglistige Täuschung** zustande gekommen sind.	innerhalb eines Jahres, nachdem die Täuschung entdeckt wurde	Ein Verkäufer versichert, dass der Unfallwagen unfallfrei sei.
... unter **widerrechtlicher Androhung** von Gewalt zustande gekommen sind.	innerhalb eines Jahres, nachdem die Bedrohung aufgehört hat	Ein Schüler verkauft sein DVD-Gerät für 10,00 €, da ihm sonst Schläge angedroht wurden.

Arbeitsvorschläge DO IT!

1. In Deutschland herrscht der Grundsatz der Vertragsfreiheit. Was bedeutet dies?
2. Unterscheiden Sie zwischen ein- und zweiseitigen Rechtsgeschäften und nennen Sie Beispiele.
3. Warum empfiehlt es sich, auch wenn keine Formvorschrift besteht, Kaufverträge z. B. über ein Kraftfahrzeug schriftlich abzuschließen?
4. Beurteilen Sie die Rechtslage folgender Fälle:
   a) Um Schenkungssteuer zu sparen schließen Herr Müller und sein Schwiegersohn zum Schein einen Kaufvertrag ab.
   b) Eine Oma möchte ihrem Enkel zum 16. Geburtstag ein Mofa schenken. Unwissend kauft sie ein gebrauchtes Mofa im Wert von etwa 300,00 € zum fünffachen Preis.
   c) Durch den Tippfehler einer Sekretärin bestellt eine Firma 81 000 anstatt 18 000 Liter Rohöl.
   d) Die sechsjährige Petra kauft sich von ihrem Taschengeld ein Comicheft.
   e) Der Fahrer eines Krankenwagens war nur gewillt, einen Schwerkranken ins Krankenhaus zu fahren, als ihm die Frau des Kranken 100,00 € „Trinkgeld" gab.
   f) Eine Hausfrau unterschreibt die Bestellung eines neuen Staubsaugers, nachdem ihr der Vertreter gedroht hatte, er wolle ihrem Mann von ihrem Hausfreund erzählen, wenn sie bei ihm nichts bestelle.
   g) Der einzige Lebensmittelhändler eines Dorfes berechnet einer alten alleinstehenden Frau bei deren täglichen Einkäufen einen Zuschlag von 100 %.
   h) Die sechzehnjährige Gaby kauft sich von ihrem gesparten Geld ein Mofa.
   i) Herr Schäfer kauft einen teuren Rassehund mit Stammbaum. Später stellt er fest, dass der Stammbaum gefälscht ist.
   j) Ein Autohändler droht Herrn Müller, seinen Sohn zu entlassen, der sich bei ihm zur Probezeit in der Ausbildung befindet, wenn der Vater nicht einen neuen Wagen bei ihm bestelle.

5 Abschluss und Inhalte von Kaufverträgen

Passiert – notiert

Wie kommen Kaufverträge zustande?

Welche Folgen entstehen aus Kaufvertragsabschlüssen?

Kaum ein Tag, an dem wir nicht zahlreiche Kaufverträge abschließen ...

Ran an die Informationen

Einkaufen im Supermarkt oder am Kiosk, der BigMac bei McDonalds, das Tanken an der Tankstelle, das Bestellen von Waren bei einem Versandhaus, aber auch das wortlose Ziehen von Zigaretten am Automaten: Immer werden Kaufverträge geschlossen.

Übereinstimmende Willenserklärungen

Info 1

Willenserklärungen stellen die Grundlage für das Zustandekommen von Rechtsgeschäften dar. Da der Kaufvertrag ein zweiseitiger Vertrag ist, müssen auch zwei Willenserklärungen der Vertragspartner vorliegen. Es gibt hierfür zwei Wege:

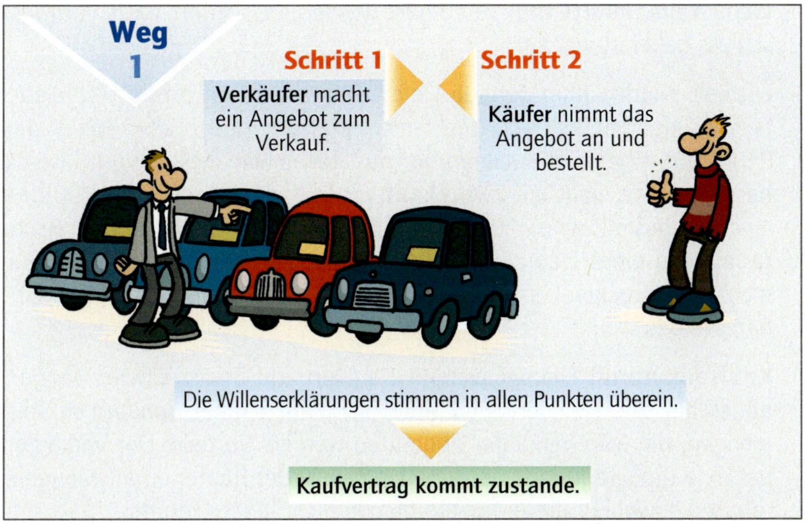

Doch in welchen Punkten müssen die Verträge übereinstimmen? Es sind alle Inhalte, die in Kaufverträgen genannt oder vorausgesetzt werden.

Selbstverständlich wird eine möglichst genaue Beschreibung (Inhalt, Größe, Art usw.) der Ware in die Kaufverträge aufgenommen. Oftmals werden aber noch weitere Inhalte aufgenommen um Missverständnisse zu vermeiden. Die wichtigsten sind: Lieferungsbedingungen, Preis, Zahlungsbedingungen, Erfüllungsort und Gerichtsstand, Allgemeine Geschäftsbedingungen.

Info 2 Lieferungsbedingungen

Hier werden folgende Fragen geklärt:

Wann muss geliefert werden?

Wenn **kein Liefertermin** vereinbart wurde, muss sofort nach Vertragsschluss geliefert werden.

Oftmals werden aber genaue Liefertermine im Kaufvertrag festgelegt. Hierbei handelt es sich um einen **Fixkauf** (z. B. Liefertermin am 23.05.05). Wenn die Lieferung nur für einen bestimmten Zweck bestellt wurde, liegt ein **Zweckkauf** vor (z. B., wenn ein Buffet für eine Hochzeit bestellt wird). Für Fix- und Zweckkauf gibt es besondere Rechte im Falle eines Lieferungsverzuges (siehe hierzu auch Kap. 6.1). Für nicht fristgerechte Lieferungen kann eine **Konventionalstrafe** vereinbart werden.

Kauf auf Abruf: Hierbei werden Kaufverträge über größere Mengen abgeschlossen. Geliefert wird aber nicht auf einmal, sondern in Teilmengen, die vom Verkäufer abgerufen werden. Vorteile: Der Verkäufer hat eine größere Menge an Waren verkauft, der Käufer erhält Mengenrabatte, obwohl er diese größere Menge nicht lagern könnte.

Teillieferungskauf: Eine größere Menge wird bestellt und in Teilmengen geliefert. Die Lieferungen sind vorher festgelegt. Beispiel: Von einem mehrbändigen Lexikon wird alle zwei Monate ein Band geliefert.

Wer trägt die Transportkosten?

Wenn keine besonderen Lieferungsbedingungen im Angebot oder in den Allgemeinen Geschäftsbedingungen stehen, gilt die gesetzliche Regelung. Danach sind Warenschulden Holschulden, d. h., der Käufer müsste die Ware eigentlich beim Verkäufer abholen. Lässt er sich die Ware aber schicken, muss der Käufer alle anfallenden Versand-, Verpackungskosten sowie eine eventuelle Transportversicherung bezahlen (Beförderungsklauseln siehe Schaubild nächste Seite).

Es ist aber auch möglich zu vereinbaren, wer die Versandkosten trägt. Oftmals sind Lieferungen ab einem bestimmten Bestellwert portofrei. Bestellt er weniger, trägt der Käufer die Kosten.

Wird unter **Eigentumsvorbehalt** geliefert?

„Die Ware bleibt bis zur endgültigen Bezahlung Eigentum des Lieferers." So oder ähnlich steht es in den meisten Kaufverträgen. Damit bleibt der Verkäufer so lange Eigentümer, bis die Ware endgültig bezahlt ist.

Tipp

Achtung bei Ratenzahlung: Die Ware kann auch noch vom Verkäufer zurückgeholt werden, wenn ein Großteil der Raten schon bezahlt ist. Natürlich werden die schon bezahlten Raten angerechnet.

Für Lieferungen im Inland gibt es folgende **Beförderungsklauseln:**

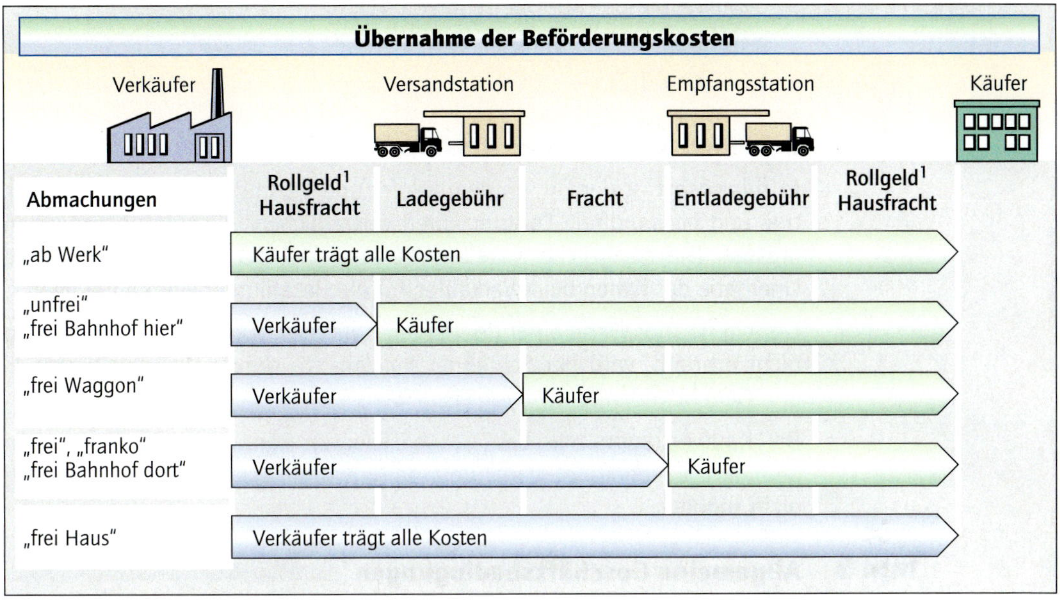

Preis und Zahlungsbedingungen

Info 3

- **Preis:** Wenn ein Privatmann von einem Geschäftsmann kauft (Verbrauchsgüterkauf), muss der Bruttopreis (inklusive Umsatzsteuer) angegeben werden. Kauft ein Geschäftsmann von einem anderen, wird der Nettopreis plus Umsatzsteuer ausgewiesen.
- **Rabatte** werden immer öfter z. B. in Form von Mengen-, Treue-, Sonderrabatten gewährt. Damit soll der Verkauf angekurbelt werden.
- **Skonto:** Zwischen 1–3 % vom Kaufpreis können oftmals bei Barzahlung (meist innerhalb von 10 Tagen) abgezogen werden.
- **Zahlungsort:** Geldschulden sind Bringschulden, das bedeutet, der Käufer muss beim Verkäufer bezahlen oder auf dessen Konto überweisen.
- **Zahlungszeitpunkt:**

  Nach dem Gesetz muss bei Barkauf sofort bei Übergabe der Ware bezahlt werden.

  Bei Anlieferung der Ware können abweichende Regelungen getroffen werden:

  Vorauszahlung: Bezahlung vor Lieferung

  Anzahlung: Ein Teilbetrag wird vor Lieferung, der Rest bei Lieferung oder in Raten bezahlt.

1 Rollgeld: der Betrag, den der Spediteur für den Transport von dem Versender zum Bahnhof oder vom Bahnhof zum Empfänger berechnet.

Zahlung auf Ziel: Es werden oftmals 30 Tage oder länger für die Begleichung des Kaufpreises eingeräumt.

Ratenkauf: Der Kaufpreis wird in mehreren Raten beglichen (siehe TK 5, Kap. 1.2).

Info 4 Erfüllungsort und Gerichtsstand

Erfüllungsort ist der Ort, an dem Käufer und Verkäufer durch eine rechtzeitige und einwandfreie Leistung ihren vertraglichen Pflichten nachkommen müssen. Die gesetzliche Regelung besagt, dass der Erfüllungsort für die Übergabe der Waren beim Verkäufer, für die Bezahlung beim Käufer liegt.

Gerichtsstand: Wenn einer der beiden Kaufvertragspartner seine Leistung nicht erbringt, wird der Schuldner an dem für seinen Wohnort zuständigen Gericht verklagt.

Bei Kaufverträgen zwischen Geschäftsleuten können diese Regelungen geändert werden. Bei Verkäufen an Privatpersonen ist eine Änderung nicht möglich.

Info 5 Allgemeine Geschäftsbedingungen

Die meisten Kaufverträge werden mündlich geschlossen. Damit die Verkäufer nicht jedes Mal mit einem Käufer alle Bedingungen des Kaufvertrags neu aushandeln müssen, gibt es so genannte Allgemeine Geschäftsbedingungen (AGBs). Das sind vorformulierte Vertragsbedingungen. Da mit ihnen oftmals die Käufer benachteiligt wurden, gibt es einen besonderen Schutz vor Missbrauch der AGBs. (Weitere Einschränkungen siehe Verbraucherschutz, Themenkreis 5).

DO IT! Arbeitsvorschläge

1. Beschreiben Sie an einem Beispiel die beiden Schritte, wie ein Kaufvertrag zustande kommen kann.
2. Welche Voraussetzung muss gegeben sein, damit ein Kaufvertrag zustande kommt?
3. Willi hatte einen Fernsehapparat beim Versandhandel gekauft. Zusatz im Kaufvertrag: „Die Ware bleibt bis zur vollständigen Bezahlung unser Eigentum." Er machte eine Anzahlung von 300,00 € und wollte den Rest in 20 Monatsraten à 40,00 € zahlen.
   a) Um welche Zahlungsart handelt es sich?
   b) Ab der 12. Rate hat Willi sein Konto so weit überzogen, dass die Bank keine Überweisung mehr vornimmt. Daraufhin soll der Apparat wieder abgeholt werden. Ist dies rechtlich in Ordnung?
4. Wo sind beim Verbrauchsgüterkauf Erfüllungsort und Gerichtsstand?
5. Wer trägt die Transportkosten, wenn hierüber im Kaufvertrag nichts vereinbart wurde?

9596140

6 Kaufvertragsstörungen beim Erfüllungsgeschäft

Mit dem Abschluss eines Kaufvertrages (Verpflichtungsgeschäft) verpflichten sich die Vertragspartner diese Leistungen auch tatsächlich zu erfüllen (Erfüllungsgeschäft).

Der Verkäufer hat die Pflicht die Ware rechtzeitig zu liefern und die richtige Ware fehlerfrei zu übereignen. Der Käufer dagegen hat die Ware anzunehmen und sie auch rechtzeitig zu bezahlen. Werden diese Pflichten von den beiden Vertragspartnern nicht eingehalten, so kommt es zu Kaufvertragsstörungen.

Verletzt der Verkäufer seine Pflichten, spricht man von Lieferungsverzug und mangelhafter Lieferung. Verstößt der Käufer gegen seine Pflichten, liegt ein Annahme- oder Zahlungsverzug vor.

Der Abschluss eines Kaufvertrages

verpflichtet die Vertragspartner, bestimmte Leistungen zu erbringen (erfüllen).

Verkäufer
- rechtzeitig zu liefern
- die richtige Ware fehlerfrei zu übereignen

Käufer
- die Ware rechtzeitig anzunehmen
- rechtzeitig zu bezahlen

Werden diese Leistungen gar nicht oder nicht richtig erbracht, führt dies zu Kaufvertragsstörungen:

Lieferungsverzug | **mangelhafte Lieferung** | **Annahmeverzug** | **Zahlungsverzug**

6.1 Der Lieferungsverzug

Passiert – notiert

Wann gerät ein Lieferer in Lieferungsverzug?

Welche Rechte hat der Käufer bei Lieferungsverzug?

Es sollte die große Überraschung werden. Zum 18. Geburtstag bekam Heike ihren Führerschein. Einen sechs Jahre alten Polo hatte ihr schon der Opa gekauft. Alle Mitglieder des Jugendclubs hatten zusammengelegt um ihr super Boxen zu schenken. Kai und Denis hatten die Anlage im „Car-Sound" bestellt. Als sie am Morgen des Geburtstags das Geschenk abholen wollten, erfuhren sie, dass die Anlage wegen eines Streiks voraussichtlich erst in drei Wochen geliefert werden könne. „Dann kaufen wir die Anlage eben woanders, denn wir brauchen das Geschenk heute!", sagte Denis entsetzt. „Wie stehen wir jetzt vor dem Club da? Keiner hat für heute Abend ein Geschenk ..." – „Das wird nicht gehen, wir sind nicht in Lieferungsverzug", war die Antwort des Verkäufers von „Car-Sound".

Ran an die Informationen

Info 1

Voraussetzungen für den Lieferungsverzug

1. Fälligkeit

Der Verkäufer muss nach Abschluss eines Kaufvertrags die Ware innerhalb der vereinbarten Lieferzeit oder an einem bestimmten Termin liefern. Natürlich kann der Verkäufer vor einem vereinbarten Termin nicht in Lieferungsverzug geraten.

Ist keine Lieferzeit genannt, muss sofort nach Vertragsabschluss geliefert werden.

2. Mahnung und Fristsetzung durch den Käufer

Wenn die Lieferung nicht erfolgt ist, muss der Käufer den Verkäufer mahnen. Zusätzlich muss er diesem eine Frist setzen, in der die Ware nachgeliefert werden kann. Wenn der Verkäufer innerhalb dieser Frist immer noch nicht geliefert hat, kommt er in Lieferungsverzug.

Die Mahnung und Fristsetzung entfällt bei:

- **Fixkauf (oder Zweckkauf)**

  Fixkauf liegt vor, wenn ein kalendermäßig bestimmter Liefertermin überschritten wurde (z. B. Lieferung am 23.10.05). Ein Zweckkauf wird für einen ganz bestimmten Anlass getätigt. Eine spätere Lieferung ist nicht mehr gewünscht (z. B. kalte Platten nach einem Fest zu liefern macht keinen Sinn).

- **Selbstinverzugsetzung**
  Der Lieferer erklärt selbst, dass er die Ware nicht rechtzeitig liefern kann oder will.

3. Verschulden des Lieferers

Ein Verkäufer gerät immer nur dann in Lieferungsverzug, wenn er diesen verschuldet hat. Kein Verschulden liegt vor bei „höherer Gewalt" wie Streik, Krieg, Brand, Überschwemmung usw.

Rechte des Käufers bei Lieferungsverzug

Info 2

Wenn die drei oben genannten Voraussetzungen erfüllt sind, kann der Käufer zwischen folgenden Rechten wählen:

Rechte des Käufers

Er setzt dem Verkäufer keine Nachfrist und ...

- **verlangt die Lieferung, wenn**
  - der Käufer die Ware nur von diesem Lieferer haben möchte;
  - andere Anbieter gar nicht oder nicht so schnell liefern könnten.
- **verlangt die Lieferung und fordert zusätzlich Schadenersatz** (nur wenn ein Schaden entstanden ist).

Er setzt dem Verkäufer eine Nachfrist und, wenn auch diese verstrichen ist, ...

- **lehnt die Lieferung ab, bei**
  - Preissenkung;
  - günstigerem Angebot eines anderen Lieferers.
- **lehnt die Lieferung ab und fordert stattdessen Schadenersatz**
  Er kauft bei einem anderen Lieferer (Deckungskauf) und fordert den Unterschiedsbetrag zum evtl. höheren Preis sowie die Beschaffungskosten.

Arbeitsvorschläge

DO IT!

1. Was hätten Kai und Dennis schon längst unternehmen können, um die Lieferung zu beschleunigen?
2. Wann kommt die Firma „Car-Sound" in Lieferungsverzug?
3. Wie wäre die Situation, wenn Kai und Denis beim Kauf betont hätten, die Anlage solle ein Geburtstagsgeschenk für den 18.05. werden?
4. Welches Recht würden Sie anstelle von Kai und Denis in Anspruch nehmen?
5. Beurteilen Sie, ob in folgenden Fällen Verschulden als Voraussetzung für den Lieferungsverzug vorliegt. Es wird nicht rechtzeitig geliefert, wegen
   a) ... eines Streiks,
   b) ... eines Großauftrags von einem anderen Kunden,
   c) ... der Vernichtung der gesamten Gattungsware[1] durch einen Großbrand,
   d) ... einer Überschwemmung,
   e) ... eines Planungsfehlers in der Produktion.

1 Gattungsware = Produkte aus Serien- oder Massenfertigung, nach ihrer Gattung (Modell, Typ, Sorte o. Ä.) bestimmt. Die Produkte sind austauschbar und können nachgefertigt werden.

Wir machen unser Recht geltend

Verfassen Sie einen Mahnbrief (heutiges Datum) mit Fristsetzung an Kais und Denis Stelle.

Adresse: Firma Car-Sound, Postfach 1122,
Stadt Ihres Berufsschulstandortes.

Bestellt wurde die Anlage am 12.04.200x. Am 03.05. ist sie noch immer nicht geliefert.

Sie benötigen die Anlage als Geschenk spätestens am 17.05.200x.

Überlegen Sie sich, welche Folgen Sie androhen, welche Rechte Sie in Anspruch nehmen wollen.

So sieht ein richtiger Normbrief aus:

•		•
•		•
Kai Kuhn	←	Absender
Bürgerstr. 12		•
34599 Mainz		•
•	←	• (9 Leerzeilen)
•		•
•		•
•		•
•		•
•		•
•		•
•		•
•		•
Firma Car-Sound	←	Anschrift
Buchenstr. 7		Strasse oder Postfach
•		• (1 Leerzeile)
12345 Neustadt 200x-07-05		PLZ, Ort Datum
•	←	• (8 Leerzeilen)
•		•
•		•
•		•
•		•
•		•
•		•
•		•
Mahnung und Fristsetzung	←	Betreffzeile
•		• (3 Leerzeilen)
•		•
•		•
Sehr geehrte Damen und Herren,	←	Anrede
•		•
Text	←	**Textblock Textblock Textblock Textblock Text-**
•		**block Textblock Textblock Textblock Textblock**
•		**Textblock Textblock Textblock Textblock Text**
•		• (1 Leerzeile)
Mit freundlichen Grüßen	←	Grußformel
•		• (1 Leerzeile)
•	←	• Unterschrift
•		•
•		Anlagen

6.2 Die mangelhafte Lieferung

Passiert – notiert

Wann sind Warenlieferungen mangelhaft?

Welche Rechte haben die Kunden bei mangelhafter Lieferung?

Jan-Hendrik war sauer. Er hatte sich bei einem großen Versandhaus einen MP3-Player bestellt. Geliefert wurde prompt. Das Gerät gefiel ihm gut. Daher überwies er auch den Rechnungsbetrag gleich am nächsten Tag. Doch als er das erste Mal beim Inliner-Skaten Musik hören wollte, bemerkte er den Wackelkontakt. Da er beim Öffnen etwas von Garantie gelesen hatte, suchte er sofort die Verpackung. Dort war auch die Garantieurkunde noch drin. „Glück gehabt!", dachte er und las die Nummer einer Hot-Line. Die freundliche Dame am Telefon informierte ihn, dass er ja zwei Jahre Garantie habe. Er möchte bitte das Gerät zurückschicken. Dann werde geprüft, ob der Schaden durch einen Bedienungsfehler entstanden sei. Wenn man feststelle, dass dieser nicht vorliege, werde der Schaden behoben.

Damit war jedoch der verärgerte Jan-Hendrik nicht einverstanden. „Ich will sofort mein Geld zurück", war sein Kommentar zu dieser Auskunft. „Hier handelt es sich um eine mangelhaft gelieferte Ware. Da hab ich besondere Rechte – das hab ich in der Berufsschule gelernt!", sagte Jan-Hendrik.

„Wir handeln nach unseren Allgemeinen Geschäftsbedingungen", war die schnippische Antwort der Dame am Telefon. „Das werden wir sehen!", schrie Jan-Hendrik und knallte den Hörer auf. „Der werd ichs zeigen", brummte er, als er seine Aufzeichnungen aus der Berufsschule sichtete.

Ran an die Informationen

Der Verkäufer übernimmt mit dem Abschluss eines Kaufvertrages die Pflicht, eine Ware in der Beschaffenheit und Güte zu liefern, die vertraglich festgelegt wurde. Dies bedeutet, die richtige Menge und Größe der im Vertrag zugrunde liegenden Art der Ware zu liefern. Die Ware muss in einem funktionsfähigen und mangelfreien Zustand sein.

Info 1 Mängelarten

Der juristische Tatbestand der mangelhaften Lieferung kann aufgrund von folgenden Mängeln eintreten:

Mangelarten		Erklärung
Rechtsmängel		Der Verkäufer ist nicht der Eigentümer der Sache.
Sachmängel	Falschlieferung	Eine andere Ware als bestellt wurde geliefert.
	zu wenig Ware	Ein Teil der Ware fehlt.
	Abweichung von der Grundlage	Eine bestellte Sache sieht anders aus als im Katalog abgebildet oder ihre Beschaffenheit ist anders als die Probe oder das Muster.
	Montagemangel	fehlerhafte Montage durch die liefernde Firma
	unverständliche Montageanleitung	Aufbaufehler des Kunden wegen unverständlicher Montageanleitung
	nicht eingehaltene Werbeaussage	Aussagen der Werbung fehlen am Produkt.
	fehlerhafte oder beschädigte Ware	Kratzer, Motorfehler usw.

Info 2 Rechte des Käufers

Liefert der Verkäufer mangelhafte Ware, hat der Käufer verschiedene Rechte. Diese vollziehen sich in zwei Schritten:

Schritt 1

Der Käufer kann zwischen Nachbesserung (Beseitigung des Mangels) oder Nachlieferung (Lieferung einer mangelfreien Sache) wählen. Er muss hierfür dem Lieferer jeweils eine angemessene Frist setzen.

Ausnahmen: Unmöglichkeit der Nacherfüllung oder diese ist dem Verkäufer nicht zuzumuten (unverhältnismäßig hohe Kosten oder Aufwand).

Diese Fristsetzung entfällt bei Weigerung des Verkäufers zur Nacherfüllung und bei Fix- oder Zweckkauf.

Wenn diese Frist verstrichen ist und die Nachlieferung nicht erfolgte,
oder wenn die Nachbesserung zweimal fehlgeschlagen ist,
dann

Schritt 2

Auswahlmöglichkeit unter folgenden Rechten:

Rücktritt vom Vertrag	Minderung (Preisnachlass)	Schadenersatz	Ersatz vergeblicher Aufwendungen
Wandelung, d. h., der Kaufvertrag wird rückgängig gemacht.	Der Minderungsbetrag richtet sich nach dem Kaufpreis der Ware und nicht nach dem Mangel. Ein Kratzer an einem teuren Pkw muss also mit einem höheren Betrag ausgeglichen werden als einer an einem Kleinwagen.	Schaden wegen • Verzögerung der Nacherfüllung, • einer Wertminderung der gekauften Sache, • Folgeschäden.	Statt Schadenersatz kann der Käufer den Ersatz aller Aufwendungen verlangen, z. B. Beschaffungsmühen (Fahrt, Zeitaufwand) für den Kauf einer neuen Ware.

Verjährungsfristen für Ansprüche aus mangelhafter Lieferung

Info 3

Dadurch, dass der Käufer die Mängel erst erkannt haben muss, bevor er sie reklamieren kann, könnte quasi eine endlose Verjährungsfrist erfolgen. Dies wird jedoch durch folgende Höchstfristen verhindert:

1 Jahr	für Sachen, die gebraucht gekauft wurden Beginn: mit Übergabe der Ware bzw. Abnahme der Leistung
2 Jahre	regelmäßige Frist bei Kauf- und Werkverträgen Beginn: mit Übergabe der Ware bzw. Abnahme der Leistung
3 Jahre	bei arglistig verschwiegenen Mängeln aus Kauf- und Werkverträgen (Ausnahme: der Mangel wurde wegen grober Fahrlässigkeit des Käufers nicht erkannt) Beginn: mit dem Schluss des Jahres, in dem der Mangel erkannt wurde
5 Jahre	bei Mängeln an Bauwerken oder Sachen, die üblicherweise in Bauwerken verarbeitet wurden Beginn: mit dem Tag der Abnahme des Werkes durch den Käufer
10 Jahre	bei Mängeln an verkauften Grundstücken Beginn: der Zeitpunkt, an dem der Mangel erkannt wurde
30 Jahre	bei Herausgabeansprüchen aus Eigentum bei familien- und erbrechtlichen Ansprüchen bei Ansprüchen, die aus Insovenzverfahren vollstreckbar wurden bei anderen vollstreckbaren Titeln Beginn: mit Fälligkeit des Anspruchs

Wenn ein Kauf- oder Werkvertrag (siehe Kap. 7, Info 5) zwischen zwei Geschäftsleuten geschlossen wird, kann der Verkäufer die Verjährungsfristen in seinen AGBs verkürzen: für neue Sachen auf 1 Jahr und für gebrauchte Waren auf weniger als 1 Jahr.

Besondere Regelungen beim Verbrauchsgüterkauf[1]

Info 4

Beweislastumkehr: Beim Verbrauchsgüterkauf muss der Verkäufer in den ersten 6 Monaten nach Kauf beweisen, dass er die Ware ohne Fehler an den Kunden übergeben hat. Danach muss der Käufer den Beweis eines Fehlers erbringen.

Rückgriffsrecht: Der Verbraucher hat immer gegenüber seinem Verkäufer den Anspruch auf seine Rechte. Wird eine Ware von einem Konsumenten z. B. bei einem Handels- oder Handwerksbetrieb gekauft, dann muss er seine Rechte nicht bei dem Hersteller der Ware (Industriebetrieb), sondern kann sie bei dem Verkäufer geltend machen. Der Handels- oder Handwerksbetrieb kann die Forderung dann an seinen eigenen Lieferer weitergeben. So verliert der Verbraucher keine Zeit und hat einen eindeutigen Ansprechpartner.

Verjährung: Eine Verkürzung oder ein Ausschluss der Verjährung ist nicht möglich.

Tipp

Für Verbraucher (Verbrauchsgüterkauf) können die Rechte aus mangelhafter Lieferung weder durch die AGBs noch durch besondere Vertragsabsprachen eingeschränkt werden.

1 Verbrauchsgüterkauf: ein Privatmann ist der Käufer, ein Betrieb der Verkäufer

Arbeitsvorschläge DO IT!

1. Prüfen Sie, ob in nachfolgenden Fällen der Tatbestand der mangelhaften Lieferung gegeben ist. Wenn „Ja", um welche Mängelart handelt es sich?
   a) Die Farbe des gelieferten Teppichbodens ist anders als im Muster.
   b) An einem neuen Fernsehgerät ist ein kleiner Kratzer an der Rückseite.
   c) Statt der bestellten Hose Größe 48 wurde eine in der Größe 50 geliefert.
   d) In einer Montageanleitung sind die verschieden langen Schrauben nicht beschrieben. Daher hatte Klaus zuerst die längeren Schrauben benutzt. Zum Schluss bemerkte er den Fehler. Als er die kleineren Schrauben verwendete, stellte er fest, dass nun die Löcher zu groß waren. Daher wackelt das Regal.
   e) Die neue Spülmaschine drückt beim Ablaufen Wasser in das Spülbecken. Der Käufer behauptet, es handele sich um einen Montagemangel. Die Monteure verweisen auf das vorhandene falsch angebrachte Ablaufrohr des Spülbeckens.
   f) „Wasserdicht bis 25 Meter" wurde in der Werbung verkündet. Beim ersten Schwimmbadaufenthalt dringt Wasser in die Uhr.
2. Um welche Mängelart handelt es sich in „Passiert-notiert"?
3. Beurteilen Sie die Aussage der Dame in der Hot-Line in „Passiert-notiert".
4. Welche Rechte kann Jan-Hendrik in Anspruch nehmen („Passiert-notiert").

6.3 Der Annahmeverzug

Passiert – notiert

Wann gerät man in Annahmeverzug?

Welche Rechtsfolgen entstehen aus dem Annahmeverzug?

Anke war entsetzt. Das hätte sie nie gedacht, wo sie doch so tolle Zukunftspläne hatten. Dass René sie einfach wegen einer anderen sitzen lässt ...

Und nun auch noch das: „Wir bringen Ihnen die neue Wohnzimmereinrichtung", hatten die Schreiner vom Möbelcenter „Wohnland" gesagt. Das war zu viel! „Ich brauche keine Möbel, denn ich will die Wohnung nicht mehr!", hatte Anke die verdutzten Arbeiter angeschrien.

Diese entgegneten: „Warum haben Sie denn nicht angerufen? Wir haben Sie doch benachrichtigt, dass wir heute liefern werden." „Was wissen Sie schon von meiner Situation ...", rief Anke und knallte die Tür zu.

Doch das Möbelcenter hatte wenig Mitleid. Ein paar Tage später erhielt Anke ein Schreiben. „Wir setzen Sie hiermit in Annahmeverzug und werden die uns zustehenden Rechte wahrnehmen. Alle Kosten gehen zu Ihren Lasten. Da die Schrankwand auf die Maße Ihrer Wohnung angefertigt wurde, müssen wir auf einer Abnahme bestehen. Bei Rückgabe der Polstermöbel müssen wir Ihnen die uns entstehenden Kosten berechnen ...", las Anke.

„Was soll ich nun machen?" Sie war ratlos.

9596148

Ran an die Informationen

Info 1

Wann kommt man überhaupt in Annahmeverzug?

- **Die Lieferung muss fällig sein.**
  Wenn ein Käufer eine Ware an einem fest vereinbarten Liefertermin nicht abnimmt, gerät er automatisch in Annahmeverzug. War jedoch kein genauer Termin vereinbart, dann muss die Lieferung vorher angekündigt werden. Wurde überraschend geliefert, gerät der Käufer nicht in Annahmeverzug, wenn er die Annahme verweigert.
- **Die Ware muss ordnungsgemäß angeboten werden.**
  Die bestellte Ware muss mangelfrei, zum richtigen Zeitpunkt, am vereinbarten Ort und in der bestellten Qualität und Menge angeboten werden.
- **Der Käufer verweigert die Abholung der ordnungsgemäß angebotenen Ware.**
  Wurde vereinbart, dass der Käufer die Ware abholt, so gerät er in Annahmeverzug, wenn er dies nach Aufforderung des Verkäufers unterlässt.

Bin ich überhaupt in Annahmeverzug?

Rechtsfolgen des Annahmeverzuges

Info 2

- Der Käufer kommt auch dann in Annahmeverzug, wenn ihn kein Verschulden trifft (z. B. wenn der Käufer am Tag der Lieferung krank wäre).
- Die Gefahr geht auf den Käufer über. Das bedeutet: Wenn die Ware während des Annahmeverzuges beschädigt oder gar vernichtet wird, haftet der Käufer.
- Während des Annahmeverzuges haftet der Verkäufer nur noch bei grober Fahrlässigkeit oder Vorsatz (z. B. wenn er die Möbel im Regen stehen lässt und sie dadurch beschädigt werden.)

Rechte des Verkäufers bei Annahmeverzug

Info 3

Der Verkäufer kann zwischen folgenden Rechten wählen

Rücktritt vom Vertrag und anderweitiger Verkauf bei ...	Lagerung der Ware im eigenen oder öffentlichen Lagerhaus zulasten des Kunden und ...	
guter Absatzlage langjährigen Kunden geringen Rechnungsbeträgen	Selbsthilfeverkauf	Klage auf Abnahme

Bei einem Selbsthilfeverkauf versucht der Verkäufer die nicht abgenommene Ware an andere zu verkaufen. Es entstehen hieraus für den Verkäufer und den in Annahmeverzug geratenen Käufer folgende Pflichten:

Pflichten des Käufers:

- Der Käufer trägt die Kosten des Selbsthilfeverkaufs.
- Ist der ursprüngliche Preis höher als der Versteigerungserlös, zahlt der Käufer den Unterschiedsbetrag.

Pflichten des Verkäufers:

- Er muss dem Käufer eine Frist zur Abnahme setzen und bei Nicht-Abnahme die Versteigerung androhen. Wenn es sich allerdings um verderbliche Ware handelt, muss mit einem **Notverkauf** die Ware schnellstens verkauft werden. In diesem Fall entfällt die Pflicht eine Frist zu setzen.
- Benachrichtigung des Käufers über Zeit und Ort der Versteigerung
- Benachrichtigung des Käufers über das Ergebnis der Versteigerung
- Wenn die Versteigerung einen höheren Erlös erbrachte als den Kaufpreis, muss der Verkäufer den Unterschiedsbetrag an den Käufer abführen. Der Käufer darf mitsteigern. Ist ihm der Preis des Selbsthilfeverkaufs zu niedrig, kann er die Ware selbst ersteigern. Den Unterschiedsbetrag und die Kosten der Versteigerung muss er aber dennoch bezahlen.

Arbeitsvorschläge DO IT!

1. Prüfen Sie, ob Anke („Passiert-notiert") überhaupt in Annahmeverzug geraten ist!
2. „Die sollen doch die Schrankwand an einen anderen verkaufen", meint Anke. Warum kann Anke nicht damit rechnen, dass neben der Polstergarnitur auch die Schrankwand zurückgenommen wird?
3. Beim Rücktransport der Möbel musste der Fahrer scharf bremsen. Dadurch wird die Schrankwand beschädigt. Wer muss den Schaden tragen?
4. Erklären Sie an Beispielen, wann ein Verkäufer bei Annahmeverzug vom Vertrag zurücktreten wird.
5. Das Möbelcenter „Wohnland" plant einen Selbsthilfeverkauf.
   a) Welche Pflichten entstehen der Firma dabei?
   b) Warum entfällt in diesem Fallbeispiel ein Notverkauf?
   c) Welche Pflichten entstehen Anke aus diesem Selbsthilfeverkauf?

6.4 Der Zahlungsverzug und seine Folgen

Passiert – notiert

Wann gerät man in Zahlungsverzug?

Welche Folgen hat ein Zahlungsverzug?

Wie soll ich das bezahlen?

20..-06-10

Rechnungsnummer: 123-45-89 – Rechnungs-Datum: 200x-04-12
Mahnung mit Fristsetzung

Sehr geehrter Herr Malkus,

trotz unserer Zahlungserinnerung vom 12.05.200x haben Sie unsere o.g. Rechnung in Höhe von 1.025,00 € noch immer nicht beglichen.
Unsere Forderung:

	1.025,00 €	Rechnungsbetrag
+	8,13 €	Zinsen (5 % über EZB-Basiszins)
+	1,10 €	(Porto: 2 x 0,55 €)
	1.034,23 €	Überweisungsbetrag

Wir bitten Sie nochmals, den Betrag in Höhe von 1.034,23 € sofort auf eines der unten angegebenen Konten zu überweisen.
Sollte dieser Betrag nicht innerhalb von 14 Tagen bei uns eingegangen sein, sehen wir uns leider gezwungen, gerichtliche Schritte gegen Sie einzuleiten.

Peter Malkus war verzweifelt. Wie sollte er das bezahlen? Er hatte doch schon jetzt sein Girokonto hoffnungslos überzogen. „Ob ich einfach so tue, als wenn ich den Brief gar nicht bekommen hätte? Doch was für Folgen hätte das?", fragte er sich.

Ran an die Informationen

Info 1

Wann gerät man in Zahlungsverzug?

Kommt ein Käufer seiner Zahlungsverpflichtung nicht nach, dann gerät er in Zahlungsverzug, wenn die Fälligkeitsfrist überschritten wurde.

Zweiseitiger Handelskauf (Verkäufer und Käufer sind Kaufleute): Wenn ein fester Zahlungstermin vereinbart wurde, gerät der Schuldner mit Überschreitung des Termins in Zahlungsverzug. Oftmals findet man folgenden Zusatz in Rechnungen: „Zahlbar innerhalb von 10 Tagen abzüglich 2 % Skonto[1] oder innerhalb 30 Tagen netto Kasse." Hier würde der Käufer am 31. Tag automatisch in Zahlungsverzug geraten.

Verbrauchsgüterkauf (der Käufer ist ein Verbraucher) oder **Privatkauf** (beide Vertragspartner sind Privatleute): Hier gerät der säumige Käufer nur dann automatisch nach 30 Tagen in Zahlungsverzug, wenn im Kaufvertrag besonders auf diese Bestimmung hingewiesen wurde. Wurde dies unterlassen, dann gerät er in Zahlungsverzug erst nach Ablauf einer Frist, die ihm in einer Mahnung gesetzt wurde.

Info 2 Rechte des Verkäufers bei Zahlungsverzug:

Es gibt verschiedene Gründe, warum ein Schuldner nicht zahlt.

- Er kann die Zahlung vergessen haben.
- Er hat Zahlungsschwierigkeiten, weil er sein Kreditlimit bei seiner Bank überzogen hat (siehe auch Geld/Schulden, TK 6, Kap. 3)
- Er zahlt absichtlich später, weil er Zinsen sparen will.
- Er will nicht zahlen, weil die Ware beschädigt war.

Dann hat der Verkäufer verschiedene Rechte:

Bestehen auf verspäteter Erfüllung:
Oftmals wird der Verkäufer den Käufer zuerst an die Zahlung erinnern, falls dieser sie vergessen hat. Mit dieser Zahlungserinnerung will er den zahlungsunwilligen Käufer auch dazu bewegen, sofort zu bezahlen, ihn aber als Kunden nicht über Gebühr verärgern.

Wandelung:
Wenn der Käufer nicht zahlen kann, kann der Verkäufer vom Kaufvertrag zurücktreten und die Ware zurückverlangen. Wurde im Kaufvertrag eine Lieferung unter Eigentumsvorbehalt vereinbart, bleibt die Ware bis zur endgültigen Bezahlung Eigentum des Verkäufers.

Schadenersatz und Verzugszinsen:
Der Verkäufer kann ab dem Rechnungsdatum Zinsen verlangen. Beim zweiseitigem Handelskauf sind das bis zu 8 % über dem Basiszinssatz der Europäischen Zentralbank (EZB) und beim Verbrauchsgüter- und Privatkauf bis zu 5 %. Wenn dem Verkäufer ein finanzieller Schaden entstanden ist, kann er neben Portokosten noch einen Schadenersatz fordern.

Info 3 Mahnbescheid

- Der Gläubiger (oder auch Verkäufer) stellt einen Antrag auf Erlass eines Mahnbescheides bei dem für seinen Geschäftssitz zuständigen Amtsgericht. Er muss vorab die halbe Gerichtsgebühr und die Gebühr für die Zustellung des Bescheids bezahlen.
- Das Amtsgericht überprüft nicht, ob der im Mahnbescheid gemachte Anspruch auch zu Recht besteht. Es stellt den Mahnbescheid zu.

1 Skonto, der = Preisnachlass z. B. bei Barzahlung

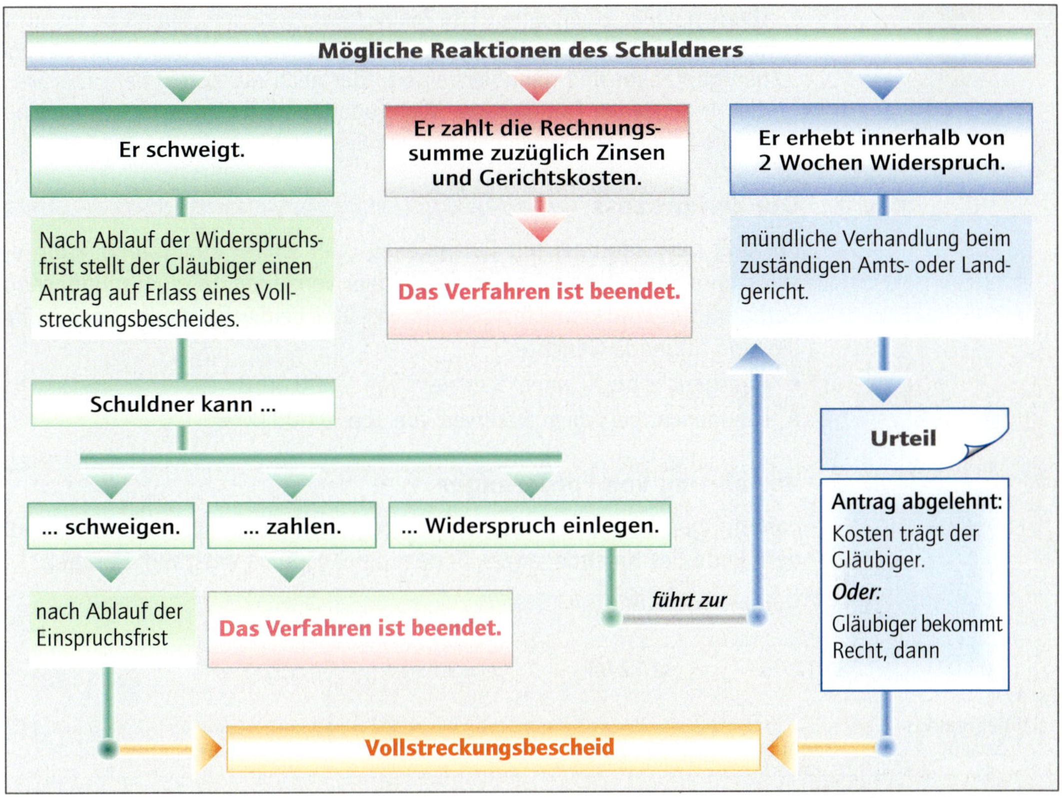

Der Vollstreckungsbescheid und Zwangsvollstreckung

Info 4

Auch auf den Vollstreckungsbescheid durch das zuständige Gericht hat der Schuldner nochmals drei Möglichkeiten zu reagieren:

- Zahlt er, ist das Verfahren beendet.
- Legt er Widerspruch ein, muss das Gericht erneut entscheiden. Es gibt zwei Möglichkeiten: Die Zwangsvollstreckung wird abgelehnt oder beschlossen.
- Schweigt er, wird die Zwangsvollstreckung beschlossen.

  Ihr Ziel ist es, aus dem Vermögen des Schuldners zwangsweise die gesamten oder wenigsten Teile der Forderungen zu bezahlen. Dabei können Löhne und Gehälter und auch Bankguthaben gepfändet werden. Bankguthaben werden voll gepfändet. Von seinem Lohn oder Gehalt belässt man dem Arbeitnehmer einen Betrag in Höhe des Sozialhilfesatzes. Der Arbeitgeber muss den Anteil, der darüber hinausgeht an das Gericht abführen. Aber auch Gegenstände wie Wertpapiere, Schmuck, Teppiche, Fahrzeuge und andere wertvolle Gegenstände können gepfändet werden. Auf Einrichtungsgegenstände wird ein Pfandsiegel („Kuckuck") geklebt. Dieses darf nicht entfernt werden.

Der Schuldner erhält eine letzte Möglichkeit zu zahlen. Nimmt er sie nicht wahr, werden die Gegenstände versteigert. Grundstücke und Gebäude können gepfändet und dann versteigert oder auch nur zwangsverwaltet werden. In letzterem Fall geht die Miete oder Pacht so lange an das Gericht, bis die Schulden abgezahlt sind. Einen Einspruch entscheidet das Gericht.

Info 5 Der Zivilprozess

Rechnet der Gläubiger mit Einsprüchen oder will er Zeit sparen, kann er sofort in einem Zivilprozess den Schuldner verklagen. In einer mündlichen Verhandlung wird dann festgestellt, wer von beiden im Recht ist. Zuständig sind folgende Gerichte:

- Amtsgericht bis zu einem Streitwert von 5.000,00 €
- Landgericht bei einem Streitwert von über 5.000,00 €.

Info 6 Verjährung von Forderungen

Forderungen aus einem Zahlungsverzug verjähren nach drei Jahren ab dem Ende des Kalenderjahres, in dem der Anspruch entstand. Beispiel:

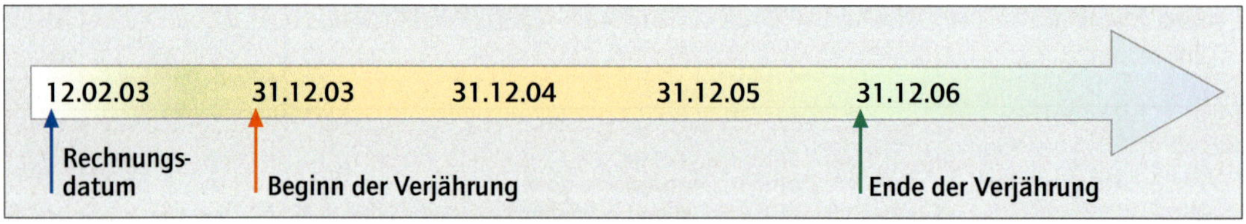

Am 01.01.2007 wäre diese Forderung verjährt. Das bedeutet, dass der Schuldner sie nicht mehr bezahlen muss.

„Clevere" Schuldner würden also versuchen, ihre Schulden verjähren zu lassen. Damit dies nicht passiert, gibt es Möglichkeiten, die Verjährungsfristen zu verlängern. (Auf Neubeginn und Hemmung der Verjährung soll hier jedoch nicht weiter eingegangen werden.)

Arbeitsvorschläge DO IT!

1. Welche Folgen hätte es wahrscheinlich, wenn Peter Malkus einfach gar nichts unternehmen würde („Passiert-notiert")?
2. Prüfen Sie, ob Peter Malkus in Zahlungsverzug ist.
3. Welche Rechte könnte der Lieferer gegen Peter Malkus geltend machen?
4. Wie hoch ist der Zinssatz, den Peter Malkus höchstens bezahlen müsste, wenn er in Zahlungsverzug wäre?
5. Maurermeister Müller hat die Rechnung des Baustoffhandels vom 04.05.200x am 14.06.200x noch immer nicht beglichen. Welche Voraussetzungen müssen gegeben sein, damit er in Zahlungsverzug ist?
6. Wie viel Prozent Zinsen könnte die Baustoffhandlung der Firma Müller berechnen?
7. Angenommen, Sie erhalten einen Mahnbescheid. Welche Möglichkeiten haben Sie?
8. Was kann in einer Zwangsvollstreckung gepfändet werden?

7 Andere Vertragsarten

Passiert – notiert

„Kann ich mal kurz dein Auto haben?" fragte Alex Mike im Billard-Club „Ziro". „Ich will die Babs nach Hause bringen – die wohnt im Nachbarort, kann nicht lange dauern ..." „Kostet aber eine Runde", antwortete Mike und warf den Schlüssel rüber. Anfangs spotteten sie im „Ziro" noch: „Dass der so lange braucht, um die Kleine nach Hause zu fahren." Doch dann kam die Polizei und brachte die Hiobsbotschaft: schwerer Unfall, fünf Schwerverletzte, zwei Autos Totalschaden ... Das Auto hatte nur noch einen Zeitwert von 2.400,00 € – dass er sehr gepflegt war, interessierte nicht. Im Gegenteil: Die Versicherung zog 500,00 € Selbstbeteiligung ab. Mike hatte einen günstigen Tarif gewählt, in dem er als alleiniger Fahrer genannt war. Daher verlangte die Versicherung eine Strafe in Höhe der doppelten Jahresprämie. Und natürlich wurde er auch im Schadenfreiheitsrabatt zurückgestuft.

Das bedeutet: Er wird jahrelang mehr Versicherungsprämien bezahlen. Und Alex: Der hatte kein Geld, war arbeitslos und hatte schon genug Schulden.

„Sie hätten einen Leihvertrag machen müssen", sagte der Rechtsanwalt zu Mike. „Ja, wenn ich das gewusst hätte ..."

?

Was beinhaltet ein Leihvertrag?

Welcher Unterschied besteht zwischen einem Pacht- und einem Mietvertrag?

Welche Unterschiede gibt es zwischen einem Dienst- und Werkvertrag?

Ran an die Informationen

! Info 1

Der Leihvertrag

Eine Leihe ist die unentgeltliche Überlassung einer Sache an einen Dritten.

Tipp

Problematisch wird eine Rückforderung, wenn der Entleiher eine Fahrt für den Verleiher gemacht hat und dabei dessen Auto benutzt hat. Auch wer zu tief ins Glas geschaut hat und einem Bekannten den Autoschlüssel übergibt, geht leer aus.

Was sonst noch zu beachten ist:

Wenn bei einer „Gefälligkeitsfahrt" etwas passiert, haftet immer zuerst der Verleiher. Er kann sich natürlich den Schaden durch den Entleiher ersetzen lassen. Aber wie zwingt man z. B. seinen Freund zum Zahlen? Wenn kein Argument mehr zählt, dann bleibt nur noch der Gang vor ein Gericht.

Vor allem sollte man vor Verleihung seines Kraftfahrzeuges seinen Versicherungsvertrag lesen. Dort könnte z. B. stehen, dass der Versicherungsnehmer nur alleiniger Fahrer ist. Oder es darf keine Person unter 25 Jahren fahren. Bei einem Unfall kann es dann zu Schwierigkeiten kommen. Die Versicherung muss den Schaden zwar zahlen, sie kann allerdings die Jahresprämie oder die Zuschläge erhöhen.

Daher sollte man am besten einen Verleihungsvertrag aufsetzen. In diesem könnte schon vorab geregelt sein, wer für einen Schaden aufkommt.

Info 2 Der Pachtvertrag

Wenn man eine Sache pachtet, darf man diese geschäftlich nutzen. Außerdem darf man einen Gewinn oder einen Ertrag aus dieser Sache behalten.

Verpächter ◄ **Pachtvertrag** ► **Pächter**

Überlassung einer Sache oder eines Grundstückes zur geschäftlichen Nutzung

Verpächter:
- bleibt Eigentümer

Pächter:
- kann einen Ertrag aus der gepachteten Sache erwirtschaften
- muss rechtzeitig den Pachtzins bezahlen
- muss die Sache pflegen

Info 3 Der Mietvertrag

Durch einen Mietvertrag überlässt der Vermieter dem Mieter eine Sache gegen Entgelt. Der Mieter nutzt diese Sache nur privat und nicht gewerbsmäßig. Es können z. B. ein Wohnmobil für eine Urlaubsreise, ein Motorrad für ein Wochenende, ein Auto oder Skier im Urlaub, Baumaschinen, eine Ferienwohnung oder andere Sachen gemietet werden. Der häufigste Fall ist jedoch die Miete von Wohnungen.

Vermieter ◄ **Mietvertrag** ► **Mieter**

Überlassung der gemieteten Sache

Vermieter:
- bleibt Eigentümer
- Pflege und Erhalt der Sache
- Beseitigung von Mängeln

Mieter:
- vertraglicher Gebrauch (z. B. keine Weitervermietung)
- keine gewerbliche Nutzung
- keine Untervermietung
- Einhaltung der Hausordnung
- pflegliche Nutzung
- pünktliche Zahlung der vereinbarten Miete

Neben den im Bürgerlichen Gesetzbuch (BGB) geregelten Rechten und Pflichten von Mieter und Vermieter gibt es noch eine Reihe von Gesetzen, die speziell für die Miete von Wohnungen gelten. Zwei wichtige Probleme seien hier kurz angesprochen:

Bei der **Mieterhöhung** gilt folgende Rechtslage:

- Eine Kündigung zur Steigerung der Miete ist nicht erlaubt.
- Nach Modernisierungsmaßnahmen ist eine Mieterhöhung möglich.
- Eine Erhöhung der Miete bis zur Höhe der „ortsüblichen Miete" ist möglich. Das heißt, die Miete darf so hoch sein, wie sie für vergleichbare andere Wohnungen am gleichen Ort bezahlt wird.

Im Falle einer **Kündigung** gilt folgende Rechtslage:

- Wenn der Mieter sich vertragstreu verhält, darf ihm nur gekündigt werden, wenn der Vermieter die Wohnung für sich selbst, seine Kinder, Eltern usw., d. h. für seinen Eigenbedarf, benötigt.
- Eine Kündigung muss immer schriftlich erfolgen.
- Für unmöblierte Wohnungen beträgt die Kündigungsfrist mindestens drei Monate.

Gründe für eine **fristlose** Kündigung durch den Vermieter können sein:

- erhebliche Belästigung, z. B. Störung des Hausfriedens;
- Zahlungsverzug der Miete oder Nebenkosten;
- vertragswidriger Gebrauch oder andere unzumutbare Vertragsverletzungen.

Fit im Web

Wollen Sie weitere Infos oder haben Sie Probleme mit dem Vermieter? Surfen Sie zum Deutschen Mieterbund, ***www.mieterbund.de.*** *Unter „Recht" finden Sie zahlreiche Ratschläge und Tipps. Unter „Vereine" finden Sie alle 350 regionalen Vereine und können sich den für Sie nächsten Mieterverein aussuchen.*

Der Dienstvertrag

Info 4

Mit einem Dienstvertrag wird eine Partei (eine Person, Behörde, Firma o. Ä.) verpflichtet, eine bestimmte Dienstleistung zu erbringen. Dabei muss der Dienstleister nicht für einen Erfolg garantieren. Auch bei Misserfolg muss der Vertragspartner die vereinbarte Vergütung bezahlen. Beispiele: Fahrschule, Lehrgänge, Behandlung bei einem Arzt/Zahnarzt/Heilpraktiker/Psychotherapeuten, Ausbildungs- und Arbeitsverhältnis usw.

So übernimmt ein Fahrlehrer zum Beispiel keine Garantie für das Bestehen der Prüfung. Die Rechnung muss auch bezahlt werden, wenn der Fahrschüler die Prüfung nicht bestanden hat.

Info 5 Werkvertrag

Aufgrund eines **Werkvertrages** wird eine bestimmte Leistung erbracht, d. h., der Auftragnehmer (Unternehmer) schuldet einen festgelegten Erfolg. Die dazu benötigten Einsatzstoffe stellt der Auftraggeber (Besteller) zur Verfügung. Beispiele: Tapezieren einer Wohnung, der Eigentümer stellt die Tapete und den Kleister; oder eine Autoreparatur ohne Ersatzteillieferung.

Im Gegensatz zum Dienstvertrag ist die Vergütung bei einem Werkvertrag nur dann zu leisten, wenn der Unternehmer erfolgreich gearbeitet hat.

Wenn der Unternehmer die Materialien liefert, gelten die gleichen Gesetze wie für den Kaufvertrag. Sollte der Auftragnehmer fehlerhafte Teile geliefert oder mangelhaft gearbeitet haben, gelten die gleichen Rechte und Pflichten wie für Kaufvertragsstörungen (siehe Kap. 6.2). Das Recht, zwischen den beiden Formen der Nacherfüllung zu wählen, liegt beim Werkvertrag allerdings beim Hersteller und nicht beim Käufer. Der Hersteller kann also zwischen Mängelbeseitigung und Neuerstellung des Werkes (also: Ersatzlieferung) wählen.

Nach erfolglos verstrichener Frist kann der Auftraggeber den Mangel selbst beseitigen lassen. Er kann dem Hersteller dafür die Kosten in Rechnung stellen.

Arbeitsvorschläge — DO IT!

1. Finden Sie die Gemeinsamkeiten/Unterschiede zwischen
   a) einem Pacht- und einem Mietvertrag,
   b) einem Leih- und einem Mietvertrag,
   c) einem Dienst- und einem Werkvertrag,
   d) den Rechten bei mangelhafter Lieferung aufgrund eines Werk- und eines Kaufvertrages.
2. Erklären Sie, warum man einen Leihvertrag schriftlich abschließen sollte.
3. Wann darf ein Vermieter die Miete erhöhen?
4. Wann darf ein Vermieter seinem Mieter kündigen?
5. Eine Schönheitsoperation bringt nicht den gewünschten Erfolg. Daraufhin weigert sich die Patientin den Rechnungsbetrag zu bezahlen. Ist sie im Recht?

Mietvertrag: Ihre erste Wohnung

Nehmen wir einmal an, Sie wollen mit Ihrem Freund oder Ihrer Freundin zusammenziehen. Hierfür wollen Sie eine Wohnung mieten. Sie haben eine Reihe von wichtigen Fragen. Sammeln Sie diese in Gruppenarbeit und versuchen Sie sie zu klären. Sie können sich hierfür in Info 3 informieren. Wenn die Kurzinfos nicht ausreichen, surfen Sie doch einmal im Internet: Weitere Informationen finden Sie auf der Homepage des Deutschen Mieterbundes www.mieterbund.de

1. Versuchen Sie nun die folgenden Fragen zu klären:
   a) In welcher Form muss ein Mietvertrag abgeschlossen werden?
   b) Die Wohnung darf nicht untervermietet werden, d. h. wer sollte den Mietvertrag unterschreiben?
   c) Warum gibt es die Kaution und wie kann man sie am besten bezahlen?
   d) Unter welchen Bedingungen könnte der Vermieter Sie kündigen?
   e) Welche Kündigungsfristen gibt es?
   f) Aus welchen Gründen könnten Sie fristlos gekündigt werden?
   g) Einmal im Jahr gibt es die Nebenkostenabrechnung. Was ist das und wie funktioniert das Abrechnungs-System?
2. Haben Sie noch weitere Fragen auf der Liste Ihrer Gruppe? Dann klären Sie auch diese.
3. Vorsorge: Schreiben Sie sich die Antworten auf Ihre Fragen auf und heben Sie sich diese gut auf. So können Sie sich später in Ihren eigenen Notizen informieren, bevor Sie einen Mietvertrag unterschreiben.

1 Maßnahmen zur Stärkung der Konsumenten

In unserer sozialen Marktwirtschaft sollen die sozial und wirtschaftlich Schwächeren geschützt werden. Beim Verbrauchsgüterkauf ist der Käufer oftmals dieser schwächere Partner. Denn er kennt sich häufig nicht so in den Gesetzen aus wie ein Kaufmann. Hieraus können ihm erhebliche Nachteile entstehen. Vor allem dann, wenn dies von skrupellosen Geschäftemachern ausgenutzt wird. Der Staat schützt die schwächeren Vertragspartner, indem er die Vertragsfreiheit hier gesetzlich einschränkt.[1]

Der Staat hilft aber auch, indem er in den **Verbraucherzentralen** berät und unterstützt. Außerdem unterhält er die **Stiftung Warentest.** Diese führt Produkttests durch und hilft so dem Verbraucher aus der großen Fülle von Waren die besseren auszuwählen.

Gesetze schützen die Verbraucher

Handy-Abzocke bei Klingeltönen, Logos und Sounds: Jugendliche im Visier der Telefonbetrüger

„Ruf mich an, ich habe eine Überraschung für dich!" Mit solchen und ähnlichen SMS melden sich Telefonbetrüger auf den Handys von Jugendlichen. Drückt man den Rückrufknopf, landet man auf einer teuren 0190er-Nummer. Die Abzockmethode: Kostentreiberei beim Runterladen von Klingeltönen, Logos und Sounds.

Mit Kurzbotschaften, die neue tolle Klingeltöne, Logos, Sounds oder Bilder fürs Handy versprechen, kassieren die Gauner ab. Wer dort anruft, zahlt meist 1,99 € pro Minute. Der Haken: Durch langatmige Ansagen unter der teuren 0190er-Servicenummer entstehen Kosten zwischen 3,00 und 8,00 € pro Anruf. Besonders fies: Manche Unternehmen bieten die Logos zwar „gratis" an. Aber wem das Bild nach dem Herunterladen nicht gefällt, muss bei einem kostenpflichtigen „Löschlogo" anrufen, um es wieder loszuwerden. Das kostet bis zu 8,00 €.

Solche oder ähnliche Berichte sind leider alltäglich geworden. Auch bei den Unternehmen gibt es sogenannte „schwarze Schafe". Sie versuchen sich Vorteile zu verschaffen, wenn die Verbraucher sich in rechtlichen Dingen nicht so gut auskennen. Einige probieren sogar mit Betrug an ihren Kunden gute Geschäfte zu machen. Daher schützt der Gesetzgeber den Verbraucher vor diesem Missbrauch besonders. Die wichtigsten Gesetze gegen Missbrauch betreffen Einschränkungen bei

- allgemeinen Geschäftsbedingungen,
- Haustürgeschäften,
- Fernabsatzverträgen,
- Teilzahlungsgeschäften und Kreditverträgen
- und die Produkthaftung.

1 zum Verbraucherkreditgesetz siehe Themenkreis 6, Kap. 1: Zahlungsverkehr und Kap. 3: Kredite

1.1 Kein Missbrauch mit allgemeinen Geschäftsbedingungen (AGB)

Passiert – notiert

Was wird der Anwalt Mustafa raten?

Wie schützt das AGB-Gesetz die Verbraucher?

Mustafa hat sich einen gebrauchten Pkw gekauft. Doch an dem Honda Civic tritt immer wieder ein Fehler an der Vergaseranlage auf. Dieser konnte auch mit der vierten Reparatur nicht beseitigt werden. Daher will Mustafa das Auto zurückgeben. Dies lehnt der Verkäufer jedoch ab. Er verweist Mustafa auf seine AGB, in denen die Rechte aus mangelhafter Lieferung[1] auf eine Nachbesserung beschränkt sind. Außerdem berechnet er Mustafa die vier Reparaturen mit jeweils einer Arbeitsstunde. Das sind 371,20 € inklusive USt. Mustafa will diesen Betrag nicht bezahlen, immerhin hat er laut Vertrag noch Garantie. Der Verkäufer verweist auf seine AGB, in denen eine halbjährige Garantie nur auf defekte Teile, nicht auf den Arbeitslohn gewährt wird. Mustafa entgegnet, dass er nicht auf die AGB hingewiesen worden sei. „Die interessieren euch Jugendliche ja sowieso nicht", ist die Antwort. Da wird es Mustafa zu bunt. Er bittet einen Anwalt um Rat.

Ran an die Informationen

Info 1

Grundsätzliches

Unternehmen schließen täglich viele Kaufverträge ab. Eigentlich müssten der Verkäufer und der Käufer alle Bedingungen für jeden Vertrag aushandeln. Dies wäre natürlich vor allem bei niedrigeren Kaufsummen ein zu großer Aufwand. Daher haben die Kaufleute die „Allgemeinen Geschäftsbedingungen" (AGB). Diese Vertragsklauseln gelten dann für alle Kaufverträge, die von ihnen abgeschlossen werden. Da oftmals die Verkäufer versuchten, mit ihren AGB die Rechte des Käufers einzuschränken, schützt der Gesetzgeber diese besonders. Die wichtigsten Bestimmungen sind:

AGB werden nur dann Bestandteil eines Vertrages, wenn

- ausdrücklich auf sie hingewiesen wurde oder
- (wenn dieser Hinweis unverhältnismäßig große Umstände verursachen würde) sie für die Kunden deutlich sichtbar ausgehängt werden,
- wenn der Käufer mit den AGB einverstanden ist.

---

1 siehe Themenkreis 4, Kapitel 6.2

Generelle Rechte des Verbrauchers:

- Generell sind AGB unwirksam, wenn der Vertragspartner (entgegen „Treu und Glauben") unangemessen benachteiligt wird. Dies ist z. B. der Fall, wenn AGB wesentlichen Rechten des bürgerlichen Gesetzbuchs widersprechen.
- Persönliche Absprachen zwischen Käufer und Verkäufer haben immer Vorrang vor den AGB.
- Sind Bestimmungen in den AGB so ungewöhnlich, dass der Käufer mit ihnen nicht rechnen konnte, sind sie ungültig.
- Zweifel bei der Auslegung der AGB gehen grundsätzlich zu Lasten des Verkäufers. Wenn also ein Inhalt in den AGB unklar ist oder missverstanden werden kann, hat immer der Käufer Recht.

Daneben gibt es den Unterschied zwischen absolut verbotenen Klauseln und so genannten gefährlichen Klauseln.

Info 2 Verbotene Klauseln

Sie sind nichtig und werden kein Bestandteil des Vertrages. Es geht um:

- Preiserhöhungen innerhalb von 4 Monaten nach Vertragsabschluss;
- überraschende Klauseln (z. B., wenn man mit dem Kauf eines technischen Geräts automatisch einen zusätzlichen Wartungsvertrag abgeschlossen hätte);
- Vereinbarung einer festen Vertragsstrafe, die der Käufer zahlen müsste, wenn er in Annahmeverzug geraten würde;
- Ausschluss des Rechts, dass der Käufer bei Lieferungsverzug vom Vertrag zurücktreten kann;
- eine Beschränkung der verschiedenen gesetzlichen Rechte bei mangelhafter Lieferung nur auf Nachbesserung (Rücktritt vom Vertrag z. B. wäre dadurch ausgeschlossen);
- Berechnung von Reparaturkosten innerhalb der Garantiezeit;
- Verkürzung der gesetzlichen Verjährungsfristen.

Info 3 Gefährliche Klauseln

Diese sind erst einmal rechtswirksam. Jedoch ist in den Einzelfällen zu prüfen, ob eine unangemessene Benachteiligung des Käufers vorliegt. Wäre das der Fall, würden auch diese Klauseln nachträglich ungültig. Man nennt sie daher auch „Klauseln mit Wertungsmöglichkeit". Es sind:

- unangemessen lange Lieferfristen;
- Rücktrittsvorbehalt, d. h. dass der Verkäufer ohne Grund jederzeit vom Vertrag zurücktreten kann;
- Änderungsvorbehalt, d. h. der Verkäufer kann vertragliche Abmachungen ohne Zustimmung des Käufers einfach ändern;
- der Käufer könnte nur vom Vertrag zurücktreten, wenn er dem Verkäufer eine unangemessen hohe Entschädigung zahlt.

Arbeitsvorschläge DO IT!

1. Diskutieren Sie über die Karikatur in Info 2!
2. Prüfen Sie, ob die nachfolgenden Auszüge aus AGB rechtens sind oder verbotene beziehungsweise gefährliche Klauseln darstellen.
   a) Mit dem Kauf einer Waschmaschine wird eine automatische halbjährliche Wartung gegen Kalkablagerungen abgeschlossen – auf Kosten des Kunden.
   b) Bei Rücktritt vom Kaufvertrag ist der halbe Kaufpreis als Verwaltungskostenersatz zu zahlen.
   c) Ein Rücktritt wegen verspäteter Lieferung ist nicht möglich.
   d) Der Käufer hat bei mangelhafter Ware nur das Recht, eine Nachbesserung zu verlangen.
   e) Etwaige Preiserhöhungen der Lieferer werden an die Kunden weitergegeben.
3. Ein Verkäufer räumt dem Käufer ein Zahlungsziel von sechs Monaten ein. Später erfolgt auf Grund der in den AGB genannten kürzeren Zahlungsfrist eine Berechnung von Verzugszinsen. Der Käufer hatte einen Zeugen für die mündliche Vereinbarung mit dem Verkäufer und lehnt die Zinszahlung ab. Wer hat Recht?

1.2 Achtung vor Haustürgeschäften, Kaffeefahrten, Verkaufspartys und Co.

Passiert – notiert

Was ist das Besondere und das Typische an Vertragsabschlüssen auf Kaffeefahrten, an der Haustür oder auf Verkaufsveranstaltungen?

Bernd spielt in der 1. Seniorenmannschaft des „TuS 1911 Neustadt". Neulich lud der 2. Vorsitzende die gesamte Mannschaft für den 25. Juli zu einer Verkaufsveranstaltung ein. „Es gibt eine bayrische Brotzeit und zwei Bier je Teilnehmer kostenlos", sagte er. „Außerdem erhält unser Verein vom Veranstalter auch noch 10,00 € pro Teilnehmer. Das Geschäft sollten wir mitnehmen. Werbt bei Freunden und Bekannten. Je mehr Leute kommen, desto mehr Einnahmen haben wir – und kaufen braucht man ja nichts", schloss er seine Rede. Bernd und zahlreiche andere Spieler folgten der Einladung.

Auf eindrucksvolle Weise wurde ihnen erklärt, warum eine Magnetfeldmatratze einen viel gesünderen Schlaf garantiere. Hinzu kam der „einmalige Sonderpreis" von 399,00 €, halb so teuer wie sonst. Und ein Topfset gab es noch gratis dazu. Als die ersten Mannschaftskameraden kauften, wollte sich auch Bernd dieses Schnäppchen nicht entgehen lassen – auch er unterschrieb einen Kaufvertrag.

Als Bernd am nächsten Tag in der Arbeit von seinem Schnäppchen erzählte, erklärte ihm Carmen, dass sie ein Angebot für eine solche Matratze im Teleshopping für 100,00 € gesehen habe. Ein anderer Kollege meinte: „Und bei ebay im Internet bekommt man sowas bestimmt noch viel billiger ..."

Ran an die Informationen

Wenn der Staubsaugervertreter an der Haustür klingelt ...

Wenn die Verkäuferin ihre Plastikschüsseln in einer gemütlichen Party in Nachbars Wohnzimmer anpreist ...

Wenn man durch die Fußgängerzone bummelt und plötzlich von dem Werber eines Buchclubs angesprochen wird ...

Wenn man auf einer Verkaufsveranstaltung auf einer Kaffeefahrt oder im Vereinsheim in guter Stimmung geschickt überredet wird ...

... dann kauft man oftmals Sachen, die man eigentlich gar nicht kaufen wollte.

Man wird überrascht, überredet, getäuscht, manchmal sogar betrogen. Die Verkäufer sind geschult und arbeiten mit allen Tricks. Für alle diese Fälle gelten die Bestimmungen des **Haustürkaufs,** welche die Verbraucher besonders schützen. Die gleichen Bestimmungen gelten auch für so genannte **Teillieferungsverträge** (z. B. der Kauf eines 20-bändigen Lexikons, das in Einzelbänden geliefert wird).

Info 1 Welche Rechte hat der Verbraucher?

Rechte bei Haustür- und ähnlichen Geschäften

Der Käufer hat innerhalb von 14 Tagen ein Recht auf ...

- **Widerruf,** wenn die Ware noch nicht geliefert wurde.
- **Rückgabe,** wenn die Ware geliefert wurde.
  Voraussetzung für ein Rückgaberecht ist aber, dass der Verbraucher die Ware noch nicht genutzt bzw. die Leistung noch nicht in Anspruch genommen hat.

Tipp

Sie sollten ein Widerrufsschreiben unbedingt als entsprechendes Einschreiben mit Rückschein versenden. Dies ist zwar teurer aber sicherer! Zur Fristwahrung genügt die rechtzeitige Absendung.

Achten Sie darauf, dass Verträge nicht so weit rückdatiert werden, dass die Widerspruchsfrist schon bei Vertragsabschluss abgelaufen ist!

Info 2 Rechtsfolgen des Widerrufs oder der Rücksendung

- Kosten der Rücksendung trägt bei Widerruf und Rückgabe der Verkäufer. Auch muss er eventuelle Transportschäden übernehmen.
- Bei einer Bestellung von bis zu 40,00 € dürfen dem Verbraucher die Kosten der Rücksendung berechnet werden. Dies gilt nicht, wenn die Ware nicht der bestellten entspricht.
- Wenn eine Bestellung widerrufen wird, dann gilt dies auch für einen mit der Bestellung verbundenen Vertrag (z. B. ein Verbraucherdarlehen[1]).

1 siehe Themenkreis 6, Kap. 3

Ein Widerruf ist nicht möglich bei Info 3

- verderblicher Ware, deren Verfallsdatum überschritten ist;
- Produkten, die speziell auf Kundenwunsch gefertigt wurden;
- Zeitungen, Zeitschriften, Illustrierten;
- Software, Audio- und Videoaufzeichnungen, die vom Käufer entsiegelt wurden;
- wenn der Verkäufer vom Käufer bestellt wurde.

Arbeitsvorschläge DO IT!

1. Erklären Sie, warum die Verbraucher bei Geschäften an der Haustür, auf öffentlichen Plätzen, Verkaufsveranstaltungen und Kaffeefahrten besonders geschützt werden.
2. Prüfen Sie, ob Bernd von dem Kaufvertrag zurücktreten kann („Passiert-notiert"). Begründen Sie Ihre Meinung.
3. Unter welchen Bedingungen und innerhalb welcher Frist können solche „Haustürkäufe" widerrufen werden?
4. Wer trägt die Kosten und das Risiko der Rücksendung von zugeschickten Waren bei einem Vertrag, der rechtskräftig widerrufen wurde?
5. Warum werden Verträge an der Haustür usw. wohl oftmals „aus Versehen" in den Vormonat zurückdatiert?

1.3 Fernabsatzverträge und E-Commerce

Passiert – notiert

Eine „Bikini-Figur" wollte Christine haben. Doch mit dem Abnehmen hatte sie bisher keinen rechten Erfolg. Da kam die „Tele-Shopping-Sendung" gerade richtig. „Abnehmen kinderleicht und ohne Hungern", wurde versprochen. Christine bestellte das „Beauty-Set" für 89,50 €. Nachdem sie die Schlankheitspillen und den „Abnehmroller" zwei Tage genutzt hatte, reagierte sie allergisch auf die Pillen. Christine erinnerte sich an das versprochene Widerrufs- und Rückgaberecht. Doch sie „blitzte" damit beim Lieferer ab. Angebrochene Ware sei vom Rückgaberecht ausgeschlossen. Daher müsse sie die Pillen behalten und natürlich auch den Roller, weil Pillen und Roller als „eine Ware" gelten würden.

Wer ist im Recht?

Welche Besonderheiten gibt es bei Kaufverträgen mit Versandgeschäften?

Was ist beim Kauf im Internet besonders geregelt?

Ran an die Informationen

„Damit Sie nicht die Katze im Sack kaufen ..."

Auf immer mehr Kanälen werden vor allem vormittags oder spätabends Verkaufssendungen ausgestrahlt. Telefonisch werden Umfragen gemacht nur mit einem Ziel, Zeitschriften zu verkaufen. Bei Versandhäusern kann man Waren nach Katalog bestellen. Auch in Zeitschriften oder in Werbebriefen werden Waren per Versand angeboten. Ebenso wächst die Anzahl der Käufe im Internet (so genanntes E-Commerce) ständig. Darum wird der Fernabsatz im BGB besonders geregelt. Die nachfolgend beschriebenen Vorschriften über Fernabsatzverträge gelten aber nicht für den Fernunterricht, Bankgeschäfte, die Lieferung von Lebensmitteln, Getränken oder sonstigen Haushaltsgegenständen des täglichen Bedarfs, sofern diese häufiger und regelmäßig erfolgen.

Info 1 Besonderheiten bei Fernabsatzverträgen

Vor dem Vertragsschluss muss der Käufer von dem Verkäufer über folgende Sachverhalte informiert werden:

- komplette Anschrift des Unternehmens,
- geschäftlicher Zweck des Angebotes (z. B. Versandhandel, Versteigerung),
- Angaben über wesentliche Eigenschaften der Produkte,
- Preis einschließlich aller Nebenkosten und Steuern (wichtig bei verschiedenen Umsatzsteuersätzen),
- Zahlungs- und Lieferbedingungen,
- Gültigkeitsdauer des Angebotes,
- Widerrufsrecht des Käufers.

Den Nachweis über diese Informationen muss der Verkäufer führen. Er muss zudem beweisen, dass diese Informationen beim Kunden eingegangen sind.

Der **Gerichtsstand** ist im jeweiligen Land des Verbrauchers. Dieses Gericht muss aber bei einem ausländischen Lieferanten das jeweilige Recht aus dessen Herkunftsland anwenden.

E-Commerce

Info 2

Da der Handel im Internet grenzüberschreitend funktioniert, wurden hierfür einheitliche Regelungen für die gesamte Europäische Union geschaffen.

Im Internet handelt es sich in der Regel um Angebote, die sich an die Allgemeinheit richten. Daher kommt ein Vertrag durch folgende Schritte zustande:

Schritt 1	Verkäufer	richtet ein Angebot an die Allgemeinheit und nutzt dazu das Internet, Fernsehen oder andere Medien.
Schritt 2	Käufer	geht auf das Angebot ein, stellt z. B. einen Warenkorb zusammen. Die Bestellung per E-Mail stellt den Antrag auf einen Kauf dar.
Schritt 3	Verkäufer	entscheidet, ob er den Antrag annimmt oder nicht. Nimmt er ihn an (Bestätigung per E-Mail oder durch Lieferung der Ware), ist der Kaufvertrag zustande gekommen.

Besondere Pflichten im elektronischen Geschäftsverkehr

Der Verkäufer muss dafür sorgen, dass

- Eingabefehler vom Käufer vor Abgabe seiner Bestellung erkannt und berichtigt werden können.
- Er muss die Bestellung nochmals extra bestätigen.
- der Kunde den Vertragstext und Verhaltensrichtlinien nicht nur am Bildschirm abrufen kann. Es muss ihm zusätzlich die Möglichkeit gegeben werden, diese auch auf seinen PC zu überspielen und auszudrucken.
- jede Bestellung unverzüglich mit elektronischer Post bestätigt wird.

Verstößt der Verkäufer gegen eine dieser Bedingungen, kann der Kunde – anstatt der sonst üblichen 14 Tage – noch innerhalb von **6 Monaten** vom Vertrag zurücktreten.

Rückgabe oder Widerruf

Info 3

Genau wie beim Haustürkauf kann der Käufer einen Fernabsatzvertrag auch innerhalb von 14 Tagen widerrufen. Sollte die Ware schon geliefert worden sein, kann er diese innerhalb dieser Frist auch zurückgeben. Er braucht hierfür keinen Grund zu nennen.

Arbeitsvorschläge

DO IT!

1. Was versteht man unter einem „Fernabsatzvertrag"?
2. Wie kommt bei einem Kauf im Internet ein Kaufvertrag zustande?
3. Unter welchen Bedingungen und innerhalb welcher Frist können Fernabsatzverträge widerrufen werden?
4. Welche weiteren Besonderheiten muss der Verkäufer bei einem Fernabsatzvertrag beachten?

1.4 Das Produkthaftungsgesetz

Passiert – notiert

Wird Jörg die Zahnbehandlung ersetzt bekommen?

Welche Rechte haben Verbraucher durch das Produkthaftungsgesetz?

„Das Beste an meinem Ausbildungsbetrieb sind die Salamibaguettes", dachte Jörg, als er in der Frühstückspause genüsslich in sein Baguette biss. „Wie viel Stück davon isst du eigentlich pro Tag?", fragte der Ausbilder provozierend. Doch zum Antworten kam Jörg nicht mehr. Es krachte plötzlich furchtbar in seinem Mund, gerade als er in das Baguette gebissen hatte. Und das war geschehen: In der Salami steckte ein Knochensplitter. Auf den hatte Jörg gebissen und sich den oberen Schneidezahn herausgebrochen. „Die mache ich haftbar", sagte Jörg verbittert.

Ran an die Informationen

Die Bestimmungen der mangelhaften Lieferung werden angewendet, wenn die gelieferten Produkte fehlerhaft sind. Das Produkthaftungsgesetz dagegen regelt die Folgeschäden, die aus fehlerhaften Produkten entstanden sind. Es gilt in allen Ländern der Europäischen Union.

Info 1 Folgeschäden durch fehlerhafte Produkte

Ein Folgeschaden kann bestehen
- an dem Produkt selbst (z. B. Überspannung eines CD-Players),
- in einer Körperverletzung oder Tötung einer Person (z. B. Verbrennungen durch die Überspannung) oder
- in der Beschädigung einer dritten Sache (z. B. Vernichtung der in dem Player liegenden CD).

Info 2 Produzentenhaftung

Fit im Web

*Beispiele für Produzentenhaftung finden Sie unter **www.stiftung-warentest.de** – Suchbegriff: „Produkthaftung".*

Unter Produkt- oder Produzentenhaftung versteht man die Haftung des Herstellers, Importeurs oder Händlers für in Info 1 genannte Folgeschäden aus dem Gebrauch oder Verbrauch eines Produkts. Allerdings nur, wenn die Folgeschäden durch **folgende Fehler** verursacht wurden:
- Konstruktionsfehler (z. B. das Gehäuse des CD-Players steht unter Strom),
- Fabrikationsfehler (z. B. die Fehler lagen am schlechten Löten),
- Instruktionsfehler (z. B. eine missverständliche Bedienungsanleitung führte zu einem Bedienungsfehler).

Der Hersteller **haftet nicht,** wenn

- das Produkt zum Zeitpunkt der Markteinführung den Rechtsvorschriften entsprach,
- der Fehler bei Markteinführung noch nicht vorhanden war,
- es sich um unverarbeitete Naturprodukte der Landwirtschaft oder Jägerei handelt.

Fristen und Schadenersatz

Info 3

Folgende Fristen müssen beachtet werden:

- Das fehlerhafte Produkt darf nicht älter als 10 Jahre sein.
- Die Gewährleistungsfrist beträgt 2 Jahre. Treten im ersten Halbjahr Mängel auf, muss der Verkäufer beweisen, dass die Kaufsache bei Übergabe noch in Ordnung war. Gelingt ihm das nicht, muss er für die Fehler geradestehen. Während der restlichen eineinhalb Jahre muss der Kunde beweisen, dass die Kaufsache von Anfang an Fehler hatte.

Für die Höhe des Schadenersatzes gelten folgende Regelungen:

- Einen **Sachschaden unter 500,00 €** muss der Verbraucher allein tragen.
- Ab 500,00 € haftet der Hersteller ohne Rücksicht auf die Schadenshöhe. Es gibt also bei Sachschäden **keine Obergrenze.**
- Bei **Personenschäden** ist die Haftungs-Höchstgrenze 85 Millionen €, bei Arzneimitteln 120 Millionen €.

Tipp

Produkthaftung kann nicht durch die allgemeinen Geschäftsbedingungen ausgeschlossen werden.

Arbeitsvorschläge

DO IT!

Prüfen Sie,

a) ob in den Fragen 1. und 2. eine Produzentenhaftung zutrifft und
b) bei wem man den Schaden geltend machen muss:

1. Die Zahnarztrechnung von Jörg („Passiert-notiert") beträgt 395,00 €.
2. Steffi wäscht den neuen blauen Nicki-Pulli zum ersten Mal. Da auf dem eingenähten Etikett „waschmaschinenfest und farbecht" steht, wäscht sie ihn zusammen mit anderen Kleidungsstücken. Die Farbe des Nickis läuft aus und verfärbt alle anderen Stücke. Ein Schaden in Höhe von ca. 300,00 € entsteht. Die Chefin der Boutique weigert sich, den Schaden zu ersetzen, da der Pulli erstens aus der Türkei importiert worden sei. Zweitens habe sie mit ihren AGB jegliche Haftung beim Waschen ausgeschlossen.

1.5 Warenkennzeichnungen und Mogelpackungen

Passiert – notiert

„Ländliche Idylle“:
Verbraucherzentrale Bundesverband gewinnt gegen Rewe

OLG Frankfurt: Eierkartons täuschen Verbraucher

Die Verbraucherzentrale Bundesverband e.V. (vzbv) hat einen entscheidenden Erfolg gegen die Werbung mit ländlicher Idylle auf Lebensmittelverpackungen errungen.

„Wer Lebensmittel aus industrieller Tierhaltung verkauft, sollte das nicht hinter idyllischen Bildern verstecken“, so vzbv-Vorstand Prof. Dr. Edda Müller. Die Bundesregierung sei jetzt aufgefordert, das Wettbewerbsrecht schnell zu reformieren, um ähnlichen Praktiken künftig einen eindeutigen Riegel vorzuschieben.

Im vorliegenden Fall war auf Eierverpackungen der Firma Rewe eine idyllische Bauernlandschaft abgebildet. Zudem befand sich auf der Oberseite in roten Großbuchstaben die Aufschrift „10 frische Eier“. Tatsächlich waren in der Verpackung jedoch Eier aus einer Legebatterie. Diese Erzeugung wird von Tierschutz- und Umweltverbänden heftig kritisiert. In der Verhandlung machte das OLG deutlich, dass die bildliche Darstellung einer kleinbäuerlichen Idylle auf der Außenseite des Eierkartons irreführend sei. Auch ein verständiger Verbraucher werde durch diese Hinweise „auf die falsche Fährte gelockt“, so das Gericht.

(OLG Frankfurt/Main, Verhandlung vom 28.11.2002: 6 U 85/02)

Ran an die Informationen

Ein Supermarkt führt im Durchschnitt über 30 000 Artikel. Es wird daher immer schwieriger, aus dem riesigen Angebot die richtigen Waren auszuwählen. Der größer werdende Wettbewerb kann die Unternehmen dazu verleiten, mit Mogelpackungen oder falschen Angaben auf den Produkten die Käufer zu täuschen.

Daher sollen die Verbraucher mit besseren Informationen unterstützt werden.

Info 1

Mogelpackungen

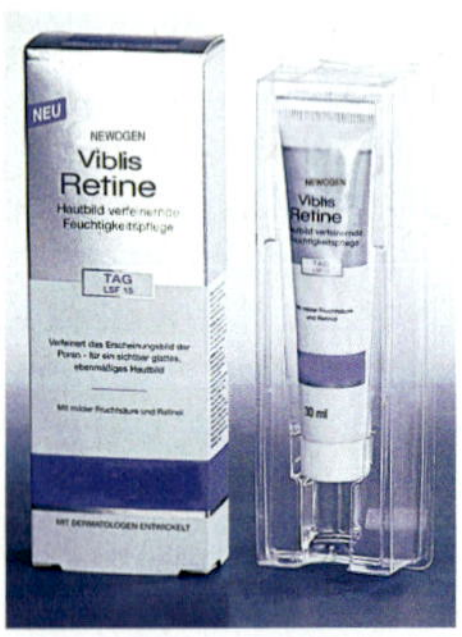

Mogelpackungen geben dem Käufer das Gefühl, eine erheblich größere Menge als tatsächlich gekauft zu haben. Die Enttäuschung ist daher beim Öffnen der Produkte oftmals groß.

Eines von zahlreichen Beispielen aus dem Alltag:

Mogelpackung – Halbe Portion

Nach dem Kauf dieser Feuchtigkeitscreme ärgerte sich Daniele K. aus Bad Oeynhausen, dass die 30-Milliliter-Tube (10,50 €) in eine halb so große Faltschachtel gepasst hätte.

nach: www.stiftung-warenstest.de → Mogelpackung → Halbe Portion 03/2003

Damit so etwas nicht passiert, gibt es in § 7, Absatz 2 des Eichgesetzes folgende Bestimmung: „Fertigpackungen müssen so gestaltet und befüllt sein, dass sie keine größere Füllmenge vortäuschen, als in ihnen enthalten ist".

> **Fit im Web**
> *Beispiele für Mogelpackungen finden Sie unter www.stiftung-warentest.de - Suchbegriff: „Mogelpackung".*

Preisauszeichnung an der Ware — Info 2

Ganz wichtig ist natürlich auch ein Preisvergleich der Waren. Um dies den Verbrauchern möglichst einfach zu ermöglichen, wurde die Preisangabenverordnung erlassen.

Es gelten folgende Bestimmungen:

- Generell muss jede Ware, die den Kunden im Schaufenster oder im Laden angeboten wird, mit einem Preis ausgezeichnet sein.
- Bei Verbrauchsgütern muss die Umsatzsteuer im Preis enthalten sein.
- Die Preise müssen gut lesbar sein.
- Für Waren, die abgewogen werden, müssen die Preise immer für 1 000 g oder für 100 g angegeben sein.
- Befinden sich in Packungen ungerade Gewichte (z. B. 958 Gramm Fleisch), dann muss zusätzlich zum Endpreis der Packung auch der Vergleichspreis für ein rundes Gewicht (z. B. 100 g oder 1 000 g) angegeben werden.

Die Lebensmittelkennzeichnungsverordnung — Info 3

Die Lebensmittelverordnung bezieht sich nicht auf lose Lebensmittel. Verpackte Lebensmittel müssen dagegen folgende Angaben enthalten:

- Eine Zutatenliste aller verwendeten Roh- und Zusatzstoffe in der Reihenfolge ihres gewichtsmäßigen Anteils;
- das Mindesthaltbarkeitsdatum (kein Verfalldatum, sondern ein Garantiedatum für die Beibehaltung der spezifischen Eigenschaften des Lebensmittels);
- die Verkehrsbezeichnung des Lebensmittels;
- eine Mengenangabe;
- die Anschrift des Herstellers oder Verpackers.

Neue Lebensmittelvorschriften werden hinzukommen, z. B. Herkunftsbezeichnungen, Gütesiegel für Wein, Bestrahlungssymbol, Symbol für gentechnische Erzeugnisse.

Leckerschmecker-Kekse

Zutaten:
Weizenmehl, Fett pflanzlich, gehärtet, Zucker, Salz, Weizenstärke, Aroma, Volleipulver, Backtreibmittel (Ammoniumhydrogenkarbonat)

MINDESTENS HALTBAR
BIS: SIEHE UNTERSEITE

KÜHL UND TROCKEN LAGERN

400 g

DER GRÜNE PUNKT

Leckerschmecker
int. Gebäckspezialitäten
Postfach 1232 · D-45678 Igeldorf

Info 4 Textilkennzeichnungsgesetz

Textilien müssen ein eingenähtes Etikett oder Informationen in der Webkante oder ein Schild auf der Verpackung tragen mit einer Liste der verwendeten Rohstoffe je nach Art und Gewichtsanteilen. Oftmals werden freiwillig noch Pflegehinweise gegeben.

gesetzliche Rohstoffkennzeichnung	50 % Baumwolle, 30 % Polyester, 20 % Nylon
freiwillige Pflegehinweise	 MADE IN TAIWAN

Info 5 Qualitätsklassen

Fit im Web

Umwelt- und Sicherheitszeichen siehe www.vz-nrw.de Suchbegriff: „Umweltzeichen".

Verschiedene Lebensmittel werden zusätzlich in Handelsklassen eingestuft. Diese geben dem Käufer Auskunft über die verschiedene Qualität. Obst, Gemüse, Nüsse, Eier, Kartoffeln aber auch Schweinehälften sind nur einige Beispiele. So wird Butter z. B. in Marken- und Molkereibutter unterteilt.

Info 6 Prüfzeichen

Prüfzeichen geben den Verbrauchern eine gewisse Sicherheit. Denn diese erhalten die Waren nur, wenn sie bestimmte Anforderungen erfüllen. So haben z. B. das Ministerium für Umwelt und Verbraucher aber auch die Verbraucherzentralen verschiedene Gütezeichen entworfen. Sie geben an, ob die Produkte z. B. im ökologischen Landbau angebaut wurden. An Teppichböden oder Baustoffe werden sie nur verliehen, wenn diese bestimmte Schadstoffgrenzen nicht überschreiten.

Andere Prüfzeichen garantieren einen bestimmten Sicherheitsstandard wie z. B.

TÜV GS	**GS = geprüfte Sicherheit** Alle technischen Geräte mit diesem Zeichen entsprechen den gesetzlichen Sicherheitsanforderungen.
VDE	**VDE = Verband Deutscher Elektriker** Elektogeräte mit diesem Prüfzeichen wurden auf ihre Funktionsfähigkeit und Sicherheit überprüft.
CE	**CE = Communauté Européen = Europäische Gemeinschaft** Diese Produkte sind in der EU auf den Markt gekommen und müssen den Mindestanforderungen an Sicherheit der EU genügen.

Alle Hühnereier z. B., die in den Lebensmittelhandel gelangen, müssen nach einer EU-weit einheitlichen Regelung mit einem Erzeugerkode gestempelt werden. Der Stempel auf den Eiern besteht aus Ziffern und Buchstaben: Die erste Ziffer gibt Auskunft über die Hennenhaltung: 0 steht für ökologische Erzeugung, 1 für Freiland-, 2 für Boden- und 3 für Käfighaltung. Die Buchstaben bezeichnen das Herkunftsland: DE für Deutschland, NL für die Niederlande, BE für Belgien usw. Mit den restlichen Ziffern werden das Bundesland und der Erzeugerbetrieb gekennzeichnet.

Freiwillige Gütezeichen und Produktinformationen

Info 7

Gütezeichen werden von Verbänden der Industrie oder des Handwerks erarbeitet. Alle Produkte, die den festgelegten Anforderungen genügen, können das jeweilige Gütezeichen tragen. Einige Beispiele:

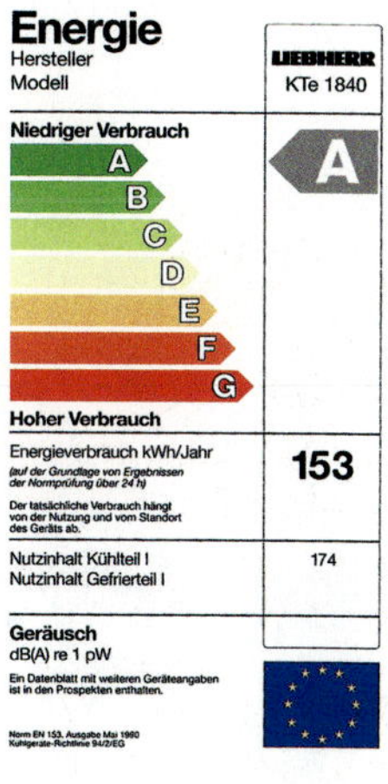

Immer öfter sieht man auf neuen Haushaltsgeräten solche oder ähnliche Aufkleber mit Produktinformationen. Sie sollen den Käufer z. B. über den Energie- und Wasserverbrauch einer Waschmaschine unterrichten. Bei Kühlschränken wird der Nutzinhalt von Kühl- und Gefrierteil, Energieverbrauch, Geräuschpegel angegeben.

Auch hier ist das Ziel wiederum, den Käufer möglichst gut vor dem Kauf zu informieren.

Arbeitsvorschläge

DO IT!

1. Was bezeichnet man als Mogelpackungen und warum werden sie Ihrer Meinung nach hergestellt?
2. Nennen Sie Produkte in Mogelpackungen, ähnlich der, die in Info 1 abgebildet ist.
3. Beschreiben Sie in eigenen Worten, was die Prüfzeichen aussagen.
4. Welche Auszeichnung muss Bekleidung tragen?
5. Welche Aufgabe haben Gütezeichen?
6. Warum hat der Gesetzgeber vorgeschrieben, dass auf abgepackter Ware neben dem Kaufpreis auch der Preis einer runden Gewichtseinheit stehen muss?
7. Beschreiben Sie, ob heute die Aktion in „Passiert-notiert" noch Sinn hätte.
8. Was sagt Ihnen der Stempel 1-DE-0234572 auf einem Ei?

2 Verbraucherberatung

Passiert – notiert

Wie können wir uns vor Manipulation schützen?

Welche Informationsmöglichkeiten gibt es?

Das ist er – der Verbraucher in der Marktwirtschaft. Leicht wird es ihm nicht gemacht. Denn man will sein Bestes – sein Geld. Er wird umworben, beeinflusst, manipuliert. Werbung, vor allem in den privaten Rundfunk- und Fernsehanstalten, beim Sport, in der Straßenbahn, in Zeitungen und Zeitschriften, auf Autos, an Plakatwänden, im Kino, im Internet – beinahe überall, wo er sich bewegt, prasselt Werbung auf ihn nieder.

„Geiz ist geil" und andere Sprüche zeigen einen immer größeren Konkurrenzkampf mit Sonderangeboten. Dazu ein rascher technischer Fortschritt mit immer mehr neuen und technisch aufwändigeren Produkten.

Aber auch immer mehr Verkaufspsychologie, Verkäufertricks, Kreditangebote manipulieren und verleiten zum Kauf. Es wird zunehmend schwieriger, einen notwendigen Marktüberblick zu bekommen. Und immer mehr Menschen können den Verlockungen der Werbe- und Verkaufsstrategen nicht widerstehen und überschulden sich.

Ran an die Informationen

Wer kennt sie nicht, die Werbung mit Testergebnissen der Stiftung Warentest? Hersteller sind nicht nur stolz, wenn ihre Produkte gut beurteilt wurden. Nein: Gute Testergebnisse führen oftmals auch zu hohen Verkaufszahlen, Produkte mit schlechten Testwerten bleiben in den Regalen liegen.

Neben Verbraucherinformationen im Fernsehen (z. B. WISO und andere Wirtschaftsmagazine) finden wir in Zeitungen und Zeitschriften aber auch im Internet wertvolle Informationen für Verbraucher. Besonders wichtig sind aber die Verbraucherorganisationen als Vertreter der Verbraucher.

STIFTUNG WARENTEST
GUT
Im Test: 17 Mikrowellengeräte
Qualitätsurteil: 8 sehr gut, 9 gut
test 3/2001
www.test.de

STIFTUNG WARENTEST
SEHR GUT
Im Test: Beratungsqualität
bei 33 Bausparkassen
FINANZtest 3/2001
www.finanztest.de

Vertretung der Verbraucherinteressen in Deutschland

Info 1

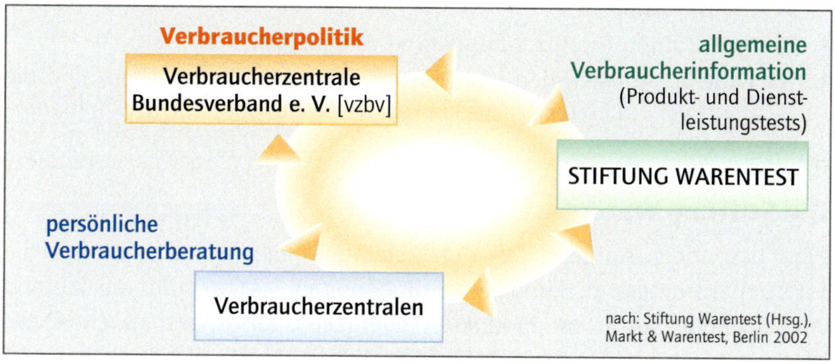

nach: Stiftung Warentest (Hrsg.), Markt & Warentest, Berlin 2002

Verbraucherzentralen

Info 2

Die **Verbraucherzentrale Bundesverband e.V. (vzbv)** ist der Dachverband aller 16 Verbraucherzentralen und 21 weiterer verbraucherpolitischer Verbände. Die bekanntesten davon sind: die Arbeiter-Wohlfahrt, Deutscher Mieterbund, Fahrgastverband Pro Bahn, Schutzgemeinschaft für Kleinaktionäre, Deutscher Hausfrauen-Bund.

Daneben hat der vzbv noch folgende Aufgaben:

- die Vertretung der Interessen der Verbraucher gegenüber der Politik und der Wirtschaft,
- die Koordination seiner Mitgliedsverbände,
- die Förderung von Verbraucherinformationen.

Fit im Web

Zum Bundesverband der Verbraucherzentralen kommen Sie unter www.vzbv.de. Von dort surfen Sie zu der Verbraucherzentrale Ihres Bundeslandes. Hier finden Sie die für Sie nächstgelegenen Filialen.

Der vzbv und seine Mitgliedsorganisationen sind politisch unabhängig.

Es gibt 16 Verbraucherzentralen, in jedem Bundesland eine. Diese unterhalten in größeren Städten Beratungsstellen, in denen die Verbraucher persönlich Rat suchen können. Diese Beratungen sind neutral und in der Regel kostenlos. Es sind:

- Rechtsberatung: bei Streitigkeiten mit Verkäufern, Vermietern usw.;
- technische Beratung: Beratung vor dem Kauf von Geräten über deren Verbrauch, Umweltschutz, Preise und Testergebnisse;

- Ernährungsberatung: Tipps zur gesunden Ernährung und über Schadstoffe in Lebensmitteln;
- Energieberatung: Tipps zur Einsparung von Energie;
- Schuldnerberatung: Hilfen beim Erstellen von Haushaltsbüchern und die Beratung verschuldeter Menschen, bei Insolvenz oder vor der Aufnahme eines Kredits.

Info 3 Die Stiftung Warentest

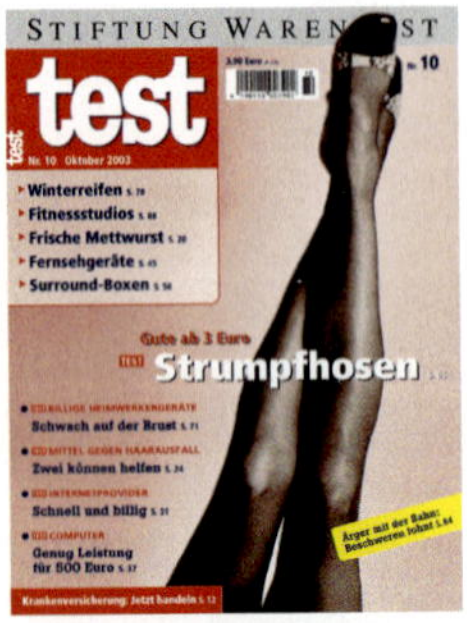

Fit im Web

www.stiftung warentest.de

Eine besondere Aufgabe bei der Aufklärung der Verbraucher hat die Stiftung Warentest in Berlin. Als unabhängiges Institut führt sie laufend vergleichende Tests von Produkten oder Dienstleistungen durch. Diese Warentests enthalten wertvolle Informationen, die der Verbraucher sich vor dem Kauf zunutze machen kann.

Viele dieser Tests werden in der Presse veröffentlicht.

Monatlich werden die Testergebnisse in der Zeitschrift „test“ und jährlich im „test-Jahrbuch“ herausgegeben, beide sind im freien Verkauf erhältlich. Produkte mit besseren Testergebnissen haben inzwischen auch erheblich bessere Marktchancen.

Daneben gibt es in der Reihe „test-spezial“ Sonderhefte zu wichtigen Themen.

STIFTUNG WARENTEST

MOBILTELEFONE September 2003

test www.test.de	Mittlerer Preis in Euro ca.	Sprachqualität	Funktion bei schwachem Netz	Akkubetrieb	Handhabung	Transport	Haltbarkeit	test-QUALITÄTS-URTEIL
Gewichtung		20 %	20 %	20 %	25 %	10 %	5 %	
MOBILTELEFONE								
Samsung T400	330	+	+	+	+	++	+	GUT (2,0)
Nokia 6100	400	○	+	+	+	++	+	GUT (2,1)
Samsung S300	430	+	+	+	+	++	○	GUT (2,1)
Nokia 6800	540	○	+	++	+	○	+	GUT (2,2)
Nokia 5100	400	○	+	+	+	+	++	GUT (2,3)
Siemens SL55	510	+	+	○	+	++	+	GUT (2,3)
Mitsubishi M21i	299	○	+	+	○	+	+	GUT (2,4)
Siemens A55	159	○	+	○	○	+	+	GUT (2,4)
Sony Ericsson T310	180	○	+	+	○	+	++	GUT (2,4)
Sony Ericsson SEM 100	129	○	+	+	○	++	++	GUT (2,5)
Motorola C336	140	○	+	○	○	+	+	BEFRIEDIG. (2,6)
NEC n22i	299	○	+	+	○	○	++	BEFRIEDIG. (2,6)
Nokia 2100	159	○	+	○	○	+	+	BEFRIEDIG. (2,6)
Toshiba TS21i	239	○	○	○	○	+	+	BEFRIEDIG. (3,0)
MIT INTEGRIERTER KAMERA								
Samsung V200	550	○	+	++	+	+	++	GUT (2,1)
Nokia 7250	540	○	+	++	+	+	+	GUT (2,2)
Sony Ericsson T610	500	○	○	+	+	+	++	GUT (2,4)
Nokia 3650	360	○	+	+	+	⊖	+	GUT (2,5)
[illegible] Ericsson [illegible]	850	○	+	[illegible]	+	⊖	+	BEFRIEDIG. [illegible]

Ein besonderes Testheft mit Produkten ist die Zeitschrift „ÖKO-TEST". Bei den hier getesteten Produkten steht die Frage gesundheitlicher Risiken im Vordergrund. Der ÖKO-TEST Verlag in Frankfurt/M. lässt in seinen Heften aber auch Anzeigenwerbung für ökologische Produkte zu.

Für Fragen über Geldanlage, Kredite, Versicherungen gibt die Zeitschrift „Finanztest" Auskunft. Hier können nicht nur die günstigsten Kfz- und andere Versicherungen ermittel werden. Es werden auch Analysen veröffentlicht, welche Versicherungen z. B. notwendig und welche unnötig sind. Auch Vergleiche von Banken (Kontoführungsgebühren usw.) sind nützlich.

Andere Produkttests

Info 4

In Autozeitschriften, der ADAC-Zeitschrift oder im Fernsehen werden immer wieder Autotests durchgeführt. Natürlich können auch sie wertvolle Hinweise geben. Doch muss man wissen, dass es sich hier nicht, wie bei der Stiftung Warentest, um völlig unabhängige Tester handelt. Oftmals drängt sich der Verdacht auf, dass die Hersteller die Tests in den Medien beeinflussen können. Das gilt auch für andere Produkttests in Zeitungen und Zeitschriften. Man muss bedenken, dass sich die Massenmedien zum Teil aus den Werbeeinnahmen durch dieselben Hersteller finanzieren.

Arbeitsvorschläge

DO IT!

1. Warum gibt es die Verbraucherberatung?
2. Warum ist es wichtig, dass die Stiftung Warentest unabhängig ist und in ihren Zeitschriften „test" und „Finanztest" sowie im Testjahrbuch keine Werbung und kein Sponsoring zu finden sind?
3. Nennen Sie die verschiedenen Informationsangebote der Verbraucherzentralen.
4. Finden Sie heraus, wo die nächste Verbraucherzentrale für Ihren Wohnort ist.
5. Welche Aufgaben hat die Stiftung Warentest?

1 Zahlungsverkehr

1.1 Die Barzahlung

Welche Bedeutung hat die Barzahlung heute noch?

Welche Möglichkeiten gibt es zu bezahlen?

Passiert – notiert

„Ich möchte 18.500,00 € auf mein Sparbuch einzahlen," sagte Denis und legte ein Bündel nagelneue Scheine auf den Tresen. Die Angestellte nahm das Geld entgegen und stutzte beim Zählen plötzlich. „Moment bitte, ich muss nur den Filialleiter holen", sagte sie und verschwand mit dem Geld. Kurze Zeit später kamen beide wieder. „Es tut mir Leid", sagte der Filialleiter, „bei diesem Schein funktioniert der Farbwechsel in der Zahl nicht. Ich muss alle Scheine durch das Prüfgerät laufen lassen. Wo haben Sie die denn her?" – „Ich habe mein Auto verkauft, von privat an privat", antwortete der sichtlich erschrockene Denis. „Notfalls habe ich ja die Adresse des Käufers. Er sprach schlecht deutsch. Er kommt aus Rumänien, hat aber im Kaufvertrag einen Wohnsitz in Deutschland angegeben."

Kurze Zeit später kam der Filialleiter zurück. „Sie sind betrogen worden. Es ist eindeutig Falschgeld und nicht einmal gutes. Und die Adresse wird sicherlich auch falsch sein. Ich muss leider die Polizei verständigen", sagte er, während er wählte. „Und was ist mit meinem Geld?", fragte Denis. „Den Schaden tragen Sie allein, der wird ihnen nicht ersetzt." – „Dann kann ich ja mein Auto abbestellen", stammelte der geschockte Denis. „Hierauf sollten Sie zukünftig achten", fuhr der Filialleiter danach fort und erklärte Denis die Sicherheitsmerkmale auf dem €-Schein.

Ran an die Informationen

Info 1

Die Bedeutung der Barzahlung

Die Barzahlung ist auch heute noch die häufigste Zahlungsart. Aber sie wird zunehmend durch modernere Zahlungsmittel verdrängt. Vor allem kleinere Summen beim täglichen Einkauf werden noch immer mit Bargeld bezahlt.

Als Zahlungsbeleg erhält man den Kassenbon.

```
HENSCHEL U. ROPBERTZ
DARMSTADT GMBH      AM MARKT 2
TEL.: 06151/10080

ES BEDIENTE SIE
825      A.PAULITZ

DA+HE-WANDERHEMDEN     24.90
8760   6
TREKKING-CAMPINGZUB.    7.90
8420   6
TREKKING-CAMPINGZUB.    7.90
8420   6
SCHLAFSAECKE-ZUBEH.    19.90
8450   6
UMWELT-TUETE            0.70
9900   6

TOTAL                  61.30

VIELEN DANK FUER DEN EINKAUF
UMTAUSCH GEGEN VORLAGE DIESES
B O N S
BON  DATUM    ZEIT  BED  KASS
3299 04-02-13 11:10 0007 0007
```

Info 2

Die Bedeutung der Quittung

Wer bar bezahlt, sollte sich eine Quittung aushändigen lassen und diese zum späteren Beweis aufheben.

Als Quittung gelten Kassenbons, quittierte Rechnungen („Betrag dankend erhalten" und Unterschrift des Empfängers) sowie ausgefüllte Quittungsvordrucke oder selbst verfasste Quittungen.

Arbeitsvorschläge

DO IT!

1. Welche Arten der Barzahlung gibt es?
2. Sabine hat einen gebrauchten Pkw von einem weitläufigen Bekannten gekauft. Der Preis war 2.400,00 €. Sabine zahlte bei der Übergabe des Autos 1.400,00 € an. Es wurde vereinbart, dass sie den Rest in 10 Monatsraten zu je 100,00 € bar bezahlen sollte. Diesen Betrag kann Sabine jeweils von ihrer Ausbildungsvergütung abzweigen. Nach der zehnten gezahlten Rate verlangt der Verkäufer noch eine weitere Rate. Er ist der Meinung, Sabine hätte erst neun Raten bezahlt.

   a) Wie kann Sabine ihre Zahlungen beweisen?

   b) Welche Angaben muss eine Quittung enthalten, um als Beweis zu gelten?

1.2 Vom Taschengeld- zum Girokonto

Passiert – notiert

Welche Aufgaben erfüllen Girokonten?

Worauf muss man bei Eröffnung eines Girokontos achten?

Schon als Schülerin hatte Maike ein Taschengeldkonto. 20,00 € wurden von den Eltern pro Monat überwiesen. Daneben hat sie noch ein Sparbuch, auf das sie vor allem nach Weihnachten und ihren Geburtstagen die jeweiligen Geldgeschenke einzahlt. Hierauf gibt es sogar Guthabenzinsen. Für ihr

Taschengeldkonto hatte sie eine Bank-Card erhalten. Mit dieser kann sie am Geldautomaten Bargeld abheben und sich die Kontoauszüge ausdrucken lassen.

Nach der Schule beginnt Maike eine Ausbildung als System-Gastronomin. Der Ausbilder hat ihr eine Liste mitgegeben, was sie alles vor Beginn der Ausbildung besorgen muss. Neben der Bescheinigung über die ärztliche Untersuchung, Anmeldung zur Krankenkasse usw. steht dort auch „Girokonto". „Ob mein Taschengeldkonto nicht ausreicht?", denkt Maike. „Da muss ich gleich mal meine Bank fragen, was der Unterschied zwischen einem Taschengeld- und einem Girokonto ist."

Ran an die Informationen

Das erste Girokonto

Info 1

Spätestens in der Ausbildung kommt man nicht um ein Girokonto herum, denn bar auf die Hand wird die Ausbildungsvergütung heute nicht mehr ausgezahlt. Aber auch schon der Verdienst aus einem mehrwöchigen Ferienjob wird vom Arbeitgeber lieber überwiesen – also braucht man schon dann ein Girokonto. Die meisten Banken bieten Konten für Schüler und Jugendliche an, die so genannten Taschengeldkonten.

Diese gehen automatisch in ein Girokonto über, wenn man seine Ausbildung beginnt. Giro- und Taschengeldkonten sind jederzeit kündbar. Man kann also die Bank auch wechseln.

Tipp

Ihr Girokonto muss nicht bei der gleichen Bank wie das Ihrer Eltern sein – auch wenn Sie noch nicht volljährig sind.

Vergleichen lohnt sich

Info 2

Man sollte nicht beim erstbesten Angebot zugreifen, denn es gibt Unterschiede zwischen den Geldinstituten, die sich in klingender Münze oder sogar knisternden Scheinen ausdrücken können. Hierzu einige heiße Tipps:

Für Schüler, Auszubildende, Studenten, Grundwehr- oder Zivildienstleistende ist das Girokonto in der Regel kostenlos. Für Jugendliche unter 18 Jahren eigentlich immer. Einige Banken bieten aber auch Zinsen auf das Guthaben!

Dieser Zinssatz kann in seiner Höhe unterschiedlich sein. Oftmals gibt es Zinsen auch erst ab einer bestimmten Guthabenhöhe, die auch wieder von Bank zu Bank ganz verschieden sein kann.

Denken Sie an die Zukunft: Was kostet das Ganze, wenn ich 18 oder in einem festen Job bin? Kontoauszüge, Überweisungen, EC-Karte ... all das kostet dann nämlich plötzlich Geld. Die Frage ist nur, ab wann und wie viel. Man kann seine Bank aber auch später noch wechseln ...

Der Kunde ist König – aber nicht bei allen Banken! Auch die Beratung ist wichtig. Achten Sie darauf, wie viel Zeit man sich bei der Bank für Sie nimmt.

Allzu weit sollte die Filiale der Bank nicht entfernt sein. Sonst lohnen sich ein paar Cents Zinsen mehr nicht. Eine Alternative wäre dann höchstens Online-Banking; bei beschränkt Geschäftsfähigen[1] müssen jedoch die Eltern damit einverstanden sein.

1 zur Geschäftsfähigkeit siehe Themenkreis 4, Kap. 3

Info 3 Die Eröffnung eines Girokontos

Bei Banken vor Ort muss man nur einen Kontoeröffnungsantrag unterschreiben. Ist man dort nicht bekannt, muss der Personalausweis vorgezeigt werden. Girokonten dürfen nicht auf falsche oder erdichtete Namen eröffnet werden. Unter 18 Jahren ist man „beschränkt geschäftsfähig". Das bedeutet, auch die Eltern müssen den Antrag unterschreiben.

Etwas komplizierter geht das bei Onlinebanken. Man bestellt telefonisch oder auf der Homepage der jeweiligen Bank die Unterlagen. Diese kommen per Post und werden auch wieder so zurückgeschickt. Am Postschalter muss man sich ausweisen (legitimieren), wenn man den ausgefüllten Antrag zurückschickt.

Girokonto verweigert?

Obwohl die Banken lautstark um neue Kunden werben, kann es passieren, dass Sie als Kunde unerwünscht sind – z. B. weil Sie Sozialhilfeempfänger sind oder Schulden haben. Wenn Ihnen die Eröffnung eines Girokontos im Guthabenbereich verweigert wird, verlangen Sie eine schriftliche Begründung. Denn Sie brauchen ja ein Girokonto für Ihre Ausbildungsvergütung.

Mit dieser Begründung wenden Sie sich dann an eine Verbraucher- oder Schuldnerberatungsstelle. Diese setzen sich für Ihr Recht auf ein Girokonto ein.

Info 4 Schufa und Bankgeheimnis

Tipp

**Wenn Sie wissen wollen, was die Schufa über Sie gespeichert hat, können Sie dort nachfragen.
Die Schufa ist gegenüber einem Bankkunden zur Auskunft darüber verpflichtet, welche Daten über ihn gespeichert sind (Kosten pro Selbstauskunft ca. 10,00 €).**

Bei Ihrer Kontoeröffnung müssen Sie auch unterschreiben, dass Ihre Daten an die Schufa („Schutzgemeinschaft für Kreditsicherung") weitergegeben und dort gespeichert werden dürfen.

Wenn Sie Schulden machen oder Ihr Konto überziehen, wird das der Schufa gemeldet und dort gespeichert. Und damit sind Ihre Schulden kein Geheimnis mehr. Wollen Sie dann z. B. in ein paar Jahren eine Wohnung mieten und der Vermieter will eine Schufa-Auskunft, könnte es Schwierigkeiten geben. Wenn Sie ihre Schulden bezahlt haben, werden die Daten nach drei Jahren gelöscht. Das gilt auch für unbezahlte Rechnungen bei Versandhäusern usw.

Ein Kreditinstitut ist ansonsten grundsätzlich zur Verschwiegenheit verpflichtet – außer bei Steuerfahndung und Nachfragen bei Arbeitslosenunterstützung.

Info 5 Rechte und Pflichten

Wenn Sie ein Girokonto eröffnen, dann schließen Sie – rechtlich gesehen – mit der Bank einen Vertrag, in dem Rechte und Pflichten beschrieben sind. Neben diesem Einzelkonto kann auch ein Gemeinschaftskonto eröffnet werden. Sollen zwei oder mehr Personen über dasselbe Konto verfügen, wählt man in der Regel das so genannte „Oder-Konto". Bei diesem hat jeder Inhaber auf das Konto und das Guthaben auch allein Zugriff. Beim so genannten „Und-Konto" können die Kontoinhaber alle Entscheidungen zu Abhebungen, Einzahlungen, Krediten usw. nur gemeinsam treffen.

Doch Achtung: Wenn Sie volljährig sind, müssen Sie bei einem „Oder-Konto" auch für die Schulden des Partners geradestehen.

Sie sind noch nicht volljährig ...	Sie sind volljährig ...
Dann dürfen Sie allein einzahlen und auch abheben. Das Konto darf aber nicht überzogen werden. Für Daueraufträge benötigen Sie die Einverständniserklärung der Eltern, auch wenn Sie schon in der Ausbildung sind. Sie erhalten nur eine Kontokarte.	Wenn Sie 18 werden, können Sie Konten allein kündigen und auch einrichten. Die Banken werden Ihnen dann auch einen Dispositionskredit einräumen. Bis zu dem eingeräumten Betrag kann das Konto überzogen werden. Aber Vorsicht, denn es werden dafür hohe Zinsen verlangt. Sie erhalten auch eine EC-Karte.

Tipp

Achtung, wenn Sie mit Ihrem Freund oder der Freundin zusammenziehen: Geld kann die beste Freundschaft verderben! Gemeinsame Konten also nur dann eröffnen, wenns wirklich nicht anders geht. Und dann auch nur ein „Und-Konto" eröffnen.

Kontoführungsgebühren

Info 6

Eines der wichtigsten Kriterien bei der Eröffnung eines Girokontos sind sicher die Kosten für die Kontoführung. Auch wenn Schülern und Auszubildenden das Konto kostenfrei angeboten wird, lohnt sich ein Vergleich. Spätestens nach der Ausbildung, oft auch automatisch mit dem 18. Geburtstag, endet die Gebührenfreiheit.

Der Preisunterschied für die Kosten der Girokonten kann mehr als 100,00 € im Jahr betragen. Hat man „seine" Bank gefunden, lohnt es sich trotzdem, ab und zu die Preise und Leistungen zu vergleichen – und zu wechseln, wenn die Bedingungen bei der Konkurrenz besser sind. Einige Banken bieten ein gebührenfreies Lohn- und Gehaltskonto an; andere berechnen eine Pauschale; bei manchen muss man für jede Überweisung zahlen. Auch die Preisgestaltung rund um die Kontoauszüge ist sehr unterschiedlich. Daher ist ein Vergleich nicht immer einfach.

Tipp

Einen aktuellen Überblick über die Höhe und auch die Zulässigkeit von Kontoführungsgebühren findet man bei den Verbraucherzentralen und in der Zeitschrift „Finanztest". Und natürlich bei den Banken selbst: Die müssen eine verbindliche Übersicht aller Gebühren in jeder Bankfiliale gut sichtbar aushängen.

Was passiert auf dem Girokonto?

Info 7

Ihr Girokonto ist die Voraussetzung für alle halbbaren und bargeldlosen Transaktionen (siehe Kap. 1.3 und 1.4):

- Es gehen Überweisungen ein.
- Sie können Bareinzahlungen leisten.
- Bargeld können Sie persönlich oder am Geldautomaten abheben.
- Rechnungen können per Überweisung bezahlt werden.
- Daueraufträge oder Lastschriftermächtigungen können erteilt werden.
- Schecks können ausgestellt oder gutgeschrieben werden.
- Mit der EC-Karte können Sie bezahlen oder Bargeld abheben.
- Beträge von Kreditkarten werden abgerechnet.

Jede Einzahlung oder auch Abhebung wird auf dem Kontoauszug festgehalten.

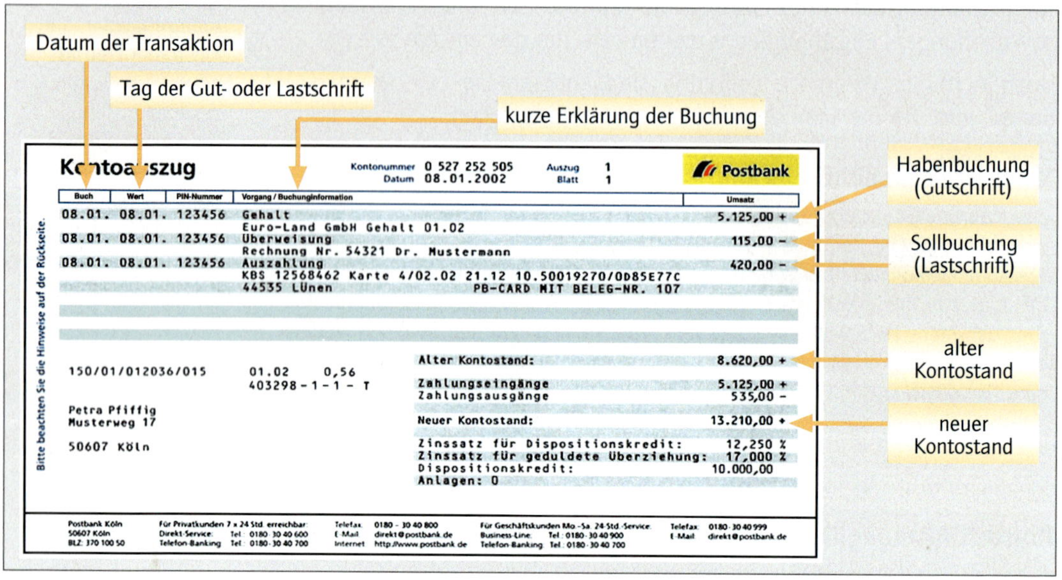

Die Kontoauszüge können Sie sich mit Ihrer Bankkarte am Automaten ausdrucken oder von Ihrer Bank gegen Portoerstattung zuschicken lassen.

Tipp

Kontrollieren Sie laufend die Kontoauszüge. Fragen Sie ruhig bei der Bank, wenn Ihnen etwas unklar ist. Heften Sie unbedingt alle Kontoauszüge in der laufenden Reihenfolge ab. Holen Sie sich hierfür pro Jahr ein neues Kontoauszugsheft (kostenlos bei der Bank). Heben Sie die Hefte des vergangenen Jahres mindestens ein weiteres Jahr auf. Eventuell müssen Sie einmal beweisen, dass Sie etwas tatsächlich bezahlt haben.

Fit im Web

www.agv.de ist die Homepage des Bundesverbandes der Verbraucherzentralen. Dort klicken Sie „Verbraucherzentralen der Länder" an. So kommen Sie auf die Verbraucherzentrale Ihres Bundeslandes. Hier finden Sie Zinsen und Kontoführungskosten im Vergleich.

www. Warentest.de – Klick auf „FINANZtest" – dann auf „Geldanlage und Banken". Auch hier finden Sie Vergleiche von Banken, Zinsen und Gebühren.

Arbeitsvorschläge DO IT!

1. Warum sollten Sie die Bedingungen für Girokonten bei verschiedenen Banken vergleichen?
2. Welche Aktionen können Sie mit einem Girokonto vornehmen?
3. Warum sollte man die Kontoauszüge lückenlos abheften und kontrollieren?

1.3 Halbbare Zahlung mit Zahlschein, Barscheck oder Nachnahme

Passiert – notiert

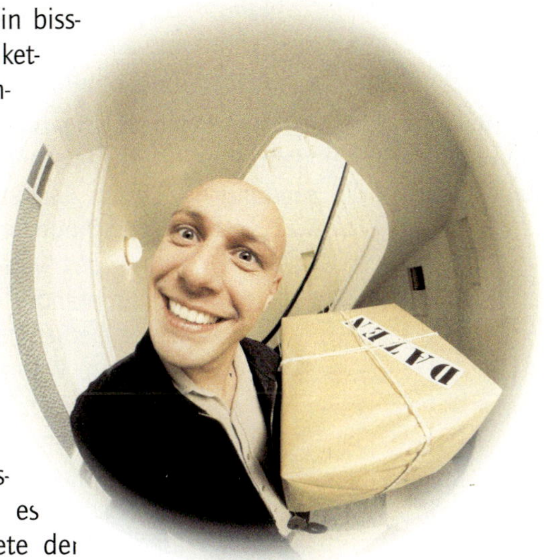

Frau Schulze war schon ein bisschen überrascht, als der Paketzusteller ihr ein Nachnahmepaket mit den Worten überreichte: „Das ist für Kai Schulze. Ich bekomme 60,45 € von Ihnen." – „Ja, wenn ich wüsste, was drin ist", überlegte sie laut. „Ich weiß nicht, ob Kai das bestellt hat." – „Ich darf Ihnen aber das Paket nur aushändigen, wenn Sie es bezahlt haben", antwortete der Zusteller. „Und Sie können es ja auch zurückschicken." Das hatte Frau Schulze überzeugt. Als Kai von der Arbeit nach Hause kam, fragte sie sofort, ob er etwas bestellt habe. „Ja, das ist die CD-Sammlung aus dem Fernsehen. Sie kostet nur 49,95 €." – „Von wegen", antwortete die Mutter, „ich habe 60,45 € bezahlt." – „Zeig mal die Rechnung", sagte Kai und fuhr nach kurzer Zeit fort: „Die Nachnahme kostet allein 10,50 €. Wenn ich das gewusst hätte ..."

?

Wie funktionieren die Nachnahme und die anderen Möglichkeiten der halbbaren Zahlung?

Ran an die Informationen

!

Info 1

Was ist eine halbbare Zahlung?

Halbbare Zahlung (oder auch „bargeldsparende" Zahlung) liegt vor, wenn:

- auf einer Seite der Geldübermittlung eine Barzahlung vorliegt und
- auf der anderen Seite eine Buchung vorgenommen wird.

Hier gibt es zwei generelle Möglichkeiten:

- Der Schuldner zahlt bar, das Geld wird auf das Konto des Gläubigers überwiesen.
- Das Konto des Schuldners wird mit der Schuldsumme belastet, der Gläubiger kann sich den Betrag bar auszahlen lassen. Es handelt sich hierbei um den Barscheck.

Info 2 Inkasso an der Haustür – Die Nachnahme

Mit Nachnahmesendungen können fällige Geldbeträge zusätzlich zur normalen Beförderung von der Post eingezogen werden.

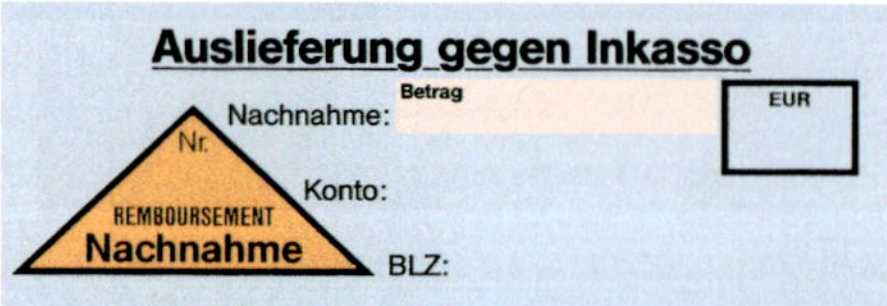

Vor allem bedienen sich Versandhäuser bei neuen Kunden oder auch solchen, die schon mehrmals in Zahlungsverzug geraten sind, der Nachnahme. Daneben kann aber auch jeder andere, der ein Konto hat, per Nachnahme Beträge einziehen lassen.

Der Rechnungsbetrag (plus Porto, Nachnahme- und eventuelle Paketzustell- und Zahlscheingebühr) wird im Zahlschein eingetragen. Der Postzusteller händigt die Sendung nur gegen Barzahlung dieses Betrages aus.

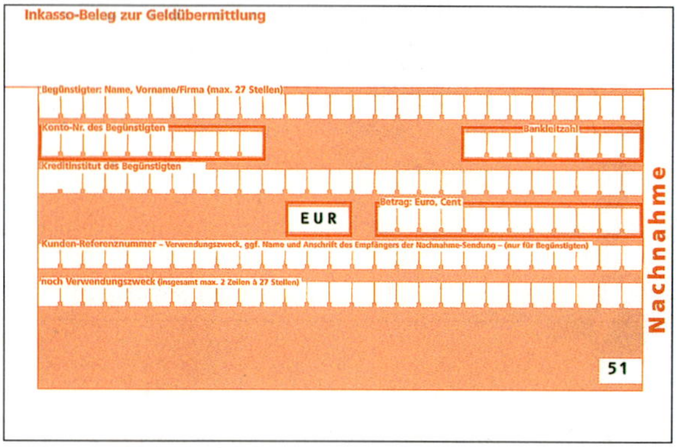

Der Rechnungsbetrag wird dann auf das Konto des Versenders eingezahlt. Wenn der Empfänger den Betrag nicht bezahlt, bleibt die Sendung 7 Tage in der Postfiliale liegen. Wenn sie dann der Empfänger noch immer nicht abgeholt hat, geht die Sendung an den Absender zurück. Per Nachnahme können Waren in Paketen und Päckchen versendet werden. Es ist aber auch möglich, Rechnungen oder Mahnungen mit Brief oder spezieller Postkarte per Nachnahme zu versenden.

Info 3 „Überweisung" ohne Konto – der Zahlschein

Mit Zahlschein wird der Betrag bar auf einer Bank eingezahlt. Diese erhebt zusätzlich eine Gebühr und überweist den Betrag auf das Konto des Zahlungsempfängers. Als Einzahlungsquittung erhält der Schuldner den Durchschlag des Zahlscheinformulars.

Der Zahlschein verliert immer mehr an Bedeutung. Da heute nahezu jeder Schuldner ein Girokonto besitzt, wählt er stattdessen eher die Überweisung.

Barscheck siehe Kapitel 1.5 Bezahlen mit Schecks.

Tipp

Wenn Sie etwas bestellen, sollten Sie sich unbedingt über eventuelle Versandkosten informieren.

Wenn Sie bei der Zahlungsbedingung die Wahl haben, bestellen Sie lieber auf Rechnung statt per Nachnahme. So sparen Sie die relativ hohe Nachnahmegebühr. Außerdem können Sie dann die Ware problemloser zurückschicken. Bei Rücksendung per Nachnahme müssten Sie den Kaufpreis zurückfordern.

Arbeitsvorschläge DO IT!

1. Erklären Sie warum Nachnahme, Zahlschein und Barscheck als halbbare Zahlung bezeichnet werden.
2. An welche Personen werden Waren vor allem mit Nachnahme versendet? Begründen Sie dies aus der Sicht der Versandhäuser.

1.4 Die bargeldlose Zahlung

1.4.1 Überweisung, Dauerauftrag, Lastschriftverfahren

Passiert – notiert

Da steht es nun, das erste eigene Auto. Anke hat sich ihren Wunsch erfüllt. Einen KA – zwar gebraucht, aber gut erhalten. Eine Anzahlung von 3.000,00 € muss sie heute bezahlen. Der Rest wird in 24 Monatsraten à 250,00 € beglichen. „Die Versicherung will ich vierteljährlich bezahlen – ist zwar etwas teurer, aber so hoch ist meine Ausbildungsvergütung ja auch nicht." – „In den nächsten Tagen kommt dann auch noch die Rechnung über die Steuern", erklärt ihr Vater, „die musst du aber jährlich bezahlen. Und vor allem darfst du die nicht vergessen, sonst kassiert der Staat noch Mahngebühren." Da gehe ich am besten mal zu meiner Bank, denkt Anke.

Welche Zahlungen sollte man mit Überweisung, Dauerauftrag oder Lastschrift vornehmen?

Ran an die Informationen

Info 1

Überweisung

Mit der Überweisung kann der Schuldner einen Betrag von seinem Konto auf das Konto des Gläubigers überweisen. Anke füllt einen Überweisungsträger über die Anzahlung von 3.000,00 € aus und gibt ihn bei ihrer Bank ab.

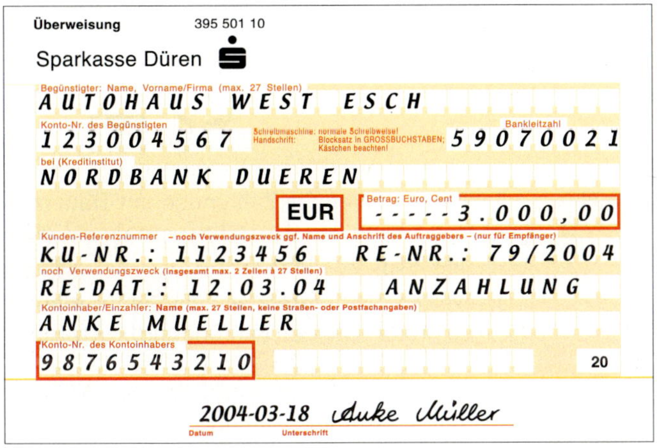

Überweisung 395 501 10
Sparkasse Düren
Begünstigter: Name, Vorname/Firma (max. 27 Stellen)
AUTOHAUS WEST ESCH
Konto-Nr. des Begünstigten
123004567
Schreibmaschine: normale Schreibweise! Handschrift: Blocksatz in GROSSBUCHSTABEN; Kästchen beachten!
Bankleitzahl
59070021
bei (Kreditinstitut)
NORDBANK DUEREN
EUR
Betrag: Euro, Cent
-----3.000,00
Kunden-Referenznummer – noch Verwendungszweck ggf. Name und Anschrift des Auftraggebers – (nur für Empfänger)
KU-NR.: 1123456 RE-NR.: 79/2004
noch Verwendungszweck (insgesamt max. 2 Zeilen à 27 Stellen)
RE-DAT.: 12.03.04 ANZAHLUNG
Kontoinhaber/Einzahler: Name (max. 27 Stellen, keine Straßen- oder Postfachangaben)
ANKE MUELLER
Konto-Nr. des Kontoinhabers
9876543210
20
2004-03-18 Anke Müller
Datum Unterschrift

Tipp

Überweisungsträger werden maschinell gelesen. Sie sollten daher in Druckschrift ausgefüllt werden. Pro Kästchen darf nur jeweils ein Buchstabe oder eine Zahl eingesetzt werden. Tragen Sie immer die Rechnungs- und Kundennummer sowie das Rechnungsdatum ein.

Der Betrag wird dann von Ankes Konto abgebucht und dem Konto des Autohauses West gutgeschrieben. Auf dem Kontoauszug von Anke ist eine Soll-Buchung und auf dem des Autohauses eine Haben-Buchung eingetragen.

Überweisungen können auch online erfolgen (siehe hierzu Kap. 1.6).

Info 2

Keine Zahlung vergessen ...

Tipp

Von Ihrem Girokonto können Sie auch monatlich einen Betrag auf Ihr Sparbuch überweisen. So sparen Sie automatisch Geld an. Auch die vermögenswirksamen Leistungen (siehe Kap. 2, Info 4) können so abgebucht werden.

... mit Dauerauftrag

Fallen immer wiederkehrende Zahlungen in gleicher Höhe zu gleichen Zeitpunkten an denselben Zahlungsempfänger an, können Sie Ihrer Bank einen Dauerauftrag erteilen.

Bis auf Widerruf werden dann die Beträge automatisch überwiesen. Sie brauchen sich darum nicht zu kümmern. Bedingungen für einen Dauerauftrag sind:

- Der Zahlungsbetrag bleibt gleich (z. B. Miete, Ratenzahlungen, Vereinsbeiträge);
- der Zahlungsempfänger bleibt gleich;
- der Zahlungstermin wiederholt sich regelmäßig.

Tipp

Sie können eine Lastschrift innerhalb von 6 Wochen zurückfordern. Teilen Sie dies einfach der Bank mit. Prüfen Sie daher immer Ihre Lastschriften auf den Kontoauszügen.

... mit Lastschriftverfahren

Fallen Zahlungen in unterschiedlicher Höhe und/oder in unregelmäßigen Abständen an, kann man sie nicht mit Dauerauftrag begleichen. Stattdessen geben Sie Ihrer Bank eine Einzugsermächtigung. Der Zahlungsempfänger darf dann die Beträge von Ihrem Konto einziehen, sobald sie fällig werden. Häufig werden heute auch einmalige Beträge mit Lastschrift eingezogen (siehe hierzu POZ, Kap. 1.4.2, Info 3).

Arbeitsvorschläge DO IT!

1. Füllen Sie einen Überweisungsträger aus für folgende Zahlung:
   Empfänger: Versicherung Sicher & Co.,
   BLZ: 622 133 03,
   bei Blitzbank Leipzig,
   Kto-Nr.: 123456,
   Kunden-Nr.: PKW-4567/03-2004,
   Ihre Bankverbindung.
2. Wann wählen Sie Zahlungen mit Dauerauftrag, wann mit Lastschriftverfahren? Nennen Sie je drei Beispiele.
3. Welche Zahlungsart wählen Sie für folgende Fälle (kurze Begründung): Kfz-Haftpflicht, Beitrag für Sportverein, Rechnung eines Versandhauses, Stromgeld, Müllabfuhr, Wassergeld, Unfallversicherung.

1.4.2 Bezahlen mit edc-Maestro-Karte

Passiert – notiert

„Gern geben wir Ihnen zu Ihrem Girokonto auch die EC-Karte", sagte die Bankangestellte. „Die Voraussetzungen sind erfüllt: Sie sind volljährig, verfügen über ein regelmäßiges Einkommen und haben ein Girokonto. Wir füllen gleich den Antrag aus. Die Karte läuft jeweils zwei Jahre und kostet für diese Zeit nur 10,00 €", erklärt sie.

Als Mirko den Antrag unterschreibt, fährt die Bankangestellte fort: „Damit erhalten Sie ein wahres Zahlungs-Multitalent ..."

Was kann man alles mit der EC-Karte anfangen?

Ran an die Informationen

Info 1

Die EC-Karte: vielseitig – modern – einfach – schnell

Die edc-Maestro-Karte wird inzwischen in nahezu allen Ländern der Welt akzeptiert. Sie eröffnet dem Besitzer viele Möglichkeiten. Man kann mit ihr:

- an Geldautomaten im In- und Ausland Bargeld abheben;
- an Kontoauszugsdruckern die Kontoauszüge des Girokontos drucken lassen;
- an Selbstbedienungsterminals Überweisungen tätigen, Daueraufträge einrichten oder löschen;
- an Automaten (auch Parkhäusern, Telefonen, Parkuhren usw.) bezahlen;
- mit POS oder POZ (siehe unten) bezahlen.

Zu seiner edc-Maestro Karte erhält man eine persönliche Geheimzahl (PIN), die man sich unbedingt merken muss.

Tipp

Die Kripo rät: Die PIN nie auf die edc-Karte schreiben oder in die Geldbörse bzw. Brieftasche zur edc-Karte legen!

Info 2 Electronic Cash mit der EC-Karte

Immer mehr Betriebe bieten inzwischen auch die Möglichkeit an nur mit der EC-Karte „elektronisch" zu bezahlen.

POS-System (Point of Sale)

1. An der Kasse wird der Rechnungsbetrag ermittelt und angezeigt.
2. Ihre Karte wird vom Kartenleser gelesen.
3. Sie geben Ihre Geheimzahl (PIN) ein und bestätigen den Betrag.
4. Das System ist online und bucht sofort den Betrag vom Konto ab. Daher hat der Verkäufer eine Zahlungsgarantie.
5. Sie erhalten einen ausführlichen Kassenbeleg.

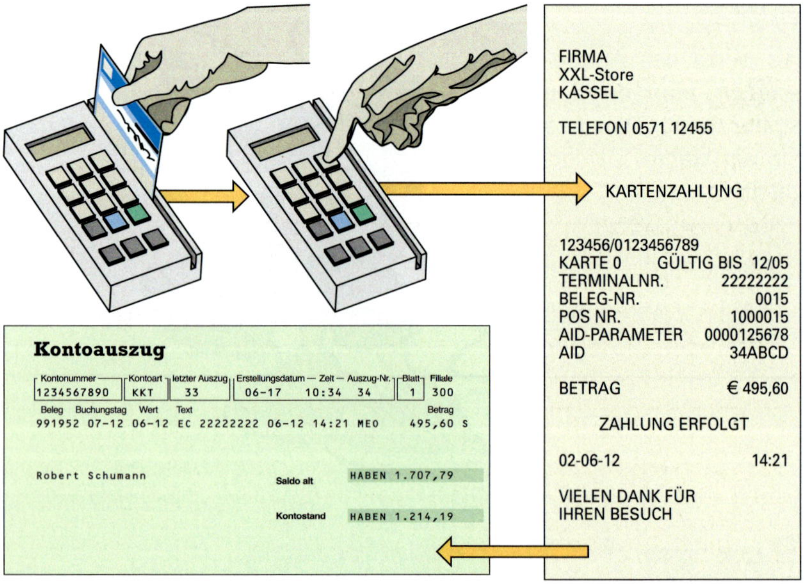

Info 3 ELV – die elektronische Lastschrift

Die EC-Karte wird durch das Lesegerät gezogen oder eingeführt. Der Kassierer gibt den Rechnungsbetrag in das Terminal ein. Der Kunde bestätigt den Rechnungsbetrag. Der Kassenbeleg (mit Durchschrift) wird ausgegeben. Diesen unterschreibt der Kunde. Das Original wird als Lastschriftbeleg an die Bank weitergegeben. Das Konto des Kunden wird belastet und die wichtigsten Infos über den Vorgang erscheinen auf dem Kontoauszug des Kunden. Ist das Konto nicht gedeckt oder die Karte gesperrt, wird der betrag nicht abgebucht. In der Praxis versuchen einige Betriebe, das Risiko zu mindern, indem Sie sich den Ausweis zeigen lassen und die Daten abschreiben. Andere lassen per Zufallswahl Kunden mit POS und Geheimnummer bezahlen.

Eine ELV-Lastschrift	Erklärung
Kartenzahlung (ELV)	
RHEIKA-DELTA Warenhandelsgesellschaft mbH Herkules Bau und Garten 34576 Homberg Tel.: 05681 99120	Zahlungsempfänger
Ich ermächtige hiermit die oben genannte Firma, den ausgewiesenen Zahlungsbetrag von meinem durch Kontonummer und Bankleitzahl bezeichneten Konto über das Lastschriftverfahren einzuziehen.	Einzugsermächtigung
Ich bin damit einverstanden, dass meine Daten elektronisch verarbeitet und gespeichert sowie im Falle der Nichteinlösung in eine Sperrdatei aufgenommen werden.	
..-12-12 / 11:31:43	Datum der Einzugsermächtigung
Konto : 0001819755 Bankleitzahl : 520 645 58 gültig bis : 12 05	Bankverbindung
Beleg: 4870 Kasse: 1	
Zahlungsbetrag: 52,43 €	Zahlungsbetrag
Unterschrift: Klaus Schmidt	Unterschrift

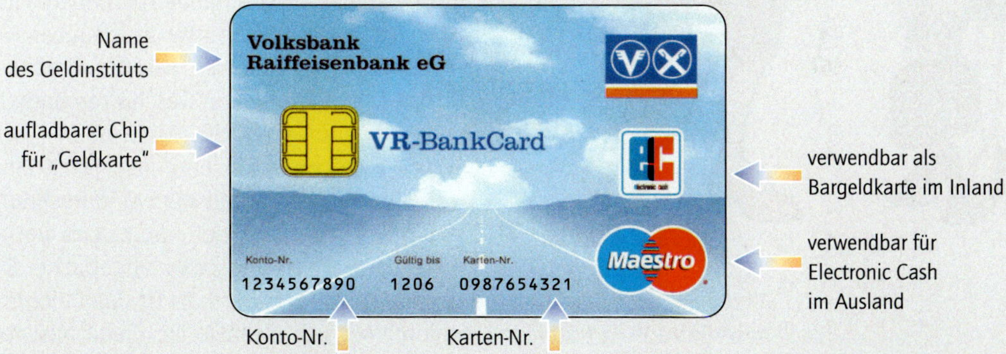

Arbeitsvorschläge DO IT!

1. Beschreiben Sie die Möglichkeiten, die der Benutzer einer EC-Karte hat.
2. Erklären Sie POS und POZ und vergleichen Sie diese miteinander.
3. Heute muss man viele Geheimnummern im Kopf haben (Kreditkarte, edc-Karte, Kundenkarten, Tankkarte usw.). Viele notieren sich diese Nummern auf einem Zettel in der Brieftasche, Handtasche, Geldbörse (manchmal auch „verschlüsselt"). Was könnte passieren?

1.4.3 Bezahlen mit Kreditkarte und Kundenkarten

Passiert – notiert

Welche Vorteile haben Kreditkarten?

Welche Kosten entstehen dem Besitzer?

Wofür braucht man sie wirklich?

Karibik-Strand, Palmen, Sonne – eine braun gebrannte junge Frau steigt aus dem klaren Wasser. Sie geht lässig zu einer mit Palmen bedeckten Strandbar und bestellt eine Piña-Colada. Mit den Worten: „Die Freiheit nehm ich mir ..." zieht sie eine Visa-Karte aus dem Bikini und bezahlt ...

Beeindruckt von dem Werbespot beschloss Kim auch eine solche Karte zu beantragen. Doch in ihrer Bank wurde ihr gesagt, dass die edc-Karte für ihren Zahlungsverkehr im Inland eigentlich völlig ausreiche. „Eine Kreditkarte ist notwendig, wenn Sie z. B. nach Amerika fliegen wollen, denn dort sind Kreditkarten die meist genutzten Zahlungsmittel", sagte die Bankangestellte.

Ran an die Informationen

Die bekanntesten Kreditkarten sind Mastercard, VISA-Card und der Diners Club. Daneben gibt es aber auch immer mehr Kundenkarten. Diese werden von Versicherungen, Autoherstellern, Einzelhandelsbetrieben, Flug- und Reisegesellschaften usw. ausgegeben. Sie funktionieren genauso wie die Kreditkarten. Man kann z. B. in Geschäften bargeldlos einkaufen, Hotel-, Mietwagen-, Tank- und Flugrechnungen bezahlen. Nach einer vereinbarten Zeit erhält man eine Rechnung mit der Aufstellung der Käufe. Der Betrag wird dann vom Girokonto abgebucht. Der Vorteil ist, dass erst am Monatsende abgebucht wird. Es ist auch möglich, diese Beträge in Raten abzuzahlen. Weil sich dies wie ein Kredit auswirkt, nennt man die Karten „Kreditkarten".

Ein Nachteil ist, dass man sich mit einer Kundenkarte eher an ein Unternehmen bindet und weniger Preisvergleiche anstellt. Und: Die Firma kann genau sehen, was gekauft wurde. Man wird zum „gläsernen Kunden". Der Vorteil ist: Es gibt meist Sonderleistungen. So erhält man z. B. einen kleinen Rabatt, wenn man Mietwagen, Hotels und Flüge mit der Karte bucht. Oftmals sind auch noch kleinere Versicherungsleistungen inbegriffen.

Tipp

Sie sollten die Gebühren der verschiedenen Kartengesellschaften genau vergleichen. Es gibt große Unterschiede und „kostenlos" bedeutet noch lange nicht, dass keine Nebenkosten anfallen. Zu den normalen Jahresgebühren und Endpreisen addiert sich häufig ein Zuschlag für den Auslandseinsatz (1 – 2 % Umrechnungsgebühr) oder das Abheben von Bargeld.

Wer die Kreditkarte tatsächlich als Kreditmittel benutzt und von der regelmäßigen Abrechnung der Kartengesellschaft immer nur Raten abzahlt, sollte unbedingt einen Zinsvergleich anstellen. Ein Kartenkredit ist meist deutlich teurer als ein Überziehungskredit des Girokontos.

Arbeitsvorschläge — DO IT!

1. Erklären Sie den Zahlungsablauf mit Kredit- oder Kundenkarten.
2. Warum bieten immer mehr Betriebe Kundenkarten an?
3. Welche Vor- und Nachteile haben Kreditkarten gegenüber der edc-Karte?

1.5 Bezahlen mit Schecks

Passiert – notiert

Nächste Woche geht es los. Heiko und Lisa wollen zum ersten Mal zusammen in Urlaub fahren. Ibiza haben sie sich ausgewählt, denn da „geht die Post ab", hat Lisa von ihrer Freundin erfahren. Die letzten Reisevorbereitungen sind getroffen.

Heute gehen sie zu ihrer Bank, um sich Reiseschecks zu holen. „Das ist eine gute Wahl", sagt der Bankangestellte. „Sie können zwar mit Euros bezahlen, doch zu viel Bargeld nimmt man auf Reisen besser nicht mit. Das ist schneller weg, als man glaubt."

?

Warum sind Reiseschecks auf Reisen empfehlenswerter als Bargeld?

Welche Schecks kann man im Inland verwenden und welche Unterschiede bestehen zwischen ihnen?

Er legt ihnen ein Reisescheck-Formular vor und erklärt: „Travellerschecks" sind erheblich sicherer als Bargeld. Sie können hier Schecks in Höhe von 50, 100 oder 200 € ordern. Wir ziehen Ihnen den Betrag vom Girokonto ab. Bei Erhalt der Schecks müssen Sie jeden Einzelnen hier in der oberen linken Ecke unterschreiben. Wenn Sie einen Scheck einlösen, müssen Sie ihn nochmals unterschreiben. Der Schecknehmer sollte dann eigentlich merken, ob ein anderer unterschreibt. Denn es ist schon schwer genug, eine Unterschrift zu fälschen. Diese dann aber auch noch flüssig zu schreiben, ist kaum möglich. So sind die Schecks sicherer als Bargeld. Travellerschecks werden auf der ganzen Welt von den meisten Banken, Hotels, Geschäften, Restaurants usw. akzeptiert. Man sollte sie möglichst in der jeweiligen Landeswährung kaufen, dann ist der Kurs meist günstiger, als wenn Sie in diesen Ländern Bargeld wechseln."

Ran an die Informationen

Info 1

Was ist ein Scheck?

Mit einem Scheck gibt der Scheckaussteller seiner Bank einen schriftlichen Auftrag, an eine andere Person eine bestimmte Summe zu zahlen.

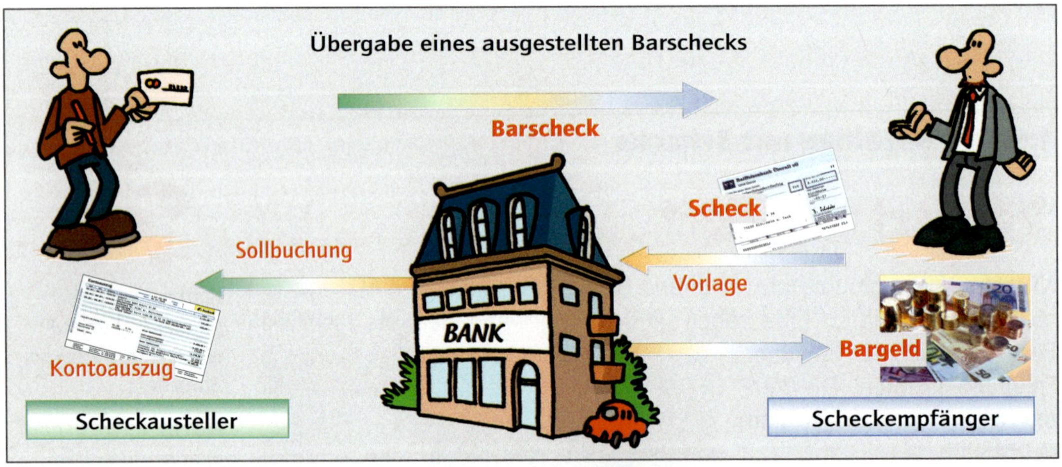

Mit Scheck kann man nur bezahlen, wenn man ein Girokonto besitzt. Selbstverständlich muss es gedeckt sein, d. h., entweder muss ausreichend Geld auf dem Konto sein oder der eingeräumte Kreditspielraum ist so hoch, dass der Scheck eingelöst werden kann.

Info 2

Bar- oder Verrechnungsscheck

Einen **Barscheck** kann der Inhaber/Überbringer bei seiner Bank bar einlösen – auch der Dieb bei Diebstahl oder der Finder, wenn der Überbringer den Scheck verliert.

Ein **Verrechnungsscheck** wird dagegen nur auf dem Konto des eingetragenen Zahlungsempfängers gutgeschrieben.

Durch den Zusatz „Nur zur Verrechnung" kann man aus jedem Bar- einen Verrechnungsscheck machen. Dies geht jedoch nicht umgekehrt, da eine Streichung dieses Zusatzes als nicht erfolgt gilt, d. h. ungültig ist. So kann z. B. ein unehrlicher Finder oder ein Dieb einen Verrechnungsscheck nicht in einen Barscheck umwandeln und sich den Betrag bar auszahlen lassen.

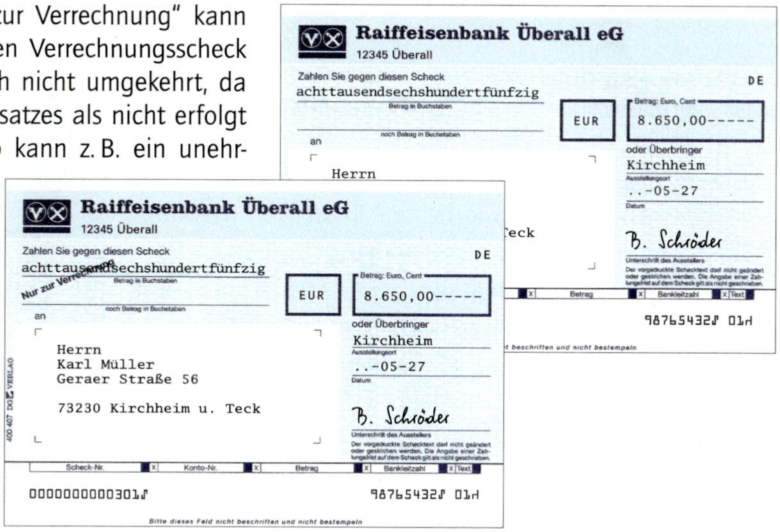
Raiffeisenbank Überall eG
12345 Überall
Zahlen Sie gegen diesen Scheck
achttausendsechshundertfünfzig
Nur zur Verrechnung
Betrag in Buchstaben
noch Betrag in Buchstaben
an
Herrn
Karl Müller
Geraer Straße 56
73230 Kirchheim u. Teck
DE
EUR
Betrag: Euro, Cent
8.650,00-----
oder Überbringer
Kirchheim
Ausstellungsort
..-05-27
Datum
B. Schröder
Unterschrift des Ausstellers
Der vorgedruckte Schecktext darf nicht geändert oder gestrichen werden. Die Angabe einer Zahlungsfrist auf dem Scheck gilt als nicht geschrieben.
Scheck-Nr. | Konto-Nr. | Betrag | Bankleitzahl | Text
0000000000301⑈ 987654321⑈ 01⑇
Bitte dieses Feld nicht beschriften und nicht bestempeln

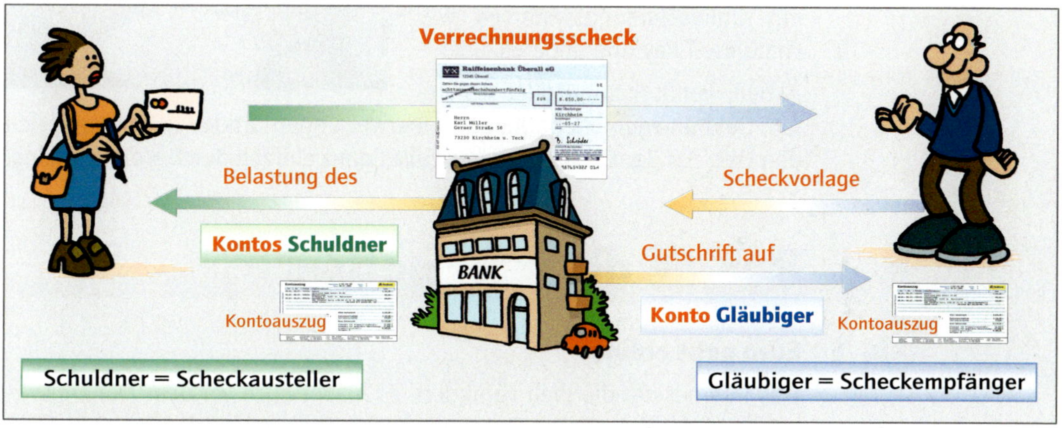

Selbstverständlich kann der Scheckaussteller auch selbst von seinem Bankgirokonto oder Postbankkonto mit einem Barscheck Bargeld abheben.

Arbeitsvorschläge DO IT!

1. Füllen Sie einen Barscheck für folgenden Fall aus: Sie haben ein gebrauchtes Motorrad gekauft im Byke-Center, Baunataler Str. 12, 34599 Neuental, Preis: 3.499,00 €.
2. Wie können Sie aus diesem Bar- einen Verrechnungsscheck machen?
3. Warum kann man dies nicht rückgängig machen?

1.6 Onlinebanking

Passiert – notiert

Welche Möglichkeiten kann man nutzen?

Wie funktionieren Internetbanking und Online-Zahlungssysteme?

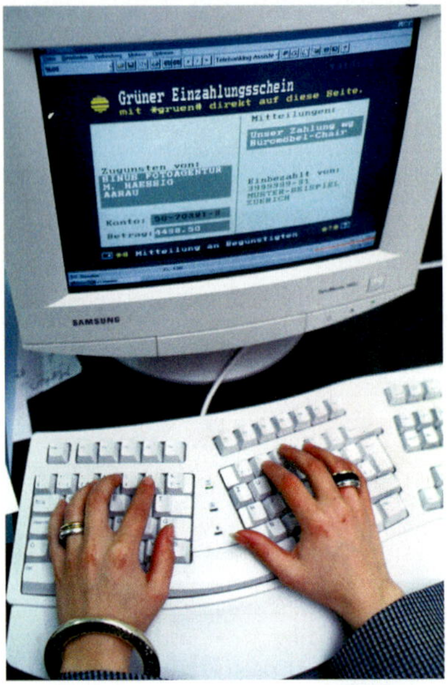

Mal für 19,00 € nach Rom fliegen – mit *www.30.germanwings.com* kein Problem.

Wie verhalte ich mich in der Ausbildung richtig? Es steht in *www.top-bewerbung.de*.

Profitips zum Mietrecht – in *www.focusonline.de* stehen sie.

Eine Bewerbung für die Zeit nach bestandener Prüfung oder ein Vorstellungsgespräch absolvieren? In *www.top-aufstieg.de* stehts.

Dies ist nur eine ganz kleine Auswahl von E-Commerce. Bezahlt wird mit Online-Zahlungssystemen wie Firstgate, T-Pay und anderen.

Aktien, Fonds kaufen oder verkaufen, Geld anlegen oder abheben, Überweisungen tätigen – man kann sich den Weg zur Bank sparen. Es geht alles ganz einfach durch Homebanking.

Ran an die Informationen

Info 1

Euro geht online

Das Internet hat die Welt verändert. Es macht auch vor dem Zahlungsverkehr und dem Handel (E-Commerce siehe Themenkreis 5, Kap. 1.3) nicht Halt. Es gab in Deutschland schon Ende 2003 über 20 Millionen Online-Bankkunden und die Zahl steigt ständig.

Am gebräuchlichsten ist das Internetbanking über die Website der eigenen Bank. Die Banken bieten diesen Dienst kostenlos an, unterstützen ihn meist sogar mit günstigeren Gebühren als beim herkömmlichen Zahlungsverkehr. Das Konto muss dafür lediglich freigeschaltet werden. Mit PIN[1] und TAN[2] können dann Geld überwiesen, Konto- und Depotstände abgefragt, Daueraufträge eingerichtet oder geändert, Aktien und andere Wertpapiere ge- oder verkauft werden.

1 PIN = persönliche Identifikationsnummer

2 TAN = Transaktionsnummer; jedem Onlinekunden werden von seiner Bank eigene TANs zugeteilt; der Kunde benutzt bei jeder Onlineaktion auf seinem Konto einmalig eine dieser Nummern; bevor die Bank die Kundenaktion ausführt, wird geprüft, ob die eingegebene TAN diesem Konto tatsächlich zugeteilt wurde.

Hier gibt es generell zwei Möglichkeiten:

Entweder **browserbasiertes Internetbanking** über die Website der Bank. Dieses nutzen die meisten Privatleute, wenn sie Onlinebanking anwenden. Gesichert wird je nach Bank mit Pins (Persönliche Identifikations-Nummern) und Tans (Transaktions-Nummern) o. ä.. Oder aber die Anwendung eines **Clientprogrammes**, mit dem zunächst offline (ohne Onlineverbindung) die Geldtransaktionen wie z. B. ein Überweisungsauftrag ausgeführt wird. Anschließend wird zur Übertragung der Aktion eine Onlineverbindung erstellt. Solche Clientprogramme gibt es sowohl für Haushalte und kleine Betriebe wie z. B. „Quicken" oder „WISO Mein Geld" aber auch für mittlere und große Unternehmungen, in deren Buchhaltungsprogramm die Clients eingearbeitet wurden (siehe „Info 2").

Statt der Unterschrift in herkömmlichen Aufträgen gibt es beim Onlinebanking die „elektronische Unterschrift". Diese können Pin und Tans sein aber auch beim HBCI (Home Banking Computer Interface) eine Chipkarte oder eine Schlüsseldiskette.

Geplant ist für alle Banken das gleiche System EBICs mit noch größerer Sicherheit.

Man kann aber auch Internetbanking mit Laptops oder dem Handy von unterwegs aus machen. Auch vom Telefon aus (Telefonbanking) kann man mit einem Passwort die gleichen Dienste wie beim Internetbanking in Anspruch nehmen.

Bytes statt Münzen ...

Immer öfter kann man im Internet auch Dienste und Informationen gegen Gebühr erhalten. Bezahlt wird dann per Mausklick. Man gibt seine Bankverbindung an und der Zahlungsempfänger bucht den Betrag vom Konto des Zahlungspflichtigen ab. Diese Zahlungen kann man auch mit der Kreditkartennummer von seinem Girokonto abbuchen lassen.

Mit T-Pay bietet die Telecom die Möglichkeit den Betrag zusammen mit der Telefonrechnung einzuziehen. Zusätzlich kann man bei Telecom auch die „MicroMoney-Card" bekommen. Sie ist vergleichbar mit den Pre-Paid-Karten für die Handys. Voraussetzung ist natürlich, dass man sein Telefon bei der Telecom angemeldet hat. Die Zahlungssysteme sind inzwischen recht sicher und werden laufend verbessert.

Info 2

Tipp

Geben Sie Passwörter und Kreditkartennummern nicht an unbekannte Partner weiter und speichern Sie diese nie auf Ihrer Festplatte!

Testen Sie Ihren PC regelmäßig auf Viren!

Machen Sie regelmäßig Sicherheitskopien von Ihren Daten!

Arbeitsvorschläge

DO IT!

1. a) Gehen Sie zu *www.firstgate.de:* Sehen Sie sich die Demo über das Bezahlsystem an und lesen Sie: „Was ist Click&buy?"

   b) Gehen Sie zu *www.t-pay.de* und informieren Sie sich über die Bezahlmöglichkeiten.

   c) Vergleichen Sie beide Systeme.

2 Vorsorgen durch Sparen und Anlegen

Passiert – notiert

Warum sparen Menschen?

Welche Möglichkeiten zu sparen gibt es?

Was sind „vermögenswirksame Leistungen"?

9596198

Ran an die Informationen

Es gibt Menschen, die sparen gar nicht

Viele davon, weil ihr Einkommen so gering ist, dass sie ihren Lebensunterhalt gerade bestreiten können. So mancher benötigt hierzu sogar staatliche oder andere Hilfe.

Es gibt aber auch Leute, die könnten etwas von ihrem Einkommen sparen - doch sie tun es nicht. Sie haben dann für eventuelle Notfälle oder größere Anschaffungen keinen Rückhalt.

Es gibt andere, die sparen jetzt einen Teil ihres Einkommens, um später mehr zu haben. Und sie kassieren auch noch Zinsen dafür.

Das sind in Deutschland über 1 Milliarde € jedes Jahr - eine Zahl, die so aussieht:

1.000.000.000,00 €

Warum sparen Menschen?

Info 1

„Spare in der Zeit, dann hast du in der Not ...", ein altes Sprichwort. Doch warum sparen Menschen überhaupt? Es gibt generell vier Gründe, warum gespart wird:

1. **Zwecksparen:**
   Größere Anschaffungen können oftmals nicht aus dem laufenden Einkommen bezahlt werden. Wenn man keinen Kredit aufnehmen will, muss man beizeiten sparen.
2. **Vorsorgesparen:**
   Plötzliche Arbeitslosigkeit bedeutet Verdienstausfall. Krankheit oder andere wirtschaftliche Notsituationen und vor allem eine Aufbesserung der späteren Rente sind weitere Gründe für das Sparen.
3. **Vermögensbildung:**
   Andere wollen ein kleines oder größeres Vermögen bilden. Sie wollen Zinsen, Gewinnbeteiligungen, Dividenden, Mieten oder staatliche Förderungen als Zusatzeinkommen haben.
4. **Überschuss-Sparen:**
   Es gibt aber auch Leute, die haben ein so hohes Einkommen oder Vermögen, dass sie dieses unter normalen Umständen gar nicht ausgeben können. Vielleicht haben sie auch den „Jackpot" geknackt. Sie sparen dann automatisch.

Wo kann man sparen?

Info 2

Die meisten Leute sparen bei Banken und Sparkassen. Daneben kann man aber auch bei Versicherungen, Fonds-Gesellschaften, Firmen (z. B. durch den Kauf ihrer Aktien) usw. sparen.

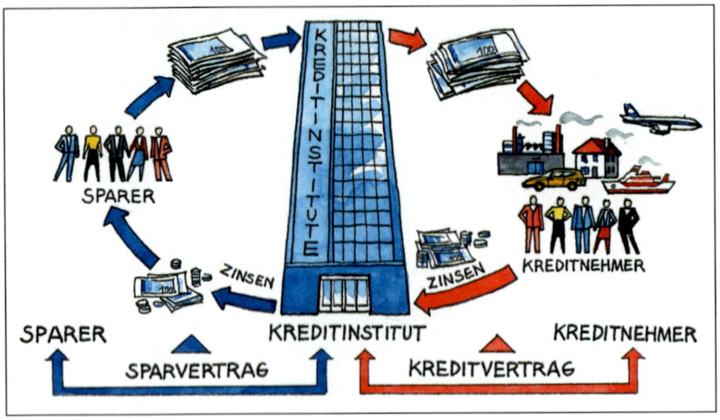

Und so funktioniert das: Die Höhe der Zinssätze richtet sich insbesondere nach der Anlageform, der Dauer der Anlage, dem Anlageinstitut und dem Risiko. Wenn man von dem gegebenen Zinssatz der Bank die jeweilige Inflationsrate eines Jahres abzieht, ermittelt man den realen Zinssatz. Dieser gibt dann den Wertzuwachs des Kapitals an. Beispiele:

	Sparbuchzinssatz	**Zinssatz auf dem Girokonto**
nominaler Zinssatz	2,5 %	0,5 %
Inflationsrate	1,75 %	1,75 %
realer Zinssatz	0,75 %	- 1,25 %

Info 3 Wie kann man sparen?

Es gibt die verschiedensten Möglichkeiten zum Sparen. Sie sind abhängig von der Höhe der Sparbeträge, der gewünschten Laufzeit, dem Risiko, dem Anlageinstitut, der Art der Anlage usw. Sie bringen unterschiedlich hohe Zinsen (oder Renditen).

Die üblichsten Sparformen werden im Folgenden beschrieben. Die Anlagebedingungen können sich dabei zwischen den einzelnen Kreditinstituten unterscheiden.

Sparformen	Erläuterungen
Girokonto	Nähere Erläuterungen zum Girokonto (laufendes Konto) siehe Kap. 1.2 Es gibt in der Regel nur bis zu 0,5 % oder gar keine Guthabenzinsen; daher ist das Girokonto als Sparkonto ungeeignet. Das überschüssige Geld überweist man auf ein Sparbuch oder wählt eine andere Anlageform.
Prämiensparen	Man zahlt für eine Laufzeit von mehreren Jahren einen festen monatlichen Betrag (z. B. 50,00 € oder 100,00 €) ein. Die Bank zahlt etwas höhere Zinsen als beim Sparbuch und am Ende der Laufzeit zusätzlich eine einmalige Prämie.

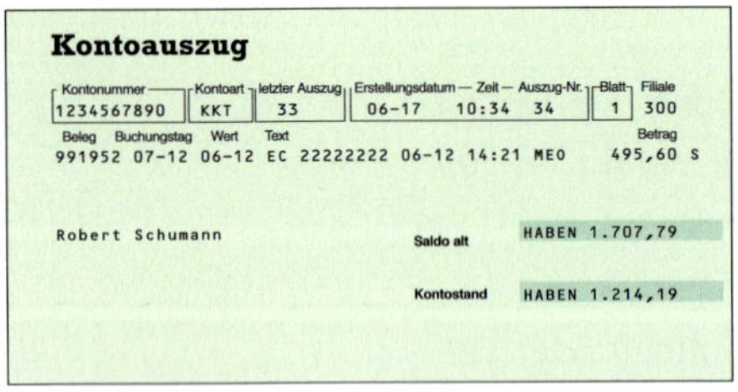
Kontoauszug

Kontonummer 1234567890 | Kontoart KKT | letzter Auszug 33 | Erstellungsdatum — Zeit — Auszug-Nr. 06-17 10:34 34 | Blatt 1 | Filiale 300

Beleg	Buchungstag	Wert	Text	Betrag
991952	07-12	06-12	EC 2222222 06-12 14:21 MEO	495,60 S

Robert Schumann

Saldo alt HABEN 1.707,79

Kontostand HABEN 1.214,19

Ratensparvertrag mit Zuschlag
- Langzeitvariante -

Konto-Nr.

Sparer (Name, Vorname) | Geburtsdatum

Anschrift (Straße, Haus Nr., PLZ, Ort)

Bank

Sparer und Bank schließen folgenden Vertrag:

1 Der Sparer verpflichtet sich,

ab ______ für die Dauer von 6 Jahren, jeweils bis zum gleichen Tag eines Monats wie der vorgenannte Zahlungsbeginn

Betrag | in Worten:

Erläuterungen	Sparformen

Termingeld/Festgeld

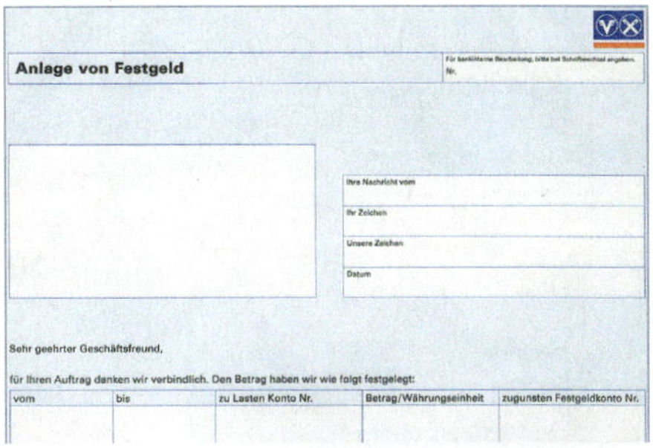
Anlage von Festgeld

Ihre Nachricht vom
Ihr Zeichen
Unsere Zeichen
Datum

Sehr geehrter Geschäftsfreund,
für Ihren Auftrag danken wir verbindlich. Den Betrag haben wir wie folgt festgelegt:

vom	bis	zu Lasten Konto Nr.	Betrag/Währungseinheit	zugunsten Festgeldkonto Nr.

Hier wird ein Betrag (in der Regel ab 1.000,00 €) für einen bestimmten Zeitraum festgelegt – z. B. einen Monat, halbjährlich, jährlich oder länger. Die Zinsen sind höher als beim Sparbuch. Der Sparer kann aber auch nicht früher als vereinbart über das Geld verfügen. Benötigt er das Geld dringend, muss er auf die Zinsen ganz verzichten.

Sparbuch

Das Sparbuch hat in der Regel eine dreimonatige Kündigungsfrist. Innerhalb eines Monats können ohne Ankündigung bis zu 2.000,00 € abgehoben werden. Wer kurzfristig mehr benötigt, bekommt auch ohne Kündigung den Betrag ausgezahlt, die Bank berechnet aber Vorschusszinsen für den Betrag über 2.000,00 €.

Es werden von den meisten Banken nur relativ geringe Zinsen bezahlt. Für eine Geldanlage ist dies zu wenig. Daher gilt das Sparbuch auch als schnell verfügbare Geldreserve mit höherer Verzinsung als das Girokonto. Für Sparbücher mit längerer Kündigungsfrist werden höhere Zinsen bezahlt. Bei Sparverträgen und Sonderformen des Sparens sind Loseblattsammlungen, Kontoauszüge und Sparzertifikate gebräuchlich.

Sparbriefe/Wachstumszertifikate

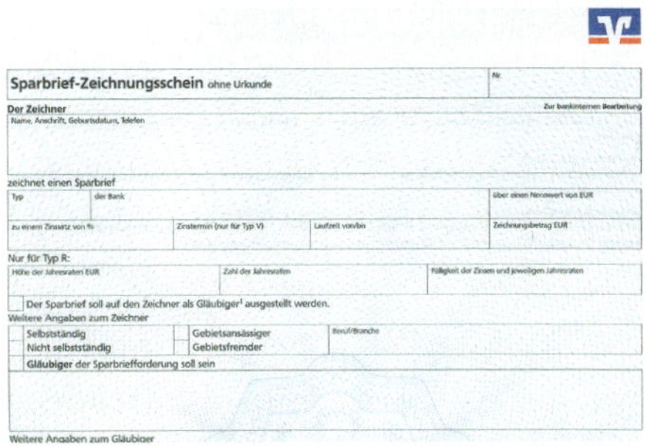
Sparbrief-Zeichnungsschein ohne Urkunde

Der Zeichner

zeichnet einen Sparbrief

Nur für Typ R:

Der Sparbrief soll auf den Zeichner als Gläubiger ausgestellt werden.

Weitere Angaben zum Zeichner

Selbstständig
Nicht selbstständig
Gebietsansässiger
Gebietsfremder

Gläubiger der Sparbriefforderung soll sein

Weitere Angaben zum Gläubiger

Sie werden von den Kreditinstituten ausgegeben und laufen über mehrere Jahre. Sie haben einen festen Zinssatz oder steigende Zinsen (z. B. 1. Jahr: 5 %, 2. Jahr: 5,5 %, 3. Jahr: 5,5 %, 4. Jahr: 6 % ...)

Die Zinsen sind also vertraglich gesichert. Häufig lauten die Sparbriefe über einen Betrag von 1.000,00 €. Diese Anlagemöglichkeiten sind von Bank zu Bank u. U. sehr verschieden. Ein Vergleich lohnt sich.

Bundesschatzbriefe

Sie werden von der Bundesrepublik Deutschland ausgegeben und von den Banken an Privatpersonen verkauft. Im 1. Jahr liegen sie fest; danach kann man sie bis zu einer Summe von max. 5.000,00 € pro Monat verkaufen. Bundesschatzbriefe haben einen jährlich steigenden Zinssatz. Beim Typ A werden die Zinsen jährlich ausgezahlt, beim Typ B werden sie angesammelt und am Ende der Laufzeit ausgeschüttet. Bundesschatzbriefe liegen im Depot einer Bank oder – gebührenfrei – bei der Bundesschuldenverwaltung (Vermittlung durch die Bank).

9596201

Sparformen	Erläuterungen

Lebensversicherung

Lebensversicherung

SICHERHEITSPLAN FUER JUNGE LEUTE
MIT DYNAMISCHEM ZUWACHS VON LEISTUNG UND BEITRAG
KAPITALZAHLUNG IM TODES- UND ERLEBENSFALL
BEITRAGSFREIHEIT UND RENTE BEI BERUFSUNFAEHIGKEIT

VERSICHERUNGS-NR.
250252757

DIE ALLIANZ LEBENSVERSICHERUNGS-AG VERSICHERT DIE NACHSTEHEND GENANNTE VERSICHERTE PERSON AUF GRUND DER EINGEREICHTEN SCHRIFTLICHEN ERKLÄRUNGEN ZU DEN IN DIESEM VERSICHERUNGSSCHEIN UND SEINEN ANHÄNGEN ENTHALTENEN BEDINGUNGEN.

VERSICHERTE PERSON

GEB. AM

VERSICHERUNGSNEHMER
IST DIE VERSICHERTE PERSON.

VERSICHERTE SUMME

TARIF L221BR24 0/0 MIT GEWINNBETEILIGUNG IM GEWINNVERBAND L

Die in der Regel monatlich zu zahlenden Beiträge werden von der Versicherungsgesellschaft angelegt. Am Ende der Laufzeit werden der Sparbetrag, Zinsen und ein eventueller Überschuss ausgezahlt.

Bei vorzeitigem Tod des Versicherungsnehmers wird die vereinbarte Summe sofort ausgezahlt.

Eine neue Form der Lebensversicherung ist die private Rentenversicherung.

Aktien

Aktien sind Beteiligungen an Aktiengesellschaften.

Ihr Nennwert lautet in der Regel über 1,00 € (oder in Stück, d. h. Anteile am Unternehmen) – dies ist der Betrag der Beteiligung an der AG. Auf ihn bekommt man auch eine Dividende (Gewinnanteil). Kaufen muss man die Aktien über die Banken an der Börse. Die Beträge, die man bezahlen muss, nennt man Kurswerte. Sie können, je nach Angebot und Nachfrage, höher oder niedriger sein als der Nennwert (der auf der Aktie aufgedruckte Wert). Man kann mit Aktien unter Umständen recht gute Gewinne erwirtschaften. Es ist aber auch möglich, dass die Börsenkurse fallen und man Verluste macht. Daher sollte man immer nur einen Teil seines Geldes in Aktien anlegen.

Investmentzertifikate

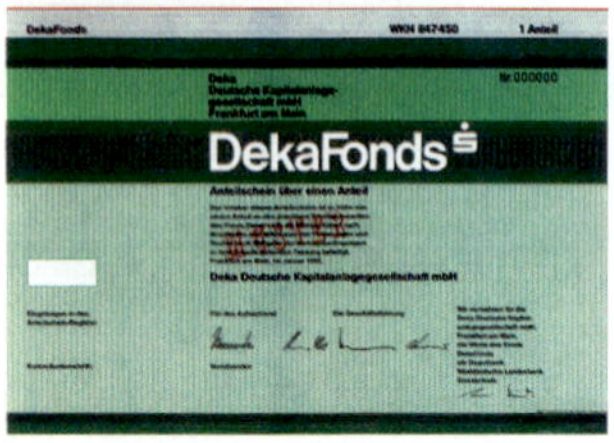

Besonders für Normalbürger, für die Aktien zu risikoreich sind, sind Aktienfonds eine gute Alternative.

Der Sparer kauft Investmentzertifikate. Das sind Anteile am Fondsvermögen einer Investmentgesellschaft. Mit dem Geld des Fonds spekulieren Anlagespezialisten in Aktien, Immobilienanteile usw. Das Risiko wird gestreut, da verschiedene Papiere gekauft werden.

Da die Fondsmanager viel Insiderwissen haben, ist die Chance gut, dass die Fonds steigen. Fonds sind im Durchschnitt sicherer als Aktien aber auch nicht ohne Risiko. Es gibt Fonds mit Einmalzahlungen (geschlossene Fonds) und solche mit laufenden Zahlungen (offene Fonds) – zum Teil auch schon für Einzahlungen von monatlich 50,00 € (Fondssparen).

Bausparvertrag

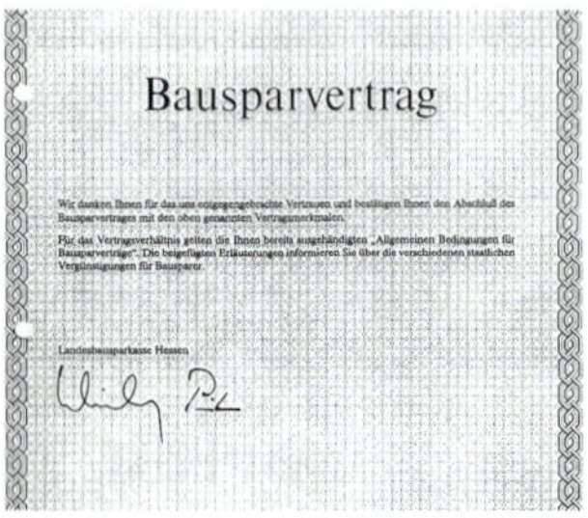

Ein Bausparvertrag wird mit einer Bausparkasse abgeschlossen. Er läuft über viele Jahre. Die Guthabenzinsen sind relativ niedrig. Bei Fälligkeit des Vertrages erhält der Bausparer nicht nur seine eingezahlten Beiträge plus Zinsen, sondern auch einen Kredit von der Bausparkasse. Interessant hierbei sind die niedrigen Schuldzinsen, wenn man bauen, umbauen, modernisieren oder Wohnraum kaufen will. Der Bausparvertrag wird fällig (auszahlbar), wenn eine bestimmte Bewertungszahl erreicht wird. Diese berechnet sich in der Regel aus der Summe der Einzahlungen und der Laufzeit.

Geld geschenkt mit „vermögenswirksamen Leistungen"

Info 4

Der Gesetzgeber hat mit dem Gesetz über die vermögenswirksamen Leistungen („VL") die Möglichkeit geschaffen, dass auch Bezieher kleinerer und mittlerer Einkommen ein kleines Vermögen bilden können. Und da sollten Sie dabei sein!

Von wem erhält man was?

Zusätzlich zur Ausbildungsvergütung lassen viele Arbeitgeber ihren Auszubildenden und Arbeitnehmern ein kleines „Geschenk" zukommen, die „vermögenswirksamen Leistungen". Wie viel der Ausbildungsbetrieb dazuzahlt, hängt von tariflichen oder jeweils betriebsinternen Bedingungen ab (manche Ausbildungsbetriebe übernehmen freiwillig höhere Leistungen).

Bis zu 40,00 € im Monat vom Ausbildungsbetrieb sind möglich. Erhalten Sie weniger, dann müssen Sie den Restbetrag auf 40,00 € jeweils dazuzahlen. Da man ja auch noch die staatlichen Zuschüsse erhält, kann sich das Sparen sogar lohnen, wenn der Ausbildungsbetrieb keinen Zuschuss gibt.

Wofür erhält man dieses zusätzliche Geld?

Um diese „Geschenke" vom Ausbildungsbetrieb und vom Staat (die so genannte „Arbeitnehmersparzulage") zu bekommen, müssen Sie einen speziellen Sparvertrag über eine Laufzeit von mindestens 7 Jahren abschließen. Bis zu 480,00 € im Jahr können auf diesem angelegt werden, das sind 40,00 € pro Monat. Das sind dann in 7 Jahren 3.360,00 € zuzüglich der normalen Zinsen. Wenn Sie sich für Aktiensparen entscheiden, erhalten Sie sogar noch Zuzahlungen vom Staat.

Welche Anlageformen sind möglich?

Sie können sich grundsätzlich für Bausparverträge, Lebensversicherungen, Aktienfonds oder ein Sparvertrag bei Banken oder Sparkassen entscheiden. Es gibt auch Kombinationsverträge. Welche Sparform Sie auswählen, müssen Sie individuell entscheiden. Staatliche Förderung gibts allerdings nur auf Bausparverträge und Aktienanlagen.

Arbeitsvorschläge

DO IT!

1. Warum sparen Sie oder werden Sie einmal sparen?
   a) Besorgen Sie sich Unterlagen über die verschiedenen Sparformen aus Info 3.
   b) Teilen Sie die Unterlagen verschiedenen Gruppen zu.
   c) Diese erarbeiten Kurzvorträge, in denen sie die jeweilige Sparform darstellen.
   d) Lassen Sie dann die Gruppensprecher die jeweiligen Arbeitsergebnisse vortragen. Machen Sie sich während der Kurzvorträge Notizen.
   e) Entscheiden Sie sich, welche Form des Sparens für Sie persönlich die richtige ist.
2. Wonach richtet sich die Höhe der Sparzinsen?
3. Beschreiben Sie den Unterschied zwischen Bundesschatzbriefen und Sparbriefen.
4. Beschreiben Sie Fonds als Geldanlageform.
5. Wie funktioniert ein Bausparvertrag?
6. Erklären Sie die vermögenswirksamen Leistungen.

3 Vorsicht vor Krediten

Passiert – notiert

Was hätte Lars bei der Aufnahme von Krediten beachten müssen?

Gibt es einen Ausweg für Lars?

„Ich dachte mir gar nichts dabei ...", erzählt Lars seinem Freund Tim, „es begann alles so einfach. Der D2-Vertrag war ja günstig. Dieses klasse Handy für 1,00 €. Gut, ein 24-Monatsvertrag über 24,50 € war damit abgeschlossen. Und dann hab ich wohl ein bisschen zu viele SMS verschikkt und telefoniert. Da waren ja auch noch die Raten für mein Auto und die Abbuchungen der Versicherungen. Und dann brauche ich ja auch noch ein paar Euro für mich. Ich musste mein Girokonto überziehen. Zu Anfang konnte ich es noch am jeweiligen Monatsbeginn ausgleichen.

Doch dann rutschte das Konto immer mehr ins Minus. Die Mahnungen des Versandhauses habe ich einfach nicht beachtet. Schließlich drohten sie mir mit dem Gerichtsvollzieher. Die Bank hatte mein Konto inzwischen gesperrt. Was sollte ich machen? Da kam die Kleinanzeige in der Zeitung gerade richtig. Dort las ich: ***Kredite für Jedermann – sofort und ohne Formalitäten.***

Den Vertrag habe ich abgeschlossen und per Post zurückgeschickt. Kurze Zeit später waren 10.000,00 € auf meinem Konto. Nun konnte ich mir auch endlich die Honda für 4.800,00 € kaufen, sie war ja wirklich nicht teuer. Als ich dann mal wieder meine Kontoauszüge holte, hatte die Bank inzwischen die aufgelaufenen Raten für den Überziehungskredit abgebucht. Den hatte ich ganz vergessen. Auf meinem Konto war dann ja wieder nichts mehr drauf. Nun muss ich auch noch die Raten für den neuen Kredit bezahlen. Ich weiss nicht, wie das weitergehen soll ..."

Ran an die Informationen

Es ist verlockend immer wieder auf Kredit zu kaufen. Auch der sorglose Umgang mit dem Handy kann zu hohen Ausgaben führen. Verfügt man über genügend Geld, ist das alles kein Problem. Fehlt es dagegen, kann schon mal das Girokonto überzogen werden. Doch es sollte möglichst bald wieder ausgeglichen sein. Für größere Ausgaben kann man vorher ansparen. Natürlich kann man auch einen Kredit nehmen und diesen dann in Raten abzahlen. Doch auch die Raten müssen bezahlt werden können. Sonst kommt man in einen Teufelskreis:

Teufelskreis Kredit

Info 1

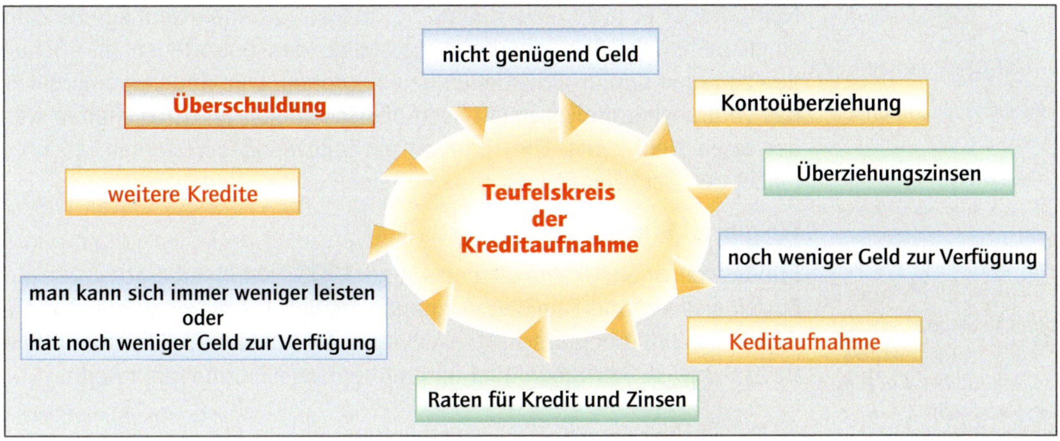

Es wird immer leichter gemacht, Kredite aufzunehmen oder in Raten zu zahlen. Außerdem werben viele Unternehmen mit Zahlungsaufschüben, wie „heute bestellen, in drei Monaten bezahlen ...". Daher muss man vor einer Kreditaufnahme verschiedene Kreditbedingungen anhand des effektiven Jahreszinssatzes vergleichen (siehe hierzu Info 6).

Reingetappt in die Schuldenfalle

Info 2

Schulden sind heute keine Seltenheit. Immer öfter werden Konsumgüter, Immobilien und auch andere Käufe durch Darlehen finanziert. Doch die Raten addieren sich. Daher muss man immer genau ausrechnen, ob man die Raten eines neuen Kredits auch zurückzahlen kann. Man muss dabei auch noch genügend Geld zum täglichen Leben übrig haben.

Schulden entstehen aber nicht nur durch die Aufnahme großer Kredite. Viel unauffälliger und damit auch viel gefährlicher sind die schleichenden Schulden. Sie entstehen durch laufende kleine Ausgaben für Kino- und Kneipenbesuche, Einkäufe, Handyrechnungen usw. Mit ihnen wird einfach das Girokonto immer weiter überzogen. Schnell reichen dann die monatlichen Einkünfte nicht mehr, um die Lebenshaltungskosten sowie fällige Raten und Rechnungen zu bezahlen.

Häufigster Auslöser für eine Überschuldung ist das Eintreten eines oder mehrerer kritischer Lebensereignisse. Hierzu gehören der plötzliche Verlust des Arbeitsplatzes, eine Ehescheidung oder die Trennung von einem Partner, eigene Krankheit oder der Tod naher Angehöriger. Verstärkt werden solche Schicksalsschläge durch Probleme, wie die mangelnde Fähigkeit mit Geld umzugehen oder eine Anfälligkeit gegenüber Werbepraktiken. Die Folge sind weitere Tiefschläge: Gleichen die monatlichen Einnahmen die monatlichen Ausgaben nicht mehr aus, sperrt die Bank das Girokonto. Die Mahnungen häufen sich, die Kündigung der Wohnung droht und der Gerichtsvollzieher steht vor der Tür. Die daraus folgende Angst macht viele Menschen erst recht handlungsunfähig.

Ist ein Schuldenberg der Anfang vom Ende?

Nein, das ist er nicht. Alle haben die Chance für einen Neubeginn! Zum einen helfen die Schuldnerberatungsstellen den Betroffenen ihre Schulden zu tilgen und ihr Privatleben neu zu ordnen. Zum anderen ermöglicht das Verbraucherinsolvenzrecht auch überschuldeten Privathaushalten wieder einen Neubeginn. Dies ist zwar ein langwieriges Verfahren, doch es macht den Betroffenen Hoffnung auf einen echten Neuanfang.

Wo gibt es Schuldnerberatungsstellen?

Bundesweit unterstützen kostenlos rund 1 100 Schuldnerberatungsstellen Einzelpersonen und Familien in finanzieller Not. Die Adresse Ihrer zuständigen Schuldnerberatungsstelle können Sie unter der Telefonhotline 0180 5 329 329 erfragen oder im Internet (siehe Fit im Web) lesen.

Fit im Web

www.forum-schuldnerberatung.de

„Adressen": Hier finden Sie die Adressen aller deutschen Schuldnerberatungsstellen – es ist auch eine in der Nähe Ihres Wohnortes. Hier finden Sie auch weitere Informationen u. a. zum Insolvenzrecht.

www.bmfsfj.de/top/dokumente/Struktur/ix_30696.htm

Ausführliche Infos für Schuldner und viele nützliche Hinweise des Bundesministeriums für Familie, Senioren, Frauen und Jugendliche.

Info 3 Kreditarten

Es gibt verschiedene Arten von Krediten: kurz-, mittel- und langfristige Kredite, Hypotheken (gesichert durch ein Haus oder Grundstück), Anschaffungsdarlehen, Überziehungskredite usw. Beispielhaft sollen auf den nächsten Seiten die von Privatpersonen am häufigsten in Anspruch genommenen Kredite besprochen werden. Vergleichszins ist immer der „effektive Jahreszinssatz".

Info 4 Dispositionskredit (Überziehungskredit)

Ein Kreditinstitut erlaubt dem Inhaber eines Girokontos, dieses Konto bei Bedarf zu überziehen. Bedingung ist, dass der Kontoinhaber zahlungsfähig ist (z. B. ein geregeltes Einkommen hat). Die Höhe des Dispositionskredites ist meist das doppelte bis dreifache Monatseinkommen. Es werden keine besondere Sicherheiten verlangt. Ein Kreditvertrag ist auch nicht erforderlich. Zinsen fallen nur an, wenn das Konto tatsächlich überzogen wird. Diese Zinsen sind allerdings verhältnismäßig hoch, d. h., sie liegen über denen eines Ratenkredites. Überziehungszinsen können durchaus auf 15 Prozent oder gar höher kommen.

Konto 000 897 654 — Stadt-Sparkasse Düsseldorf — Bankleitzahl 300 501 10, Telefon 02 11 / 8 78-0 · Telefax 02 11 / 8 17 48 — **Kontoauszug** Nummer/Blatt 15/1

Buch.-Tag	Wert	PN-Nr.	Erläuterungen/Verwendungszweck	Umsätze EUR
16.03.	16.03.	091	BAR GAA/EC-AUTOM	300,00 S
			IHR DISPOSITIONSKREDIT EUR: 3.000,00	

Letzter Auszug	Alter Kontostand EUR	Auszugsdatum	Neuer Kontostand EUR
..-03-15	2.298,21 H	..-03-18	1.998,21 H

KIM CLEVER, DIE GROSSE FREIHEIT 10, 40213 DUESSELDORF

Ratenkredit

Info 5

Kim benötig 10.000,00 € Kredit für die Finanzierung ihres neuen Autos. Ein Betrag, der höher ist als ihr Dispositionskredit. Sie schließt daher einen Ratenkreditvertrag mit der Bank ab. Dieser wird gewählt, wenn man mittelfristig Geld für größere Anschaffungen benötig. Ganz ohne Sicherheiten bekommt man allerdings von der Bank kein Geld.

Der Ratenkreditvertrag besteht aus:

- dem eigentlichen Kreditvertrag,
- den Anlagen zum Kreditvertrag und
- der Widerrufserklärung.

Alle drei Dokumente müssen zusammenhängen oder verplombt werden.

In der Anlage zu dem Kreditvertrag müssen alle Kosten, die durch den Kredit entstehen, einzeln aufgeführt werden. Mit der Widerrufserklärung unterschreibt der Kreditnehmer, dass er innerhalb von 14 Tagen von diesem Kredit ohne Begründung zurücktreten kann.

Tipp

Bevor Sie einen Kredit aufnehmen, sollten Sie die Konditionen der einzelnen Banken vergleichen. Sie sind teilweise sehr unterschiedlich und es lohnt sich mit verschiedenen Banken zu sprechen, bevor man einen Vertrag unterzeichnet.

Informationen über das Recht zum Widerruf

Als Kreditnehmer steht mir das gesetzliche Recht zum Widerruf zu. Danach ist die auf den Abschluss dieses Kreditvertrages gerichtete Willenserklärung erst wirksam, wenn sie nicht binnen **einer Frist von zwei Wochen schriftlich widerrufen wird.** Zur Wahrung der Frist genügt die rechtzeitige Absendung des Widerrufs. Der Lauf der Frist beginnt mit Aushändigung der Durchschrift dieser Information über das Recht zum Widerruf. Hat der Kreditnehmer den Kredit/das Darlehen empfangen, gilt der Widerruf als nicht erfolgt, wenn er den Kredit/das Darlehen nicht binnen zweier Wochen entweder nach Erklärung des Widerrufs oder nach Auszahlung des Kredits/Darlehens zurückzahlt.

Der schriftliche Widerruf ist zu richten an:

Bank, vollständige Postanschrift

Ort, Datum — Kreditnehmer

Durchschrift für den Kreditnehmer

Info 6

Kreditkosten

Tipp
Innerhalb von 14 Tagen können Sie von jedem Kreditvertrag zurücktreten.

Ein Kredit ist selbstverständlich nicht kostenlos. Es fallen Zinsen und Nebenkosten an. Letztere sind von Bank zu Bank – und abhängig von den jeweiligen Kreditverträgen – verschieden. Berechnet werden können z. B. Bearbeitungsgebühren, Kreditversicherung (sie zahlt den Kredit bei Tod oder Arbeitsunfähigkeit durch Unfall), Provisionen und Disagio.

Das Disagio ist ein Abzug vom Auszahlungsbetrag. Wird z. B. ein Vertrag über 10.000,00 € mit 4 % Disagio vereinbart, dann erhält der Kreditnehmer nur 9.600,00 € ausgezahlt, er muss aber 10.000,00 € zurückzahlen.

Die Zinsen können für eine bestimmte Zeit fest vereinbart werden. Sie können aber auch variabel sein, dann können sie fallen aber auch steigen. Zu den Zinsen kommen oftmals noch eine einmalige Bearbeitungsgebühr, eventuell jährliche Kontoführungsgebühren und Porto hinzu. Die Summe aus Zinsen und der monatlichen Rückzahlung (Tilgung) nennt man „Annuität".

Der **effektive Zinssatz** enthält alle Kosten und Zinsen, umgerechnet auf einen Jahreszinssatz. Er gibt also an, wie viel Prozent ein Kreditnehmer für einen Kredit tatsächlich bezahlen muss. Der effektive Zinssatz muss in jedem Kreditvertrag und Kreditangebot genannt sein. Mit ihm kann man die verschiedenen Kreditangebote vergleichen.

Info 7

Kreditsicherung

Der Kreditgeber prüft vor Abschluss des Kreditvertrages, ob der Kreditnehmer in der Lage ist den Vertrag zu erfüllen. Auskünfte über die Kreditwürdigkeit erteilt die Schufa (Schutzgemeinschaft für allgemeine Kreditsicherung). Bei ihr werden alle Personen gespeichert, die in Deutschland einen Kredit nehmen und diesen nicht pünktlich oder regelmäßig, wie im Kreditvertrag vereinbart, zurückzahlen.

Darüber hinaus verlangt die Bank Sicherheiten für einen Kredit. Wenn kein Haus oder Grundstück als Sicherheit vorhanden ist, kommen folgende Möglichkeiten infrage:

Sicherungsübereignung: Wenn Kim den Kredit nicht abbezahlen würde, könnte die Bank ihr Auto versteigern lassen.

Bürge: Für Kim bürgt ihr Vater, Heinrich Clever. Ein Bürge muss im Ernstfall den Kredit, für den er gebürgt hat, selbst abbezahlen.

Arbeitsvorschläge DO IT!

1. Erklären Sie, wie Lars („Passiert-notiert") in den „Teufelskreis der Kreditaufnahme" geraten ist.
2. Was versteht man unter einem Dispositionskredit?
3. Warum kann es sehr gefährlich werden, wenn Sie für einen Freund oder eine Freundin bürgen?
4. Vor der Kreditaufnahme sollten bei verschiedenen Kreditinstituten die effektiven Zinsen verglichen werden. Was bedeutet „effektiver Zins"?
5. Diskutieren Sie über folgendes Bild:

6. Wer kann einer Person, die in die Schuldenfalle geraten ist,

Tipp

Bei der Übernahme einer Bürgschaft muss man damit rechnen, dass man selbst genauso haftet wie der Schuldner.

Es ist sicherlich nicht immer ganz einfach „Nein" zu sagen, aber es dürfte nicht nur in Ihrem eigenen Interesse besser sein, vor der Übernahme einer Bürgschaft genau herauszufinden, wie sicher es ist, dass der Schuldner seine Zahlungsverpflichtung auch wirklich erfüllen kann.

Denken Sie daran: Verschuldet ist man schnell, das Abbezahlen der Verbindlichkeiten dauert in der Regel viel länger.

Am Geld ist schon manche Freundschaft zerbrochen.

4 Der Wert unseres Geldes

4.1 Der Binnenwert des Geldes

Passiert – notiert

Wovon hängt der Wert unseres Geldes ab?

Wie wird dieser bestimmt?

Welche Auswirkungen kann eine Änderung des Geldwertes haben?

Inflation in Deutschland? – Ihre Urgroßeltern haben sie erlebt!

Kaum vorstellbar – aber wahr: Ende 1923 kosteten in Berlin: 1 Ei: 320.000.000.000,00 Mark und 1 Liter Milch: 360.000.000.000,00 Mark

Ein Bericht aus jener Zeit: „Wir bekamen zuerst monatlich, dann wöchentlich und später sogar täglich unseren Lohn. Es waren immer größere Summen. Mutter musste mit dem Geld sofort zum Bäcker oder Kaufmann rennen, aber dann kosteten die Produkte schon wieder mehr. Zu Anfang das Doppelte, Dreifache, Zehnfache und später ein Vielfaches. Das Geld wurde in 1923 in Waschkörben abgeholt. Weil das Geld aber sofort wieder verfiel, wollte bald kaum ein Bauer oder Händler mehr etwas gegen Geld verkaufen. Nur die Waren hatten Wert. Sie wurden auf dem Schwarzmarkt getauscht oder man hatte ausländisches Geld. Doch das hatten meist nur die ‚Schieber'. Ganz schlecht erging es den Armen, die etwas Geld gespart hatten. Es war wertlos. Am schlechtesten ging es den alten Leuten, die für ihr Alter gespart hatten und von den Zinsen leben wollten. 50.000,00 Mark waren z. B. in 1919 ausreichend, um im Alter von den Zinsen zu leben. Im August 1923 bekam man nicht mal mehr 1 kg Brot dafür. Viele alte Leute nahmen sich aus Verzweiflung das Leben – andere verhungerten."

(nach: Ebeling, H., Die Reise in die Vergangenheit, Braunschweig 1969, S. 168 f.)

Auf dem Höhepunkt der Inflation waren für Lohnzahlungen Waschkörbe voller Papiergeld erforderlich.

Ran an die Informationen

„Über Geld mache ich mir keine Gedanken, das hole ich aus dem Automaten ..." Das ist einfach und bequem – doch Geld bestimmt unser Leben. Darum sollte man sich doch ein paar Gedanken darüber machen.

Die Kaufkraft des Geldes

Info 1

Ist der Euro wirklich ein Teuro? Warum kann man mit einem 100-DM-Schein heute nicht mehr bezahlen? Heute hat er nur noch einen (geringen) Sammlerwert. Und warum kann man für einen €-Schein heute noch einkaufen – obwohl er doch auch nur ein Stück Papier ist? Der Wert des Geldes ist abhängig davon, was man sich mit ihm kaufen kann. Daher bezeichnet man auch den **Binnenwert** des Geldes – das ist der Wert, den es innerhalb eines Staates hat – als dessen Kaufkraft.

Frau Müller hat Lebensmittel eingekauft. Sie hat dafür 103,00 € bezahlt. Im vorigen Jahr musste sie für die gleichen Waren genau 100,00 € bezahlen. Das bedeutet, dass Frau Müller in diesem Jahr 3 % mehr aufbringen muss um die gleichen Lebensmittel zu kaufen. Die Kaufkraft ihres Geldes hat also abgenommen. Wenn man weniger Waren für sein Geld bekommt, ist der Wert des Geldes gesunken. Eine Preissenkung hätte bedeutet, dass die Waren billiger geworden wären. Frau Müller müsste weniger Geld für die gleichen Waren bezahlen. Die Kaufkraft ihres Geldes hätte zugenommen. Der Wert des Geldes wäre also gestiegen.

Kaufkraft der Lohnstunde
Für diese Lebensmittel mussten Arbeitnehmer so viele Minuten arbeiten.

1970		2000
96	1 kg Schweinekotelett	34
72	1 kg Rindfleisch zum Kochen	32
16	1 kg dunkles Mischbrot	12
22	10 Eier	8
22	250 g Butter	5
6	1 kg Kartoffeln	4
9	1 l Milch	3

6827 © Globus

Seit der Einführung im Jahre 1948 ist die Kaufkraft unserer früheren Währung, der DM, bis zu ihrem Ende am 31.12.2001 auf nur noch ca. 1/4 ihres Wertes gesunken. Dennoch ist der Wohlstand in Deutschland während dieser Zeit stark gestiegen. Wie kann das funktionieren, wenn alles teurer wurde? Es lag an den Lohnsteigerungen, die größer als die Preissteigerungen waren.

Info 2 Vom Nominal- zum Reallohn

„Was ich mir von meinem Lohn kaufen kann, ist wichtig und nicht, was auf der Abrechnung steht", sagt der Fliesenleger Ralf. Recht hat er. Denn es gibt tatsächlich einen sehr wichtigen Unterschied zwischen dem Lohn, der auf der Abrechnung steht (dem Nominallohn) und der Kaufkraft dieses Lohnes (dem Reallohn). Angenommen, Ralf verdient im Jahr 2003 netto 2.000,00 €. Im nächsten Jahr erhält eine Lohnerhöhung von 3 % das sind 60,00 €. Bei einer durchschnittlichen Preissteigerung um 5 % hätte er einen Kaufkraftverlust von 103,00 € (5 % von 2.060,00 €).

Jahr	Nominallohn	Preissteigerung	Reallohn (Kaufkraft)
2003	2.000,00 €	-	2.000,00 €
2004	2.060,00 €	5 %	1.957,00 €

Nominallohn ist also die Summe, die jemand netto in € verdient. Reallohn ist die tatsächliche Kaufkraft dieses Nominallohns.

Reallohn = Nominallohn - Preissteigerung

In obigem Beispiel war die Preissteigerungsrate größer als die Lohnsteigerung. Dabei geht die Kaufkraft (Reallohn) trotz einer Lohnerhöhung zurück. Wenn die Netto-Lohnsteigerungen aber größer sind als die Preissteigerungen, hat man einen Kaufkraftzuwachs und damit eine Steigerung des Wohlstands.

Info 3 Wie wird der Geldwert gemessen?

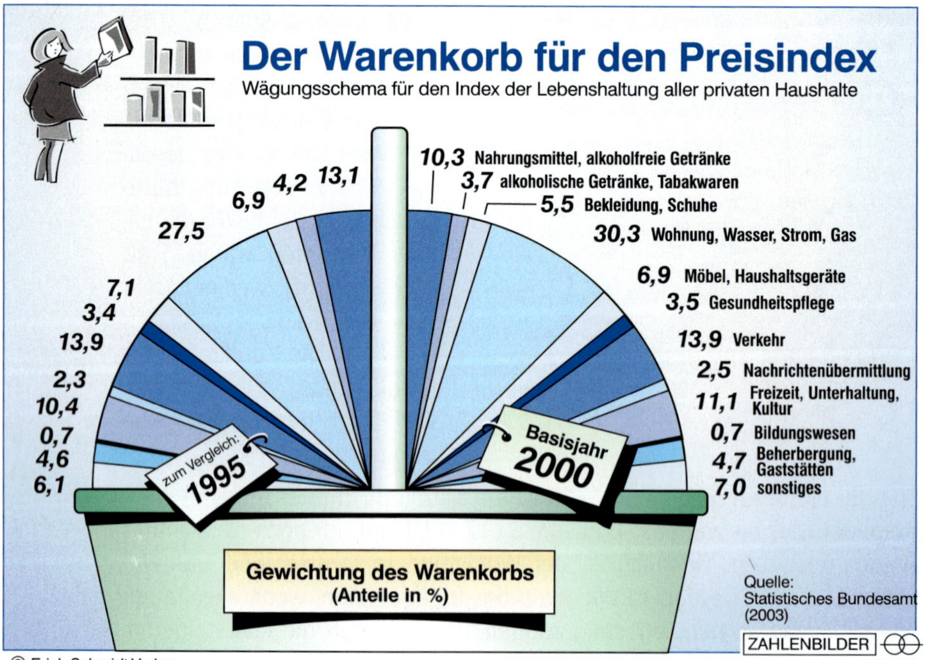

Wenn man die Preisentwicklung in Deutschland berechnen will, müsste man eigentlich die Preisveränderungen aller Güter und Dienstleistungen ermitteln. Dies wäre bei der großen Anzahl von Gütern sehr aufwändig. Daher nimmt man den Durchschnittsverbrauch eines 4-Personen-Arbeitnehmerhaushalts. Alle Güter und Dienstleistungen, die dieser Durchschnittshaushalt in einem Monat kauft, nennt man **Warenkorb.** In ihm sind die Produkte jeweils nach dem prozentualen Verbrauch des 4-Personenhaushalts erfasst. Im Warenkorb sind nicht nur Lebensmittel, Pkw, Motorrad, Möbel, Bekleidung, Urlaub, Friseur, sondern auch Bundesligaspiel- oder Kinokarten enthalten.

Wenn man nun alle diese anteilmäßigen Preise zusammenzählt, erhält man eine Summe. Diese wird mit derjenigen des Vormonats und des Vorjahres verglichen. So kann man ermitteln, ob die Preise zum Vormonat oder zum gleichen Monat des vergangenen Jahres gestiegen oder gefallen sind.

Inflation

Info 4

Früher durfte ein Staat so viel Geld drucken, wie er Goldreserven besaß. Doch man benötigte immer mehr Geld für die wachsende Wirtschaft. Weil es dafür aber nicht mehr genügend Gold gab, ging man von diesem Prinzip der Golddeckung ab. Das Geld wurde nun gedeckt durch die Güter und Dienstleistungen eines Staates. Der Wert des Geldes ist also stabil, wenn es genauso viel Geld wie Güter gibt.

Wenn die Geldmenge größer wird als die Gütermenge, steigt auch die Nachfrage. Es sind aber nicht genügend Güter da, um die Nachfrage zu decken. Das bedeutet, dass die Anbieter die Preise erhöhen. Man muss mehr Geld für die gleichen Produkte bezahlen. Der Wert des Geldes nimmt also ab. Da das Geld an Wert verliert, sparen die Menschen weniger und kaufen sofort neue Produkte. Die Umlaufgeschwindigkeit des Geldes nimmt zu, weil man das Geld schneller ausgibt. Die Nachfrage wird noch größer, die Preise steigen weiter usw. In diesem Falle spricht man von einer **„Nachfrageinflation".** Die Preissteigerungen könnten aber auch von den Unternehmern ausgehen, wenn diese ihre Kostensteigerungen über höhere Preise weitergeben (**Kosteninflation**). Wenn die Preissteigerungen unter 20 % jährlich liegen, spricht man von **schleichender Inflation.** Diese Situation findet man in Deutschland seit 1948. Inflationsraten bis zu 1,5 % im Jahr können hingenommen werden. Höhere müssen bekämpft werden.

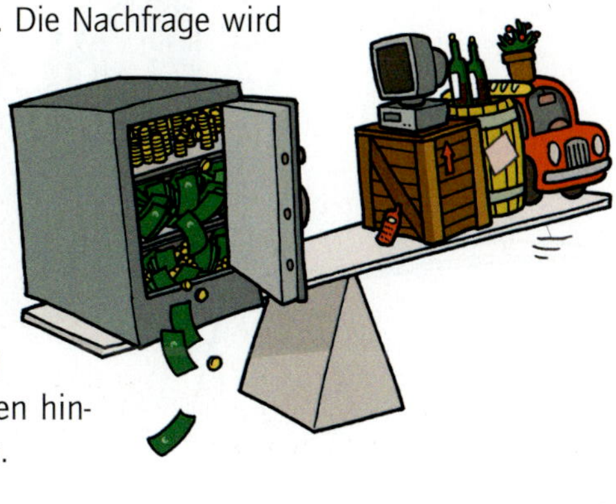

Eine **galoppierende** oder gar **Hyper-Inflation** wirft eine Volkswirtschaft völlig aus dem Ruder und führt zu großem Elend und zum wirtschaftlichen Zusammenbruch, wie zum Beispiel in Deutschland vor einigen Jahrzehnten.

Wie das Brot immer teurer wurde.
Ein kg Roggenbrot kostete:

Dez.	1913	0,26 Mark
Dez.	1915	0,50 Mark
Dez.	1919	0,80 Mark
Dez.	1920	2,37 Mark
Dez.	1921	3,90 Mark
Dez.	1922	163,15 Mark
Jan.	1923	250,00 Mark
Febr.	1923	389,00 Mark
März	1923	463,00 Mark
Juni	1923	1.428,00 Mark
Juli	1923	3.465,00 Mark
Aug.	1923	69.000,00 Mark
Sept.	1923	1.512.000,00 Mark
Okt.	1923	1.734.000.000,00 Mark
Nov.	1923	201.000.000.000,00 Mark
Dez.	1923	399.000.000.000,00 Mark

Auswirkungen der Inflation:

- Angespartes Geld verliert laufend an Kaufkraft. Wegen des Wertverlustes wird Geld in Sachwerten (Schmuck, Grundstücke, Gebäude usw.) angelegt. Dadurch wird die Nachfrage nach Sachwerten immer größer und die Inflationsraten wachsen noch mehr. Wer aber so wenig Geld besitzt, dass er diese Sachwerte nicht bezahlen kann, verarmt.
- Schuldner haben Vorteile, da sich der Wert der Schulden verringert.
- Arbeitnehmer und Rentner haben große Verluste, denn ihre Bezüge steigen längst nicht so schnell wie die Geldentwertung.
- Die Reichen legen ihr Geld in anderen Währungen im Ausland an.
- Das Geld verliert völlig an Wert und ist nicht mehr anerkanntes Tauschmittel. Andere Währungen oder Sachwerte (z. B. Zigaretten in Deutschland nach dem 2. Weltkrieg) ersetzen die Funktion der Landeswährung.

Info 5 Deflation

Übersteigt die angebotene Gütermenge die Geldmenge, fehlt Geld zum Kaufen aller Produkte. Dies kann auch eintreten, wenn die Umlaufgeschwindigkeit des Geldes sehr niedrig ist, das heißt, wenn die Verbraucher lieber sparen. Die Unternehmer müssen die Preise senken, um ihre Produkte zu verkaufen. Wenn nun die Preise ständig fallen, steigt der Geldwert damit laufend. Dies scheint anfangs für die Verbraucher noch vorteilhaft zu sein. Doch auch hier kann die Situation sehr schnell kippen. Die Unternehmen machen weniger Gewinne oder sogar Verluste. Sie drosseln ihre Produktion. Die Investitionen gehen zurück. Das hat Kurzarbeit, Entlassungen und Insolvenzen zur Folge.

Wie kann es z. B. zu dieser Situation kommen?

- Wegen schlechter Zukunftsaussichten investieren die Unternehmen wenig und die Verbraucher sparen verstärkt.
- Auch der Staat (Bund, Länder und Gemeinden) investiert wenig.
- Aktienkurse fallen. Dadurch fallen auch bestimmte Einkommen. Dies führt zu weiteren Umsatzrückgängen.
- Es werden zu viel ausländische und zu wenig inländische Produkte gekauft.

Arbeitsvorschläge DO IT!

1. Wovon ist der Wert des Geldes abhängig?
2. Welcher Unterschied besteht zwischen Nominal- und Reallohn?
3. Vergleichen Sie die Inflation von heute mit der Inflation im Jahr 1923.
4. Welche Folgen haben Inflationen?
5. Wie kann es zu einer Deflation kommen?
6. Welche Folgen können aus einer Deflation entstehen?

4.2 Der Außenwert des Geldes

Passiert – notiert

Dem Euro sei Dank

Frankfurt. Schwacher Dollar und starker Euro

Außer Amerika-Urlaubern und ein paar Importeuren freuen sich wenige darüber. Erfreut ist aber der Chef von Adidas-Salomon. Er ist immer dann zufrieden, wenn der Euro im Vergleich zum US-Dollar stärker wird. Für den Sportartikelhersteller ist das Verhältnis zwischen beiden Währungen besonders wichtig. Schuhe, Trainingsanzüge und Trikots lässt Adidas nämlich vor allem in Indonesien, China und Vietnam herstellen. Fast 90 Prozent seiner Rechnungen zahlt das Unternehmen in US-Dollar. Und wenn deren Wert fällt, kommt bei Adidas Freude auf. Anders sieht die Sache beim Absatz aus. Mehr als die Hälfte der Produktion geht in europäische Länder. Gezahlt wird hier von den Kunden meistens in Euro. Und wenn der steigt, ist das für Adidas wie ein „Sechser im Lotto“. Wer möchte das nicht: Billig produzieren und teuer verkaufen. (rlp)[1]

Wie bildet sich der Außenwert einer Währung?

Wie wirkt sich ein geänderter Außenwert aus?

1 nach: Der Spiegel 21/2003, S. 92

Ran an die Informationen

Info 1

Außenwert und Wechselkurs

Wer z. B. in Amerika Urlaub machen möchte, benötigt US-Dollar. Wie teuer der Urlaub letztlich wird, hängt dabei auch sehr vom Umtauschverhältnis des € gegenüber dem Dollar ab. Das Verhältnis einer Währung zu einer anderen macht den **Außenwert** einer Währung aus. Ausgedrückt wird er durch den **Wechselkurs.** Dieser ist für den Amerika-Urlauber günstig, wenn er für seine € relativ viele US-Dollar erhält.

Als **Wechselkurs** bezeichnet man den Preis für eine ausländische Geldeinheit. Er lässt sich ausdrücken als Verhältnis von € zu Dollar oder umgekehrt.

Beispiel: entweder 1 € = 1,1901 $
oder 1 $ = 0,8403 €

Das Verhältnis einer Währung zu einer anderen nennt man **Währungsparität.**

Info 2

Das System der Wechselkurse

Der Wert des € zu den Nichteuroländern kann auf verschiedene Arten geregelt werden.

Feste Wechselkurse: Von der europäischen Zentralbank wird ein so genannter Leitkurs festgelegt. Da sich die an der Börse angebotenen und nachgefragten Devisenmengen[1] selten bei diesem Mittelkurs einpendeln,

1 Devisen = ausländische Zahlungsmittel

lässt man geringe Abweichungen nach oben und unten innerhalb einer vorgegebenen **Bandbreite** zu. Streng genommen sind die Wechselkurse also nicht starr, sondern innerhalb der vorgegebenen Grenzen frei.

Durch den **Europäischen Wechselkursmechanismus** (EWS II) wird die Wechselkursbeziehung zwischen dem € und den Währungen der europäischen Staaten geregelt, die zur Zeit noch nicht dem €-Währungsgebiet angehören. Dies ist z. B. bei Dänemark der Fall. Vereinbart wurde hier ein Leitkurs von 7,46 dänischen Kronen (dkr) und eine Bandbreite für mögliche Kursschwankungen gegenüber dem € von ± 2 1/4 %.

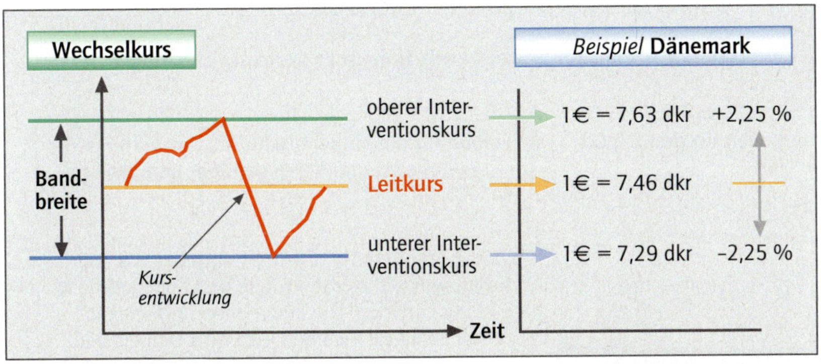

Droht der Kurs den Bereich der Bandbreite zu verlassen, so sind die Dänische Nationalbank und die Europäische Zentralbank verpflichtet, durch Käufe bzw. Verkäufe von dänischen Kronen den Kurs zu beeinflussen (zu „intervenieren").

Freie (flexible) Wechselkurse: Sie bilden sich an der **Devisenbörse** durch Angebot und Nachfrage. Die Notenbanken greifen in das Marktgesche-

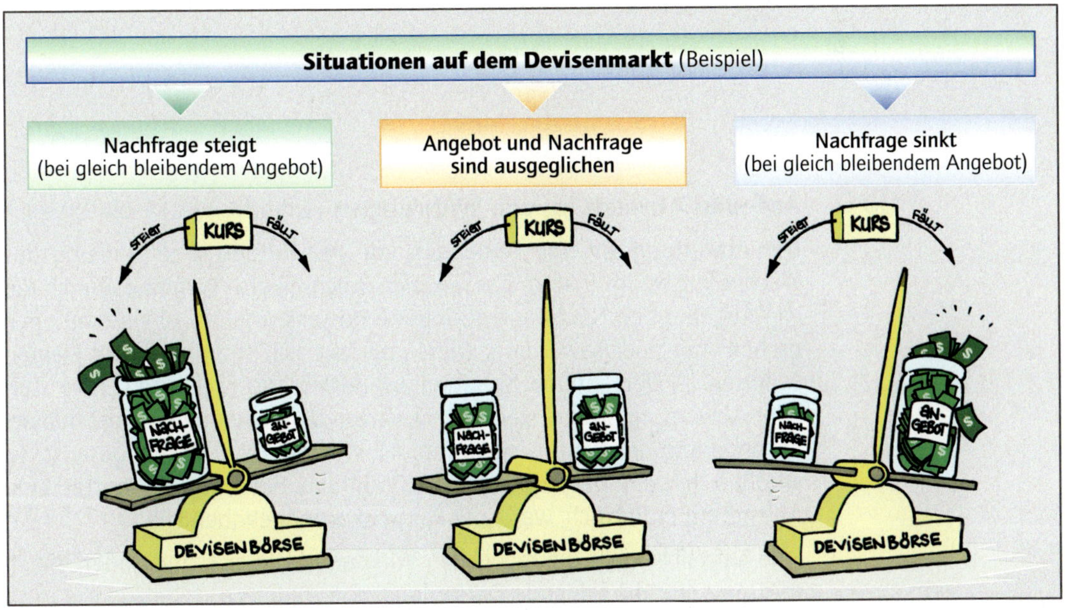

hen nicht ein. Man bezeichnet diesen Vorgang als „Floating" (to float = schwimmen, treiben). Das ist z. B. beim US-Dollar der Fall. Wenn sich die Nachfrage nach Dollar erhöht, das Angebot aber gleich bleibt, steigt der Kurs. Geht die Nachfrage bei gleich bleibendem Dollarangebot aber zurück, so fällt der Kurs.

Währungen mit flexiblen Wechselkursen sind häufig starken Kursschwankungen ausgesetzt. Daher ist es für Im- und Exporteure sehr riskant, langfristige Geschäfte abzuschließen, die in ausländischer Währung abgerechnet werden.

Beispiel: **Deutsche Automobilhersteller mit hohem Exportanteil**

Pkw-Verladung in Bremerhaven für den Export in die USA

Folgen für die einheimische Automobilindustrie bei hohem Eurokurs gegenüber dem Dollar

Da die Autos zum großen Teil in Deutschland produziert werden, müssen Löhne und Zulieferteile in € bezahlt werden. Die Einnahmen für die exportierten Fahrzeuge werden jedoch in Dollar erzielt. Werden sie in € zurückgetauscht, erhalten die Hersteller bei sinkendem Dollarkurs immer weniger €. Ihr Gewinn ist niedriger, vielleicht machen sie sogar Verluste. Versuchen die Betriebe zum Ausgleich ihre Preise in den USA anzuheben, geht der Absatz zurück.

Info 3 Auf- und Abwertung von Währungen

Die Abwertung ist eine Anhebung, die Aufwertung eine Senkung des Wechselkurses. Im System der flexiblen Wechselkurse kommt es durch die von Angebot und Nachfrage gesteuerte Kursentwicklung zu einer automatischen Auf- und Abwertung. Diese vollzieht sich ständig und in kleinen Schritten. Anders ist die Situation bei festen Wechselkursen. Eine Auf- oder Abwertung erfolgt hier durch eine von den Notenbanken beschlossene Änderung der Parität (siehe Info 1). Wird der Paritätskurs gesenkt, so erhöht sich damit der Außenwert der Währung. Sie wird aufgewertet. Eine Abwertung ergibt sich, wenn der Paritätskurs angehoben wird.

Eine Übersicht über die möglichen Wirkungen von sich ändernden Wechselkursen gibt die folgende Darstellung:

Wechselkurs steigt	Wirkungen auf	Wechselkurs fällt
... wird gebremst, da unsere Waren im Ausland teurer werden.	Export	... wird gefördert, da unsere Waren im Ausland billiger werden.
... wird gefördert, da ausländische Ware billiger wird.	Import	... wird gebremst, da ausländische Ware teurer wird.
... werden billiger.	Ausländische Rohstoffe und Energie	... werden teurer.
... wird größer, da weniger Ex- und mehr Import.	Arbeitslosigkeit	... wird kleiner, da mehr Ex- und weniger Import.
... wird gebremst.	Konjunktur (Wirtschaftslage)	... wird angekurbelt.
... wird billiger.	Urlaub im Ausland	... wird teurer.

Arbeitsvorschläge

DO IT!

1. Welche Auswirkungen hätte der Kursanstieg des US-Dollars für unsere Wirtschaft?
2. Wie können Sie persönlich von
   a) einer Abwertung
   b) einer Aufwertung des € betroffen werden?
3. Wie verändert sich bei gleich bleibender Nachfrage der Kurs des US-Dollars, wenn
   a) das Angebot an Dollar steigt,
   b) das Angebot an Dollar fällt?
4. Erklären Sie das System der freien Wechselkurse.
5. Erklären Sie auch das System der festen Wechselkurse.

HOT

Machen Sie einen Kaufkraftcheck!

Die Fußballfans aus Deutschland mussten tief in die Tasche greifen, wenn sie ihre Mannschaft bei der Fußballweltmeisterschaft in 2002 an Ort und Stelle erleben wollten. In Südkorea erhält man für einen € nämlich nur Waren und Dienstleistungen im Wert von 0,73 €. Noch schlechter sieht es in Japan aus. Hier hat der € fast nur die Hälfte an Kaufkraft.

Auch in Europa gibt es große Kaufkraftunterschiede. Und wer sich als Urlaubsziel für ein preiswertes Land entscheidet, kann oft ein stattliches Sümmchen einsparen.

Beschaffen Sie sich Informationen über die Kaufkraft des € in verschiedenen europäischen Ländern. Stellen Sie Vergleiche an. Informationen zur Kaufkraft des € im Ausland gibt es vor allem vom Statistischen Bundesamt. Internet: *www.destatis.de/basis/d/ausl/ausltxt.htm*

1 Markt und Preisbildung

1.1 Märkte in der Volkswirtschaft

Passiert – notiert

Was ist ein Markt?

Welche Marktarten lassen sich unterscheiden?

Und online fällt der Hammer

Alex sammelt so ziemlich alles, was mit amerikanischem Sport und „Star Wars" zu tun hat. Dafür tingelt der 27-jährige allerdings nicht über Flohmärkte. Das was er sucht, findet er bei Ebay, dem weltweit größten Internet-Auktionshaus.

Alex verbringt nahezu jede freie Minute vor dem Computer. Denn er tritt auf dem Online-Marktplatz nicht nur als Käufer, sondern auch als Verkäufer auf. „Sportschuhe, die ich nicht mehr tragen will, versteigere ich über Ebay!", sagt er. Andererseits bietet er mit, wenn er eine fast neue Levis-Jeans für 40,00 € entdeckt. So geht er vor: Alex sucht bei Ebay nach einem Pullover einer bestimmten Marke. Über die Suchfunktion spürt er das gewünschte Stück auf. Aktuelles Gebot: 50,00 €. Die Auktion läuft noch einen Tag und zwei Stunden. Da bleibt genügend Zeit, um zu einem späteren Zeitpunkt einzusteigen. „Man darf nicht so früh bieten, damit treibt man nur unnötig den Preis in die Höhe", erklärt Alex. Eine halbe Stunde, bevor die Auktion ausläuft, fährt er seinen Rechner hoch. Aktuelles Gebot: 55,00 €. Nun schaltet sich Alex ein und bietet 65,00 €. Damit ist er zurzeit der Höchstbietende. Andernfalls hätte er eine Mitteilung erhalten: Sie sind überboten worden. Wenig später hat er die Gewissheit, dass er einen Pullover zu einem guten Preis ersteigert hat.[1]

Ran an die Informationen

Info 1

Marktarten

Liest oder hört man das Wort Markt, denken die meisten an einen Ort, wo sich an bestimmten Tagen Anbieter (Verkäufer) und Nachfrager (Kunden) treffen, um Waren zu kaufen oder zu verkaufen. Das klassische Beispiel für Märkte in diesem Sinne ist der Wochenmarkt. Zu diesen konkreten Märkten gehört auch das organisierte Zusammentreffen von Anbietern und Nachfragern auf Waren- und Wertpapierbörsen, bei Versteigerungen und Verkaufsmessen.

In modernen Volkswirtschaften wird nur noch ein vergleichsweise kleiner Teil der Verkaufs- und Kaufvorgänge auf konkreten Märkten abgewickelt. Der weitaus größere Teil der wirtschaftlichen Transaktionen findet auf abstrakten Märkten statt. Dabei handelt es sich nicht um einen genau bestimmten Ort, sondern um jede Form des Zusammentreffens von Angebot und Nachfrage.

1 nach: Hessische Niedersächsische Allgemeine, Kassel, vom 09.06.02

Märkte in diesem abstrakten Sinne sind es auch, wenn Anbieter und Nachfrager in brieflichen oder telefonischen Kontakt treten, Zeitungsanzeigen aufgeben oder auch über das Internet Geschäfte abschließen.

Güterangebot
Sachgüter und Dienstleistungen

Angebot ▶ **MARKT** ◀ Nachfrage

Güternachfrage
Bedarf an Sachgütern und Dienstleistungen

▼

jedes Zusammentreffen von Angebot und Nachfrage

Märkte lassen sich nach unterschiedlichen Merkmalen einteilen:

Unterscheidung nach der Art der umgesetzten Güter bzw. Dienstleistungen

Gütermärkte

- **Konsumgütermärkte:** Waren werden gehandelt, die für den Konsum bestimmt sind, z. B. Schokolade, Möbel.
- **Investitionsgütermärkte:** Waren für die Weiterverarbeitung (z. B. Holz zur Möbelherstellung) und Produktionsmittel (z. B. Maschinen und Fahrzeuge) werden gehandelt.

Märkte für Produktionsfaktoren (Faktormärkte)

- **Arbeitsmarkt:** Arbeitsuchende treffen hier mit den Anbietern von Arbeit (Arbeitgebern) zusammen.
- **Immobilienmärkte (Bodenmärkte):** Grundstücke und Gebäude werden angeboten und nachgefragt.
- **Kapitalmärkte:** Privatpersonen und Unternehmen fragen hier Kredite nach. Banken und Sparkassen sind die Hauptanbieter.

Dienstleistungsmärkte

- **Markt für persönliche Dienstleistungen:** Leistungen werden direkt an Personen verrichtet, wie z. B. bei der Fußpflege oder beim Arzt.
- **Markt für sachliche Dienstleistungen:** Leistungen werden an einer Sache vorgenommen, wie z. B. Autoreparatur, Warentransport.

Unterscheidung der Märkte nach sonstigen Merkmalen

geografische Ausdehnung

- **lokale Märkte,** z. B. örtlicher Wochenmakt
- **nationale Märkte,** z. B. deutscher Automobilmarkt
- **EU-Markt,** z. B. für landwirtschaftliche Produkte
- **internationale Märkte,** z. B. Weltkaffeemarkt

zeitlicher Aspekt

- **Tagesmärkte**
- **Wochenmärkte**
- **Jahresmärkte**

Organisationsgrad

- **organisierte Märkte:** Das Marktgeschehen läuft nach bestimmten organisatorischen Vorgaben ab, so z. B. an der Börse.
- **nicht organisierte Märkte:** Das Marktgeschehen ist in seinem Ablauf individuell gestaltbar. So ist das Marktgeschehen auf dem Möbelmarkt nicht so stark geregelt wie an der Wertpapierböse.

Info 2 Marktformen und Marktmacht

Auf dem Markt versuchen Anbieter und Nachfrager ihre Ziele zu verwirklichen. Diese sind sehr unterschiedlich. Während der Anbieter versucht, einen möglichst hohen Preis zu erzielen, will der Nachfrager möglichst wenig bezahlen. Das Ergebnis des Preisbildungsprozesses hängt vor allem davon ab, welche Macht der einzelne Marktteilnehmer besitzt.

Die Grundformen des Marktes sind:

- **Monopol:** Nur ein Anbieter oder Nachfrager tritt auf dem Markt auf.
- **Oligopol:** Wenige Anbieter oder Nachfrager treten auf dem Markt auf.
- **Polypol:** Viele Anbieter oder Nachfrager treten auf dem Markt auf.

Da die Anzahl der Anbieter (viele, wenige, einer) mit der jeweiligen Anzahl der Nachfrager (viele, wenige, einer) kombiniert werden können, ergeben sich neun Marktformen. Bedeutende Marktformen aus Sicht des Verbrauchers sind:

- **Vollständige Konkurrenz** (Polypol): Dies ist die Idealvorstellung eines Marktes, da sich **viele Anbieter und Nachfrager** gegenüberstehen. Sie bietet für den Nachfrager günstige Voraussetzungen, denn nach einem Angebotsvergleich kann preiswert eingekauft werden. Aber auch die Anbieter haben im Wettbewerb um die Nachfrager die gleichen Chancen. Keiner von ihnen spielt eine führende Rolle auf dem Markt.

Beispiel für vollständige Konkurrenz:

Angebotsoligopol: Wenn auf einem Markt **viele Nachfrager** nur **wenigen Anbietern** gegenüberstehen, liegt ein Angebotsoligopol vor. Zwischen den Anbietern ist zwar Konkurrenz vorhanden, aber die gegenseitige Abhängigkeit erlaubt kein freies Handeln. So kann z. B. ein Mineralölhersteller seine Preise nicht völlig frei gestalten. Würde er den Preis erhöhen und die Konkurrenz zieht nicht mit, würden die Kunden bei den billigen Anbietern kaufen. Aus diesem Grund versuchen Anbieter dann häufig Preisabsprachen zu treffen. Dies ist gesetzlich verboten und wird durch das Kartellamt (siehe TK 9, Kap. 3) überwacht.

Beispiel für ein Angebotsoligopol:

Angebotsmonopol: Dieses Monopol liegt vor, wenn **einem Anbieter viele Nachfrager** gegenüberstehen. Angebotsmonopole erlauben es dem jeweiligen Unternehmen, seine Angebotsbedingungen (vor allem den Preis) auf dem Markt durchzusetzen. Monopole entstehen aufgrund von Patenten. Erfinder haben nämlich die Möglichkeit sich ihre Ideen für den Zeitraum von 18 Jahren schützen zu lassen. Während dieser Zeit haben sie eine monopolartige Stellung. Auch der Staat kann Monopole schaffen, wenn er den Wettbewerb auf bestimmten Märkten nicht zulässt. Angebotsmonopole findet man z. B. bei städtischen Wasserwerken. Ein Beispiel aus der jüngsten Vergangenheit ist das Telekom-Monopol. Bis Ende der neunziger Jahre war der alleinige Anbieter von Telekommunikationsdiensten die Deutsche Telekom. Und sie machte von ihrem Monopol kräftig Gebrauch. Wer damals telefonieren oder faxen wollte, der wurde kräftig zur Kasse gebeten. Inzwischen ist viel passiert. Die seit mehr als hundert Jahren staatlich verordnete Gängelei auf dem Telefonmarkt gehört der Vergangenheit an. Deutschland wurde fast zu einem Telefonparadies, in dem sich die verschiedenen Anbieter mit ihren Tarifen gegenseitig unterbieten.

Beispiel für ein Angebotsmonopol:

Arbeitsvorschläge

DO IT!

1. Was versteht man unter einem Markt im volkswirtschaftlichen Sinne?
2. Online-Auktionen werden immer häufiger:
   a) Beschreiben Sie, wie diese Auktionen funktionieren.
   b) Begründen Sie, warum Online-Auktionen auch als Märkte aufzufassen sind.
3. Beschreiben Sie den Unterschied zwischen:
   a) Konsumgüter- und Investitionsgütermärkten;
   b) dem Arbeitsmarkt und Immobilien- und Kapitalmärkten.
4. Wie würden Sie folgende Marktformen bezeichnen?
   a) Der Staat in einem afrikanischen Land tritt gegenüber Rauchern als alleiniger Anbieter von Tabakwaren auf.
   b) Auf einem Berliner Wochenmarkt werden den vielen Verbrauchern Kartoffeln von zahlreichen Händlern angeboten.
   c) An einem beliebten Strandabschnitt am Mittelmeer bieten drei Eisverkäufer ihre Produkte den zahlreichen Badegästen an.
5. Unterscheiden Sie die Marktform des Telekommunikationsmarktes von früher und heute.

HOT

Projekt: Marktarten erkunden

In Zeitungen findet sich eine Vielzahl von Kleinanzeigen, die sich den verschiedenen Marktarten zuordnen lassen. Ein Beispiel für eine Anzeige, die den Faktormarkt (Geldmarkt) betrifft:

> **Darlehen ab 5.000,00 €**
> für Privat und Selbstständige
> vermittelt schnell und seriös
> **Advice Finanz AG · Tel. 05601-141414**

1. Schneiden Sie aus Zeitungen ca. 15 Anzeigen aus.
2. Ordnen Sie die Anzeigen nach den Marktarten Güter-, Faktor- und Dienstleistungsmärkte.
3. Kleben Sie die geordneten Anzeigen auf.
4. Stellen Sie Ihre Anzeigen in der Klasse vor und begründen Sie Ihre Einordnung.

1.2 Der Preisbildungsprozess

Passiert – notiert

Eine häufig genutzte Möglichkeit für Grenzregionen: Tanktourismus hier in das luxemburgische Grenzstädtchen Wasserbillig.

Wie erfolgt die Preisbildung auf einem Markt?

Dirk: „Hast du gehört, die Tankstellen haben schon wieder die Benzinpreise erhöht. Wenn das so weitergeht, muss ich mir doch noch die sparsame Honda zulegen."

Ute: „Mich trifft das auch hart. An die Spritkosten für unsere Urlaubsreise an die Adria darf ich gar nicht denken ..."

Dirk: „Was mich richtig zornig macht: Das ist schon die dritte Preiserhöhung in diesem Jahr und das laut Fernsehen trotz rückläufiger Nachfrage!"

Ute: „Also von wegen Angebot und Nachfrage bestimmen den Preis. Das soll verstehen wer will - ich komme da nicht mehr mit."

Ran an die Informationen

Info 1

Preisbildung bei vollständiger Konkurrenz

Vollständige Konkurrenz besteht auf Märkten mit sehr vielen Anbietern und Nachfragern. Die gehandelten Produkte sind sich völlig gleich (homogen). Die Marktteilnehmer haben eine unfassende Marktübersicht. Dem Nachfrager ist es völlig gleich, wo, wann und bei wem er kauft (er hat keine „Präferenz"). Sind diese Bedingungen erfüllt, ist nur der Preis kaufentscheidend. Märkte, die diese Bedingungen erfüllen, bezeichnet man auch als vollkommene Märkte. Sie kommen in der Realität selten vor. Ein Beispiel für Märkte dieser Art sind die Aktienbörsen. Hier wird das Wertpapier „Aktie" gehandelt, so z. B. auch die Aktie des Sportartikelherstellers Craft AG:

Der Kurs der Craft-Aktie unterlag in der Vergangenheit starken Schwankungen. Der Trend ging aber seit drei Jahren nach oben.

Der Kurs der Aktie wird durch Angebot und Nachfrage bestimmt. Bulle und Bär sind dabei Symbolfiguren des Börsengeschehens. Sie repräsentieren den Wettstreit zwischen Optimisten (Bullen) und Pessimisten (Bären).

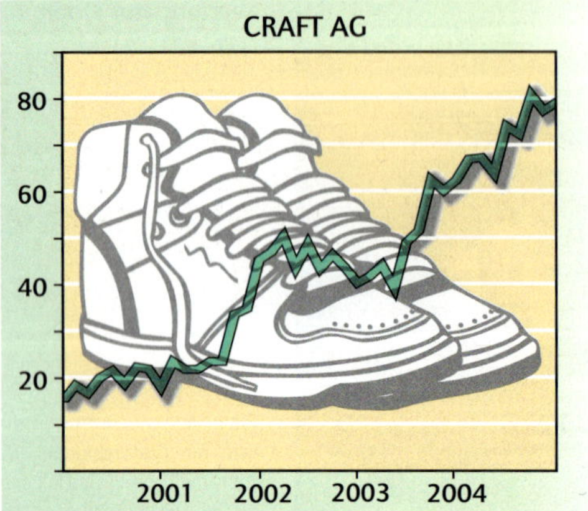

Die **Anbieter** von Aktien und anderen Gütern handeln nach dem **Maximalprinzip**. Sie wollen einen möglichst hohen Kurs bzw. Preis erzielen.

Die **Nachfrager** nach Aktien und anderen Gütern handeln nach dem **Minimalprinzip**. Sie wollen einen möglichst niedrigen Kurs bzw. Preis bezahlen.

Für das **Aktienangebot** gilt:

- Je niedriger der Aktienkurs, desto niedriger ist das Aktienangebot.
- Je höher der Aktienkurs, desto höher ist das Aktienangebot.

Für das **Aktiennachfrage** gilt:

- Je niedriger der Aktienkurs, desto größer ist die Aktiennachfrage.
- Je höher der Aktienkurs, desto niedriger ist die Aktiennachfrage.

Ein (vereinfachtes) Beispiel zeigt:

Nachfrage (Kauforder)

Kurs	Aktienzahl
105,00 €	200
80,00 €	450
60,00 €	750

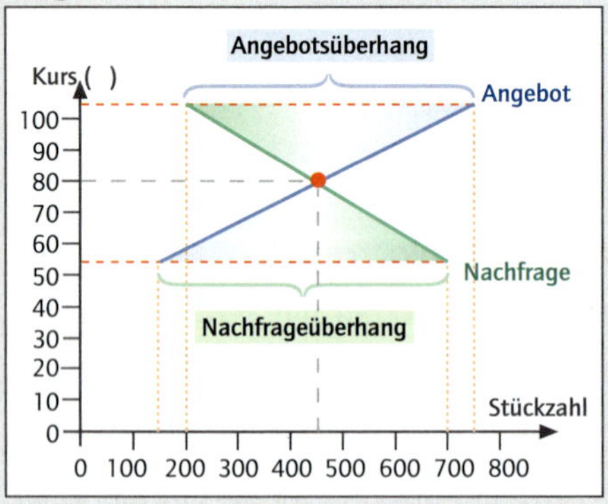

Angebot (Verkaufsorder)

Kurs	Aktienzahl
55,00 €	150
80,00 €	450
105,00 €	700

Wenn Angebot und Nachfrage ausgeglichen sind, ist das **Marktgleichgewicht** erreicht. Der Gleichgewichtskurs beträgt hier 80,00 €. Zu diesem Kurs stimmt die Anzahl der nachgefragten Aktien mit der Anzahl der angebotenen Aktien überein.

Liegt der Kurs kurzfristig unter dem Gleichgewichtskurs, werden mehr Aktien nachgefragt als angeboten. Dieser **Nachfrageüberhang** wirkt sich kurssteigernd aus, die Aktie wird teurer.

Liegt der Kurs über dem Gleichgewichtskurs, wird mehr angeboten als nachgefragt. Ein **Angebotsüberhang** liegt vor. Er drückt so lange auf den Kurs, bis sich das Gleichgewicht wieder eingestellt hat: Die Aktie wird billiger, dadurch wird sie für Käufer wieder interessant.

Aktienhandel an der Frankfurter Börse.

Preisbildung bei eingeschränkter Konkurrenz

Info 2

Auf Märkten im tatsächlichen Wirtschaftsgeschehen sind die Bedingungen der vollständigen Konkurrenz nur selten verwirklicht. Stattdessen gibt es so genannte unvollkommene Märkte. Sehr häufig steht eine große Zahl von Nachfragern nur wenigen Anbietern gegenüber. Diese **Oligopolmärkte** sind die typischen Marktformen in Wirtschaftsbranchen, wo auf der Anbieterseite vor allem Großunternehmen zu finden sind. Dies trifft auf Produkte wie Unterhaltungselektronik, Automobile, Waschmittel, Pharmazeutika, Mineralölprodukte und Sportkleidung zu. Aber auch die Reisebranche wird immer mehr von Großkonzernen beherrscht und weist Merkmale eines Oligopolmarktes auf.

Auf Oligopolmärkten lassen sich unterschiedliche Verhaltensweisen (Strategieformen) der Anbieter beobachten.

- Ein Unternehmen versucht die Konkurrenten mit seiner Preispolitik aus dem Markt zu verdrängen (Verdrängungswettbewerb). Zwischen den Unternehmen besteht eine Art Kampfsituation.
- Die Konkurrenz orientiert sich häufig an den Preisvorgaben des größten Anbieters. Dessen Preisführerschaft wird anerkannt.
- Die anbietenden Firmen konkurrieren nicht miteinander, sondern treffen untereinander Preisabsprachen. In diesem Fall wird aus dem Oligopol ein Preiskartell (siehe TK 9, Kap. 3), was nach dem Gesetz gegen Wettbewerbsbeschränkungen verboten ist. Die wettbewerbsüberwachende Stelle ist das Bundeskartellamt. Preisabsprachen den Firmen nachzuweisen ist jedoch häufig sehr schwierig.

Preisabsprachen bei Mineralölkonzernen?

Hat ein Anbieter auf einem Markt eine **Monopolstellung,** kann er die Preise für seine Produkte selbstständig festlegen. Auf Konkurrenzbetriebe braucht er dabei keine Rücksicht zu nehmen. Privatunternehmen verfolgen das Ziel, den höchstmöglichen Gewinn (Gewinnmaximierung) zu erreichen. Den Preis für seine Ware wird der Monopolist so festlegen, dass er dieses Ziel auch erreicht. Ein zu hoher Preis birgt dabei die Gefahr, dass er zu viele Kunden verliert, weil diese auf den Besitz seiner Ware ganz verzichten.

Öffentliche Monopolbetriebe, wie z. B. Wasserwerke, Verkehrsbetriebe verfolgen häufig nicht das Ziel der Gewinnmaximierung. Ihr Hauptinteresse besteht darin, die Bevölkerung zu angemessenen Preisen mit Gütern und Dienstleistungen zu versorgen. Öffentliche Betriebe kalkulieren im Allgemeinen ihre Preise so, dass die anfallenden Kosten gedeckt werden.

Arbeitsvorschläge

DO IT!

1. Beschreiben Sie den Verlauf der Angebots- und der Nachfragekurve bei vollständiger Konkurrenz.
2. Wann entsteht ein Angebots- und wann ein Nachfrageüberhang?
3. Erklären Sie die Aussage: Börsen zählen zu den Märkten mit vollständiger Konkurrenz.
4. Entscheiden Sie, welche Aussage richtig ist:
   a) Je niedriger der Preis, desto größer ist das Angebot.
   b) Je höher der Preis, desto niedriger ist die Nachfrage.
   c) Je niedriger der Preis, desto geringer ist das Angebot.
   d) Je höher der Preis, desto höher ist die Nachfrage.
5. Nennen Sie mögliche Verhaltensweisen zwischen den Anbietern auf Oligopolmärkten.
6. Wenn es zu Preiskämpfen im privaten Luftverkehr kommt, ist das ein Zeichen von vollständiger Konkurrenz. Beurteilen Sie diese Aussage.

HOT

Fallanalyse: Preispolitik

Andreas Werner hat kürzlich eine freie Tankstelle in der Nähe der Autobahnabfahrt Neuhaus errichtet.

Den örtlichen Tankstellenmarkt um die Stadt Neuhaus zeigt das folgende Bild.

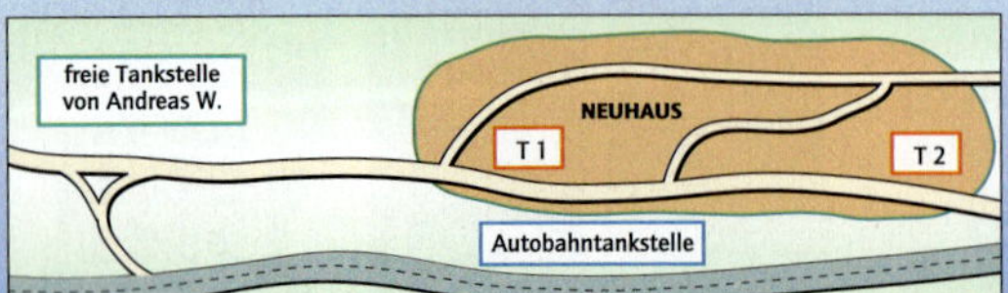

1. Beurteilen Sie, ob eine Marktsituation der vollständigen oder unvollständigen Konkurrenz vorliegt.

2. Annahme: Folgende Preise werden für einen Liter Superbenzin verlangt:
   Autobahntankstelle: 1,20 €, örtliche Tankstelle T1: 1,13 €, T2: 1,12 €.
   Diskutieren Sie über einen Literpreis, den Andreas Werner an seiner freien Tankstelle verlangen könnte.

2 Die Wirtschaftsordnung der sozialen Marktwirtschaft

2.1 Was ist eine Wirtschaftsordnung?

Passiert – notiert

Eine Wirtschaftsordnung – was ist das überhaupt?

Welche Merkmale weisen die verschiedenen Wirtschaftsordnungen auf?

Sein Auftritt liegt schon ein paar Jahre zurück. Aber in unserer Erinnerung hat er überlebt als das hässliche Entlein aus der Automobilgeschichte der ehemaligen DDR. Gemeint ist der Trabbi. Im Vergleich mit seinen westlichen Artgenossen bot er ein trauriges Bild. Als Zweitakter, technisch seit vielen Jahren schon überholt, wurde das kleine stinkende Etwas über einen langen Zeitraum in Zwickau produziert. Mit wenig PS, spärlichem Zubehör und einer Karosse aus „Plaste" knatterte der Trabbi über die schlechten Straßen der ehemaligen DDR. Er war ein „Renner", zwar nicht auf der Straße, aber in den Verkaufszahlen. Der Grund: Konkurrenz durch andere Marken gab es in der DDR so gut wie keine.

Von den Käufern wurde viel Geduld verlangt. Weil der Staat immer nur geringe Mengen herstellen ließ, gab es Lieferzeiten von einigen Jahren. In Beige oder Babyblau war die „Rennpappe" zu liefern. Nicht Kundenwünsche, sondern die staatlichen Vorgaben bestimmten die Farbgestaltung. Und wer Ersatzteile haben wollte, brauchte nicht nur Geld, sondern auch einen langen Atem und gute Beziehungen.

Ran an die Informationen

Info 1

Merkmale der freien Marktwirtschaft und der Zentralverwaltungswirtschaft

In jeder Volkswirtschaft läuft das Wirtschaftsgeschehen nach bestimmten Spielregeln ab. Die Summe aller Regeln macht die Wirtschaftsordnung eines Landes aus. Zwei sehr unterschiedliche Auffassungen stehen sich gegenüber. Sie geben verschiedene Antworten auf die entscheidende Frage:

Wer soll die Wirtschaft lenken?

Die Antwort von Adam Smith:

Der Staat soll auf keinen Fall in das Wirtschaftsgeschehen eingreifen. Die Lenkung der Wirtschaft soll den Unternehmen und den Konsumenten überlassen bleiben.

Adam Smith (1723 – 1790)

Begründung:
Im freien Wettbewerb untereinander versuchen die Unternehmen ihre Ware zu möglichst niedrigen Kosten herzustellen, um einen hohen Gewinn zu erzielen. Die Konsumenten bevorzugen die Anbieter, die ihre Ware zu den niedrigsten Preisen anbieten. Der persönliche Eigennutz der Beteiligten wird so zur Quelle des Volkswohlstands.

Karl Marx (1818 – 1883)

Die Antwort von Karl Marx:

Der Staat soll die Wirtschaft lenken. Die freie Marktwirtschaft sollte daher abgeschafft werden.

Begründung:
Die in der freien Marktwirtschaft gewährte Freiheit wird dazu missbraucht den Wettbewerb einzuschränken. Die wirtschaftlich Schwächeren (Proletariat) werden ausgebeutet. Die Konkurrenten werden vernichtet. Es kommt zur Arbeitslosigkeit und Verarmung.

- Wird der Wirtschaftsprozess über eine Vielzahl von Wirtschaftsplänen gelenkt, so liegt eine **freie Marktwirtschaft** vor. Unternehmen und die privaten und öffentlichen Haushalte versuchen ihre persönlichen Wirtschaftspläne zu verwirklichen.
- Wird der Wirtschaftsprozess aufgrund eines einzigen zentralen Plans gelenkt, so liegt eine **Zentralverwaltungswirtschaft** (Planwirtschaft) vor. Letztlich ist es der Staat (z. B. in Form einer Staatspartei), der den Wirtschaftsplan aufstellt. Aus ihm leiten sich die Einzelpläne ab.

Die freie Marktwirtschaft und die Zentralverwaltungswirtschaft sind Modelle einer Wirtschaftsordnung. Sie kommen in der Wirklichkeit nicht vor. Aus den Modellen entstanden die realen (tatsächlich vorhandenen) Wirtschaftsordnungen. Diese sind jeweils Mischformen aus der freien Marktwirtschaft und der Zentralverwaltungswirtschaft.

Zahlreiche Elemente der Zentralverwaltungswirtschaft sind vor allem in den Wirtschaftsordnungen kommunistischer Staaten vorhanden. Beispiel hierfür sind Kuba und die Wirtschaftsordnung der ehemaligen DDR. Elemente der freien Marktwirtschaft finden sich gehäuft in den Wirtschaftsordnungen demokratischer Staaten. So z. B. in der Bundesrepublik. Sie wird als soziale Marktwirtschaft bezeichnet.

Vergleich der beiden Wirtschaftsordnungsmodelle

Die Rolle des Staates, der Haushalte und Unternehmen:

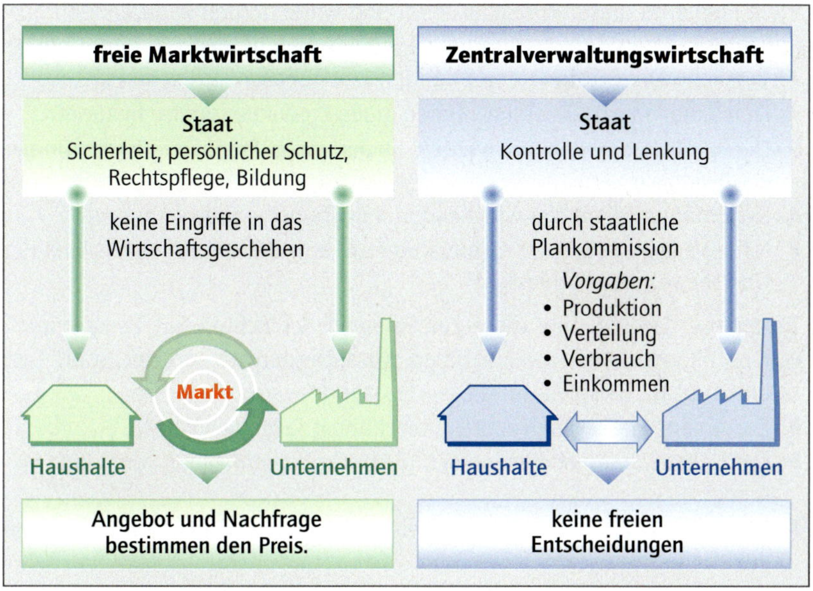

Weitere Unterscheidungsmerkmale der beiden Wirtschaftsordnungen:

freie Marktwirtschaft	Unterscheidungsmerkmale	Zentralverwaltungswirtschaft
Der Wirtschaftsprozess wird über eine Vielzahl von Wirtschaftsplänen der Unternehmen und Haushalte gelenkt (dezentrale Planung).	**Wirtschaftsplanung**	Eine zentrale Planungsinstanz plant Art, Menge und Verteilung der Güter.
Es besteht Privateigentum an Produktionsmitteln. Unternehmen können frei über ihren Einsatz entscheiden.	**Eigentum an Produktionsmitteln** (z. B. Maschinen)	Produktionsmittel befinden sich in Staatseigentum. Ihr Einsatz wird staatlich angeordnet.
Betriebe in der Marktwirtschaft streben vor allem hohe Gewinne an.	**Zielsetzung der Betriebe**	Betriebe der Zentralverwaltungswirtschaft haben als oberste Zielsetzung die Planerfüllung.
Importe und Exporte beruhen auf autonomen Entscheidungen der Unternehmen und Haushalte.	**Außenwirtschaft**	Der Staat hat ein Außenhandelsmonopol. Er bestimmt letztlich die wirtschaftlichen Beziehungen mit dem Ausland.
Es besteht der Grundsatz der freien Berufs- und Arbeitplatzwahl.	**Berufs- und Arbeitsplatzwahl**	Der Staat teilt Arbeitsplätze zu und beeinflusst die Berufswahl.

Info 2 Vor- und Nachteile der beiden Wirtschaftsordnungen

Freie Marktwirtschaft.

Viele Elemente dieser Wirtschaftsordnung waren in den kapitalistisch ausgerichteten Volkswirtschaften im 19. und zu Beginn des 20. Jahrhunderts verwirklicht. Die **Erfolge** der damaligen Zeit konnten sich sehen lassen:

- Durch die Industrialisierung wurden große Produktionskräfte freigesetzt.
- Durch Massenproduktion wurden immer mehr Produkte für die Bürger erschwinglich.
- Die Ernährungslage der wachsenden Bevölkerung wurde verbessert.
- Neue Verkehrswege (z. B. Eisenbahnnetze) entstanden und neue Märkte in Übersee wurden erschlossen.

Trotz dieser Erfolge steht diese Zeit in einem schlechten Ruf. Es kam nämlich zu ökonomischen und sozialen **Missständen,** denen der Staat fast tatenlos zusah. Beispiele für diese Missstände waren:

- Die Arbeiterklasse verelendete durch ständig fallende Löhne.
- Die kleinen Unternehmen wurden durch Großunternehmen vom Markt verdrängt.
- Monopole entstanden, die die Preise diktierten und überhöhte Gewinne erwirtschafteten.
- Kinderarbeit wurde zu einer alltäglichen Erscheinung.

Mädchen in Langkawi bei der Holzkohleproduktion

Auch in der heutigen Zeit findet man noch Elemente der damaligen Missstände. Jeder von uns kennt z. B. die Bilder von arbeitenden Kindern in den Ländern der Dritten Welt.

Zentralverwaltungswirtschaft:

Im Vergleich mit der freien Marktwirtschaft hat sie einige **Vorteile:**

- Wirtschaftskrisen, wie z. B. Massenarbeitslosigkeit, lassen sich mithilfe der zentralen Wirtschaftsplanung vermeiden.
- Es besteht eine bessere Chancengleichheit als in der freien Marktwirtschaft.
- Die Wirtschaftsentwicklung verläuft gleichmäßiger und leidet nicht unter starken Konjunkturschwankungen.

Den Vorteilen stehen erhebliche Nachteile gegenüber. Dies führte schließlich bei vielen ehemalig kommunistischen Staaten dazu, sich marktwirtschaftlich ausgerichteten Wirtschaftsordnungen anzunähern.

Wesentliche **Nachteile** der Zentralverwaltungswirtschaft sind:

- Fehlplanungen führen häufig zu Engpässen bei Rohstoffen und Fertigprodukten. Konsumgüter werden knapp.
- Versorgungsengpässe der Bevölkerung führen zu mangelndem Leistungswillen und niedriger Produktivität.
- Misswirtschaft entsteht. Betriebe sind zu unflexibel um Versorgungslücken bei der Bevölkerung zu decken.

9596232

Arbeitsvorschläge

1. Welcher Unterschied besteht bei Adam Smith und Karl Marx zwischen ihren Gedanken zur Wirtschaftsordnung?
2. Beschreiben Sie den Unterschied zwischen den Modellen und den tatsächlich vorhandenen (realen) Wirtschaftsordnungen.
3. Welche Mängel weist die Wirtschaftsordnung der freien Marktwirtschaft auf?
4. Zeigen Sie Mängel einer Zentralverwaltungswirtschaft auf.
5. Nennen Sie Unterschiede zwischen der freien Marktwirtschaft und der Zentralverwaltungswirtschaft, die sich auf folgende Merkmale beziehen:
   - Eigentum an Produktionsmitteln,
   - Zielsetzung der Betriebe,
   - Gewerbefreiheit.

DO IT!

6. Diskutieren Sie über die Karikatur.

HOT

Vergleich der Wirtschaftsordnungen

Warum die ostdeutsche Kommandowirtschaft versagte

Ein Wirtschaftssystem, im dem Preise für Wohnungen, Brot, Strom, Fahrtkosten und sogar Blumen vom Staat festgelegt wurden, konnte nichts über die wahren Kosten der Produktion wissen. Und wer seine Kosten nicht kennt, der muss zwangsläufig unwirtschaftlich produzieren. Da das subventionierte Brot im Laden billiger war als das Getreide, das den Bauern abgekauft wurde, fütterte man in der ehemaligen DDR die Hühner mit Brot statt mit Getreide. Neue, teure Maschinen wurden nicht dort eingesetzt, wo sie am meisten Arbeit sparten und die Produktion am stärksten erhöhten. Die Planungsbeamten bestimmten, wo sie hingestellt wurden.

Die staatliche Vergabe für die Güterproduktion führte so zu einer Vergeudung knapper Mittel. Anders als selbstständige Unternehmen reagierte die Planungsbehörde nicht auf Konsumentenwünsche. Sie orientierte sich an selbst gestrickten Bedarfsplänen, die mit der echten Nachfrage wenig gemeinsam hatten. nach: Spiegel-Spezial, II/90, S. 111

Bilden Sie sich in Gruppenarbeit ein Urteil über Wirtschaftsordnungen, indem Sie Vor- und Nachteile vergleichen. Als Informationsgrundlage sollte auch der vorstehende Text dienen.

Die Klasse wird dazu in zwei Gruppen aufgeteilt. Die eine Gruppe beschäftigt sich mit der Zentralverwaltungswirtschaft, die andere mit der freien Marktwirtschaft. Die Ergebnisse sind innerhalb der Gruppe zu sammeln. Formblätter nach folgendem Muster sollten dabei verwendet werden:

ZENTRALVERWALTUNGS-WIRTSCHAFT	
Nachteile	Vorteile

FREIE MARKTWIRTSCHAFT	
Nachteile	Vorteile

Jede Gruppe wählt einen Sprecher, der die Gruppenergebnisse der Klasse vorträgt.

2.2 Unsere Wirtschaftsordnung im Überblick

Passiert – notiert

Welches sind die Merkmale der sozialen Marktwirtschaft?

Welche Probleme gibt es in der sozialen Marktwirtschaft?

Als soziale Marktwirtschaft wird die Wirtschaftsordnung der Bundesrepublik bezeichnet. Als ihre Väter gelten der frühere Bundeswirtschaftsminister und spätere Bundeskanzler Dr. Ludwig Erhard und sein Staatssekretär Dr. Alfred Müller-Armack. Erhard steht der Verdienst zu 1948 die Idee der sozialen Marktwirtschaft im Nachkriegsdeutschland durchgesetzt zu haben.

Erhard auf einem Wahlplakat der Siebzigerjahre

Zeitungsmeldungen aus der heutigen Zeit

sein **Anspruch** und die heutige **Wirklichkeit**

Einkommensunterschiede: **Die Kluft wird größer**

Eine dünne Oberschicht kann sich alles leisten!

Frauen am Ende der Einkommensskala – ist ein Chefarzt 20-mal mehr wert als eine Krankenschwester?

Was ist noch sozial an unserer Wirtschaft?

Traurige Wahrheit: **Arbeitslosigkeit erreicht neue Höchststände**

Soziale Marktwirtschaft: **Die Wohlstandsmaschine stottert**

Wenig Chancen für Ungelernte
Wirtschaftsverbände: Arbeitsmarktanteil für Ungelernte sinkt

Ran an die Informationen

Info 1

Ordnungsmerkmale der sozialen Marktwirtschaft

Die soziale Marktwirtschaft ist eng mit dem Namen Ludwig Erhard verbunden. Er gilt neben Alfred Müller-Armack als Vater einer Wirtschaftsordnung, die die Elemente einer rein planwirtschaftlichen mit denen einer marktwirtschaftlich organisierten Wirtschaft verbinden wollte. Die Nachteile beider Konzepte sollten vermieden werden. Die Vorteile galt es in eine neue Wirtschaftsordnung einzubringen.

Merkmale der sozialen Marktwirtschaft

dezentrale Planung	Die meisten wirtschaftlichen Handlungen erfolgen durch eine dezentrale Planung. Einen staatlichen Gesamtplan gibt es nicht.
Gewinnprinzip	Das unternehmerische Handeln wird bestimmt durch die Chance, Gewinn zu erzielen, aber auch durch das Risiko, Verluste zu erwirtschaften.
Wettbewerb	Der Wettbewerb gilt als wichtigstes Mittel zur Steuerung der Wirtschaft. Er soll verhindern, dass zu große Marktmacht entsteht.
Privateigentum	Das Privateigentum an Produktionsmitteln (z. B. Maschinen, Werkzeuge) ist gewährleistet. Es ist aber auch Staatseigentum (Kollektiveigentum) möglich.
Tarifautonomie	Tarifverträge werden frei zwischen Gewerkschaften und Arbeitgeberverbänden abgeschlossen.
aktive Rolle des Staates	Der Staat nimmt eine zurückhaltende, aber trotzdem aktive Rolle im Wirtschaftsgeschehen ein.
Europäische Zentralbank	Um die Aufgabe als Hüterin der Währung besser wahrnehmen zu können, ist die Europäische Zentralbank unabhängig gegenüber Weisungen der Regierungen der einzelnen europäischen Staaten.
Preisbildung	Die freie Marktpreisbildung dient dem Ausgleich von Angebot und Nachfrage.

Die Rolle des Staates in der sozialen Marktwirtschaft Info 2

Der Staat hat drei Arten von Aufgaben zu erfüllen: Schutz der marktwirtschaftlichen Regeln, Beseitigung von Störungen und soziale Korrektur.

1. Schutz der Regeln

Der Staat hat die Aufgabe für die Einhaltung der marktwirtschaftlichen Ordnung zu sorgen. Hier geht es vor allem darum Maßnahmen zu ergreifen, durch die eine Einhaltung und Förderung des Wettbewerbs erreicht werden soll. Zu dieser Art von Wettbewerbspolitik zählen z. B. folgende Maßnahmen bzw. Gesetze:

- **Gesetz gegen Wettbewerbsbeschränkungen:** Hierdurch werden Zusammenschlüsse von Unternehmen verboten, wenn sie den freien Wettbewerb unterbinden.
- **Gesetze und Aufklärung zum Schutz der Verbraucher:** So wird z. B. die Vertragsfreiheit durch das BGB[1] und das AGB-Gesetz[2] zum Schutz der wirtschaftlich Schwächeren eingeschränkt.
- **Verbot von sittenwidrigen oder Wuchergeschäften:** Hierdurch wird ein überhöhtes Gewinnstreben auf Kosten der Verbraucher eingeschränkt.

2. Beseitigung von Störungen

Ergeben sich Störungen im wirtschaftlichen Ablauf, so sollte der Staat korrigierend eingreifen. Nicht selten sind seine Möglichkeiten und Erfolge dabei nur sehr gering, wie man z. B. an dem wirtschaftlichen Kernproblem Nr. 1, der Bekämpfung der hohen Arbeitslosigkeit, sieht. Die staatlichen Aufgaben beziehen sich auf folgende Bereiche:

- **Konjunkturpolitik:** Der Staat kann versuchen, den Konjunkturverlauf zu beeinflussen. Denkbar ist z. B. durch eine Steuersenkung den privaten Konsum und die Investitionsnachfrage anzuregen.

- **Strukturpolitik:** Ihr Ziel besteht darin, Nachteile für Not leidende Wirtschaftsbereiche oder strukturell benachteiligte Gebiete abzubauen. Massive Strukturpolitik wird z. B. seit vielen Jahren in den neuen Bundesländern betrieben.
- **Öffentliche Unternehmen:** Der Staat übernimmt in der Wirtschaft Aufgaben, die private Unternehmer nicht wahrnehmen würden, da keine Gewinne – eventuell sogar Verluste – gemacht würden (z. B. öffentlicher Nahverkehr, städtische Kindergärten, Wasserwerke). Heute ist ein Trend zu beobachten, dass immer mehr staatliche Unternehmen privatisiert werden, um Haushaltslöcher zu stopfen.

1 BGB = Bürgerliches Gesetzbuch

2 AGB-Gesetz = Gesetz zur Regelung des Rechts der Allgemeinen Geschäftsbedingungen

3. Soziale Korrektur

Die Ergebnisse der Marktwirtschaft sind häufig unsozial. Sie benachteiligen bestimmte gesellschaftliche Gruppen, wie z. B. alleinerziehende Mütter. Um dieser Erscheinung entgegenzuwirken, hat der Staat es sich zur Aufgabe gemacht, solche Ergebnisse zu korrigieren. Dieser Zielsetzung dient die **Einkommens- und Sozialpolitik.** Hierbei versucht der Staat durch verschiedene Maßnahmen, die Einkommen der Wirtschaftsteilnehmer gerechter zu verteilen (z. B. durch die Steuerprogression für besser Verdienende). Auch haben die weniger Verdienenden durch das Vermögensbildungsgesetz die Möglichkeit, mit Zuschüssen bescheidene Vermögen zu bilden. Außerdem wird an sozial Schwächere Sozialhilfe gezahlt.

Die Korrekturaufgabe des Staates zeigt sich auch in einer sozialen Gestaltung der Arbeitsbedingungen. Kündigungs-, Jugendarbeits- und Mutterschutz sind hierfür Beispiele. Und wenn jemand krank, pflegebedürftig, arbeitslos wird oder aus Altergründen in den Ruhestand geht, helfen ihm die verschiedenen Arten der Sozialversicherung (siehe TK 3, Kap. 1).

Probleme der Marktwirtschaft

Info 3

In der Aufbauphase der sozialen Marktwirtschaft wurden in der Bundesrepublik bedeutende wirtschaftliche Leistungen erbracht. Die Erfolgsbilanz konnte sich sehen lassen. Die deutsche Wirtschaft wurde wegen ihrer Erfolge überall bewundert. Es war die Rede vom „Deutschen Wirtschaftswunder".

Die Zeiten haben sich geändert. Das einst hochgelobte deutsche Modell eines modernen Wohlfahrtsstaates ist in eine tiefe Krise geraten. Hohe Arbeitslosigkeit, ein nicht mehr zu bezahlender Sozialstaat, eine erhebliche Umweltbelastung, viele Firmenpleiten und eine riesige Staatsverschuldung sind die äußeren Anzeichen dieser Krisensituation. Auch zwei Millionen private Haushalte gelten als überschuldet. Zinsen und Tilgung für ihre aufgenommenen Kredite können sie nicht mehr bezahlen. Viele leben am Rande der Verarmung. Den ärmeren Bevölkerungsschichten steht eine wachsende Zahl von Reichen gegenüber, die oft doppelt gut verdienen: im Beruf und häufig auch an der Börse. Bei zahlreichen Bürgern in der sozialen Mittelschicht greift immer mehr Angst um sich: Die Angst vor dem sozialen Absturz.

Da gibt es aber noch eine weitere Last, unter der viele stöhnen: Die Steuern und Abgaben. Inzwischen versucht der Staat gegenzusteuern. Um die finanzielle Belastung zu vermindern wurden die Steuern gesenkt und Teile der Sozialversicherung reformiert. Den geringeren Steuern und den erhofften niedrigeren Sozialversicherungsbeiträgen stehen aber einige schmerzhafte Eingriffe in das Sozialsystem gegenüber. So wurde das Kranksein teurer, die Bezugsdauer des Arbeitslosengeldes gekürzt und die Kilometerpauschale für die Fahrten zur Arbeit verringert. Viele Bürger zweifeln daran, dass die Reformen ausreichen um die Marktwirtschaft wieder in Schwung zu bringen.

Immer mehr Menschen beklagen sich auch darüber, dass der Staat zuviel des Guten getan hat. Seine starken Eingriffe in das Marktgeschehen zeigen auch negative Ergebnisse. In vielen Branchen werden überhöhte Preise verlangt, die der Staat mitzuverantworten hat. Nicht wenige Bürger meinen, dass der Staat den Markt in Ruhe lassen muss, damit sich der gegenwärtige Zustand bessert.

Beispiele:

Energie

Preisaufsicht, Abnahmeverpflichtung für deutsche Steinkohle und Windenergie. Ein Lichtblick: Stromversorger verlieren ihre Gebietsmonopole.

Wohnungsbau

Mieterschutz über alles: Freie Preisbildung wird auch hier verhindert.

Landwirtschaft

Abnahmegarantien, Quoten, Mindestpreise: Über die Einkommen der Bauern entscheiden Politiker.

Handwerk

Gut geschützt vor lästiger Konkurrenz dank Meisterbrief. Er ist immer noch für viele Handwerksberufe notwendig. Der Kunde muss teure Meisterstunden bezahlen.

Verkehr

Taxi, Bus, Eisenbahn: Hier ist kein freier Wettbewerb – hohe Tarife sind die Folge.

Gesundheit

Staatlich gesteuerte Zukunftsbranche: Über Anbieter und Preise wacht eine allmächtige Bürokratie.

Arbeitsvorschläge

DO IT!

1. Nennen Sie Probleme, die zurzeit durch die soziale Marktwirtschaft nicht bewältigt werden.
2. Welche Möglichkeiten hat der Staat um Störungen im wirtschaftlichen Ablauf zu beseitigen?
3. Zeigen Sie Wirtschaftsbereiche auf, bei denen der Staat in das Marktgeschehen eingreift.
4. Was leistet die soziale Marktwirtschaft z. B. für eine arbeitslose und alleinerziehende Mutter?

HOT

Fallanalyse Verdrängungswettbewerb

Marlies Stöcker aus Erfurt äußert sich in einem Leserbrief zu dem Thema: „Unsere Wirtschaftsordnung – genutzte Chance oder Trauer um die alte Zeit?":

Verdrängungswettbewerb und kein Ende?

Als Frau und Bewohnerin der neuen Bundesländer zähle ich mich zu den großen Verlierern der Einheit. Die ist zwar schon ein paar Jahre her, aber immer noch habe ich es nicht geschafft, einen neuen Arbeitsplatz zu finden. Wenn ich endlich einen gefunden habe, sind es immer häufiger die männlichen Bewerber, die bevorzugt werden. Überall gibt es Verdrängungswettbewerb: Männer verdrängen Frauen, Junge verdrängen Alte, gelernte Fachkräfte verdrängen die ungelernten und Mitbewerber verdrängen Konkurrenzunternehmen. Vor der Wende waren es bessere Zeiten. Der Wettbewerb war uns fremd und wir sind nicht schlecht dabei gefahren. Arbeitslosigkeit war kein Thema, von Firmenpleiten erfuhr man nur etwas aus den Westnachrichten und auch der ungelernte Arbeiter musste nicht vor Neid erblassen, wenn er den Inhalt seiner Lohntüte mit der des qualifizierten Kollegen verglich. Also mein Vorschlag zum Thema Wirtschaftsordnung: Marsch zurück in die Zukunft! ***Marlies Stöcker, Erfurt***

Diskutieren Sie über den Leserbrief.

a) Bilden Sie dazu zwei Gruppen, die zunächst jeweils unter sich ihre Argumente vorbereiten. Eine sollte die Meinung von Marlies Stöcker (ganz oder teilweise) verteidigen. Die andere Gruppe sollte versuchen, sie kritisch zu hinterfragen. Beziehen Sie in Ihre Argumentation auch mit ein, was Sie in Kapitel 2 über die Zentralverwaltungswirtschaft gelernt haben.

b) Das „Für und Wider" sollten Sie dann im Klassenverband gegeneinander abwägen und zu einer abschließenden Meinung kommen.

3 Das Bruttoinlandsprodukt als wirtschaftlicher Leistungsmaßstab

Wie wird die Gesamtleistung unserer Volkswirtschaft gemessen?

Wie hat sich die Gesamtleistung entwickelt?

Passiert – notiert

Einige Blitzlichter aus dem alltäglichen Arbeitsleben in Deutschland:

Alle üben ihren Beruf aus, arbeiten, alle leisten etwas. Alle tun sie eines gemeinsam: Sie steigern das Bruttoinlandsprodukt und damit auch den Wohlstand.

Ran an die Informationen

Info 1

Die Ermittlung des Bruttoinlandsprodukts

In Handwerk und Industrie wird jedes Jahr eine riesige Menge an Gütern hergestellt. Außerdem werden durch Handel, Banken, Versicherungen und andere Betriebe eine Vielzahl von Dienstleistungen erbracht. Die Summe aller dieser Güter und Dienstleistungen, die innerhalb eines Jahres in der Bundesrepublik erstellt wird, bezeichnet man als Bruttoinlandsprodukt (BIP).

Das BIP lässt sich auf verschiedene Art und Weise ermitteln. Die folgenden Rechnungen geben dabei Antworten auf unterschiedliche Fragen:

Entstehungsrechnung ►	*Frage:* Wo wurde das BIP erarbeitet?
Verwendungsrechnung ►	*Frage:* Wofür wird das BIP verwendet?
Verteilungsrechnung ►	*Frage:* An wen wurde das BIP verteilt?

Entstehungsrechnung

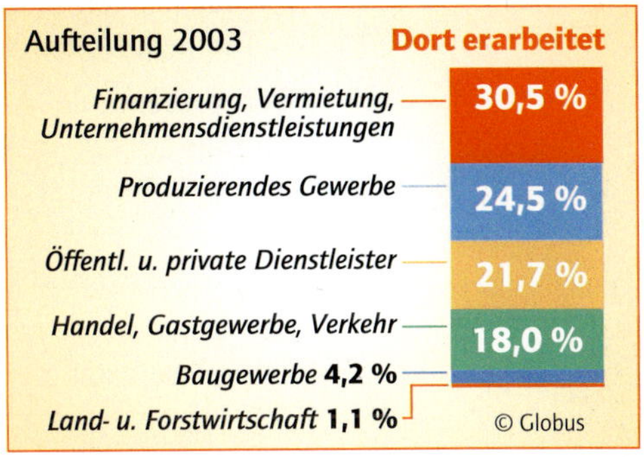

In unserer Volkswirtschaft werden Güter von Unternehmen erstellt. Beteiligt an diesem Prozess ist z. B. die Landwirtschaft, das produzierende Gewerbe (z. B. Industriebetriebe), die Bauwirtschaft, der Handel. Aber auch öffentliche und private Dienstleistungsbetriebe, wie z. B. Länder, Gemeinden und Vereine erstellen Werte. Die Summe aller dieser Werte bezeichnet man als Bruttoproduktionswert einer Volkswirtschaft. Dieser Wert hat aber einen Nachteil: Er enthält viele Doppelzählungen, die nicht mit erfasst werden dürfen. Für jeden Betrieb muss vielmehr ermittelt werden, was er an neuen Werten geschaffen hat (Wertschöpfung). Die Leistung der vorgelagerten Betriebe, die z. B. Roh-, Hilfs- und Betriebsstoffe geliefert und auch Dienstleistungen zur Verfügung gestellt haben (z. B. der Steuerberater), stellen Vorleistungen dar. Sie sind vom Produktionswert abzuziehen um die Wertschöpfung zu erhalten.

Beispiel zur Ermittlung der Wertschöpfung:

In Schauenburg weiß jeder: Die Currywürste von Karl's Imbissstube sind die besten. Allein für nächsten Montag braucht Karl 200 Würstchen. Um sie herzustellen sind mehrere Produktionsstufen notwendig. Landwirt Müller liefert das Schwein an die Metzgerei Bollmann für 120,00 €. Max Bollmann stellt hiervon 200 Bratwürste her, die er an Karl's Imbissstube für 190,00 € liefert. Für Metzger Bollmann stellt das Schweinefleisch für die Würste eine Vorleistung dar. Für die Imbissstube sind die Bratwürste ebenfalls eine Vorleistung. Die 200 Currywürste haben einen Verkaufswert von 300,00 €. Dies entspricht der gesamten Wertschöpfung.

Landwirt Müller liefert Schweinefleisch für 120,00 €. ► Metzgerei Bollmann liefert Bratwürste für 190,00 €. ► Karl's Imbissstube stellt 200 Currywürste her für 300,00 €. ►

Produktionswert	610,00 €
– Vorleistungen	310,00 €
= Wertschöpfung	300,00 €

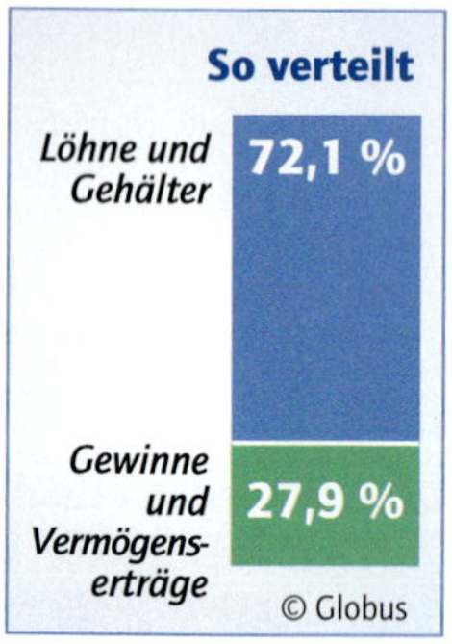

Verteilungsrechnung

An der Erstellung des Bruttoinlandsprodukts sind die drei Produktionsfaktoren Arbeit, Boden und Kapital beteiligt. Hierfür werden sie entlohnt. Ihnen fließen die Einkommen zu. Die Summe aller Einkommen wird als **Volkseinkommen** bezeichnet. Statistisch werden zwei Gruppen von Einkommensempfängern unterschieden:

- Bezieher von Arbeitnehmerentgelt (Löhne und Gehälter),
- Bezieher von Unternehmens- und Vermögenseinkommen (Gewinne, Zinsen, Pachten, Mieteinkommen).

Der prozentuale Anteil des Arbeitnehmerentgelts am Volkseinkommen wird als Lohnquote bezeichnet.

$$\text{Lohnquote} = \frac{\textit{Arbeitnehmereinkommen} \cdot 100}{\textit{Volkseinkommen}}$$

Den prozentualen Anteil des Unternehmens- und Vermögenseinkommens am Volkseinkommen nennt man Gewinnquote.

$$\text{Gewinnquote} = \frac{\textit{Unternehmens- und Vermögenseinkommen}}{\textit{Volkseinkommen}}$$

Gewerkschaften haben ein besonderes Interesse an der Lohnquote. Sie möchten erreichen, dass sich die Einkommenssituation der Arbeitnehmer über eine Erhöhung des Lohnanteils am Volkseinkommen verbessert. Das Volkseinkommen lässt sich mit einem Kuchen vergleichen, der aufgeteilt wird. Bekommen die Arbeitnehmer ein größeres Stück, bleibt weniger für die Unternehmer übrig. Anders ausgedrückt: Eine Erhöhung der Lohnquote bedeutet, dass die Gewinnquote sich vermindern muss. Kommt es umgekehrt zu einer Umverteilung des Volkseinkommens zugunsten der Gewinnquote, bleibt entsprechend weniger für Löhne und Gehälter übrig.

Verwendungsrechnung

Sie zeigt, wie das BIP in der Volkswirtschaft verwendet worden ist. Der größte Teil der erzeugten Güter und Dienstleistungen fließt in den privaten Verbrauch. Aber auch der Staat verbraucht einen Teil des BIPs. Dieser Staatsverbrauch entsteht z. B. dadurch, dass der Staat seine Arbeitskräfte bezahlt, Universitäten baut und die Bundesautobahnen unterhält. Teile des BIP werden von Betrieben verwendet. Sie dienen entweder dem Ersatz abgenutzter Produktionsmittel, z. B. einer Maschine (Ersatzinvestition), oder der Erweiterung des Produktionsmittelbestands (Erweiterungsinvestition). Erweiterungsinvesti-

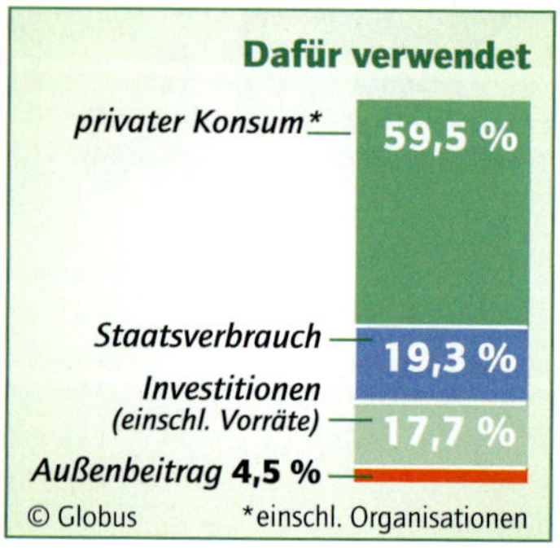

9596242

tionen, z. B. in Form von zusätzlichen Produktionsanlagen, fördern das Wachstum einer Volkswirtschaft. Dies wiederum wirkt sich positiv auf den Lebensstandard der Bevölkerung aus. Ein Teil des BIP dient dazu den „Außenbeitrag" zu finanzieren. Dies ist dann der Fall, wenn die Importe eines Staates größer als die Exporte sind.

Nominales und reales Bruttoinlandsprodukt

Info 2

Unser Geld wird bekanntlich Jahr für Jahr weniger wert. Der Geldwert sinkt. Wir merken es an den steigenden Preisen für Güter und Dienstleistungen. Um den Wert des BIP zu ermitteln kann man alle hergestellten Güter und Dienstleistungen mit den aktuellen Preisen (Marktpreisen) bewerten. Steigen die Preise aber stark an, so wird das BIP wachsen, obwohl die Menge der hergestellten Güter und Dienstleistungen eventuell gleich geblieben ist. Um diesen Nachteil auszugleichen wird das so ermittelte **nominale BIP** um die Preissteigerungsrate berichtigt. Das Ergebnis ist das **reale BIP.** Bei seiner Berechnung werden die Preise auf ein Basisjahr (z. B. 2000) zurückgerechnet. Wird jetzt ein Anstieg des BIP festgestellt, kann man sicher sein, dass er nur auf größere Mengen an bezahlten Gütern und Dienstleistungen zurückzuführen ist. Alle seit dem Basisjahr erfolgten Preiserhöhungen sind herausgerechnet.

Beispiel: reales Bruttoinlandsprodukt

Im Jahr 1 in der „Mini-Volkswirtschaft" von Liliputanien werden 3 Arten von Gütern erzeugt. Addiert man den Wert der Güter, erhält man das Bruttoinlandsprodukt.

Gut 1: 100 Stück zu je 2,00 € → **200,00 €**
+
Gut 2: 50 Stück zu je 8,00 € → **400,00 €**
+
Gut 3: 200 Stück zu je 3,00 € → **600,00 €**
=
reales BIP → **1.200,00 €**

Ergebnis: Das Bruttoinlandsprodukt beträgt 1.200,00 €.

Beispiel: nominales Bruttoinlandsprodukt

In der „Mini-Volkswirtschaft" von Liliputanien steigen im 2. Jahr die Preise um 5 %.

Gut 1: 100 Stück zu je 2,10 € → **210,00 €**
+
Gut 2: 50 Stück zu je 8,40 € → **420,00 €**
+
Gut 3: 200 Stück zu je 3,15 € → **630,00 €**
=
nominales BIP → **1.320,00 €**

Ergebnis: Das nominale Bruttoinlandsprodukt hat sich erhöht und beträgt jetzt 1.260,00 €. Real beträgt es noch immer 1.200,00 €.

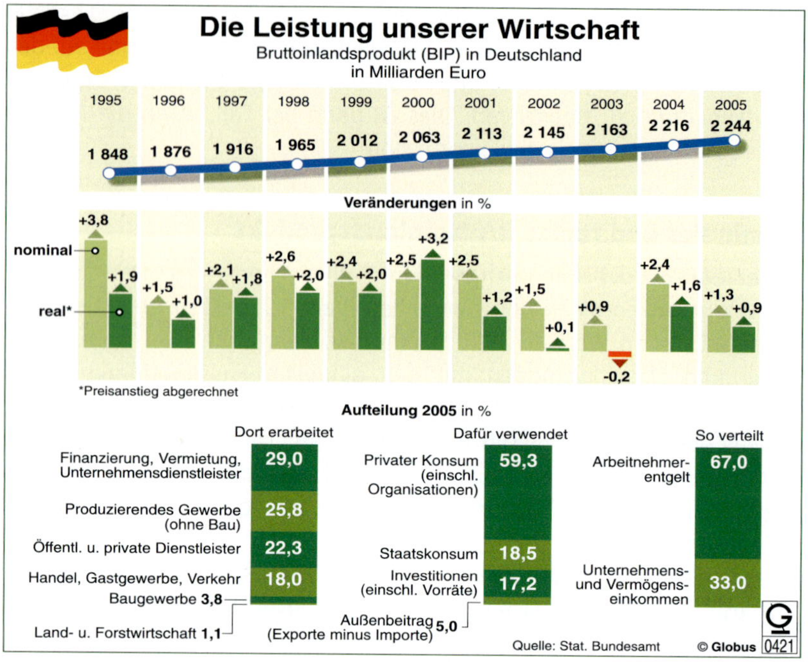

Info 3 Das Bruttoinlandsprodukt als Wohlstandsmaßstab

Das BIP ist ein Maßstab dafür, wie fleißig und erfolgreich eine Volkswirtschaft gearbeitet hat. Das Wachstum einer Volkswirtschaft wird mithilfe des BIP ausgedrückt. Es dient als Wohlstandsmaßstab. Steigt es, so bricht meistens Freude aus. Sinkt es, fangen viele Politiker an nervös zu werden und überlegen sich, wie sie diesen Zustand ändern können.

Viele Fachleute sind der Meinung, dass das BIP als Wohlstandsmaßstab nur bedingt geeignet ist. Als Kritikpunkte werden genannt:

- Im BIP erscheinen nur solche Vorgänge, die über den Markt abgewickelt werden. Die Nachbarschaftshilfe geht daher ebenso wenig in das BIP ein wie die Hausfrauenarbeit. Der Junggeselle, der seine früher bezahlte Hausangestellte heiratet, verringert so das BIP. Der Wohlstand ist rein statistisch gesunken, obwohl nach der Heirat die gleiche Arbeit wie vorher geleistet wird.

- Nicht erfasst wird auch Schwarzarbeit. Sie taucht in der volkswirtschaftlichen Statistik ebenso wenig auf wie die gesamten Heimwerker-Tätigkeiten. Beide zusammen machen nach groben Schätzungen fast 50 Prozent des offiziellen BIP aus.

- Das BIP erfasst Vorgänge, die zu keiner Mehrung des Wohlstands führen. In unserer Industriegesellschaft kommt es z. B. ständig zu einer Schädigung der natürlichen Umwelt. Um die Schäden zu mildern, entstehen riesige Folgekosten, die zu einer Steigerung des BIP führen. So werden Kläranlagen gebaut, Luftfilter hergestellt oder geschädigte Waldflächen aufgeforstet. Und auch durch das Auto auf unseren Straßen wird das BIP mächtig angekurbelt. Die vielen Verkehrsunfälle führen dazu, dass Krankenschwestern eingesetzt werden, Ärzte und Medikamente zu bezahlen sind, Versicherungen abgeschlossen werden und schließlich auch die zu Schrott gefahrenen Fahrzeuge durch andere ersetzt werden. Alles dies erhöht das BIP ohne den Wohlstand zu mehren.

- Das mithilfe des BIP zu ermittelnde Pro-Kopf-Einkommen ist als Wohlstandsmaßstab eine Durchschnittsgröße. Es sagt nicht viel über den tatsächlichen Wohlstand des Einzelnen aus. Auch in Ländern mit hohem BIP kann es sein, dass einige Einwohner sehr reich und viele andere dagegen sehr arm sind.

Arbeitsvorschläge — DO IT!

1. Wodurch unterscheidet sich das reale von dem nominalen Bruttoinlandsprodukt?
2. Wie hat sich das BIP in den letzten Jahren entwickelt?
3. Warum muss bei der Berechnung des BIP der Produktionswert um die Vorleistungen vermindert werden?
4. An welche Bevölkerungsgruppen wird das BIP verteilt und für welche Zwecke wird es verwendet?
5. Beschreiben Sie die Entwicklung des realen und nominalen Bruttoinlandsprodukts anhand der Angaben in der Grafik aus Info 2.
6. Berechnen Sie die Lohnquote einer Volkswirtschaft bei folgenden Angaben (jeweils in Milliarden €):
   - Volkseinkommen 1.520
   - Arbeitnehmereinkommen 1.070
7. Nennen Sie einige Gründe, warum das BIP als Wohlstandsmaßstab nur bedingt geeignet ist.

4 Der Konjunkturverlauf

Passiert – notiert

Wie kann man einen Konjunkturverlauf beschreiben?

Welche Folgen haben Konjunkturschwankungen?

Kerstin May, Betriebsratsvorsitzende der Textilwerke Wohltex AG in einer Betriebsversammlung:

„Liebe Kolleginnen und Kollegen, Sie haben es sicherlich schon gehört, die rosigen Zeiten in unserer Wirtschaft sind vorbei. Wir befinden uns in einer Krise. Auch in unserem Textilwerk bläst uns der Wind ins Gesicht. Die Nachfrage nach Oberbekleidung ist so gering, dass wir mit unserem Absatz in der Klemme stecken. Natürlich schlägt die Entwicklung auch voll auf unseren Gewinn durch. Wir müssen froh sein, wenn wir in diesem Jahr keine roten Zahlen schreiben. Da fehlt natürlich auch Geld für Investitionen. Statt vier sollen dieses Jahr nur drei neue Zuschneidemaschinen angeschafft werden. Wie Sie sich vorstellen können, bleibt unsere Beschäftigungssituation von dieser ganzen Entwicklung nicht unberührt. Liebe Kolleginnen und Kollegen, Sie müssen sich leider für die nächsten zwei Monate auf Kurzarbeit einstellen."

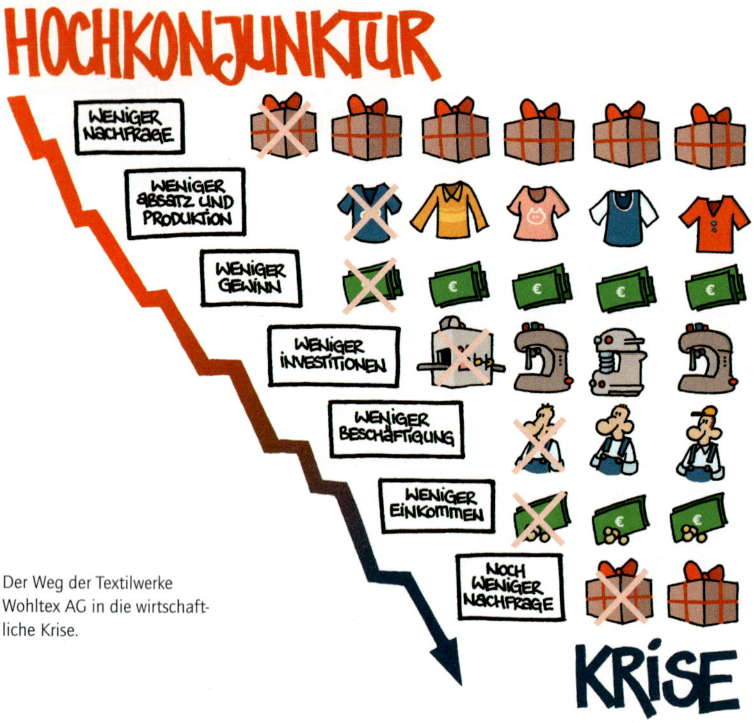

Der Weg der Textilwerke Wohltex AG in die wirtschaftliche Krise.

Ran an die Informationen

Info 1

Der typische Konjunkturverlauf

Das wirtschaftliche Geschehen läuft nicht gleichmäßig und störungsfrei ab, sondern es vollzieht sich in Wellen. Zu beobachten sind Auf- und Abwärtsbewegungen z. B. bei Beschäftigung, Produktion, Löhnen, Zinsen und Preisen. Dieses wirtschaftliche Auf und Ab bezeichnet man als Konjunkturschwankungen. Sie sind typische Erscheinungen einer Marktwirtschaft.

Der wellenförmige Konjunkturverlauf wird auch als Konjunkturzyklus[1] bezeichnet, weil er sich in ähnlicher Form immer wiederholt. Die Konjunktur durchläuft in der Regel vier verschiedene Phasen (Abschnitte). Die einzelnen Phasen sind aber nie völlig gleich. Sie unterscheiden sich in der Phasenlänge und in der Stärke des Ausschlages. Als Maßstab für den Konjunkturverlauf dient die Entwicklung des realen Bruttoinlandsprodukts.

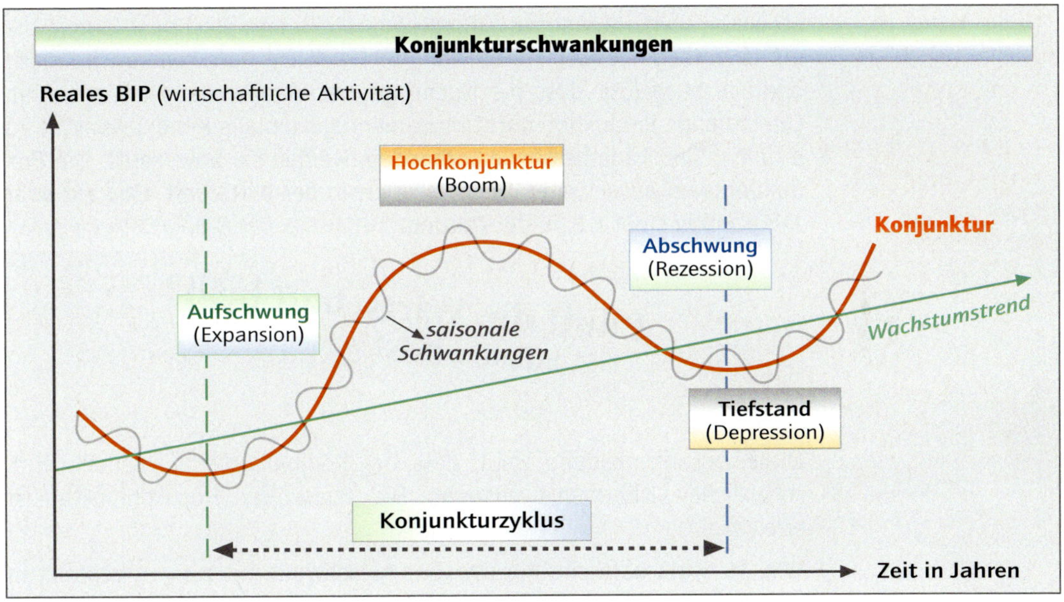

Der Konjunkturverlauf wird in folgende Phasen eingeteilt:

- Aufschwung (Expansion)
- Hochkonjunktur (Boom)
- Abschwung (Rezession)
- Tiefstand (Depression)

Von den Konjunkturschwankungen sind die saisonalen Schwankungen zu unterscheiden. Sie sind jahreszeitlich bedingt und dauern nur wenige Wochen oder Monate. Saisonale Schwankungen finden immer statt, egal in welcher Phase sich die Konjunktur befindet. Schwankungen dieser Art findet man z.B. im Fremdenverkehr. In der Hauptferienzeit ist wirtschaftlich einfach mehr los als in der Nebensaison.

1 Zyklus, der (Plural = Zyklen) = periodisch ablaufendes Geschehen, Kreislauf regelmäßig wiederkehrender Ereignisse

Info 2 Folgen der Konjunkturschwankungen

Vom Aufschwung zur Hochkonjunktur

Maschinenbau hat volle Auftragsbücher
Lieferzeiten verlängern sich

So wie in obiger Zeitungsmeldung könnte z. B. eine Nachricht lauten, die auf einen beginnenden Aufschwung hinweist. Ein Aufschwung wird meist dadurch ausgelöst, dass die Nachfrage der Verbraucher stark zunimmt. Die laufende Produktion reicht nicht mehr aus um alle Kundenwünsche zu erfüllen. Sind Lagerbestände vorhanden, werden sie abverkauft. Die Produktion wird ausgeweitet. Vieles passiert in der Wirtschaft. Und ein paar Jahre später steht z. B. in der Zeitung:

Läuft die Wirtschaft heiß?
Inflation steigt weiter an

Diese Zeitungsmeldung zeigt, dass der Konjunkturverlauf seinem wirtschaftlichen Höhepunkt zustrebt. Die Phase der Hochkonjunktur ist erreicht.

Wie der wirtschaftliche Prozess vom Aufschwung bis zum Höhepunkt in einzelnen Schritten verlaufen könnte, zeigt die folgende Abbildung:

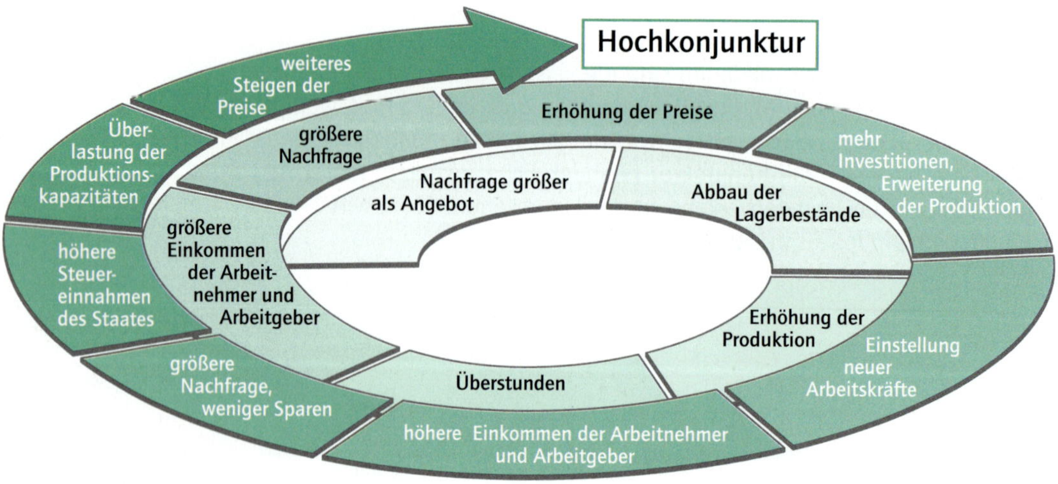

9596248

Vom Abschwung zum wirtschaftlichen Tiefstand

Automobilbranche klagt über sinkende Nachfrage
Kommt jetzt die Kurzarbeit?

Ein Abschwung deutet sich an, wenn Zeitungsmeldungen z. B. diese Nachrichten verbreiten. Der Absatz geht zurück. Die in der Hochkonjunktur geräumten Lager füllen sich wieder mit nicht verkauften Waren. Die Abschwungphase geht weiter. Dies wirkt sich negativ auf die Gewinne der Unternehmen und die Steuereinnahmen des Staates aus. Die Beschäftigungssituation am Arbeitsmarkt verschlechtert sich und die Höhe der Einkommen sinkt. Es kommt zu zahlreichen Firmenzusammenbrüchen. Investitionen werden kaum noch getätigt. Die Verbraucher halten sich mit ihren Ausgaben stark zurück und verschlimmern dadurch die Situation in den Betrieben. Das wiederum wirkt sich auf die Arbeitsplätze aus. In der Zeitung steht dann z. B. die Nachricht:

Arbeitslosenzahl weist neuen Höchststand auf.
Arbeitslosenquote steigt auf 10 Prozent

Die Abwärtsentwicklung der Wirtschaft hat ihren Tiefststand erreicht. Die Volkswirtschaft befindet sich in einer Depression.

Wie der Prozess des wirtschaftlichen Abschwungs im Einzelnen verläuft, ist der folgenden Abbildung zu entnehmen:

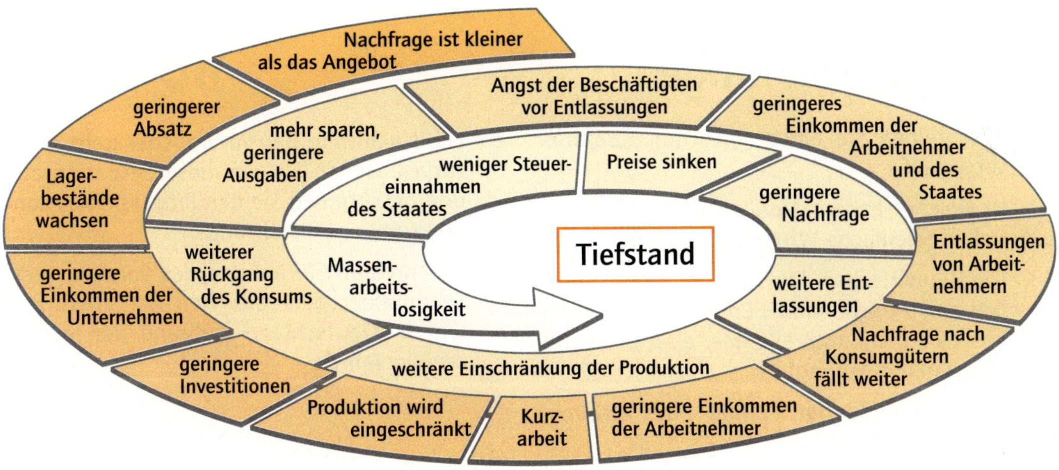

Info 3 Der Konjunkturverlauf in Deutschland

Die Statistik beweist: Das Bruttoinlandsprodukt entwickelt sich nicht in gleichmäßigen Wellen. Es gibt vielmehr starke Schwankungen. Aufschwungs- und Abschwungszeitraum waren unterschiedlich lang. Auch die Wachstumsraten zeigen im zeitlichen Ablauf große Unterschiede auf. Auch negative Wachstumsraten hat es in manchen Jahren gegeben. In der Tendenz sind die Wachstumsraten im Laufe der Zeit geringer geworden.

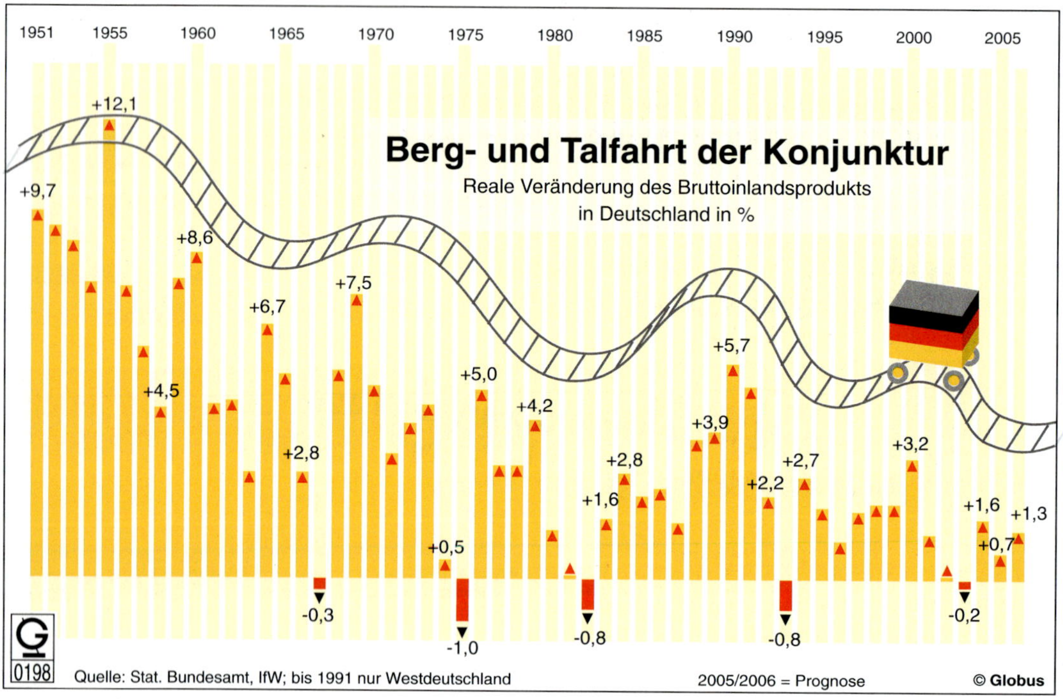

Arbeitsvorschläge DO IT!

1. Beschreiben Sie einen typischen Konjunkturverlauf.
2. In welcher konjunkturellen Phase befindet sich die deutsche Wirtschaft zurzeit?
3. Die Bauwirtschaft läuft im Winter bekanntlich auf „Sparflamme“. Entscheiden Sie, ob hier eine konjunkturelle oder eine saisonale Schwankung vorliegt.
4. Beschreiben Sie den Verlauf eines konjunkturellen Aufschwungs.
5. Die Nachfrage der Verbraucher geht stark zurück. Gehen Sie von dieser Situation aus und beschreiben Sie den Prozess eines konjunkturellen Abschwungs.
6. Beschreiben Sie anhand des vorstehenden Schaubildes den zeitlichen Konjunkturverlauf in Deutschland während der letzten dreißig Jahre.

Machen Sie einen Konjunkturcheck!

1. Informieren Sie sich darüber, wie hoch das Wirtschaftswachstum, die Inflationsrate und die Arbeitslosenrate im letzten Jahr waren.
2. Wie groß sind die Änderungen aus Aufgabe 1 gegenüber dem vorletzten Jahr?
3. Wie hoch ist die aktuelle Arbeitslosenquote in dem von Ihnen bewohnten Bundesland und dem für Sie zuständigen Arbeitsamtsbezirk?
4. Versuchen Sie Informationen darüber zu erhalten, wie die Entwicklung bei der Arbeitslosenquote und dem Wirtschaftswachstum für das kommende Jahr in Deutschland eingeschätzt wird.
5. Erklären Sie den Aussagegehalt der Karikatur.
6. Beurteilen Sie, ob der Aussagegehalt der Karikatur auch für die aktuelle Wirtschaftslage zutrifft.

Metaplanübung: einen Konjunkturverlauf als Spiegelbild von Zeitungsmeldungen abbilden

Zeitungen berichten auch immer über die Wirtschaft. Die Zeitungsartikel sind ein Spiegelbild der jeweiligen Konjunkturphase.

1. Die Klasse wird in vier Gruppen eingeteilt. Je eine Gruppe ist für eine bestimmte Konjunkturphase (Hochkonjunktur, Abschwung, Tiefstand, Aufschwung) zuständig.
2. Sichten Sie Zeitungen, Zeitschriften und Nachrichtenmagazine nach Berichten über die jeweilige Wirtschaftslage. Schreiben Sie die Artikelüberschriften auf Pinnkarten.
3. Wenn Sie keine Schlagzeilen finden konnten, die typisch für eine bestimmte Konjunkturphase sind, denken Sie sich selbst eine Reihe passender Schlagzeilen aus. Schreiben Sie auch diese auf Pinnkarten (Beispiele: Abschwung ➔ „Maschinenbau klagt über sinkende Nachfrage"; Tiefstand ➔ „Auftragslage in der Bauwirtschaft so schlecht wie nie").
4. Auf eine Stellwand ist der typische Verlauf einer Konjunkturwelle zu zeichnen. Die Pinnkarten sind passend zu der jeweiligen Konjunkturphase an der Konjunkturwelle anzubringen.
5. In einer abschließenden Diskussionsphase verteidigen die einzelnen Gruppen ihre Arbeit. Eventuell wird danach die Anordnung der Karten korrigiert.

5 Die wirtschaftspolitischen Ziele

Passiert – notiert

Welche wirtschaftlichen Wunschvorstellungen werden von den beiden Arbeitskollegen gefordert?

Welche wirtschaftlichen Ziele werden in der Bundesrepublik angestrebt?

Gespräch zwischen den Arbeitskollegen Frank Schuster und Gerd Buhlmann in der Werkshalle eines Industriebetriebes.

Frank: „Gerd, gestern habe ich Getränke und Lebensmittel für meinen Geburtstag eingekauft. Ich kann dir sagen, ständig wird alles teurer!"

Gerd: „So was darfs ja eigentlich nicht geben. Aber wenn ich an meine Tochter denke, stell dir mal vor, Frank, schon zehn Monate ohne Arbeit. Was das für sie bedeutet."

Frank: „Das ist natürlich die absolute Härte."

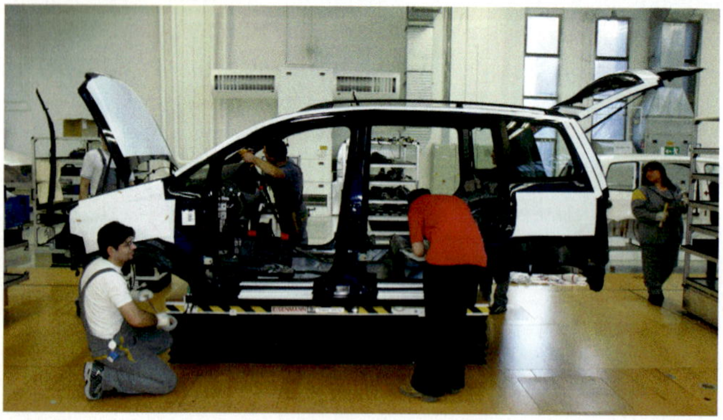

Gerd: „Da kriege ich auch was nicht auf die Reihe. Was alles von unseren Waren als Export ins Ausland geht. Dafür werden doch Massen von Arbeitskräften benötigt!"

Frank: „Das reicht offensichtlich nicht aus. Es müssen auch noch mehr Aufträge aus dem Inland kommen. Nur so kann das mit dem Wirtschaftswachstum auch wieder klappen."

Gerd: „Hoffentlich kriegen die das bald gebacken. Vielleicht wird es dann auch was mit einer Arbeitsstelle für meine Tochter."

Ran an die Informationen

Info 1

Die wirtschaftspolitischen Ziele im Überblick

In modernen Industriegesellschaften wie der Bundesrepublik wird vom Staat erwartet, dass er auch wirtschaftspolitische Aufgaben erfüllt. Deutet sich eine kritische Entwicklung in der Wirtschaft an, wie z. B. ansteigende Arbeitslosigkeit, so hat der Staat geeignete Maßnahmen zu ergreifen, um diesem Prozess entgegenzusteuern.

Träger der Wirtschaftspolitik ist aber nicht nur der Staat. Auch die Europäische Zentralbank (EZB) steuert die Wirtschaftspolitik mit. Außerdem beeinflussen die Tarifpartner durch ihr Verhalten das wirtschaftliche Geschehen.

Die Ziele, an denen sich die staatliche Wirtschaftspolitik orientieren soll, wurden schon 1967 im „Gesetz zur Förderung der Stabilität und des Wachstums der Wirtschaft" (Stabilitätsgesetz) formuliert.

§§§

Aus dem Stabilitäts- und Wachstumsgesetz:

§ 1 Bund und Länder haben bei ihren finanzpolitischen Maßnahmen die Erfordernisse des gesamtwirtschaftlichen Gleichgewichts zu beachten. Die Maßnahmen sind so zu treffen, dass sie im Rahmen der marktwirtschaftlichen Ordnung gleichzeitig zur **Stabilität des Preisniveaus,** zu einem **hohen Beschäftigungsstand** und **außenwirtschaftlichem Gleichgewicht** bei steigendem und angemessenem **Wirtschaftswachstum** beitragen.

In § 1 des Gesetzes wird als Oberziel das gesamtwirtschaftliche Gleichgewicht genannt. Es soll erreicht werden durch die vier Unterziele:

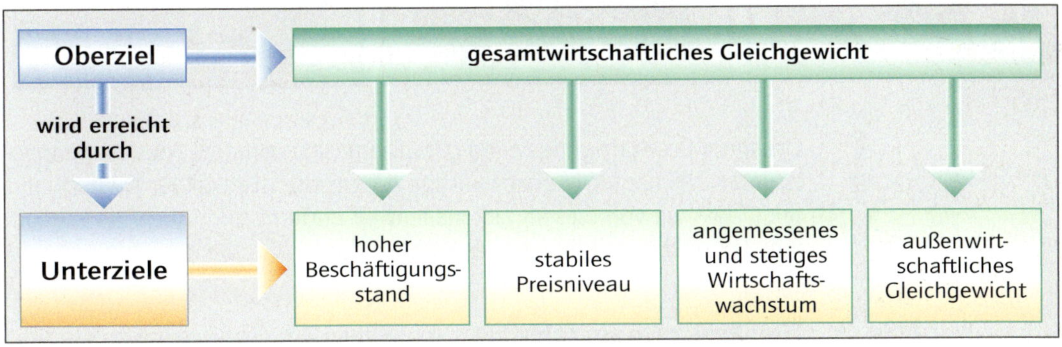

Da alle Ziele zwar angestrebt werden, aber nicht alle vier gleichzeitig zu verwirklichen sind, spricht man auch von einem **magischen Viereck.**

Ziel: hoher Beschäftigungsstand

Karsten ist seit 14 Monaten arbeitslos. Von der Agentur für Arbeit wird er finanziell unterstützt. Urlaub, neues Auto oder auch andere Möbel: größere Anschaffungen sind jetzt einfach nicht mehr drin für ihn.

Arbeitslos zu sein ist für die meisten Menschen ein harter Schicksalsschlag. Als arbeitslos gelten alle, die arbeitsfähig und arbeitswillig sind und trotzdem keine Arbeitsstelle gefunden haben. Arbeitslose haben finanzielle Einbußen und sind auch häufig sozial benachteiligt.

Die gesellschaftlichen Kosten für die Arbeitslosigkeit sind enorm. Arbeitslosengeld und Arbeitslosenhilfe (ab 2005 Arbeitslosengeld II) sind zu zahlen. Es kommt zu Steuerausfällen und Beitragsausfällen in der Sozialversicherung in Milliardenhöhe.

Ein hoher Beschäftigungsstand bedeutet nicht absolute Vollbeschäftigung. Die kann es nicht geben. Allein durch Wohnungswechsel, Kündigung oder das Schließen von Baustellen im Winter sind immer einige tausend Arbeitnehmer ohne Beschäftigung.

Info 2

Ziel:
hoher Beschäftigungsstand

Arbeitslosigkeit liegt unter 2 %

Ein hoher Beschäftigungsstand gilt als erreicht, wenn die Arbeitslosenquote unter 2 % liegt. Die gegenwärtige Arbeitslosenstatistik für Deutschland zeigt, dass wir von diesem Ziel meilenweit entfernt sind. Auch die Jugendarbeitslosigkeit stellt ein großes Problem dar.

Info 3 Ziel: Preisniveaustabilität

Ziel: Preisniveau-stabilität

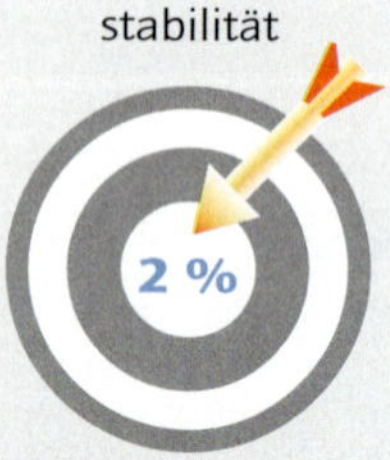

Inflationsrate von weniger als 2 %

Frank Schuster hat eingekauft. Brot, Wurstwaren und Schokolade sind im Vergleich zur Vorwoche teurer geworden. Beim Tanken musste er feststellen, dass die Benzinpreise gefallen sind. Wie sieht es mit dem Preisniveau aus? Ist es noch stabil?

Das Preisniveau gilt als stabil, wenn sich Preissteigerungen bei einigen Gütern und Preissenkungen bei anderen im Durchschnitt ausgleichen. Preisniveaustabilität darf aber nicht mit Preisstabilität verwechselt werden, denn das würde ja bedeuten, dass sich kein Preis ändert. Absolut stabile Preise kann es in einer Volkswirtschaft aber nicht geben, sie ändern sich ständig. Im Allgemeinen spricht man noch bei einer Inflationsrate (Teuerungsrate) von weniger als 2 % von Preisniveaustabilität.

Info 4 Ziel: außenwirtschaftliches Gleichgewicht

Ohne Außenwirtschaft geht es nicht. Sei es Rohöl, Erdgas, Südfrüchte, Fischkonserven oder Digitalkameras, alle diese Waren und noch viele andere mehr kommen aus dem Ausland. Sie müssen importiert werden. Ohne diese Importe würde unser aller Lebensstandard erheblich zurückgehen. Um diese Waren bezahlen zu können, müssen aber große Mengen der im Inland hergestellten Waren in das Ausland verkauft werden.

Exporte und Importe sollten möglichst ausgeglichen sein. Wird nämlich dauerhaft mehr importiert als exportiert, besteht die Gefahr, dass ständig

Kredite im Ausland aufgenommen werden müssen um den Importüberschuss zu bezahlen. Besteht ein ständiger Exportüberschuss fließt zu viel Geld ins Inland, was zu einer Inflation führen kann.

Im Finanzplan der deutschen Bundesregierung wird aber trotzdem ein Exportüberschuss von 1 % gefordert. Er ist notwendig, damit die internationalen Zahlungsverpflichtungen erfüllt werden können. Große Summen fließen z. B. aus Deutschland in die Entwicklungsländer und die Europäische Union. Für den regen Urlaubsverkehr wird ebenfalls ein dickes Devisenpaket benötigt, das über einen Exportüberschuss erst einmal beschafft werden muss.

Ziel: angemessenes Wirtschaftswachstum — Info 5

In wirtschaftlich schlechten Zeiten haben Betriebe, Verbraucher und der Staat einen gemeinsamen Wunsch: Die Wirtschaft möge stärker wachsen. Wirtschaftswachstum zeigt sich rein statistisch in positiven Zuwachsraten des Bruttoinlandsproduktes (BIP).

Bleibt das BIP konstant, liegt ein Nullwachstum vor, sinkt es, so ist ein negatives Wachstum gegeben. Als angemessen gilt das Wirtschaftswachstum dann, wenn es jährlich Zuwachsraten von 2,5 % aufweist.

Wirtschaftswachstum ist mit der Zunahme der Güterproduktion verbunden. Es hilft dabei, Arbeitsplätze zu sichern oder gar neue zu schaffen. Dies wiederum ermöglicht höhere Einkommen. Der Lebensstandard kann steigen. Wirtschaftswachstum hat aber nicht nur Vorteile. Die höhere Güterproduktion führt auch zu einer stärkeren Belastung der Umwelt.

Neben den im Stabilitätsgesetz genannten Zielen sind inzwischen zwei weitere wirtschaftspolitische Ziele hinzugekommen. Aus dem magischen Viereck wurde ein **magisches Sechseck:**

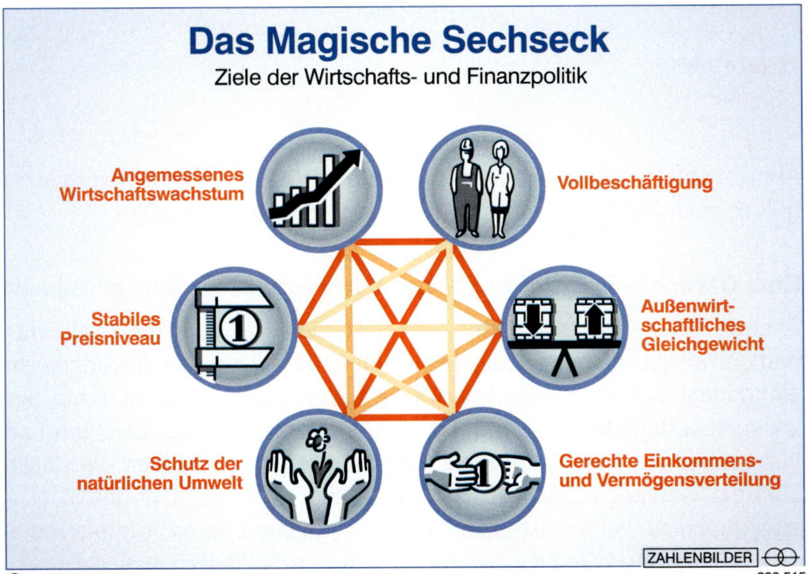

© Erich Schmidt Verlag 200 515

Info 6 Ziel: Schutz der natürlichen Umwelt

Bodenverseuchung, Waldsterben, Luftverschmutzung, Treibhauseffekt und Überschwemmungen sind nur einige Schlagworte, die den Zustand unserer Umwelt beschreiben. Kritiker unserer Wirtschaftsordnung stellen immer häufiger die Frage, was ist Vollbeschäftigung, Wirtschaftswachstum und Preisstabilität noch wert, wenn die Umwelt kaputt ist, in der wir alle leben müssen.

Umweltschutz verursacht enorme Kosten. Aber deshalb muss er kein Wachstumshemmer sein. Viele Arbeitsplätze werden inzwischen in diesem Bereich geschaffen. Trotzdem bleiben die Ziele „Wachstum und Umweltschutz" oftmals widersprüchlich.

Da die Umwelt keine „Lobby" hat, muss der Staat als Ordnungshüter hier aktiv werden. Eine Vielzahl von Gesetzen und Verordnungen wurden erlassen, die ein umweltfreundliches Verhalten in der Wirtschaft und bei den Verbrauchern erreichen sollen.

Deutsche leben auf Kosten der Natur

„Umweltökonomische Bilanz" gezogen

Frankfurt/Main. Die Bundesbürger haben in den vergangenen 30 Jahren immer stärker auf Kosten der Natur gelebt. Ursachen seien die Zunahme von Wohlstand und Konsum, lautet das Fazit der „Umweltökonomischen Gesamtrechnungen".

Ähnlich wie bei dem folgenden Ziel der gerechten Einkommensverteilung gibt es auch beim Umweltschutz keine anzustrebende Zielgröße.

Info 7 Ziel: Gerechte Einkommens- und Vermögensverteilung

Auch in einer sozialen Marktwirtschaft können sich Vermögen anhäufen und so hohe Einkommen bezogen werden, dass viele dies als ungerecht empfinden. Der Staat hat die Aufgabe für eine annähernd gerechte Einkommensverteilung zu sorgen. Sind die Unterschiede bei Vermögen und Einkommen zu groß, kann es zu sozialen Konflikten kommen. Wie hoch aber ein Vermögen oder ein Einkommen sein darf, um noch als gerecht empfunden zu werden, ist nicht eindeutig zu klären. Je nach Interessenlage der Befragten fallen die Antworten sehr unterschiedlich aus.

9596256

Eins ist aber sicher: Der Markt allein soll nicht die Vermögens- und Einkommensverteilung bestimmen. Die Reichen würden dann noch sehr viel reicher und die armen Teile der Bevölkerung noch ärmer werden. Um dieser Entwicklung vorzubeugen hat der Staat verschiedene Umverteilungsinstrumente im Einsatz. Das wichtigste ist die progressive Einkommensteuer. Die Einkommen von besser Verdienenden werden danach mit einem höheren Prozentsatz versteuert als die von Beziehern geringerer Einkommen.

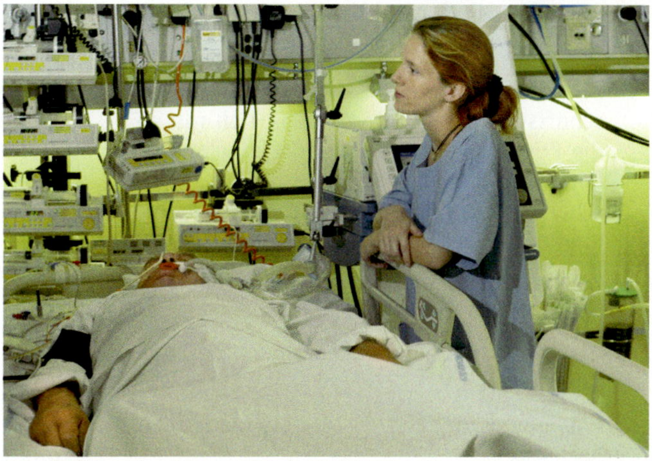

Mein Chefarzt verdient 20-mal so viel wie ich als Krankenschwester. Ist das gerecht?

Ergebnis der Umverteilung → 80 % der Steuerpflichtigen bringen nur 35 % der Einkommensteuereinnahmen auf und die anderen 20 % der Steuerpflichtigen den Rest.

Weitere Instrumente zur Umverteilung von Einkommen sind: Wohngeld, Sozialhilfe, Kindergeld für gering Verdienende, Arbeitslosenhilfe, Ausbildungsförderung und vermögenswirksame Leistungen.

Zielkonflikt und Zielharmonie

Info 8

Alle sechs Ziele der Wirtschaftspolitik gleichzeitig zu erreichen erfordert fast magische Kräfte. Zwischen den Zielen bestehen unterschiedliche Beziehungen:

- Eine **Zielharmonie** besteht, wenn das Streben nach einem Ziel ein anderes Ziel begünstigt. Diese Beziehung besteht z. B. zwischen Wirtschaftswachstum und Vollbeschäftigung. Werden mehr Güter hergestellt, erfordert dies meist auch mehr Arbeitskräfte.
- Ein **Zielkonflikt** besteht, wenn ein „Mehr" bei der Verwirklichung des einen Ziels mit Abstrichen bei den anderen Zielen verbunden ist. Ein derartiger Konflikt kann z. B. auftreten zwischen Wirtschaftswachstum und Preisniveaustabilität. In einer wachsenden Wirtschaft ist die Nachfrage meist größer als das Angebot. Die Folge ist, dass die Preise steigen.

Arbeitsvorschläge

DO IT!

1. In einer Fernsehdiskussion wird 3 % Wirtschaftswachstum gefordert, da sich nur so die Probleme am Arbeitsmarkt beheben ließen. Begründen Sie, warum sich Wirtschaftswachstum positiv auf den Arbeitsmarkt auswirkt.
2. Welche wirtschaftspolitischen Ziele werden in der Bundesrepublik verfolgt?
3. Warum kann es keine absolute Vollbeschäftigung geben?
4. Was ist das „Magische" an dem magischen Sechseck?
5. Welche Bedingungen müssen erfüllt sein, damit die Ziele „hoher Beschäftigungsstand" und „Preisniveaustabilität" als erreicht gelten?
6. Welche Instrumente stehen dem Staat zur Verfügung um eine gerechtere Einkommens- und Vermögensverteilung zu erreichen?
7. In einer Zeitung lesen Sie die Nachricht: „Wirtschaftswachstum gefährdet Preisstabilität". Erklären Sie den Zusammenhang.

HOT

Rollenspiel Ökonomen kontra Ökologen

Vertreter der Ökologie und der Ökonomie haben ein gemeinsames Leiden. Der Umweltschutz bereitet ihnen Bauchweh. Umweltschützer finden, dass die Wirtschaft immer noch zu wenig für die Umwelt tut und zu sehr dem Wirtschaftswachstum nachjagt. Ökonomen sehen die Forderungen der Umweltschützer häufig als übertrieben und wirtschaftsfeindlich an.

1. Bilden Sie zwei Arbeitsgruppen. In der einen sind Vertreter des Umweltschutzes (Ökologen), in der anderen Vertreter der Wirtschaft (Ökonomen).
2. In der einen Hälfte der Klasse setzen sich jeweils zwei Vertreter der Ökonomen mit den Argumenten der Ökologen auseinander und finden Gegenargumente.
   In der anderen Hälfte der Klasse finden Ökonomen Argumente und zwei Vertreter der Ökologen antworten mit Gegenargumenten.
3. Die Ergebnisse des Dialogs sollten in einer Übersicht (siehe Beispiel) festgehalten und anschließend in der Klasse diskutiert werden.

Argumente der Ökologen	Gegenargumente der Ökonomen
Umweltschutzauflagen wirken als Jobkiller.	Durch den Umweltschutz wurden aber auch viele Arbeitsplätze geschaffen.
•	•
•	•
•	

4. Diskutieren Sie nach Durchführung des Rollenspiels die These: Ökonomie ohne Ökologie ist wie schwimmen ohne Wasser.

9596258

6 Möglichkeiten zur Beeinflussung des Konjunkturverlaufs

Passiert – notiert

Was kann der Staat tun um den Konjunkturverlauf zu beeinflussen?

Welche Möglichkeiten hat die Europäische Zentralbank?

Ran an die Informationen

Der Konjunkturverlauf einer Volkswirtschaft weist ständige Schwankungen auf. Zu starke Schwankungen sind aber unerwünscht, da sie große Nachteile für die am Wirtschaftsleben Beteiligten mit sich bringen. Haushalte, Unternehmer und auch der Staat haben kein Interesse an extremen Konjunkturausschlägen. Gewünscht wird vielmehr ein gleichmäßiger Konjunkturverlauf. Was kann getan werden, um diesem Ziel näher zu kommen? Oder kann man nur abwarten und hoffen, dass sich z. B. ein Wirtschaftsaufschwung von selbst wieder einstellen möge. Ganz so hoffnungslos sieht die Situation nicht aus. Es kann etwas getan werden: vom Staat und auch von der Europäischen Zentralbank.

Info 1 Die wirtschaftspolitischen Instrumente des Staates (Fiskalpolitik)

Alle Instrumente, die der Staat einsetzt, haben das Ziel, den extremen Konjunkturausschlägen entgegenzuwirken. Droht die Wirtschaft sich in einer Phase der Hochkonjunktur zu „überhitzen", sind Maßnahmen zu ergreifen, die eine dämpfende Wirkung auf das Wirtschaftsgeschehen haben. Ziel dabei ist eine Senkung der Nachfrage. Befindet sich die Wirtschaft dagegen in einer Abschwungphase, so sollte der Staat wirtschaftspolitisch „Gas geben". Hierdurch soll bewirkt werden, dass die Nachfrage wieder angekurbelt wird.

Auch der Staat selbst kann als Nachfrager auftreten. So z. B. als Bauherr für Autobahnen oder öffentliche Gebäude. Die Strategie des Staates durch geeignete Maßnahmen einer Konjunkturphase immer entgegenzuwirken hat einen Namen: Man bezeichnet sie als **antizyklische Fiskalpolitik.** Wie sie funktioniert, zeigen die beiden folgenden Beispiele.

Beispiel 1:

Die Wirtschaft befindet sich in einem konjunkturellen Tief. Der Absatz der Betriebe ist gering, viele Menschen sind arbeitslos. Das Einkommen ist gesunken. Es besteht nur noch geringes Wirtschaftswachstum.

AKTION →

Der Staat versucht den Konjunkturzug anzuschieben, damit es schneller wieder aufwärts geht.

Erhöhung der Nachfrage

Ziel

Maßnahmen des Staates zur Konjunkturbelebung

- **öffentliche Ausgaben werden erhöht**
- **Steuern werden gesenkt oder ganz abgeschafft**
- **Sparprämien werden gesenkt**
- **Abschreibungssätze werden erhöht**
- **Subventionszahlungen werden erhöht**

Beispiel 2:
Es besteht die Gefahr, dass die Wirtschaft sich konjunkturell überhitzt.
Preise und Löhne steigen.
Es besteht Überbeschäftigung.

AKTION

Der Staat versucht den Konjunkturzug abzubremsen.

Maßnahmen des Staates zur Konjunkturdämpfung

- öffentliche Ausgaben (z. B. Autobahnbau oder Bundeswehr) werden gesenkt
- Steuern (z. B. Lohnsteuer oder Umsatzsteuer) werden erhöht oder neu eingeführt
- Sparprämien (z. B. Bausparprämien) werden erhöht
- Abschreibungsvergünstigungen werden abgebaut
- Subventionszahlungen (z. B. für Bergbau oder Werftindustrie) werden gesenkt

Ziel

Senkung der Nachfrage

Die wirtschaftlichen Instrumente der Europäischen Zentralbank (Geldpolitik)

Info 2

Die Europäische Zentralbank (EZB) hat die Aufgabe, dafür zu sorgen, dass das Preisniveau in den Mitgliedsländern stabil ist. Außerdem soll sie die allgemeine Wirtschaftspolitik in den EU-Staaten unterstützen. Ihre beiden wichtigsten Instrumente sind:

Das Instrument der Mindestreservenpolitik

Die EZB verlangt von den Geschäftsbanken, einen bestimmten Prozentsatz der ihnen von Kunden anvertrauten Gelder bei der EZB als Guthaben zu unterhalten. Man bezeichnet dies als Mindestreserven. Wird der Mindestreservesatz erhöht, verfügen die Geschäftsbanken über weniger Geld. Die Möglichkeit Kredite zu geben wird eingeschränkt. Auf die Volkswirtschaft hat dies eine konjunkturdämpfende Wirkung.

Fit im Web

Weitere Informationen zur Europäischen Zentralbank finden Sie unter:
www.ecb.int

Umgekehrt ist der Effekt, wenn der Mindestreservesatz gesenkt wird. Die Geldmenge wird vergrößert. Der finanzielle Spielraum für die Banken Kredite zu geben erweitert sich. Die Konjunktur erfährt belebende Impulse.

Das Instrument der Leitzinsänderung

Läuft die Volkswirtschaft auf „Sparflamme" erhoffen sich viele, dass die EZB ihren Leitzins senkt. Dies hat nämlich auch Auswirkungen auf die Zinsen, die die Geschäftsbanken von ihren Kunden verlangen. Auch deren

Zinsen sinken dann. Die Kredite werden billiger und auch die Sparzinsen sinken. Die Bereitschaft sich zu verschulden wächst. Güter und Dienstleistungen werden stärker nachgefragt.

Die umgekehrte Wirkung geht von einem steigenden Leitzins der EZB aus. In Zeiten einer konjunkturellen Überhitzung mit Inflationsgefahr steuert die EZB über eine Zinserhöhung das Geldangebot. Die Nachfrage nach Gütern und Dienstleistungen sinkt, da die Finanzierungskosten für die Käufer gestiegen sind. Bei gleich gebliebenem Güterangebot sinkt außerdem das Preisniveau.

Arbeitsvorschläge — DO IT!

1. Wirtschaftspolitiker möchten in einer sich überhitzenden Konjunktur für „Abkühlung" sorgen. Welche Maßnahmen kommen hier infrage?
2. In einer Tageszeitung lesen Sie den folgenden Artikel:

> **EZB reagiert auf Flaute: Leitzins um 0,5 Punkte gesenkt**
>
> **FRANKFURT.** Die Europäische Zentralbank (EZB) hat ihre Leitzinsen in der Eurozone deutlich gesenkt. Die Währungshüter kürzten gestern den wichtigsten Zins zur Versorgung der Kreditwirtschaft mit Zentralbankgeld um 0,5 Punkte auf 2,75 Prozent. Damit reagiert die EZB auf die anhaltende Konjunkturflaute in der Europäischen Währungsunion. Die Gefahr deutlich steigender Preise wird offenbar geringer eingeschätzt. (DPA)
>
> nach: Niedersächsische Allgemeine, Kassel, von 06.12.03

   a) Was ist der Leitzins?
   b) Was soll durch eine Senkung des Leitzinses bewirkt werden?
   c) Welche Gefahr kann bestehen, wenn der Leitzins zu stark gesenkt wird?
3. Im Fernsehen wird berichtet, dass die EZB den Mindestreservesatz gesenkt hat.
   a) Was ist der Mindestreservesatz?
   b) Welche Wirkung erhofft sich die EZB von diesem Schritt?
4. Welche der folgenden staatlichen Maßnahmen sind antizyklisch ausgerichtet? Begründen Sie ihre Antwort.
   a) In einer Aufschwungphase wird die Senkung der Einkommensteuer beschlossen.
   b) Die Wirtschaft befindet sich in einer Depression. Die Subventionszahlungen an die angeschlagene Werftindustrie werden erhöht.
   c) Es herrscht Hochkonjunktur. Der geplante Bau einer neuen Autobahn wird zurückgestellt.
   d) Die Bundesregierung beschließt in einer konjunkturellen Abschwungphase die Bausparprämien zu erhöhen.
5. Welche gesamtwirtschaftliche Situation hat der Vater seinem Sohn gerade erklärt, das konjunkturelle Tief oder die konjunkturelle Überhitzung?

Fall: Ein Flughafenbau als Konjunkturspritze

Die Kleinstadt Mohringen hatte schon bessere Zeiten gesehen. Im ganzen Land klagte man über die schlechte Konjunkturlage. Mohringen hatte es dabei besonders hart getroffen. Acht Betriebe waren allein im letzten Jahr zahlungsunfähig geworden, was für den örtlichen Arbeitsmarkt schlimme Folgen hatte. Die städtischen Steuereinnahmen hatten inzwischen einen Tiefpunkt erreicht. Stark zugenommen hatten die Schulden und die Zahl der Sozialhilfeempfänger. Von einem Journalisten nach der wirtschaftlichen Stimmung in der Region gefragt, antwortete der Bürgermeister Dr. Meierbaer mit dem knappen Kommentar: „Dramatisch schlecht!"

Und dann kam endlich die Nachricht, auf die man so lange gewartet hatte. Eine Investorengruppe hat sich dafür ausgesprochen in der Gemarkung von Mohringen einen Regionalflughafen zu bauen. Sechzig Prozent der Baukosten wollte allein das Land tragen. „Unser Beitrag für diese wirtschaftlich gebeutelte Region, damit sie bald wieder auf die Füße kommt", so ein Vertreter der Landesregierung.

Viele Jahre sind inzwischen vergangen. Der Flughafen ist längst in Betrieb. Die erhofften wirtschaftlichen Erwartungen haben sich voll und ganz erfüllt. Für Mohringen hat sich der Flughafen als segensreiche Konjunkturspritze erwiesen.

Bearbeiten Sie unter Verwendung des Schaubildes die folgenden Aufgaben:

1. Verfassen Sie einen knappen Sachtext. Er soll sich mit den erhofften Wirkungen von Konjunkturspritzen beschäftigen. Das Thema: Der Flughafen von Mohringen, eine Konjunkturspritze für die ganze Region.

2. Die Stadtverwaltung von Mohringen plant, die Gewerbesteuern zu senken. Außerdem wird von der Bundesregierung eine Senkung der Lohn- und Einkommensteuer diskutiert. Welche Auswirkungen können diese Schritte auf die Wirtschaft haben?

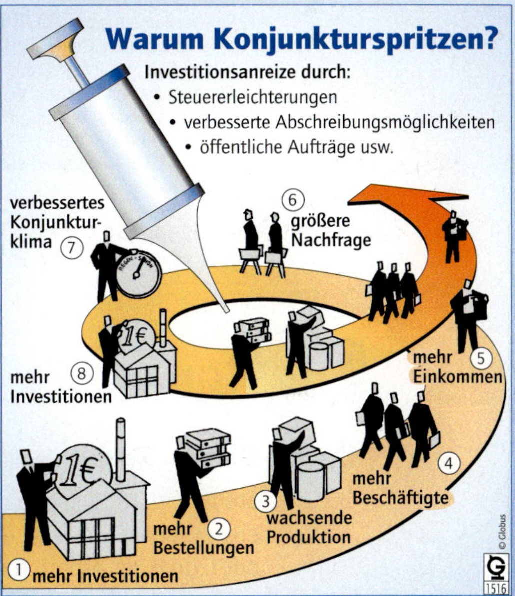

7 Steuern

7.1 Steuerarten im Überblick

Passiert – notiert

Warum benötigt der Staat Steuern?

Welche Steuerarten gibt es?

Total besteuert

Ausgepresst und abgeschöpft. So fühlen sich viele Steuerzahler. Eine Gruppe von ihnen klagt besonders laut: die Autofahrer. Sie stecken eingezwängt in der staatlichen Steuerschraube und fühlen sich „total besteuert“. Ein paar Zahlen belegen, wie kräftig der Staat bei ihnen die Steuerschraube angezogen hat und das Geld aus ihnen herausquetscht.

Beispiel: **Mercedes E-Klasse**
Neupreis 45.000,00 €

Und das kassiert der Staat in 5 Jahren:

6.207,00 €	MWSt Kaufpreis
2.040,00 €	Kraftfahrzeugsteuer
1.070,00 €	Versicherungsteuer
3.840,00 €	Mineralölsteuer
1.800,00 €	Ökosteuer
1.572,00 €	MWSt Kraftstoff
442,00 €	MWSt Reparat./Wartung
265,00 €	MWSt Zubehör/Reifen
359,00 €	MWSt Fahrzeugpflege
662,00 €	MWSt Stellplatzmiete
650,00 €	Gebühren öffentl. Parkraum
100,00 €	Zulassungskosten, Kennz.
19.007,00 €	**für den Fiskus**

nach: Auto Bild, Nr. 4, S. 18 u. 19, 24.01.03

Ran an die Informationen

Info 1

Notwendigkeit von Steuern und anderen Abgaben

Steuern ist für alle von uns ein heißes Thema. Wir zahlen selbst dann Steuern, wenn es uns gar nicht bewusst ist. Egal ob wir verreisen, einkaufen oder unserer Arbeit nachgehen, der Staat verdient immer mit. Warum müssen wir überhaupt Steuern und andere Abgaben zahlen? Die Antwort ist einfach: Mit den Einnahmen finanzieren Bund, Länder und Gemeinden ihre Aufgaben.

Die Ausgaben des Staates nennt man öffentliche Ausgaben. Sie fallen z. B. an für die Bundeswehr, die Polizei, den Straßenbau, für den Unterhalt der Universitäten und vieles andere mehr. Da die Einnahmen im Allgemeinen nicht ausreichen um die vielen Ausgaben zu bezahlen, nimmt der Staat Kredite auf. Diese betragen für den Bund allein mehr als 20 Mrd. € jedes Jahr. Die Sache hat einen Nachteil. Der Staat muss einen großen Teil der laufenden Einnahmen für Zinsen und Tilgung seiner Schulden ausgeben. Sein politischer Handlungsspielraum wird dadurch eingeschränkt.

Um seine Ausgaben bezahlen zu können gibt es außer Steuern noch drei weitere Arten von Abgaben, die der Staat von den Bürgern einkassiert. Im Einzelnen sind dies: **Gebühren** (z. B. in Form von Müllabfuhrgebühren), **Beiträge** (z. B. in Form von Erschließungsbeiträgen für Grundstücke) und **Zölle** (z. B. Einfuhrzölle). Gebühren, Zölle und Beiträge sind stets zweckgebunden. Steuern jedoch nicht. So fließt z. B. die Kraftfahrzeugsteuer zum Leidwesen vieler Autofahrer nur zum Teil in den Straßenbau.

Steuerarten und Einteilung der Steuern

Info 2

In der Bundesrepublik werden zahlreiche Steuerarten erhoben. Die Steuereinnahmen sind in ihrer Höhe sehr unterschiedlich. Den größten Batzen der Einnahmen bringen die Umsatzsteuer und die Lohnsteuer. Die „Schlusslichter" bilden solche Steuerarten wie Schankerlaubnis- und Getränkesteuer. Die Übersicht zeigt, wie erfinderisch der Staat ist, wenn es darum geht Einnahmequellen zu erschließen. Immer mehr Besteuerungsquellen hat der Staat sich ausgedacht um an das Geld seiner Bürger zu kommen.

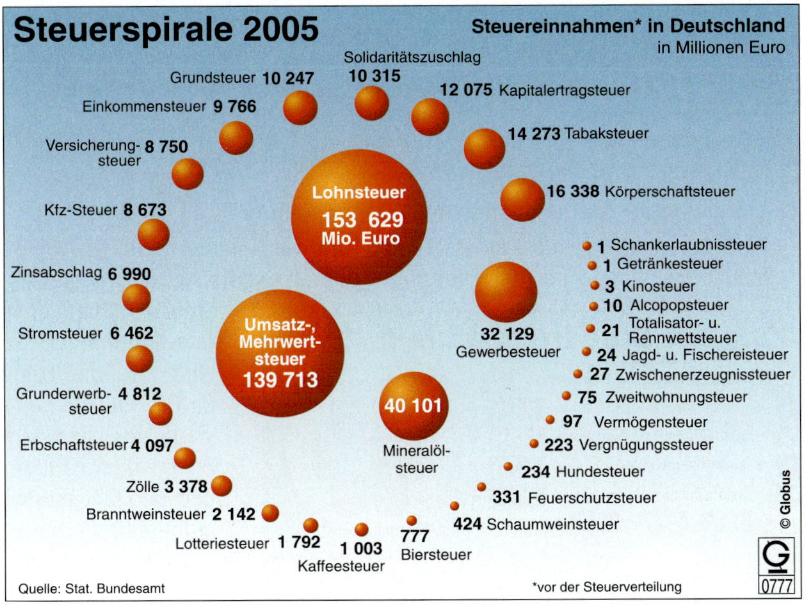

Steuerarten lassen sich nach unterschiedlichen Kriterien einteilen.

- **Unterscheidung der Steuer nach ihrer Auswirkung**

  Bei dieser Unterscheidung sind die Begriffe **Steuerschuldner** und **Steuerträger** wichtig. Steuerschuldner ist die Person, die die Steuer zu bezahlen hat. Steuerträger ist derjenige, der durch die Steuer tatsächlich belastet wird. So ist z. B. bei der Mineralölsteuer der Benzinhersteller Steuerschuldner, Steuerträger dagegen der Autofahrer.

Einteilung der Steuer nach ihrer Auswirkung

direkte Steuern	indirekte Steuern
Merkmal: Steuerschuldner und Steuerträger sind dieselbe Person.	**Merkmal:** Steuerschuldner und Steuerträger sind unterschiedliche Personen.
Beispiele: Lohnsteuer, Vermögensteuer	*Beispiele:* Umsatzsteuer, Tabaksteuer

- **Unterscheidung der Steuer nach dem Steuergegenstand**
  Danach gibt es Besitz-, Verkehrs- und Verbrauchsteuern.

Einteilung der Steuer nach dem Steuergegenstand

Besitzsteuern	Verkehrsteuern	Verbrauchsteuern
Merkmal: Besteuert wird der Besitz in Form von Einkommen und Vermögen.	**Merkmal:** Besteuert wird ein wirtschaftlicher Vorgang.	**Merkmal:** Besteuert wird der Verbrauch von Gütern.
Beispiele: Grundsteuer, Einkommensteuer	*Beispiele:* Umsatzsteuer, Grunderwerbsteuer	*Beispiele:* Kaffeesteuer, Getränkesteuer

- **Einteilung der Steuer nach dem Steuerempfänger**
  Zu unterscheiden sind Bundes-, Länder- und Gemeindesteuern. Nicht jede Steuer fließt nur einer der genannten Gebietskörperschaften zu. Manche Steuern haben mehrere Empfänger. So wird z. B. die Lohn- und Einkommensteuer zwischen dem Bund, den Ländern und den Gemeinden aufgeteilt.

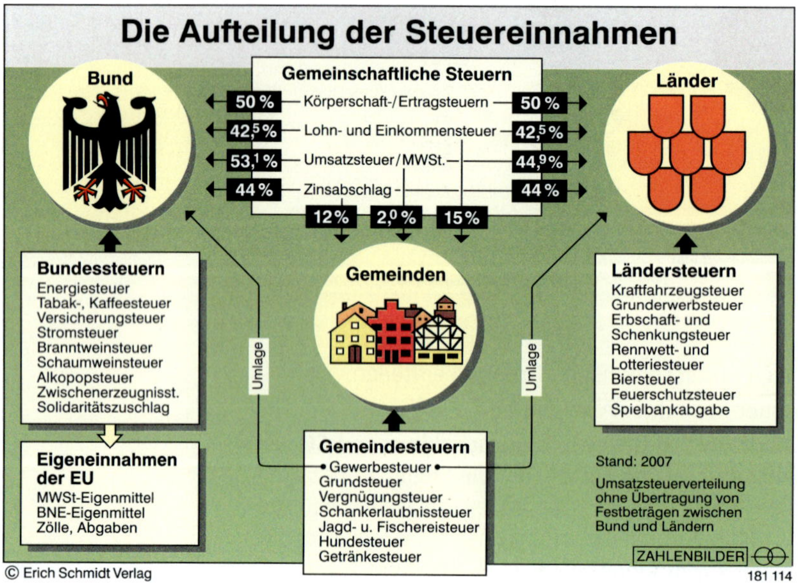

Arbeitsvorschläge DO IT!

1. Nennen Sie jeweils zwei Beispiele für Bundes-, Landes-, Gemeinde- und Gemeinschaftsteuern.
2. Was sind direkte und was indirekte Steuern?
3. Welches sind die größten Einnahmeposten im Bundeshaushalt?
4. Welche Abgabenarten lassen sich unterscheiden?
5. Entscheiden Sie, welche der drei Steuerarten eine Besitz-, Verbrauch- oder Verkehrsteuer darstellt:
   a) Biersteuer,
   b) Erbschaftsteuer,
   c) Versicherungsteuer.

7.2 Die Grundzüge des Einkommensteuersystems

Passiert – notiert

„Denk an die Steuerprogression, Ede!"

Was meinen Sie: Warum soll Ede an die Steuerprogression denken?

Wie ist das Einkommensteuersystem aufgebaut?

Ran an die Informationen

Info 1

Unterscheidung von Einkommen- und Lohnsteuer

Wer Einkommen bezieht, das über einen bestimmten Freibetrag hinausgeht, muss darauf Steuern bezahlen. Im Einzelnen unterliegen der Einkommensteuer:

- Einkünfte aus nichtselbstständiger Arbeit, z. B. Löhne, Gehälter und Ausbildungsvergütungen
- Einkünfte aus selbstständiger Tätigkeit, z. B. von Rechtsanwälten, Ärzten
- Einkünfte aus einem Gewerbebetrieb, z. B. Industrie- oder Handwerksbetrieben
- Einkünfte aus Vermietung und Verpachtung, z. B. Mieteinnahmen
- Einkünfte aus Kapitalvermögen, z. B. Zinsen, Dividenden
- Einkünfte aus Land- und Forstwirtschaft, z. B. von Landwirten
- sonstige Einkünfte, z. B. Spekulationsgewinne aus Aktienverkäufen

Die **Lohnsteuer** ist eine besondere Form der Einkommensteuer. Sie bezieht sich auf Einkünfte aus nichtselbstständiger Arbeit (Arbeitslohn). Die vom Arbeitnehmer zu bezahlende Steuer wird vom Arbeitgeber einbehalten. Sie wird von ihm an das Finanzamt abgeführt.

Info 2 Grundlagen der Lohnsteuer

Vom Bruttolohn behält der Arbeitgeber die gesetzlichen Abzüge ein. Die Abzüge setzen sich zusammen aus der Lohn- und Kirchensteuer, dem Solidaritätszuschlag und dem Anteil zur Sozialversicherung (Kranken-, Arbeitslosen-, Renten- und Pflegeversicherung). Übrig bleibt der Nettolohn, der auf das Girokonto des Anteilnehmers überwiesen wird.

Damit der Arbeitgeber die Steuern in der richtigen Höhe einbehalten kann, muss jeder Arbeitnehmer zum Jahresbeginn eine **Lohnsteuerkarte** im Betrieb vorlegen. Sie wird jährlich von der Stadtverwaltung oder Gemeinde ausgestellt. Am Jahresende bekommt sie der Arbeitnehmer im allgemeinen nicht wieder zurück. Stattdessen erhält er vom Arbeitgeber einen Ausdruck seiner Lohnsteuerbescheinigung.

Die Lohnsteuerkarte enthält wichtige Angaben, die für die Höhe der steuerlichen Belastung entscheidend sind.

Diese hängt im Einzelnen ab von der Höhe des **Bruttolohnes,** den eingetragenen **Freibeträgen** (siehe Kap. 7.3, Info 2) und der **Steuerklasse.**

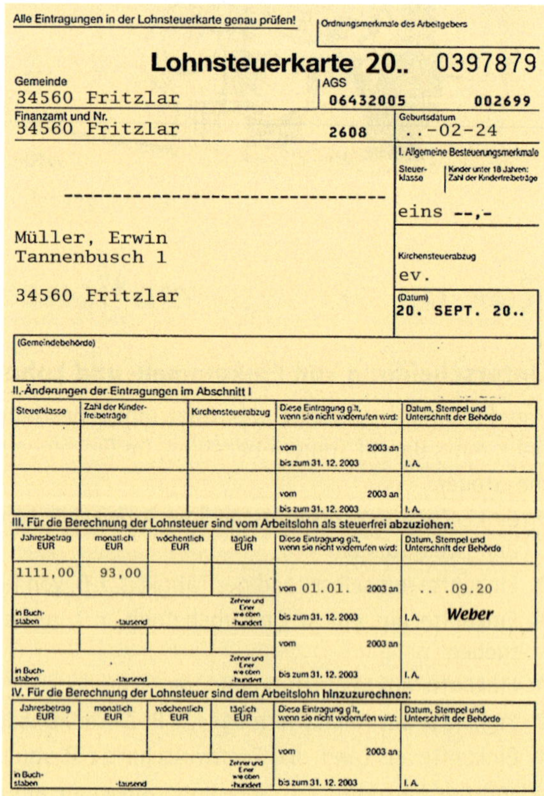

Alle Eintragungen in der Lohnsteuerkarte genau prüfen!
Ordnungsmerkmale des Arbeitgebers

Lohnsteuerkarte 20.. 0397879

Gemeinde: 34560 Fritzlar
AGS: 06432005 002699

Finanzamt und Nr.: 34560 Fritzlar 2608
Geburtsdatum: ..-02-24

I. Allgemeine Besteuerungsmerkmale
Steuer-Klasse: eins
Kinder unter 18 Jahren: Zahl der Kinderfreibeträge: --,-

Kirchensteuerabzug: ev.

Müller, Erwin
Tannenbusch 1

34560 Fritzlar

(Datum) 20. SEPT. 20..

(Gemeindebehörde)

II. Änderungen der Eintragungen im Abschnitt I

Steuerklasse	Zahl der Kinderfreibeträge	Kirchensteuerabzug	Diese Eintragung gilt, wenn sie nicht widerrufen wird:	Datum, Stempel und Unterschrift der Behörde
			vom 2003 an bis zum 31. 12. 2003	I. A.
			vom 2003 an bis zum 31. 12. 2003	I. A.

III. Für die Berechnung der Lohnsteuer sind vom Arbeitslohn als steuerfrei abzuziehen:

Jahresbetrag EUR	monatlich EUR	wöchentlich EUR	täglich EUR	Diese Eintragung gilt, wenn sie nicht widerrufen wird:	Datum, Stempel und Unterschrift der Behörde
1111,00	93,00			vom 01.01. 2003 an	..09.20
in Buchstaben	-tausend		Zehner und Einer wie oben -hundert	bis zum 31. 12. 2003	I. A. Weber
				vom 2003 an	
in Buchstaben	-tausend		Zehner und Einer wie oben -hundert	bis zum 31. 12. 2003	I. A.

IV. Für die Berechnung der Lohnsteuer sind dem Arbeitslohn hinzuzurechnen:

Jahresbetrag EUR	monatlich EUR	wöchentlich EUR	täglich EUR	Diese Eintragung gilt, wenn sie nicht widerrufen wird:	Datum, Stempel und Unterschrift der Behörde
				vom 2003 an	
in Buchstaben	-tausend		Zehner und Einer wie oben -hundert	bis zum 31. 12. 2003	I. A.

Steuerklassen	Personenkreise (vereinfachte Angaben)
I	Ledige, Geschiedene, Verwitwete oder dauernd getrennt lebende Ehepartner
II	Ledige, Geschiedene und Verwitwete mit mindestens einem Kind, für das sie einen Kinderfreibetrag haben
III	Verheiratete, wenn nur ein Ehegatte Arbeitslohn bezieht oder wenn beide arbeiten und der andere Steuerklasse V wählt
IV	Verheiratete, wenn beide Ehegatten Arbeitslohn beziehen und dieselbe Steuerklasse wählen
V	Wenn Verheiratete beide Arbeitslohn beziehen, kann einer der Ehegatten die Steuerklasse V, der andere die Klasse III wählen.
VI	Wenn mehrere Arbeitsverhältnisse bestehen, wird auf der benötigten zweiten und allen weiteren Lohnsteuerkarten die Steuerklasse VI eingetragen. Nach Klasse VI wird auch versteuert, wenn die Lohnsteuerkarte nicht oder nicht rechtzeitig abgegeben wurde oder verloren ging.

So viel Lohnsteuer ist in den einzelnen Steuerklassen monatlich zu zahlen
(Beispiel: Lohn von 1.766,99 bis 1.790,99 €):

Lohn bis €	I	II	III	IV	V	VI
1.766,99	225,16	171,91	25,16	225,16	488,33	523,83
1.769,99	226,00	172,66	25,16	226,00	489,50	525,00
1.772,99	226,83	173,50	25,16	226,83	490,66	526,33
1.775,99	227,66	174,33	26,33	227,66	492,00	527,66
1.778,99	228,50	175,08	26,33	228,50	493,16	528,83
1.781,99	229,33	175,91	27,66	229,33	494,16	530,00
1.784,99	230,25	176,75	27,66	230.25	495,50	531,33
1.787,99	231,08	177,50	27,66	231,08	496,66	532,66
1.790,99	231,91	178,33	28,83	231,91	498,00	533,83

Die Steuerschuld lässt sich mithilfe von **Steuertabellen** ermitteln. Sie informieren über die Steuerbelastung der in Steuerklassen eingeteilten Steuerpflichtigen. Die Einordnung der Steuerpflichtigen in die **sechs Steuerklassen** erfolgt nach persönlichen und familiären Verhältnissen.

Der Steuertarif

Info 3

Wäre es gerecht, wenn jedes Einkommen mit demselben Prozentsatz an Steuern belastet würde? Es wäre ungerecht. Für einen Steuerzahler mit sehr niedrigem Einkommen würde diese Steuerlast ein sehr viel größeres Opfer bedeuten als für einen Großverdiener. Unser Steuersystem orientiert sich vor allem an der Leistungsfähigkeit des Einzelnen. Es versucht, die Steuerlast fair zu verteilen. Das Gebot der steuerlichen Fairness gehört mit zu den Eckpfeilern unseres Rechtsstaates. Es wird berücksichtigt im Aufbau des **Einkommensteuertarifs.** Dieser besteht aus vier Bausteinen:

- **Grundfreibetrag (Nullzone)**

  Verdiener mit kleinem oder nur sehr geringem Einkommen sind von der Steuerzahlung befreit. Der Gesetzgeber gesteht seinen Bürgern damit ein einkommensmäßiges Existenzminimum zu. Steuerlich findet es seinen Ausdruck im Grundfreibetrag.

- **Progressionszone**
  Ausgehend vom Eingangssteuersatz beginnt der „progressive" Einkommenssteuertarif. Das heißt, auf höhere Einkommen ist nicht nur eine höhere Steuer zu entrichten, sondern es gilt ein höherer Prozentsatz. Der steigt an, bis der Spitzensteuersatz erreicht ist.
- **untere Proportionalzone**
  Ab einer bestimmten Einkommenshöhe steigt der Steuersatz nicht weiter an. Spitzeneinkommen werden einheitlich mit demselben Höchstsatz von 42% bis zu einem Monatseinkommen von unter 250.000,00 € besteuert.
- **obere Proportionalzone**
  Einkommen, die 250.000,00 € übersteigen, werden ab 2007 nicht mehr mit 42%, sondern mit 45% versteuert (Reichensteuer).

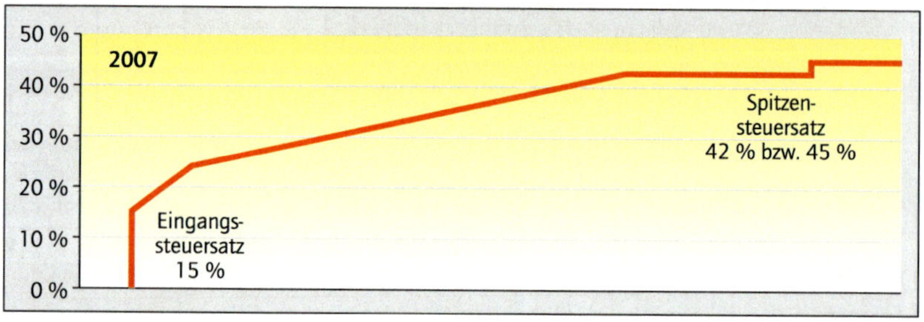

Arbeitsvorschläge

DO IT!

1. Beschreiben Sie die Dreiteilung des Steuertarifs.
2. Welche Lohnsteuerklasse haben die folgenden Personen?
   a) Dimitrij Kasko ist ledig und arbeitet als Zahntechniker in einem Dentallabor.
   b) Linda Hohmann arbeitet als Diplomingenieurin bei einem Automobilhersteller und ihr Mann Bernd ist Hausmeister an einer Schule.
   c) Thomas Schmidt übt den Beruf eines Anlageelektronikers aus. Seine Frau Susanne ist seit zwei Monaten wegen der Geburt ihres Sohnes nicht mehr berufstätig.
   d) Karim Özgem ist neben seiner ersten Berufstätigkeit als Wachmann für einen Sicherheitsdienst tätig.
3. Welche Angaben enthält eine Steuertabelle?

7.3 Einkommensteuererklärung

Passiert – notiert

Gespräch zwischen den beiden befreundeten Arbeitskollegen Lars Hebel und Bernd Forster. Beide sind noch ledig und haben den Beruf des Werkzeugmechanikers erlernt. Sie arbeiten zurzeit in der gleichen Schicht auf einer Schiffswerft.

Bernd: „Hab gehört, du willst dir schon wieder eine neue Digitalkamera kaufen. Deine alte ist doch noch kein Jahr alt. Woher hast du die Kohle? Wir sind doch wirklich keine Großverdiener."

Lars: „Du wirst es nicht glauben, meine neue Kamera bezahlt das Finanzamt. Das hat mir nämlich 600,00 € an zu viel gezahlten Steuern überwiesen. Da kann man nicht meckern, oder?"

Bernd: „Ja, und warum kriege ich nicht auch so eine kleine Finanzspritze? Wir haben doch das gleiche Einkommen. Und auf meinem Konto ist immer Ebbe."

Lars: „Also Bernd, das will ich dir erklären ..."

Warum hat Lars Geld vom Finanzamt zurükkbekommen und Bernd nicht?

Was ist bei der Abgabe einer Einkommensteuererklärung zu beachten?

Ran an die Informationen

Info 1

Was ist eine Einkommensteuererklärung?

Wer über steuerpflichtiges Einkommen verfügt, sollte am Jahresende einen Veranlagungsantrag stellen. Das gilt auch für Auszubildende. Der Freibetrag liegt z. B. für das Jahr 2007 bei 7.664,00 €. Nur wer mehr verdient, zahlt auch Steuern. Davon kann er jedoch abzugsfähige Ausgaben geltend machen. Der Antrag auf Einkommensteuerveranlagung wird durch Abgabe einer Einkommensteuererklärung gestellt. Aufgrund dieser Erklärung setzt das Finanzamt die Steuern nach Ablauf eines Kalenderjahres fest. Sie dient dazu, überzahlte Lohnsteuer zurückzuerhalten. Die Einkommensteuererklärung muss man nicht abgeben, sie ist eine freiwillige Angelegenheit. Anders sieht es z. B. aus, wenn ein Arbeitnehmer zusätzliche Einkünfte in Form von Miete oder Zinsen erhält, die eine bestimmte Höhe überschreiten. In diesem Fall muss er unaufgefordert eine Einkommensteuererklärung abgeben (Pflichtveranlagung).

Tipp

Im Zweifelsfall sollte man immer eine Einkommensteuererklärung abgeben. Der Grund: Durchschnittlich verliert jeder Steuerzahler jedes Jahr 350,00 €, weil er auf die Steuererklärung verzichtet hat.

Einkommensteuererklärung: Wann ist es sinnvoll, sie abzugeben?

Arbeitnehmer war zeitweise arbeitslos

erhöhte Werbungskosten und Sonderausgaben (höher als Pauschalbetrag) **oder außergewöhnliche Belastungen sind entstanden** (siehe Info 2)

schwankender Arbeitslohn, z. B. durch Überstunden oder Beförderung

Änderung im Familienstand, z. B. durch Eheschließung oder Geburt eines Kindes

Info 2 Das zu versteuernde Einkommen

Aufgrund der Angaben in der Einkommensteuererklärung berechnet das Finanzamt das zu versteuernde Einkommen. Dabei wird das Jahresbruttoeinkommen um bestimmte abzugsfähige Beträge vermindert. Teile dieser Beträge sind schon als Pauschalbeträge in der Monatslohnsteuertabelle berücksichtigt. Nur Aufwendungen, die darüber hinausgehen, vermindern das zu versteuernde Einkommen. Sie müssen gegenüber dem Finanzamt nachgewiesen werden.

Jahresbruttoeinkommen
- Freibeträge
- Werbungskosten
- Sonderausgaben
- außergewöhnliche Belastungen

} **abzugsfähige Posten**

= zu versteuerndes Einkommen

Die abzugsfähigen Posten im Einzelnen

Werbungskosten

Dies sind Aufwendungen, die der Sicherung und Erhaltung der Berufstätigkeit dienen. Es lohnt sich nur dann, diese Aufwendungen geltend zu machen, wenn sie die Werbungskostenpauschale von 920,00 € übersteigen.

Beispiele:
- Aufwendungen für die Fahrt zur Arbeit: Angesetzt werden können 0,30 € je Kilometer ab dem 21. Entfernungskilometer.
- Aufwendungen für Berufskleidung, Fachliteratur
- Aufwendungen für berufliche Fortbildung
- Gewerkschaftsbeiträge
- Mehraufwendungen wegen einer beruflich bedingten doppelten Haushaltsführung

Sonderausgaben

Dies sind Aufwendungen, die der sozialen Vorsorge dienen. Eine Vorsorgepauschale ist in der Lohnsteuertabelle bereits eingearbeitet.

Beispiele:
- Arbeitnehmeranteil an der gesetzlichen Sozialversicherung
- Private Haftpfichtversicherung
- Kirchensteuer
- Spenden

außergewöhnliche Belastungen	Sie entstehen durch größere Aufwendungen des Steuerpflichtigen. Sie fallen zwangsläufig aufgrund besonderer Umstände an. **Beispiele:** • Kosten durch Krankheit oder Tod eines Familienangehörigen • Ausgaben wegen Ehescheidung • Aufwendungen für körperliche und sonstige Behinderungen • Ausgaben zur Unterstützung bedürftiger Angehöriger • Ausgaben für Unwetterschäden
Freibeträge	sind Steuerentlastungen, die vom Staat aus sozialen oder politischen Gründen festgelegt werden. Freibeträge sind zum Teil in der Steuertabelle bereits berücksichtigt. **Beispiele:** • Grundfreibetrag • Arbeitnehmerfreibetrag • Kinderfreibetrag

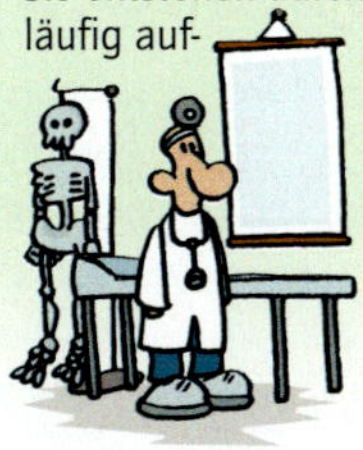

Das Formular der Einkommensteuererklärung

Das Formular der Einkommensteuererklärung ist mit einer ausführlichen Anleitung beim Finanzamt kostenlos erhältlich. Aber auch eine Steuererklärung am PC ist möglich. Fast ein Dutzend unterschiedlicher Programme sind auf dem Markt. Sie haben einen großen Vorteil: Der Anwender kann sich mithilfe der Software errechnen lassen, wie viel Steuern er zurückbekommt oder aber noch zu zahlen hat. Eine Einkommensteuererklärung auszufüllen ist leichter geworden, da man vereinfachte Erklärungsvordrukke verwenden kann. Dies ist aber nur möglich, wenn nur Arbeitslohn und z. B. keine Mieteinnahmen bezogen wurden. Eine weitere Bedingung ist, dass nur die im Vordruck bezeichneten Werungskosten, Sonderausgaben und außergewöhnlichen Belastungen geltend gemacht werden. Beim Ausfüllen ist zu beachten, dass die sog. „eTIN" (elektronische Transfer-Identifikationsnummer) auf den Vordruck zu übertragen ist.

Welche Bedeutung hat die „eTIN"? Sie setzt sich aus dem Namen und den Geburtsdaten des Steuerpflichtigen zusammen. Unter diesem Namen werden die steuerrelevanten Angaben des Arbeitnehmers mittels Datenfernübertragung vom Arbeitgeber an das Finanzamt übermittelt. Aus einer Lohnsteuerbescheinigung, welche der Arbeitgeber dem Arbeitnehmer aushändigt, kann dieser seine Daten entnehmen.

Info 3

Tipp

Die Finanzverwaltung bietet mit dem Programm „Elster Formular" eine kostenlose Software für die Steuererklärung an. Via Internet lassen sich die Daten elektronisch an das zuständige Finanzamt übermitteln.

1 X **Vereinfachte Einkommensteuererklärung für Arbeitnehmer** ☐ **Antrag auf Festsetzung der Arbeitnehmer-Sparzulage** — Eingangsstempel

2 An das Finanzamt: KASSEL SPOHRSTR

3 Steuernummer: 12341-0084 — Bei Wohnsitzwechsel: bisheriges Finanzamt

Allgemeine Angaben — Telefonische Rückfragen tagsüber unter Nr.

geltend gemacht

Einkünfte aus nichtselbständiger Arbeit

21 eTIN lt. Lohnsteuerbescheinigung Stpfl. / Ehemann: HEBELLARS84115 — eTIN lt. Lohnsteuerbescheinigung Ehefrau

Lohn- / Entgeltersatzleistungen (z. B. Arbeitslosengeld, Insolvenzgeld — Stpfl. / Ehemann — Ehefrau

Auf der 2. Seite der vereinfachten Steuererklärung sind auch Angaben zu den Werbungskosten und den Sonderausgaben zu machen.

Steuernummer 12341-0084

Werbungskosten Stpfl. / Ehemann 87

Wege zwischen Wohnung und Arbeitsstätte (Entfernungspauschale)
Arbeitsstätte in (Ort und Straße) | Arbeitstage je Woche | Urlaubs- und Krankheitstage

31 Homberg, Trockenst. 29 | 5 | 41

32

	Arbeitsstätte lt. Zeile		aufgesucht an			einfache Entfernung			davon mit eigenem oder zur Nutzung überlassenem Pkw zurückgelegt			davon mit Sammelbeförderung zurückgelegt		davon mit öffentl. Verkehrsmitteln, Motorrad, Fahrrad o. Ä., als Fußgänger, als Mitfahrer einer Fahrgemeinschaft zurückgelegt			Behinderungsgrad mind. 70 oder mind. 50 und Merkzeichen „G"	
33	31	40	220	Tagen	41	46	km	68	46	km	78		km		km	36		1=Ja
34		43		Tagen	44		km	69		km	79		km		km	37		1=Ja

35 Aufwendungen für Fahrten mit öffentlichen Verkehrsmitteln (ohne Flug- und Fährkosten) (Bitte stets auch die Zeilen 33 und 34 ausfüllen) 49 | EUR 340,–

36 Aufwendungen für Arbeitsmittel, Bewerbungskosten, Fortbildungskosten, Kontoführungsgebühren, Reisekosten bei Dienstreisen, Flug- und Fährkosten, Beiträge zu Berufsverbänden – soweit nicht steuerfrei ersetzt – 53 | ,–

Tipp

Um entstandene Aufwendungen geltend machen zu können, verlangt das Finanzamt im Allgemeinen Belege. Sie sollten daher am Anfang des Jahres ein Kästchen oder einen größeren Umschlag vorbereiten um hier alle Steuerbelege zu sammeln.

Sonderausgaben 52

			Stpfl. / Ehemann EUR		Ehefrau EUR
43	Beiträge zu – freiwilligen Versicherungen in den gesetzlichen Rentenversicherungen	35	,–	36	,–
44	– eigenen kapitalgedeckten Rentenversicherungen (§ 10 Abs. 1 Nr. 2 Buchstabe b EStG) mit Laufzeitbeginn nach dem 31. 12. 2004 – ohne Altersvorsorgebeiträge, die in Zeile 20 geltend gemacht werden –	37	,–	38	,–
45	Bei Zusammenveranlagung ist die Eintragung für jeden Ehegatten vorzunehmen: Haben Sie zu Ihrer Krankenversicherung oder Ihren Krankheitskosten Anspruch auf – steuerfreie Arbeitgeberbeiträge (z. B. sozialversicherungspflichtige Arbeitnehmer) oder – steuerfreie Beihilfen (z. B. Beamte, Versorgungsempfänger)?	49	1=Ja 2=Nein	50	1=Ja 2=Nein

			Stpfl./Ehegatten EUR
46	Beiträge zu – freiwilligen Versicherungen gegen Arbeitslosigkeit, Erwerbs- und Berufsunfähigkeitsversicherungen, Kranken- und Pflegeversicherungen, Unfall- und Haftpflichtversicherungen und Risikoversicherungen, die nur für den Todesfall eine Leistung vorsehen	55	720,–
47	– Rentenversicherungen mit Kapitalwahlrecht und Kapitallebensversicherungen mit mindestens 12 Jahren Laufzeit und Laufzeitbeginn sowie erster Beitragszahlung vor dem 1. 1. 2005	46	1200,–
48	– Rentenversicherungen ohne Kapitalwahlrecht mit Laufzeitbeginn und erster Beitragszahlung vor dem 1. 1. 2005 (auch steuerpflichtige Beiträge zu Versorgungs- und Pensionskassen) – ohne Altersvorsorgebeiträge, die in Zeile 20 geltend gemacht werden –	44	,–

49	**Kirchensteuer**	13	2006 gezahlt 223,–	14	2006 erstattet 26,–
50	**Zuwendungen** (lt. beigefügten Bestätigungen) für wissenschaftliche, mildtätige und kulturelle Zwecke	18	120,–	für kirchliche, religiöse u. gemeinnützige Zwecke 19	,–

Arbeitsvorschläge DO IT!

1. In einem Gespräch zwischen zwei Auszubildenden wird die Meinung vertreten, dass es sich immer lohnt, eine Einkommensteuererklärung abzugeben.
2. Beschreiben Sie, wie das zu versteuernde Einkommen ausgehend vom Jahreseinkommen ermittelt wird.
3. Beatrice Klein ordnet ihre Unterlagen für die Einkommensteuererklärung. Dazu gehören: Spende an das Rote Kreuz von 50,00 €, Haftpflichtversicherung 210,00 €, Unterstützungszahlung für im Altenheim lebende Mutter 1.200,00 €, Gebühr für Fortbildungslehrgang 125,00 €, Private Haftpfichtversicherung 420,00 €, Ausgaben für Zahnimplantat 2.600,00 €, Gewerkschaftsbeitrag 134,00 €, Fahrten zu Vorstellungsgesprächen 184,00 €, Vorsorgeaufwendung 1.830,00 €.
   Ermitteln Sie die Summe, die an Werbungskosten, Sonderausgaben und außergewöhnlichen Belastungen angefallen ist.
4. Die Werbungskostenpauschale beträgt 920,00 €. Welche Bedeutung hat dies für die Steuererklärung von Beatrice Klein?
5. Bernd Fischer wohnt in Marburg und arbeitet in Bad Zwesten. Er muss täglich 45 Kilometer mit dem Auto zurücklegen. Letztes Jahr hat er 209 Tage gearbeitet. Berechnen Sie die Höhe der Aufwendungen, die sich steuermindernd auswirken.

HOT

Machen Sie doch mal eine „Steuerrückerstattungs-Übung".

1. Besorgen Sie sich das Formular für eine vereinfachte Einkommenssteuererklärung in Klassenstärke vom Finanzamt. Bei entsprechender PC-Ausstattung können Sie auch das Programm „ElsterFormular" für die Steuererklärung verwenden. Die Software gibt es kostenlos beim Finanzamt. Sie können sich aber auch die neueste Version aus dem Internet herunterladen:
   www.ElsterFormular.de
2. Tragen Sie die folgenden Angaben dort ein. Als Orientierung können die vorstehenden Formularabbildungen dienen.

- persönliche Angaben:
  Martha Köster, ledig, Zahntechnikerin
- Angaben zum Arbeitslohn:
  Hinweis: Daten hierzu werden nicht eingetragen, da sie dem Finanzamt mittels Datenfernübertragung übermittelt werden
- Angaben zu Werbungskosten:
  Gewerkschaftsbeiträge 216,00 €,
  Fortbildungskosten 283,00 €,
  Arbeitskleidung 172,00 €,
  Fachliteratur 74,00 €
  Entfernung zwischen Wohnung und Arbeit von 50 km, an 225 Arbeitstagen gearbeitet
- Angaben zu Sonderausgaben:
  Spenden 65,00 €,
  Kirchensteuer 185,00 €,
  Unfallversicherung 45,00 €,
  Haftpflichtversicherung 148,00 €
- außergewöhnliche Belastungen: keine

Alle weiteren persönlichen Angaben (Bankverbindung, Adresse) tragen Sie von sich selbst ein.

8 Der europäische Wirtschaftsraum

Passiert – notiert

Wie hat sich der europäische Wirtschaftsraum entwickelt?

Welche wirtschaftlichen Besonderheiten weist der europäische Wirtschaftsraum auf?

2004 war es wieder soweit. Die Europäische Union (EU) bekam Nachwuchs. Zu den bisherigen 15 Mitgliedsländern kamen weitere 10 hinzu. Die Länder sind Estland, Lettland, Litauen, Malta, Polen, Slowakei, Slowenien, Tschechische Republik, Ungarn und Zypern. Im europäischen Haus geht es jetzt schon ziemlich hoch her und ab 2007 sind Bulgarien und Rumänien noch hinzugekommen. Uneinigkeit und Streitereien zwischen den Mitgliedsländern sind an der Tagesordnung. Und dabei geht es häufig um das liebe Geld, das vorn und hinten nicht ausreicht. Die Zukunft wird zeigen, wie man die verschiedenen Interessen der Mitgliedsstaaten unter einen Hut bringt.

Ran an die Informationen

Info 1

Was ist die Europäische Union (EU)?

Im Jahr 1957 schlossen sich Belgien, Deutschland, Frankreich, Italien, Luxemburg und die Niederlande zur Europäischen Wirtschaftsgemeinschaft (EWG) zusammen. Aus der EWG wurde die Europäische Union (EU), die ab 2004 aus 25 Mitgliedern bestand. Im Jahr 2007 wurden Bulgarien und Rumänien in die EU aufgenommen. Die Türkei möchte folgen. Innerhalb dieses mächtigen Wirtschaftsraumes wurde ein **Binnenmarkt** geschaffen, der von **vier Freiheiten** geprägt ist:

Vier Freiheiten im Binnenmarkt

freier Personenverkehr

freie Arbeitsplatzwahl, Niederlassungsfreiheit, Wegfall von Grenzkontrollen, gegenseitige Anerkennung von Diplomen und Prüfungszeugnissen

freier Warenverkehr

Wegfall der Grenzkontrollen, Vereinheitlichung von Umsatz- und Verbrauchsteuern, gegenseitige Anerkennung von Normen und Vorschriften

freier Kapitalverkehr

mehr Freizügigkeit für Geld- und Kapitalbewegungen, größere Freiheit im Wertpapierverkehr

freier Dienstleistungsverkehr

freier Markt für Dienstleistungen der Banken und Versicherungen, Öffnung der Transport- und Telekommunikationsmärkte, Vereinheitlichung der Banken- und Versicherungsaufsicht

Nicht alle Freiheiten wurden im Binnenmarkt der EU verwirklicht. So ist es z. B. bisher nicht gelungen, die Umsatzsteuer und die Verbrauchsteuern einander anzugleichen.

Hat sich die europäische Integration überhaupt gelohnt? Viele sind skeptisch und würden ohne zögern mit „nein" antworten. Das Gegenteil ist aber der Fall. Untersuchungen aus jüngster Zeit zeigen ganz klar: Ohne die Europäische Union würden die Menschen wirtschaftlich wesentlich schlechter dastehen. Einer Schätzung der EU-Kommission zufolge war das Bruttoinlandsprodukt der Union im Jahre 2005 um fast 183 Milliarden Euro höher als es ohne den Binnenmarkt gewesen wäre.

Info 2 Wer wird Mitglied der Wirtschafts- und Währungsunion?

Eine besondere Bedeutung für die EU hat der Vertrag von Maastricht. Dort wurde auch die Gründung einer gemeinsamen Wirtschafts- und Währungsunion (WWU) beschlossen. Ein für uns wichtiges Ergebnis kennen wir alle: Die nationalen Währungen wurden abgeschafft und durch den € ersetzt.

Um Mitglied der WWU zu werden wurde von den interessierten Mitgliedstaaten der EU verlangt, dass sie bestimmte Voraussetzungen erfüllen. Vereinfacht ausgedrückt durften nur Länder mit einer stabilen Währung, deren Verschuldung nicht zu hoch war, auch Mitglied der WWU werden. Wächter des € ist die Europäische Zentralbank (EZB). Sie wacht darüber, dass die gemeinsame Währung stabil bleibt. Sind Länder einmal Mitglied der WWU, können sie sich nicht auf ihren Lorbeeren ausruhen. Steigt z. B. die Staatsverschuldung über 3 % des Bruttoinlandsprodukts, so droht Ärger mit der EU-Kommission. Ein Defizitverfahren wird gegen das betreffende Land eingeleitet, bei dem milliardenschwere Bußgeldstrafen fällig werden. Doch bis es so weit kommt, gibt es erst einmal einen „Blauen Brief" aus Brüssel. Er ist eine Frühwarnung an die Wirtschaftspolitiker. Außer der Wirtschaft- und Währungsunion besteht die EU noch aus zwei weiteren Säulen:

- Die zweite Säule steht für die Gemeinsame Außen- und Sicherheitspolitik (GASP), wozu auch die schrittweise Festlegung einer gemeinsamen Verteidigungspolitik gehört.
- Die dritte Säule steht für die polizeiliche und gesetztliche Zusammenarbeit in Strafsachen. Hier ist besonders auf das Europäische Polizeiamt Euro hinzuweisen.

Info 3 Die EU-Erweiterung

Die EU steht vor einer Herausforderung: Durch den Beitritt der weiteren Länder wächst die Bevölkerung auf ca. 570 Millionen. Beitrittsländer und bisherige EU-Staaten erhoffen sich durch den großen Binnenmarkt positive Auswirkungen auf das Wachstum ihrer heimischen Wirtschaft. Aber bis das alles glatt läuft, gibt es noch große Aufgaben zu bewältigen. Wie soll es z. B. mit den milliardenschweren Subventionen für die Landwirtschaft weitergehen, die fast 50 % aller Ausgaben in der EU ausmachen? Die Ergebnisse dieser Fehlsteuerung sind allgemein bekannt: Sie heißen Milchseen, Fleischmassen und Butterberge.

Ängste und Bedenken wegen der Erweiterung gibt es auch. Im Westen befürchtet man, dass das große Lohngefälle zwischen den Ländern zu einer Massenwanderung von Arbeitskräften von Ost- nach Westeuropa führen könnte. Möglich ist aber auch, dass Betriebe aus Kostengründen (z. B. niedriges Lohnniveau, geringere Grundstückspreise) ihre Produktionsstätten in die neuen Mitgliedsländer verlegen. Eine Gefahr für die Produzenten in den neuen Beitrittsländern besteht dann, wenn sie technologisch ihren westlichen Konkurrenten stark unterlegen sind.

9596278

Das Prinzip der Solidargemeinschaft

Info 4

Die wirtschaftliche Lage in den einzelnen Mitgliedsländern der EU ist sehr unterschiedlich. Reichere Länder, wie z. B. Luxemburg und Irland, stehen ärmeren Ländern, wie z. B. Griechenland und Portugal, auf dem gemeinsamen Markt gegenüber. Würde man gegen diese Unterschiede nichts unternehmen, wären die reichen Länder die Gewinner und die ärmeren Länder die Verlierer des vereinigten Europa. Die EU ist aber mehr als ein Markt. Sie ist politisch und wirtschaftlich eine Solidargemeinschaft, in der die wohlhabenden Länder die anderen Mitgliedsländer unterstützen. Regionen, die wirtschaftlich noch nicht so weit sind wie andere, erhalten finanzielle Mittel aus dem Strukturförderungsprogramm der EU. Gelder werden immer dann gezahlt, wenn das Pro-Kopf-Einkommen in einer Region unter 75 % des Durchschnittseinkommens aller EU-Länder liegt.

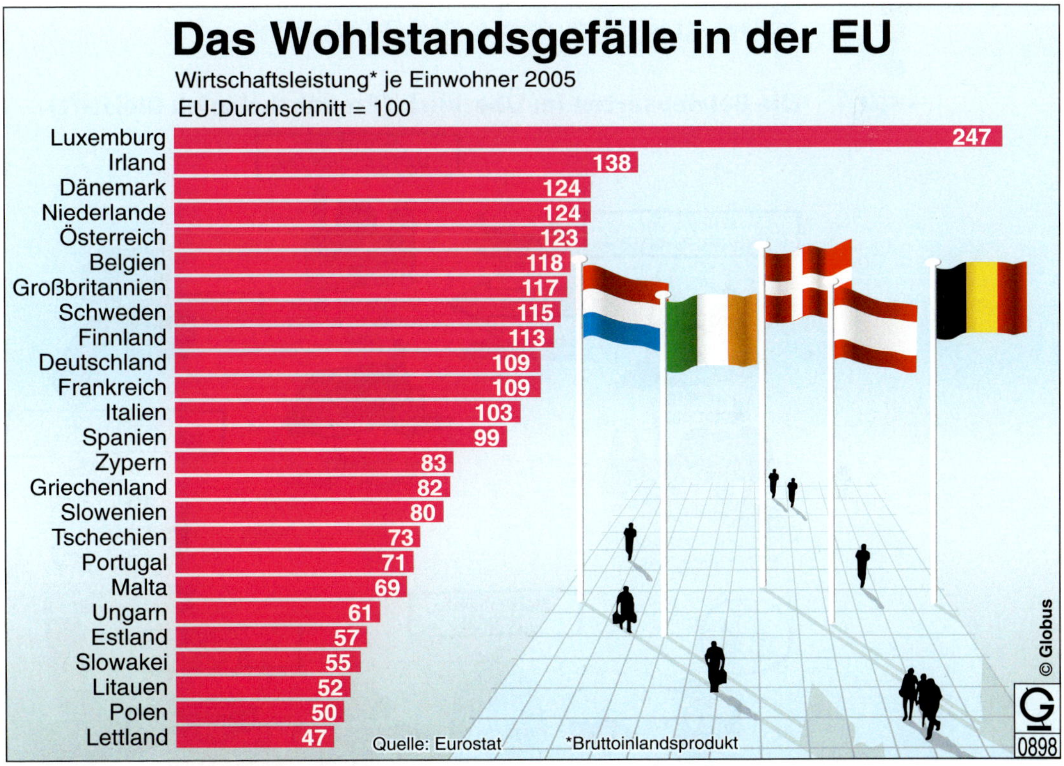

Arbeitsvorschläge

DO IT!

1. Welche Länder gehören heute zur EU?
2. Welche wirtschaftlichen Folgen kann die Osterweiterung der EU mit sich bringen?
3. Was ist unter den vier Freiheiten des europäischen Binnenmarktes zu verstehen?
4. Welche Aufgabe hat das Strukturförderungsprogramm der EU?
5. Beurteilen Sie, ob sich die EU für die Bürger Europas gelohnt hat.
6. Welches sind die drei Säulen der EU?

1 Betriebsarten

Passiert – notiert

Welche Betriebe werden berührt, wenn es z. B. um die Herstellung und den Verkauf von Bleistiften geht?

Welcher Unterschied besteht zwischen Handwerks- und Industriebetrieben?

Um ihre Produkte herstellen und verkaufen zu können stehen Industrie- und Handwerksbetrieben mit Betrieben anderer Wirtschaftsbereiche in Verbindung. Und selbst bis so ein einfaches Produkt wie ein Bleistift zum Käufer gelangt, ist eine Vielzahl von Betrieben notwendig. Alle wirken zusammen. Sonst würde es auch nicht klappen, dass der Zimmerer Erik Metzler bei seiner Arbeit immer einen Bleistift zur Verfügung hat. Wenn er an Dachstühlen arbeitet oder im Innenausbau tätig ist, ist sein Zimmermannsbleistift ein wichtiges Werkzeug für ihn.

Ran an die Informationen

Info 1 **Die Betriebsarten im Überblick (Produktbeispiel: Bleistift)**

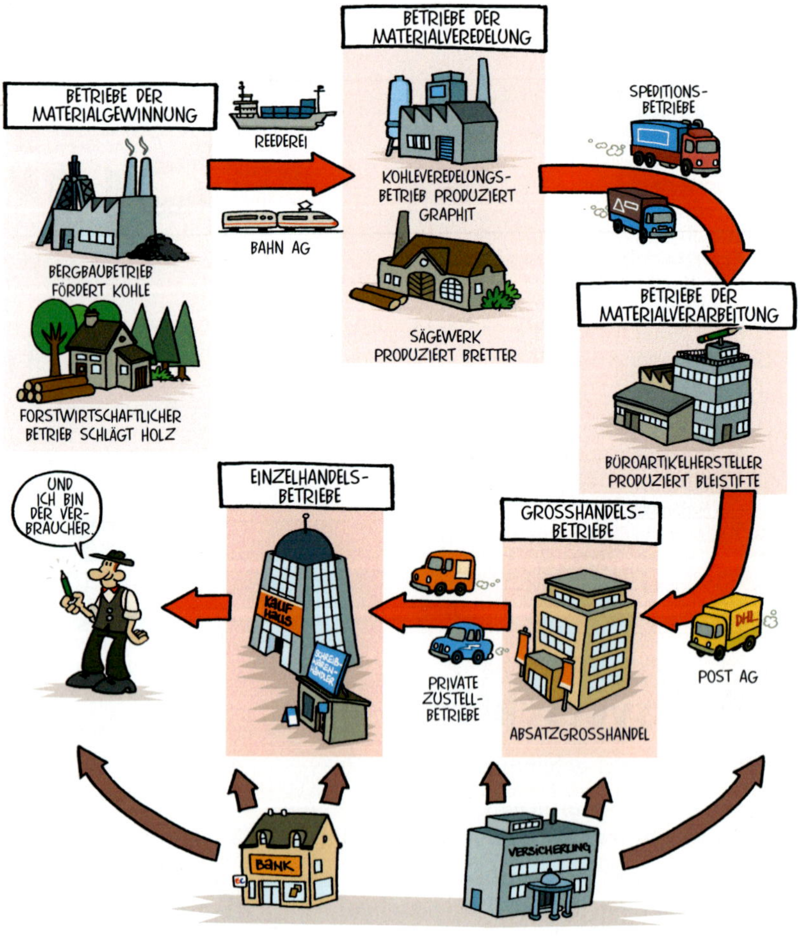

Unterscheidung von Industrie- und Handwerksbetrieben

Info 2

Betriebe, die Güter herstellen, sind mit der Materialgewinnung, der Materialveredelung oder der Materialverarbeitung beschäftigt. Sie alle zählen zu der Gruppe der Produktionsbetriebe. Von ihnen zu unterscheiden sind die Dienstleistungsbetriebe. Beispiele hierfür sind die Versicherungs-, Banken- und Handelsbetriebe. Produktionsbetriebe findet man in Form von Industrie- und Handwerksbetrieben. Die Eigenarten dieser beiden Betriebsarten zeigt die folgende Übersicht.

Industriebetrieb	Unterscheidungsmerkmale	Handwerksbetrieb
vorwiegend große und mittlere Betriebe	Betriebsgröße	vorwiegend Kleinbetriebe
neben gelernten auch ungelernte und angelernte Arbeitskräfte	Ausbildungsstand der Arbeitnehmer	vorwiegend gelernte Arbeitskräfte
vorwiegend maschinelle und automatische Fertigung	Art der Erzeugung	Maschinenarbeit und teilweise Handarbeit
vorwiegend Serien- und Massenfertigung für den anonymen (unbek.) Markt	Fertigungsart	vorwiegend Einzelfertigung auf Kundenbestellung
wenig Reparaturen	Reparaturarbeiten	großer Anteil an Reparaturarbeiten
wenig Kundenkontakt, Absatzorganisation übernimmt den Verkauf	Kundenkontakt	häufiger Kundenkontakt möglich
Industrie- und Handelskammer	zuständige Standesorganisation für Ausbildung und anderes	Handwerkskammer

Arbeitsvorschläge

DO IT!

1. Beschreiben Sie das Ablaufschema aus Info 1 über die Herstellung und den Verkauf von Bleistiften.
2. Nennen Sie verschiedene Arten von Dienstleistungs- und Produktionsbetrieben, auch aus Ihrem eigenen Lebensumfeld.
3. Welche Unterschiede bestehen zwischen einem Industrie- und einem Handwerksbetrieb?
4. Nehmen Sie Stellung zu der Behauptung: „Handwerksbetriebe können auch in Zukunft nur durch Meister geleitet werden."

2 Ziele der Betriebe

Passiert – notiert

Was halten Sie von Marks Vorschlag, die Geschäftspolitik seines Ausbildungsbetriebs auf die Gemeinde zu übertragen?

Welche betrieblichen Ziele gibt es?

Frank: „Mark, ich bin sauer. Gerade habe ich gehört, dass unser Sportplatz dieses Jahr auch wieder nicht renoviert wird. In der Gemeindevertretersitzung letzte Woche wurde das Projekt nochmal ein Jahr verschoben. Die Gemeinde hat angeblich keine Kohle. Unser Fußballturnier im Herbst können wir damit vergessen."

Mark: „Ich finde das unmöglich! Die sollten sich mal ein Beispiel nehmen an der Wolf AG, wo ich arbeite. Die Betriebsleitung versteht ihr Geschäft. Der Absatz von unseren Chemieprodukten brummt. Die setzen jedes Jahr 'ne dicke Preiserhöhung auf dem Markt durch. Und um 20 % hat der Gewinn wieder zugelegt. Die haben so viel Geld, dass schon wieder eine neue Werkshalle gebaut werden soll."

Ran an die Informationen

Info 1 Erzielung eines hohen Gewinns

Ein Grundsatz der Marktwirtschaft lautet: „Gewinn ist nicht alles – aber ohne Gewinn ist alles nichts."

Private Dienstleistungs-, Industrie- und Handwerksbetriebe haben eine Gemeinsamkeit: Sie wollen möglichst hohe Gewinne machen. Man bezeichnet diese Gewinnmaximierung auch als erwerbswirtschaftliches Ziel. Je nach Unternehmenssituation können auch andere Zielsetzungen vorübergehend in den Vordergrund treten. So z. B. Marktbeherrschung, Absatzsteigerung, Konkurrenzverdrängung und Umsatzerhöhung.

Das Gewinnstreben ist ein Anreiz die eigene Leistungsfähigkeit ständig zu verbessern. Gewinne werden aber auch durch den Wettbewerb begrenzt. So kann ein Betrieb seine Produktpreise nicht beliebig erhöhen. Die Verbraucher sind nämlich nicht bereit, jeden Preis zu bezahlen. Außerdem könnte das ein Anreiz für die Konkurrenz sein, den Preis zu unterbieten.

9596282

Verwendet werden die Gewinne hauptsächlich für:

- eine Erhöhung der finanziellen Rücklagen,
- die Auszahlung von Gewinnanteilen an die Anteilseigner (z. B. Aktionäre),
- die Erforschung und Entwicklung neuer Produkte,
- Investitionen in Produktionsmittel (z. B. in Form neuer Maschinen),
- die Entwicklung verbesserter Produktionsverfahren und zur Errichtung leistungsfähigerer Produktionsanlagen. Investitionen dienen so dem Schutz der bisherigen und der Schaffung neuer Arbeitsplätze.

Erzielung eines angemessenen Gewinns

Info 2

Typisch für diese Zielsetzung eines „angemessenen" Gewinns sind Genossenschaften. Kleingewerbebetriebe, Handwerker, Kaufleute, Landwirte und andere schließen sich in den Genossenschaften zum Zweck der Selbsthilfe zusammen. Sie erhoffen sich dadurch Vorteile (z. B. preiswerter Großeinkauf) zunutze zu machen, wie sie sonst nur Großbetriebe haben. Genossenschaften können nicht rein erwerbswirtschaftlich ausgerichtet sein, da ihre Kapitalgeber (Mitglieder) sehr oft auch ihre Kunden sind. Landwirtschaftliche Genossenschaften sind z. B. bestrebt, ihren Mitgliedern u. a. auch preiswertes Saatgut und Düngemittel anzubieten. Andererseits sind die Mitglieder in ihrer Eigenschaft als Kapitalgeber aber auch daran interessiert, dass das eingesetzte Kapital sich gut verzinst.

Deckung des Gemeinbedarfs

Info 3

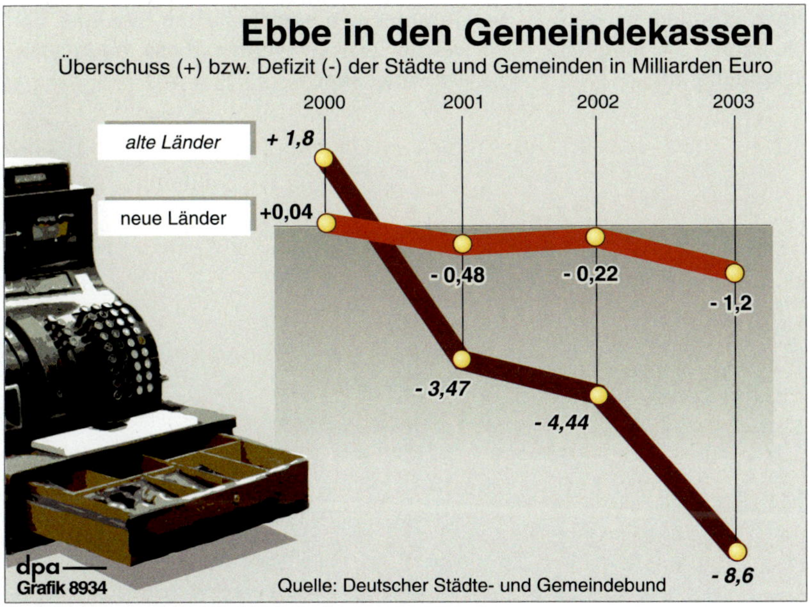

Wer ein öffentliches Schwimmbad oder ein staatliches Museum besucht, zahlt häufig nur einen geringen Eintrittspreis. Viele dieser öffentlichen Betriebe haben das Ziel den Gemeinbedarf zu decken. Nicht die Gewinnerzielung steht im Vordergrund, sondern die soziale Verantwortung des Staates gegenüber seinen Bürgern. Oftmals bieten öffentliche Betriebe ihre Leistungen unter Bedingungen an, die für privatwirtschaftliche Betriebe völlig uninteressant wären. Die Versorgung der Bevölkerung und das Wohl der Bürger haben dann Vorrang vor rein wirtschaftlichen Zielen.

Aber auch bei öffentlichen Betrieben werden die Einnahmen immer wichtiger. Viele Gemeinden sind inzwischen nämlich so verschuldet, dass sie öffentliche Einrichtungen schließen und sogar dringend notwendige Baumaßnahmen verschieben müssen. Gefordert wird daher, die Kosten bei den klassischen Verlustbringern der Gemeinden (Büchereien, Museen oder öffentliche Bäder) über die zu zahlenden Gebühren und Eintrittsgelder voll abzudecken. Aber nicht immer ist dies politisch durchsetzbar.

Arbeitsvorschläge DO IT!

1. Warum ist das Unternehmensziel der Gewinnmaximierung für viele öffentliche Betriebe nicht geeignet?
2. Welche wirtschaftlichen Ziele verfolgen Genossenschaften?
3. Um seinen Gewinn zu vergrößern erhöht der Inhaber einer Autowerkstatt die Stundensätze, die er seinen Kunden in Rechnung stellt, um 20 %. Zeigen Sie mögliche Gefahren dieser Entscheidung auf.
4. Erklären Sie die Aussage: „Gewinn ist nicht alles – aber ohne Gewinn ist alles nichts."
5. Beschreiben Sie die Finanzsituation der Gemeinden anhand der Grafik in Info 3.
6. Unternehmen erwirtschaften Gewinne. Für welche Zwecke werden diese hauptsächlich verwendet?

9596284

3 Betriebliche Funktionen

Passiert – notiert

Montagmorgen bei dem Autohersteller Speedu AG. Die Frühschicht hat vor drei Stunden begonnen. Rund 12 000 Beschäftigte sind dabei ihre Arbeit zu erledigen. Ihre Aufgaben sind sehr unterschiedlich. Einige sind zuständig für die **Beschaffung,** viele sind in der **Produktion** tätig und andere kümmern sich um den **Absatz** der hergestellten Produkte. Da diese Aufgaben quasi im Mittelpunkt des betrieblichen Geschehens stehen, werden sie auch als **Hauptaufgaben (Hauptfunktionen)** bezeichnet.

Aber da gibt es noch die Lagerhaltung. Auf die kann ein Industriebetrieb nicht verzichten. Und da ohne Moos bekanntlich nichts los ist, benötigt ein Autohersteller natürlich auch Kapital. Und wie man sich dies am besten beschafft, darüber machen sich Mitarbeiter aus der Finanzabteilung Gedanken. Lagerhaltung und Finanzierung gehören neben der Verwaltung zu den **Nebenaufgaben (Nebenfunktionen)** eines Betriebes.

3.1 Das Beschaffungswesen

3.1.1 Die Material- und Güterbeschaffung

Passiert – notiert

Welche Materialien sind zu beschaffen?

Welche Aufgaben fallen bei der Materialbeschaffung an?

Mona Lauterbach arbeitet in der Einkaufsabteilung der Speedu AG. Zuständig ist sie hier für die Beschaffung von Kleinmaterialien.

Von der Arbeitsvorbereitung hat sie heute eine Materialbedarfsmeldung erhalten. Benötigt werden Schlosszylinder und Schlüssel. Die Zeit drängt, da der Lagervorrat nur noch für drei Produktionswochen ausreicht. Werden die Teile bis dahin nicht geliefert, dann „ist der Teufel los!", so Mona zu ihrem Freund.

Ran an die Informationen

Info 1

Die zu beschaffenden Güter

Um Produkte herstellen zu können benötigen Betriebe eine Vielzahl unterschiedlicher Materialien bzw. Güter. Sollen z. B. in einem Industriebetrieb Autos produziert werden, so stellen sich die Fragen:

Was wird benötigt? – Was soll beschafft werden?	
Anlagen und Maschinen	Für den technischen Bereich werden z. B. benötigt: Fräsmaschinen, Werkzeugmaschinen, Industrieroboter. Im kaufmännisch-verwaltenden Bereich müssen z. B. vorhanden sein: Telefonanlage, EDV-Anlage, Kopierer.
Werkzeuge	Sie werden von Zulieferbetrieben bezogen (z. B. Bohrer) oder im Betrieb selbst hergestellt (z. B. Schneid- und Formwerkzeuge).

Werkstoffe	**Rohstoffe:** Sie gehen als Hauptbestandteil in das Produkt ein. *Beispiel:* Bleche bei der Autoherstellung **Hilfsstoffe:** Sie gehen als Nebenbestandteil in das Produkt ein. *Beispiel:* Klebstoffe, Schrauben **Betriebsstoffe:** Sie sind kein Bestandteil des Produkts, sind aber für den Produktionsprozess notwendig. *Beispiel:* Schmierstoffe, Energie
Zulieferteile	Sie werden von externen Zulieferern bezogen und gehen ohne Weiterverarbeitung in das Endprodukt ein (z. B. Getriebe und Vergaser).
Handelsware	Als fremdbezogene Fertigteile ergänzen sie das eigene Absatzprogramm (z. B. Autoradios, Fahrradhalter).

Die Aufgabenbereiche der Materialbeschaffung

Info 2

Mengenplanung

Es geht um die Frage, wie viel von einem bestimmten Artikel zu bestellen ist. Die benötigte Menge wird im Allgemeinen nicht von der Einkaufabteilung, sondern durch die Arbeitsvorbereitung ermittelt. Da sie den Fertigungsablauf plant und steuert, ist sie einfach „näher dran" am Produktionsgeschehen.

Zeitplanung

„Wann soll beschafft werden?", ist hier die entscheidende Frage. Werden Materialien zu früh geliefert, entstehen unnötige Lagerkosten. Erfolgt die Lieferung zu spät, muss der Produktionsprozess unterbrochen werden.

Preisplanung

„Im Einkauf liegt der halbe Gewinn", ist eine alte Kaufmannsregel. Wird das Material zu teuer eingekauft, besteht die Gefahr, dass die höheren Verkaufspreise am Markt nicht durchsetzbar sind.

Bezugsquellenermittlung

Um Material beschaffen zu können, muss man auch Bezugsquellen kennen. Im Betrieb werden deshalb Lieferantendateien geführt. Sie enthalten neben dem Namen des Lieferanten auch weitere Angaben wie z. B. Zahlungsbedingungen. Um neue Bezugsquellen zu erschließen, gibt es Informationsmöglichkeiten, z. B.

- im Internet,
- im Branchenverzeichnis,
- beim Besuch von Messen und Ausstellungen,
- in Fach- und Wirtschaftszeitungen.

3.1.2 Die Personalbeschaffung

Passiert – notiert

Welche Maßnahmen sind notwendig, um Personal zu beschaffen?

Personalanforderung	
Bezeichnung der Tätigkeit	lackieren von Karosserien
anfordernde Abteilung	Kostenstelle Lackiererei
Stellenbeschreibung	▸ lackieren von Hand und mit Automaten ▸ spachteln, glätten und planschleifen von Metall ▸ Fehlerquellen im Vorlack und Lack beseitigen

Die Absatzzahlen in der Speedu AG entwickeln sich weiterhin sehr positiv. Besonders die Nachfrage nach dem Kleinwagen Starlet „brummt“. Als vier Lackierer innerhalb eines Monats aus gesundheitlichen und persönlichen Gründen plötzlich ausscheiden, spitzt sich allerdings die Personalsituation in dieser Abteilung zu. „Wir brauchen dringend Ersatz, sonst sehe ich schwarz für unsere Terminvorgaben. Lassen Sie uns mal gleich eine Personalanforderung an das Personalbüro schicken“, so der Leiter der Lackiererei zu seiner Sekretärin.

Ran an die Informationen

Fallen Arbeitskräfte aus oder soll zukünftig mehr produziert werden, so steigt der Personalbedarf eines Betriebes. Die Personalbeschaffung verläuft dann häufig in folgenden Schritten:

Schritt 1	Personalbedarf feststellen	Die einzelnen Abteilungen eines Betriebes legen fest, wie hoch der Personalbedarf ist. Faktoren, die den Personalbedarf beeinflussen, sind z. B. Produktionsmenge, Fehlzeiten und Fluktuation der Beschäftigten sowie Rationalisierungsmaßnahmen.
Schritt 2	Personalanforderungen erstellen	Damit die Personalabteilung eines Betriebes tätig wird, muss ihr zuvor eine Personalanforderung zugegangen sein. Als wichtigste Information enthält diese eine Stellenbeschreibung, aus der die Anforderungen des Arbeitsplatzes hervorgehen.
Schritt 3	Beschaffungsmethode feststellen	Betriebe haben zwei Möglichkeiten, ihren Bedarf zu decken: ▸ innerbetrieblich, z. B. durch Umschulung von Arbeitskräften ▸ außerbetrieblich, z. B. durch Zeitungsanzeige oder das Einschalten eines Personalberaters
Schritt 4	Bewerber auswählen	Bis zur Einstellung eines Bewerbers sind zahlreiche Arbeitsschritte erforderlich. Im Einzelnen sind das: ▸ Prüfung der Bewerbungsunterlagen auf Inhalt, Form und Vollständigkeit ▸ eventuell Einladung der ausgewählten Bewerber zum Einstellungstest ▸ Durchführung und Auswertung des Tests ▸ ärztliche Untersuchung, um körperliche Eignung zu überprüfen ▸ Auswahl der Bewerber durch Personalabteilung
Schritt 5	Stellenzusage geben	Hat der Stellenbewerber die einzelnen Schritte erfolgreich hinter sich gebracht, so erhält er die Stellenzusage. Der Arbeitsvertrag wird abgeschlossen und von dem Bewerber und einem/einer verantwortlichen Angestellten aus der Personalabteilung unterzeichnet.

9596288

Auch fest angestellte Arbeiter/-innen und Angestellte können sich in den Betrieben nicht auf ihren Lorbeeren ausruhen. Neue Maschinen, Fertigungsverfahren und Werkstoffe verlangen von ihnen ständig sich diesen neuen Situationen anzupassen. Das geht oft nicht ohne Weiterbildung. Betriebe geben hierfür viel Geld aus und schicken z. B. ihre Mitarbeiter/-innen auf Fortbildungsseminare. In der Fachsprache bezeichnet man dies als **Personalentwicklung.** Sie gehört ebenfalls zum personalwirtschaftlichen Aufgabenbereich.

Arbeitsvorschläge DO IT!

1. Für einen Schrank sollen Werkstoffe beschafft werden. Was zählt im Einzelnen dazu?
2. Erklären Sie die Aussage: „Im Einkauf liegt der halbe Gewinn."
3. Nennen Sie die Aufgabenbereiche der Materialwirtschaft.
4. In welchen einzelnen Schritten erfolgt die Personalbeschaffung?

3.2 Die Produktion

Passiert – notiert

Wie lässt sich der betriebliche Produktionsablauf organisieren?

Welche weiteren produktionswirtschaftlichen Aufgaben fallen in einem Industriebetrieb an?

Fertigungshalle 1 des Fahrzeugherstellers Speedu AG: Hier ist der Arbeitsplatz von Lars Schwabe. Er arbeitet an den Rohkarosserien, die auf dem Fließband vorbeigleiten. Seine Hände greifen zur Benzinleitung. Er taucht die Leitung in Schmierstoffe. Seine Arme drehen sich. Die Leitungen rutschen durch eine Öse. Die Hände greifen sich wieder eine Leitung. Schon seit Monaten macht Lars diese wenigen eintönigen Handgriffe.

Seit zwei Wochen ist nun alles anders geworden. Die Fertigungsorganisation hat sich geändert. Das Diktat des Fließbandes wurde abgeschafft. Die Rohkarosserien werden jetzt durch verschiedene Arbeitsgruppen von jeweils 5 Arbeitskräften bearbeitet. Und die teilen ihre Arbeit unter sich auf. Wer schweißt, bohrt, lötet oder Teile anbaut, wird jeweils abgesprochen. Was verspricht sich die Geschäftsleitung von diesem Schritt? Die Arbeit soll interessanter, die Produktqualität verbessert und die Ausschussquote geringer werden.

Gemeinsame Kabelsatzmontage bei DaimlerChrysler

Ran an die Informationen

Info 1 Produktionswirtschaftliche Aufgabenbereiche

Bis die Speedu AG ihre Fahrzeuge endlich fertig hergestellt hat, müssen viele produktionswirtschaftliche Aufgaben erledigt werden. Am Beispiel der Motorenfertigung sollen diese kurz vorgestellt werden.

Aufgabenbereiche der Produktionswirtschaft: Motorenfertigung

Forschung	**Beispiel**	Erforscht wird, wie gut Wasserstoff als Antriebsenergie für Motoren geeignet ist.
Konstruktion	**Beispiel**	Ein neuer Motor für Wasserstoff wird konstruiert und in einer Testphase erprobt.
Fertigungsplanung	**Beispiel**	Die Reihenfolge der Arbeitsvorgänge für die Serienfertigung des Motors wird exakt festgelegt.
Fertigungssteuerung	**Beispiel**	Um einen reibungslosen Produktionsprozess zu sichern, wird das für den Motor notwendige Material in der richtigen Menge und Qualität bereitgestellt.
Arbeitsdurchführung	**Beispiel**	Auf dem Serienmontageband werden die Einzelteile des Motors zusammengebaut.
Qualitätskontrolle	**Beispiel**	Auf Prüfständen werden die Laufeigenschaften der Motoren mit den Sollvorgaben verglichen.
Rationalisierung	**Beispiel**	Zur Kosteneinsparung werden Industrieroboter eingesetzt, die die Motoren in Rohkarosserien montieren.

Info 2 Die Fertigungsverfahren

Unterscheidung der Fertigungsverfahren nach Fertigungsorganisation

- **Werkstattfertigung:** Sie liegt dann vor, wenn der Betrieb in einzelne Werkstätten unterteilt ist (z. B. Schleiferei, Dreherei, Lackiererei, Fräserei). In jeder Werkstatt werden also andere Arbeitsgänge ausgeführt. Die Werkstücke werden nacheinander an den einzelnen Arbeitsplätzen bearbeitet.

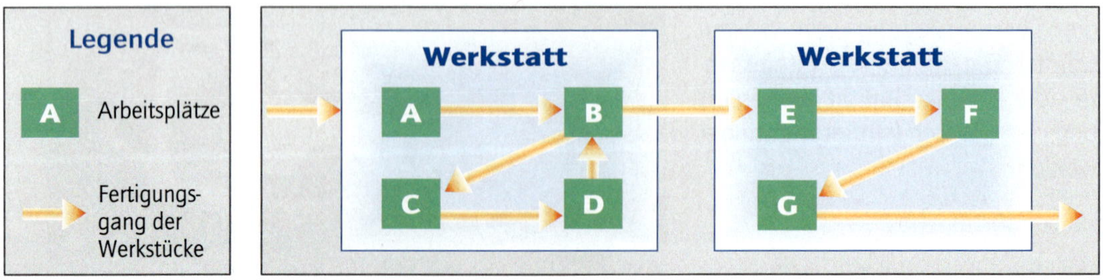

- **Reihenfertigung:** Die Arbeitsplätze und Maschinen sind hierbei so angeordnet, wie es dem technischen Arbeitsablauf entspricht. Gleiche Maschinen können sich an sehr verschiedenen Stellen des Herstellungsprozesses finden. Der Transport der Werkstücke erfolgt per Hand, Transportkarren oder fahrbaren Paletten.

- **Fließfertigung:** Auch bei dieser Fertigungsorganisation sind die Arbeitsplätze und Maschinen nach dem Fertigungsablauf angeordnet. Die Fließfertigung ist eine Sonderform der Reihenfertigung. Der Transport der Werkstücke erfolgt mithilfe mechanischer Einrichtungen (z. B. Fließband, Hängeförderer). Die Arbeitskräfte führen im Allgemeinen nur einen oder wenige Handgriffe aus. Viele empfinden ihre Arbeit als monoton. Arbeitsplätze dieser Art sind ständig von Rationalisierungsmaßnahmen bedroht.

Ein klassisches Beispiel: Die Fertigung des VW-Käfers auf Fließbändern der früheren Jahre.

- **Gruppenfertigung:** Bei ihr wird die bis in die kleinsten Handgriffe gehende Arbeitsteilung des Fließbandes teilweise wieder aufgehoben. Sie ist eine Kombination aus der Werkstatt- und der Fließfertigung. So werden z. B. in einem Automobilwerk Motoren und Getriebe durch einzelne Arbeitsgruppen in Werkstätten zusammengebaut. Diese können ihre Arbeit selbst einteilen. Die Endmontage des Fahrzeugs erfolgt nach wie vor am Fließband.

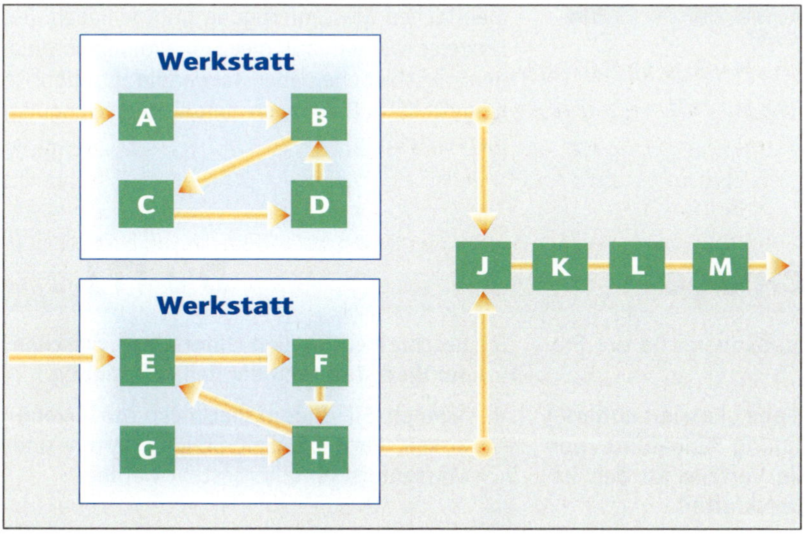

Unterscheidung der Fertigungsverfahren nach der hergestellten Menge

- **Einzelfertigung:** Bei dieser Fertigungsart wird jedes Produkt nur einmal hergestellt (z. B. im Schiffs- oder Brückenbau, in der Modellschneiderei). Betriebe mit Einzelfertigung arbeiten im Allgemeinen nur auf Bestellung. Die Ausführung der Produkte richtet sich weitgehend nach den Kundenwünschen.

Telefon-Serienfertigung bei der Siemens AG

- **Serienfertigung:** Hier werden in einer größeren Stückzahl Produkte hergestellt, die in ihrer Konstruktion unterschiedlich sind. Je nach Produktart und betrieblichen Gegebenheiten lassen sich Serienprodukte (z. B. Autos, Werkzeugmaschinen) auf gleichen oder unterschiedlichen Produktionsanlagen fertigen.
- **Sortenfertigung:** Sie liegt vor, wenn Produkte hergestellt werden, die sich auf Grund des verwendeten Materials und ihres Herstellungsprozesses nur unwesentlich voneinander unterscheiden. Die verschiedenen Sorten lassen sich daher problemlos auf denselben Produktionsanlagen herstellen. Der Unterschied gegenüber der Serienfertigung besteht darin, dass nicht verschiedene Produktarten sondern unterschiedliche Varianten einer Produktart (z. B. verschiedene Sorten von Fenstern, Schuhen oder Anzügen) gefertigt werden.
- **Massenfertigung:** Sie ist dann gegeben, wenn stets das gleiche Produkt auf gleichen Produktionsanlagen in sehr großen Stückzahlen hergestellt wird. Die einfache Massenfertigung (z. B. in Wasser- und Elektrizitätswerken) wird von der mehrfachen Massenfertigung unterschieden. Bei Letzterer werden auf gleichen Produktionsanlagen verschiedene, aber verwandte Erzeugnisse hergestellt (z. B. Pappen- und Papiererzeugung, Bierherstellung).

Arbeitsvorschläge DO IT!

1. Nennen Sie die Aufgabenbereiche der Produktionswirtschaft.
2. In der Speedu AG (siehe „Passiert-notiert") ist die Gruppenfertigung eingeführt worden. Worin sehen Sie Vorteile für den Betrieb und für die Arbeitskräfte?
3. Beschreiben Sie den Unterschied zwischen der Werkstatt- und der Reihenfertigung.
4. Nennen Sie Produktbeispiele von Erzeugnissen, die in Einzel-, Serien-, Sorten- und Massenfertigung hergestellt werden.

3.3 Marketing

Passiert – notiert

Wichtige Entscheidungen in der Speedu AG

Da der Kampf um die Kunden im Pkw-Bereich immer härter wird, muss auch die Speedu AG handeln. In diesem Jahr soll ein völlig neues Unternehmenskonzept die AG wieder in die Gewinnzone bringen. Damit wären natürlich auch die Arbeitsplätze gesichert.

Speedu setzt auf das „Freizeit-Mobil". Die Modellpalette Kleinwagen wurde um einen Roadster und um einen „Sport-Van" erweitert. Mit zahlreichen Extras sollen verschiedene Zielgruppen mit speziellen Bedürfnissen angesprochen werden. Ein besonderer Dachgepäckträger ermöglicht z. B. das problemlose Beladen mit größeren Sportgeräten wie Surfbrettern, Skiern, Walking-Stöcken usw.

Wichtig ist es, die verschiedenen Kundengruppen mit ihren speziellen Wünschen möglichst genau anzusprechen.

Was soll mit Marketing erreicht werden?

Wie und womit kann Marketing betrieben werden?

Ran an die Informationen

Fast alle Produkte durchlaufen einen sogenannten Lebenszyklus. Er beschreibt die Zeitspanne und den Verlauf des Umsatzes von der Markteinführung eines Produktes bis es wieder aus dem Markt genommen wird. Schematisch gesehen sieht der Lebenszyklus wie folgt aus:

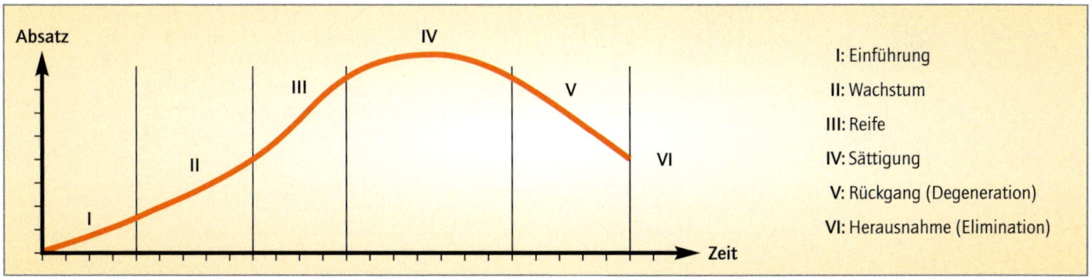

In der Einführungsphase muss der Marktwiderstand möglichst schnell gebrochen werden, die Produkte müssen also möglichst gut bekannt werden. Für die Wachstums- und Reifephase ist es das Ziel der Speedu AG, dass die Umsätze möglichst hoch steigen. Auf diesem hohen Niveau sollen die Umsätze in der Sättigungsphase möglichst lange gehalten werden. In der letzten Phase sollen die Umsatz-Rückgänge so gering wie möglich sein. Um dies zu erreichen soll für das „Freizeit-Mobil" eine Marketingkonzeption entwickelt werden.

Info 1 Ist das Marketing?

Ein berühmtes Schlagwort heute,
oft im Mund der Wirtschaftsleute
als modernes Superding,
ist der Ausdruck Marketing.

Weil auch Maier wissen wollte,
was das Wort bedeuten sollte,
macht auch er mit viel Profit
einen Sonderkursus mit.

Marketing ist das Bestreben,
den Firmenumsatz anzuheben.
Doch ist nicht nur Bedarf zu decken,
nein, er ist bewusst zu wecken.

Ja, man sollte nicht erschlaffen
und stets neue Wünsche schaffen,
den Markt neu mit Produkten würzen,
auf die sich die Verbraucher stürzen.

Werbung, die ist auch dabei,
sie verkauft die Zauberei.
Der Wunsch, das Neueste zu haben,
lässt Verbraucherherzen höher schlagen.

Maier weiß jetzt zu bedenken,
den Bedarf, den kann man lenken.
Mausefallen will er verkaufen,
doch dafür müssen Mäuse laufen.

Nach dem Wirtschaftskursus setzt
er an allen Orten jetzt,
fast vor jedem zweiten Haus
eine Zucht von Mäusen aus.

Um die Plage zu bekämpfen
und die Mäuseflut zu dämpfen,
bietet dann der schlaue Mann
seine Mausefallen an.

Der Erfolg ist nicht gering, so was nennt man Marketing.

Info 2 Nein – das ist Marketing!

„Der Markt ist der Treffpunkt von Angebot und Nachfrage, also wird der Markt auch von Angebot und Nachfrage regiert", so lautet die einfache Formel der Marktwirtschaft.

„Die Unternehmer wollen einen möglichst hohen Gewinn, die Verbraucher wollen möglichst viel für ihr Geld erhalten", so lässt sich das marktwirtschaftliche Geschehen aus einer anderen Sicht beleuchten. Viele Haushalte in den meisten Ländern haben heute (fast) alles, was zum modernen Leben dazugehört. Wie verhalten sich die Unternehmungen in diesen gesättigten Märkten? Sie müssen

entweder ...	**oder ...**
▸ die Produktion drosseln, ▸ Arbeitnehmer entlassen, ▸ Fabrikanlagen verkleinern, ▸ „die Hände in den Schoß legen" und **warten:** ▸ auf „bessere Zeiten", ▸ dass die Konkurrenz an ihnen vorbeizieht.	▸ neue Absatzmöglichkeiten suchen, ▸ Konsumentenwünsche erforschen oder erzeugen und **handeln:** ▸ neue Bedürfnisse beim Verbraucher wecken, ▸ neue Absatzmöglichkeiten schaffen.

Die Speedu AG hat sich für den zweiten und sicherlich besseren Weg entschieden. Marketing soll sie aus der Absatzmisere herausholen. Marketing soll damit Gewinnsteigerungen bringen. Und Marketing soll die Arbeitsplätze sichern.

Wie kann die Speedu diese Ziele mit Marketing erreichen? Sie muss ...

- **... den Markt segmentieren**[1]**:** Das heißt, man muss die Gesamtheit der Menschen eines Marktes in Zielgruppen aufteilen. Diese bestehen aus Leuten, die gleiche oder ähnliche Merkmale haben (z. B. Beruf, Alter, Geschlecht, Einkommen, Wohnortgröße). Menschen mit ähnlichen Merkmalen haben ähnliche Ziele, Wünsche und Interessen. Sie handeln auch ähnlich, haben ein ähnliches Freizeitverhalten und kaufen ähnliche Produkte.
- **... den Markt erforschen:** Sie muss die Wünsche und Trends, das Freizeitverhalten, die Konsumausgaben usw. erforschen.
- **... den Markt beeinflussen:** Es reicht nicht, gute Produkte für die Zielgruppen herzustellen. Man muss auf ihre Vorzüge aufmerksam machen, sie bewerben und Wünsche nach ihnen wecken. Man muss aber auch das Unternehmen bekannt machen und positiv darstellen. Man muss die richtigen Absatzkanäle wählen und auch die richtigen Preise setzen.

Marketing ist nicht nur für große Unternehmungen wichtig. Ein Handwerker, der kein Marketing macht, wird nur wenige Kunden haben. Wie sollen diese z. B. wissen, dass er als Heizungsbauer auch Kachelöfen oder Sonnenkollektoren einbaut? Wie sollen die möglichen Kunden wissen, dass die Disko donnerstags einen „Billig-Abend" hat? Woher weiß man, dass der Verein ein Spanferkel-Essen veranstaltet? Wie erfahren die Angehörigen eines Pflegebedürftigen, dass es einen weiteren mobilen Pflegedienst mit besseren Leistungen gibt? Nur mit Marketing.

1 segmentieren = in Abschnitte oder Teilstücke (Segmente) zerlegen, gliedern

Info 3 Das Ohr am Markt – oder: Wie man mit Marktforschung Informationen für betriebliche Entscheidungen beschafft.

Die Konsumenten werden immer unberechenbarer. Was ist gerade „in"? Welche Kleidung tragen sie in Zukunft? Was werden sie essen, trinken? Wie und wo werden sie ihren Urlaub verbringen? Wovon träumen sie? Was wünschen sie sich? Was brauchen sie und was werden sie kaufen?

Trendforscher versuchen Prognosen zu geben, ob der Big Mäc auch in Zukunft noch gegessen wird, welches Auto gefahren wird, was man für Bekleidung trägt usw.

Es ist aber auch wichtig zu wissen, wie sich die Konkurrenzbetriebe verhalten. Müssen die Marktanteile gegen sie verteidigt werden? Welche Produkte bringen sie neu heraus? Welche Werbung oder welche anderen Maßnahmen setzen sie im Kampf um die Kunden ein? All diese Informationen werden mit der Marktforschung gewonnen.

Arten der Marktforschung

Die Erhebung der Daten kann mit Primär- oder Sekundärforschung erfolgen.

Primärforschung (Feldforschung): Hier werden die Daten direkt von den Konsumenten, Händlern oder Handwerkern erhoben. Dies geschieht durch persönliche, telefonische oder schriftliche Interviews, Berichte von Außendienstmitarbeitern oder Tests.

Sekundärforschung (Tischforschung): Hier werden Informationen, die andere gesammelt haben, ausgewertet. Das können Testberichte sein, Untersuchungen von Handwerkskammern, Berichte der Außendienstmitarbeiter, Kundenreklamationen usw.

Info 4 Produktpolitik

Je weniger Konkurrenzprodukte es auf dem Markt gibt, desto größere Gewinne können gemacht werden. Daher ist es eine wichtige Aufgabe laufend nach Marktlücken zu suchen. Diese sollen dann mit neuen Produkten ausgefüllt werden.

Mit den Maßnahmen Produktdifferenzierung, Produktvariation und -diversifikation kann man das Produktionsprogramm eines Unternehmens verändern.

Produktvariation: Mit ihr werden Produkte verändert, z. B. leichte optische Änderungen („face-lifting") am Auto, modische Veränderungen oder auch nur geänderte Verpackungen. Ziel ist es, dass die Käufer ihre „alten" Produkte nicht mehr benutzen möchten und die neuen kaufen.

Produktdifferenzierung: Eine Ausführung eines Autos reicht nicht aus, um den Wünschen der verschiedenen Käufer zu genügen. Diesel- und Benzinmotor mit verschiedenen PS-Stärken, Cabrio, Variant usw. werden heute von den unterschiedlichen Kunden verlangt. Mit Produktdifferenzierung sollen also mehr Zielgruppen angesprochen werden.

Produktdiversifikation: Sie liegt vor, wenn Unternehmen ganz verschiedene Produkte in das Produktionsprogramm aufnehmen. Zum Beispiel: Eine Brauerei bietet auch Mineralwasser an oder produziert die Flaschen neuerdings selbst; oder eine Autofabrik baut zusätzlich Industrieroboter. Ziel ist es entweder, von Lieferanten unabhängig zu werden oder aber ein zweites Standbein aufzubauen.

Preispolitik

Info 5

Viele Produkte haben einen festen Preis (Listenpreis). Dieser wird hauptsächlich erst einmal durch die Kalkulation des Unternehmens bestimmt (siehe S. 311ff). Dennoch kann der Käufer heute versuchen, mit dem Aushandeln von Rabatten und Skonto[1] diese Listenpreise zu senken. Mindestens muss der Betrieb seine kalkulierten Selbstkosten decken. Zwischen der Preisober- und -untergrenze gibt es aber viele mögliche Preise. Diese sind auch abhängig von der Konkurrenzsituation. Wenn das Unternehmen als Einziges z. B. ein Medikament anbietet, kann es einen erheblich höheren Preis verlangen, als wenn parallel verschiedene Konkurrenzprodukte angeboten werden. Den Preisspielraum eines Unternehmens zeigt die folgende Übersicht:

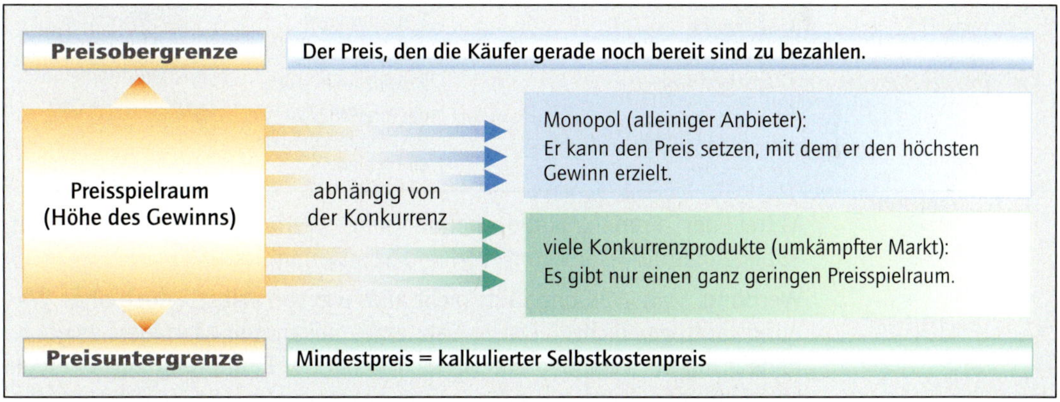

Neben Preissenkungen durch Rabatte und Skonti versuchen die Betriebe mit **Preisdifferenzierung** schwankende Nachfragen auszugleichen. Beispiele: Im Sommer sind Heizöl und Wintersportartikel billiger, im Winter werden Badebekleidung oder Speiseeis preiswerter angeboten. Restaurants erhalten Tiefkühlkost zu einem günstigeren Preis als Haushalte. Schüler zahlen bei bestimmten Veranstaltungen preiswertere Eintrittspreise usw. Mit **Sonderveranstaltungen** (z. B. Jubiläumsverkauf) oder **Verkaufsaktionen** („Sonderpreise") wird zusätzlich versucht, die Kunden für sich zu gewinnen.

1 Skonto: Preisnachlass bei Barzahlung

Info 6 Vertriebspolitik

Beim **direkten Absatz** verkauft der Hersteller direkt an den Endverbraucher, z. B. mit Werksverkauf, über das Internet oder mit Versand. Beliebt sind auch Verkaufspartys, auf denen Reisende (Unternehmensvertreter) versuchen, Produkte an den Mann oder die Frau zu bringen.

Beim **indirekten Absatz** werden selbstständige Betriebe zwischen Hersteller und Kunde geschaltet wie z. B. die Handels- oder Handwerksbetriebe oder auch Vertragswerkstätten. Eine moderne indirekte Absatzmöglichkeit ist das **Franchising**-System (siehe TK 9, Kap. 1).

Ein Beraterin präsentiert Plastikwaren in einem Stuttgarter Wohnzimmer

Info 7 Kommunikationspolitik

Mit ihr werden folgende Zielgruppen angesprochen:

Zielgruppen

Käufer		Nichtkäufer	
Endverbraucher	**Wiederverkäufer**	**Bedarfsberater**	**Bedarfsäußerer**
▸ alle Menschen	▸ Handelsbetriebe ▸ Handwerksbetriebe ▸ Dienstleistungsbetriebe ▸ Industriebetriebe	▸ Ärzte, ▸ Architekten, ▸ Handwerker, ▸ Apotheker usw., die ihren Kunden bestimmte Produkte empfehlen.	▸ Kinder äußern ihre Wünsche in der Familie, ▸ Arbeitnehmer in ihren Betrieben

Mittel der Kommunikationspolitik sind: Werbung, Productplacement, Public Relations, Salespromotion und Sponsoring.

Werbung: „Mit Werbung läuft nicht alles wie von selbst – doch ohne Werbung läuft gar nichts." Dieser Satz eines bekannten Managers zeigt die Bedeutung der Werbung. Sie ist wichtig bei der Einführung eines Produktes, denn jetzt müssen die Neuheiten bekannt gemacht werden. Mit Werbung soll der Marktanteil vergrößert oder aber auch verteidigt werden. Wichtig dabei ist es, dass sich die Werbung immer auf die ausgewählte Zielgruppe bezieht. Es gibt verschiedene Werbemedien (Fernseh-, Radiosender, Zeitschriften, Zeitungen, Plakatwerbung usw.) und die dazugehörigen Werbemittel (wie Werbespot, Anzeige, Beilage, Plakat usw.). Welches für ein Produkt das geeignetste ist, hängt von der Zielgruppe, dem Werbegebiet aber auch dem Werbeetat ab.

Productplacement: Viele Menschen werden immer werbemüder. Sie fühlen sich zum Teil von ihr belästigt. Andere nehmen Werbung kaum noch wahr. Daher wird Productplacement immer wichtiger. Es werden Produkte in die Handlungen von Kino- oder Fernsehfilmen, Reportagen eingebaut. So nimmt man diese Produkte unterschwellig während des Films wahr. Auch auf Fotos in Zeitungen oder Zeitschriften tauchen im Hintergrund immer mehr Produkte mit deutlich sichtbaren Markenemblemen auf. Kommissare fahren bestimmte Autos und rauchen bestimmte Zigarettenmarken usw. Der Zuschauer identifiziert sich mit den Filmhelden und kauft daher die Marken.

Productplacement eines Laptops in dem Spielfilm „Bringing down the house"

Sponsoring: „Diese Sendung wurde ermöglicht durch ..." Wer kennt diesen oder ähnliche Sprüche nicht? Immer öfter werden im Fernsehen Sportübertragungen, Filme, der Wetterbericht, sogar Börsenberichte durch Sponsoren unterstützt. Der Sponsor finanziert die Sendung und wird dafür als Geldgeber namentlich genannt.

Öffentlichkeitsarbeit (Public Relations): Ziel dieser Maßnahmen ist es, das allgemeine Ansehen des Unternehmens zu fördern und ihm zu einem möglichst positiven Firmen-Image zu verhelfen. Die Maßnahmen können regional begrenzt sein (z. B. Tag der offenen Tür, Betriebsbesichtigungen, Spenden an Vereine) oder auch über Massenmedien verbreitet werden (Stiftungen, Sponsorenschaften o. Ä.).

Verkaufsförderung (Salespromotion): Verkaufsfördernde Maßnahmen findet man in Form von konkreter Unterstützung des Handels oder Handwerks durch

- Bereitstellung von Verkaufsaufstellern, Prospekten, Dias, Video- oder PC-Filmen;
- Produktvorführungen, Ausgabe von Mustern und Proben in den Handelsbetrieben;
- Schulungskurse sowie Umsatzprämien für das Verkaufspersonal;
- Kurse mit Zertifikation für die Angestellten (oftmals hängen diese Urkunden dann für die Kunden sichtbar im Laden oder in der Werkstatt).

Arbeitsvorschläge — DO IT!

1. Nennen Sie bekannte Sonderveranstaltungen oder Verkaufsaktionen aus Ihrer Umgebung oder aus der Werbung in den Medien.
2. Die Speedu AG organisiert Lehrgänge für Kfz-Mechaniker. Sie erhalten eine Urkunde über die erfolgreiche Teilnahme. Die Urkunden sollen in den Verkaufsräumen der Autohäuser aufgehängt werden. Welche Ziele werden damit verfolgt?
3. Beschreiben Sie, warum Marketing auch für kleinere Firmen wichtig ist.
4. Beschreiben Sie den Unterschied zwischen Produktvariation, -differenzierung und -diversifikation anhand von selbst gewählten Beispielen aus Ihrem Ausbildungsbetrieb und nennen Sie die Ziele, die damit jeweils verfolgt werden.
5. Nennen Sie fünf Beispiele für Preisdifferenzierung.
6. Wie unterscheiden sich Public Relations und Werbung.
7. Warum gibt es Productplacement? Nennen Sie Beispiele.

3.4 Finanzierung und sonstige Verwaltungsaufgaben

Passiert – notiert

Welche Möglichkeiten gibt es für Betriebe sich Kapital zu beschaffen?

Was ist bei der Finanzierung zu beachten?

Vorstandssitzung der Speedu AG

Tagesordnungspunkt:

Finanzierung notwendiger Rationalisierungsmaßnahmen im Fertigungsbereich

- **Art der Rationalisierungsmaßnahme:** Anschaffung von Industrierobotern
- **Bedarf:** 12 Einheiten
- **Zweck:** Erweiterung der vollautomatischen Roboterstation für Schweißarbeiten

Kapital für Erweiterung der Roboterstation

technische Planungsarbeiten	185.000,00 €
Roboter	2.500.000,00 €
Zusatzinvestitionen	328.000,00 €
Summe des Kapitalbedarfs	**3.013.000,00 €**

Aufgabe der Finanzierung

Auswahl geeigneter Finanzierungsarten zur Beschaffung des benötigten Kapitals

Ran an die Informationen

Info 1

Aufgaben der Finanzierung

Durch den Verkauf ihrer Produkte nehmen Unternehmen Geld ein. Um ihre betrieblichen Aufgaben zu erfüllen fallen andererseits auch viele Ausgaben an. So z. B. für Personal, Material, Steuern und Investitionen. Ist die Summe der Ausgaben größer als die der Einnahmen, so kommt es zu einer Unterdeckung. Es besteht ein Bedarf an finanziellen Mitteln. Diese zu beschaffen ist Aufgabe der Abteilung **Finanzierung.** Sie hat dafür zu sorgen, dass die Unternehmung immer **liquide** (flüssig) ist. Dies ist dann der Fall, wenn die vorhandenen Finanzbestände ausreichen um die notwendigen Ausgaben vornehmen zu können. Ist dies nicht mehr gegeben, besteht die Gefahr, dass der Betrieb zah-lungsunfähig wird. Es kommt zur Auflösung des Betriebes.

Eine „gesunde" Finanzierung verlangt auch die Beachtung einer wichtigen **Finanzierungsregel.** Sie besagt, je mehr Eigenkapital (eigene Mittel) statt Fremdkapital (fremde Mittel) eingesetzt werden, desto krisenfester ist der Betrieb. Der Grund: Für Eigenkapital werden keine Zinszahlungen fällig. Und was noch wichtiger ist, es muss auch nicht zurückgezahlt werden.

Ein erster wichtiger Schritt für die Versorgung des Betriebes mit finanziellen Mitteln ist eine **Kapitalbedarfsrechnung.** Mit ihrer Hilfe wird die benötigte Kapitalsumme ermittelt für

- die Beschaffung der notwendigen Vermögensteile (Maschinen, Grundstükke, Werkzeuge, Rohstoffe)
- die laufende Betriebstätigkeit (z. B. Löhne und Gehälter).

Die Finanzierungsarten im Überblick

Info 2

Für die benötigten finanziellen Mittel gibt es zwei verschiedene Quellen:

- Die Gelder können aus der Unternehmung selbst stammen. Man bezeichnet diese Art der Kapitalbeschaffung als **Innenfinanzierung.**
- Die Finanzmittel können aber auch von außerhalb der Unternehmung kommen (z. B. von Banken). In diesem Fall liegt eine **Außenfinanzierung** vor.

Info 3

Die Innenfinanzierung

Die Unternehmung hat verschiedene Möglichkeiten finanzielle Mittel selbst aufzubringen. Im Einzelnen sind dies:

- **Selbstfinanzierung:** Die erwirtschafteten Gewinne werden nicht an die Gesellschafter verteilt bzw. ausgeschüttet, sondern sie bleiben im Unternehmen. Das Eigenkapital wird dadurch gestärkt. Es stehen flüssige Mittel zur Verfügung, die für notwendige Investitionen verwendet werden können.
- **Finanzierung aus Abschreibung:** Vermögensteile wie z. B. Maschinen oder Fahrzeuge unterliegen einem ständigen Verschleiß. In der Unternehmung wird dies durch die Abschreibung erfasst. Sie geht als Kostenfaktor in den Verkaufspreis der Produkte ein. Über die Umsatzerlöse fließen die Abschreibungsbeträge wieder in das Unternehmen zurück. Sie können angesammelt und, wenn die Maschine ausgedient hat, zum Kauf einer neuen verwendet werden. Bis dahin stehen diese finanziellen Mittel dem Betrieb für andere Zwecke zur Verfügung. Die Abschreibung stellt daher ein wichtiges Mittel zur Finanzierung dar.
- **Umfinanzierung:** Finanzielle Mittel lassen sich z. B. auch durch den Verkauf nicht mehr benötigter Grundstücke, Maschinen und Wertpapieren beschaffen. Die Zusammensetzung des betrieblichen Vermögens wird hierdurch geändert. Die Höhe des Vermögens bleibt jedoch gleich. Eine Umfinanzierung kann auch dadurch erfolgen, dass die Zusammensetzung des Kapitals den betrieblichen Erfordernissen angepasst wird. Muss beispielsweise ein ausscheidender Gesellschafter ausbezahlt werden, so lassen sich die hierfür notwendigen Gelder durch die Aufnahme eines Bankdarlehens aufbringen.

Info 4

Die Außenfinanzierung

Sollen finanzielle Mittel von außen in die Unternehmung eingebracht werden, sind folgende Möglichkeiten zu unterscheiden:

- **Beteiligungsfinanzierung:** Die notwendigen Mittel werden durch die Eigentümer bereitgestellt. Bei der Einzelunternehmung wird das gesamte Kapital von einem Unternehmer aufgebracht. Bei der Aktiengesellschaft sind es die Aktionäre, die durch den Kauf der Aktien die finanziellen Mittel aufbringen. In Höhe ihrer Einlage sind sie damit am Unternehmen beteiligt. Die Kapitalgeber sind Teilhaber und keine Gläubiger der Unternehmung. Sie haben einen Anspruch auf einen Anteil am Gewinn.

- **Kreditfinanzierung:** Geldmittel kommen hier von fremden Personen oder Unternehmen (z. B. Banken). Als Gläubiger gegenüber dem Betrieb stehen ihnen Zinsen zu. Ein bekanntes Beispiel für einen Kredit ist z. B. das Darlehen. Es ist ein häufig langfristiger Kredit. Bis zur vollständigen Rükkzahlung hat das Unternehmen nicht selten einige Jahre Zeit.
- **Mietfinanzierung (Leasing):** Beim Leasing werden einem Unternehmen z. B. Maschinen, Fahrzeuge, Fabrikhallen zur Miete überlassen. Anders als beim Kauf braucht der Nutzer nicht vorab den hohen Anschaffungspreis aufzubringen. Leasingverträge erleichtern es auch den Industriebetrieben ihre Anlagen auf einem modernen Stand zu halten. Sind sie technisch überholt, können sie zurückgegeben und moderne Anlagen geleast werden.

Sonstige Verwaltungsaufgaben

Info 5

Auch die kaufmännische Verwaltung gehört zu den betrieblichen Aufgabenbereichen. Anders als Beschaffung, Produktion und Absatz zählt sie aber nicht zu den betrieblichen Hauptaufgaben. Für den Betrieb ist sie aber unverzichtbar. Die Verwaltung kümmert sich um einen reibungslosen betrieblichen Ablauf. Verwaltet wird an vielen Stellen des Betriebes. Die folgende Tabelle enthält einige Beispiele von betrieblichen Verwaltungsbereichen.

Verwaltungsbereich	**verwaltende Tätigkeit** (Beispiele)
Finanzmanagement	pünktliche Rückzahlung von Krediten veranlassen Verschuldung des Betriebs kontrollieren geeignete Finanzierungsart auswählen
Personalverwaltung	Löhne und Gehälter abrechnen Urlaubsplanung durchführen Weiterbildungsmaßnahmen organisieren
Materialverwaltung	eingehende Warensendungen überprüfen Waren einlagern Warenbestände überwachen

Arbeitsvorschläge

DO IT!

1. Welches ist die Hauptaufgabe der Finanzierung?
2. Die Speedu AG benötigt 3.113.000,00 € für eine geplante Roboterstation (siehe „Passiert-notiert"). Welche Finanzierungsart würden Sie vorschlagen?
3. Ein Unternehmen ist „liquide". Was bedeutet das?
4. Beschreiben Sie den Unterschied zwischen der Innen- und der Außenfinanzierung.
5. Welchen Zweck hat eine Kapitalbedarfsrechnung?
6. Was hat Leasing mit Finanzierung zu tun?

3.5 Die Lagerhaltung

Passiert – notiert

Welche Aufgaben (Funktionen) erfüllt die Lagerhaltung?

Welche Kosten fallen durch die Lagerhaltung an?

Worauf ist bei der betrieblichen Vorratsplanung zu achten?

Einige Stimmen zur Lagerhaltung bei dem Fahrzeughersteller Speedu AG:

Die Leiterin der Abteilung für Rohstoffeinkauf zu einem Mitarbeiter:

„Der Preis für Stahlbleche ist wegen einem momentanen Überangebot um 15 % gefallen. Bestellen Sie umgehend unseren restlichen Jahresbedarf. Mengen, die zurzeit nicht benötigt werden, nehmen wir so lange auf Lager."

Eine Sachbearbeiterin der Einkaufsabteilung zu einem Lagerverwalter:

„Ich habe soeben einen Anruf von unserem Lieferanten für Zündkerzen bekommen. Der Betrieb wird seit einer Woche bestreikt. Die nächste Lieferung für uns kommt mindestens eine Woche später. Ab sofort darf auf den Sicherheitsbestand im Lager zurückgegriffen werden."

Ein Arbeiter aus der Abteilung Getriebemontage zu einem Auszubildenden:

„Hallo Martin, die Aufsteckmuffen für die automatischen Getriebe reichen nicht mehr aus. Lauf mal schnell zum Hilfsstofflager und lass dir drei Pakete geben!"

Der Leiter der Abteilung Kostenrechnung zu einer Mitarbeiterin:

„Der Vermieter für unser Außenlager will ab August schon wieder 3.500,00 € mehr haben. Die Lagerkosten wachsen uns langsam über den Kopf."

Ran an die Informationen

Info 1

Lagerarten

Für die Speedu AG ist die Lagerhaltung unverzichtbar. Eine Vielzahl von Lagerarten sind in den betrieblichen Ablauf eingebettet. Lager sind zwischen Beschaffung und Produktion (Beschaffungslager), innerhalb der Produktion (Produktionslager) und zwischen Produktion und Absatz (Absatzlager) angeordnet.

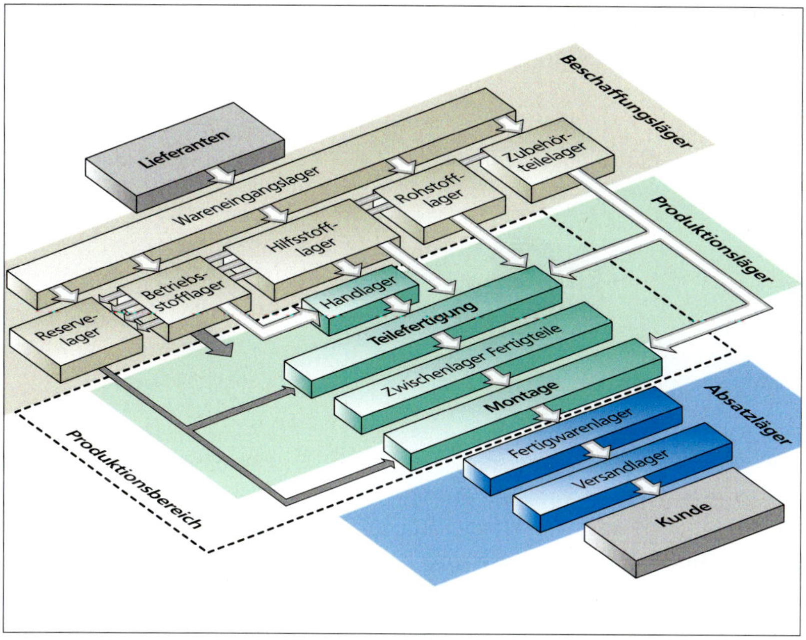

Funktionen der Lagerhaltung

Info 2

Sicherungsfunktion: Durch die Lagerhaltung wird der Produktionsprozess gegenüber Störungen abgesichert, die sich durch Ausfall eines Lieferanten, Transportprobleme oder mangelnde Qualität der gelieferten Güter ergeben können. Durch das Fertigwarenlager wird die Lieferbereitschaft des Betriebes gesichert.

Ausgleichsfunktion: Warenbeschaffung, Produktion und Absatz lassen sich in Industriebetrieben nicht genau aufeinander abstimmen. Um die Spannung zwischen diesen betrieblichen Aufgabenbereichen auszugleichen ist eine Lagerhaltung notwendig. Die Ausgleichsfunktion ist z. B. auch immer dann angesprochen, wenn durch den Einkauf großer Mengen Preisnachlässe von den Zulieferern erzielt werden.

Spekulationsfunktion: Erwarten Betriebe steigende Preise auf dem Beschaffungsmarkt, kann es sinnvoll sein größere Mengen der benötigten Einsatzgüter einzulagern.

Sinken auf den Absatzmärkten die Preise wegen eines kurzfristigen Überangebots, können Betriebe ihre Erzeugnisse im Lager aufbewahren. Sind die Preise später wieder gestiegen, ist ein Verkauf sinnvoll.

Stapellager für bereits lackierte Rohkarosserien

Info 3 Kosten der Lagerhaltung

Lagerkosten sind alle Aufwendungen, die bei der betrieblichen Vorratshaltung anfallen. Es sind:

Kosten der Lagerräume	Kosten der Lagerbestände	Kosten der Lagerverwaltung

z. B.: ◗ Heizungs- und Beleuchtungskosten ◗ Lagermiete ◗ Versicherungsprämien	z. B.: ◗ Verderb und Schwund der Bestände ◗ Diebstahl ◗ Versicherungsprämien	z. B.: ◗ Löhne und Gehälter des Lagerpersonals ◗ Sozialaufwand ◗ Büromaterial

Info 4 Kennzahlen der Lagerhaltung

Sicherheitsbestand (eiserner Bestand): Dies ist der Bestand an Waren, der im Normalfall nicht unterschritten werden darf. Er dient dazu den Produktionsprozess abzusichern gegen Probleme bei der Beschaffung (z. B. Lieferprobleme von Zulieferfirmen durch Streik oder Unfall).

Höchstbestand: Er sollte nicht überschritten werden. Der Höchstbestand ist erreicht, wenn das Lager voll ist. Der Höchstbestand ist aber auch eine wirtschaftlich errechnete Größe. Wird ein bestimmter Bestand überschritten, kann es zu einem Kostensprung kommen.

Formel:	*Höchstbestand*	=	*Bestellmenge*	+	*Sicherheitsbestand*
Beispiel:	800	=	680	+	120

Meldebestand: Ist er erreicht, muss neue Ware bestellt werden. Die Einkaufsabteilung muss umgehend informiert werden, wenn der Lagerbestand bis zum Meldebestand abgenommen hat.

Formel:	*Meldebestand*	=	*(Tagesverbrauch*	•	*Lieferzeit)*	+	*Sicherheitsbestand*
Beispiel:	320	=	40	•	5	+	120

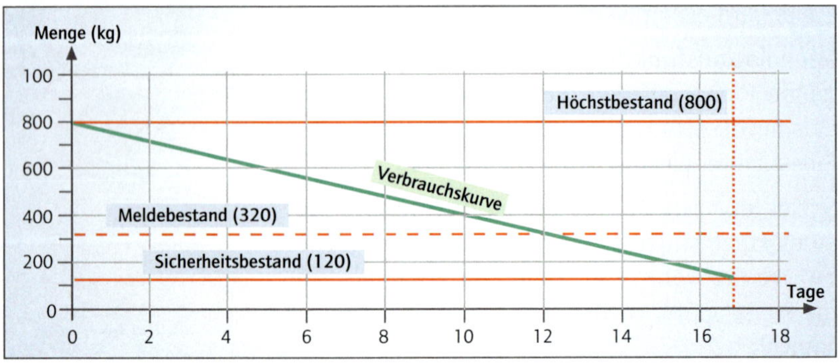

DO IT! Arbeitsvorschläge

1. Welche Lagerkosten lassen sich in einem Industriebetrieb unterscheiden?
2. Beschreiben Sie das Lagerschaubild aus Info 1.
3. Erklären Sie die Sicherungs- und die Spekulationsfunktion der Lagerhaltung.
4. Welche Aufgaben erfüllt der Sicherheitbestand?
5. Erklären Sie das Kurvenschema zur Lagerhaltung aus Info 4.

HOT

Machen Sie doch einmal eine **„Fach - Wort - Schatz - Übung!"** Es handelt sich hierbei um ein Lernspiel, dem das bekannte „Stadt - Land - Fluss" zugrunde liegt.

Thema: Die betrieblichen Funktionen

Teilgebiete: Die einzelnen Teilgebiete des Themas, zu dem Begriffe gefunden werden sollen, sind: Beschaffung, Produktion, Absatz, Lagerwirtschaft, Finanzierung

Verlauf:

- Jeder Schüler übernimmt die Begriffe auf ein leeres Blatt.
- Der Lehrer oder ein Schüler sagt laut den Anfangsbuchstaben des Alphabetes und fährt dann stumm fort.
- Ein zuvor bestimmter Schüler der Klasse sagt zu einem beliebigen Zeitpunkt „Halt". Der Buchstabe, bei dem das „stumme Alphabet" gestoppt wurde, wird laut bekanntgegeben.
- Alle Schüler der Klasse versuchen je einen Fachbegriff mit dem gewählten Buchstaben zu jedem Themengebiet zu finden und in ihre Übersicht einzutragen.
- Der erste Teilnehmer, der fertig ist, sagt deutlich „Stopp".
- Von der Klasse wird beurteilt, ob die Ergebnisse des „Gewinners" richtig sind.
- Für jeden richtigen Begriff wird ein Punkt notiert.
- Weitere Runden schließen sich an.

4 Betriebliche Kosten

4.1 Kosten und Leistungen

Passiert – notiert

Was sind Kosten?

Wodurch unterscheiden sich Kosten von Leistungen?

Welche Kostenarten gibt es?

„Liebe Kolleginnen und Kollegen, mit unserer wirtschaftlichen Situation ist es schlecht bestellt, hoffentlich überleben wir diese Krise", waren die ernsten Worte, mit denen die Betriebsratsvorsitzende Willmann die Betriebsversammlung der Türenfabrik Maybach OHG eröffnete.

Wirtschaftliche Probleme gab es in der Maybach OHG bereits seit drei Jahren. Im letzten halben Jahr hatte sich die Situation aber zugespitzt. Der Absatz an Türen war stark zurückgegangen. Der Gewinn war eingebrochen. Die Arbeitsplätze waren gefährdet. Die Analyse einer Unternehmensberaterin brachte es schließlich in aller Klarheit an den Tag: Man hatte einfach zu viele Fehler im Kostenmanagement gemacht. „Auf einem schwierigen Absatzmarkt ohne Kostendeckung Aufträge reinzuholen kann auf die Dauer nicht gut gehen", so die Unternehmensberaterin Frau Dr. Beier.

Ran an die Informationen

Info 1 **Unterscheidung von Kosten und Leistungen**

z. B. Verbrauch von
- Holz, Leim
- Arbeitszeit
- Strom

- Zimmertüren
- Garagentüren
- Haustüren

Industrie- und Handwerksbetriebe stellen Sachgüter her. Andere Betriebe, wie z. B. Friseure oder Rechtsanwälte erbringen Dienstleistungen für ihre Kunden. Sachgüter und Dienstleistungen werden in der betrieblichen Kostenrechnung als **Leistung** bezeichnet. Um sie erstellen zu können werden andere Güter und Dienstleistungen verbraucht. Die Maybach OHG verbraucht z. B. Holz, Leim, aber auch viele Arbeitsstunden. Wird der Verbrauch von Gütern und Dienstleistungen mit Geld bewertet, so ergeben sich die **Kosten.** Sie sind das Gegenstück der Leistungen. Ohne Kosten können keine Leistungen erstellt werden.

Betriebliche Kosten sollten ständig überwacht und kontrolliert werden. Sind die Kosten zu hoch, kann dies zu Lasten des Gewinns gehen. Hohe Kosten können aber auch die Konkurrenzfähigkeit von Betrieben gefährden. Wenn sie im Wettbewerb nicht unterliegen wollen, müssen sie ständig versuchen ihre Kosten zu senken. Gelingt dies nicht, zieht die Konkurrenz an einem Betrieb vorbei und jagt ihm Marktanteile ab. Als Unternehmer tätig zu sein bedeutet daher vor allem eins: einen ständigen Kampf mit den Kosten.

Fixe und variable Kosten

Info 2

Stellt ein Betrieb mehr Produkte her, so steigen auch die Kosten. Diese Aussage trifft aber nicht auf alle Kosten zu. Man muss deshalb unterscheiden zwischen fixen und variablen Kosten.

Variable Kosten: Sie verändern sich dann, wenn die Herstellungsmenge zu oder abnimmt. Variable Kosten sind unter anderem Roh- und Hilfsstoffkosten sowie Fertigungslöhne. Bei der Herstellung von Türen werden z. B. Furniere, Türklinken, Schließzylinder und Spanplatten benötigt. Soll die Produktion wegen der großen Nachfrage verdoppelt werden, so verdoppelt sich auch der Bedarf an diesen Teilen. Auch die Anzahl der benötigten Fertigungsstunden wird auf das Doppelte ansteigen. Die Kosten steigen also.

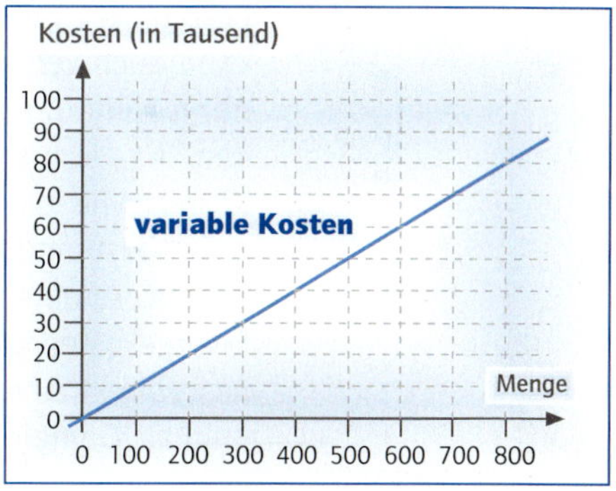

Fixe Kosten: Sie sind über längere Zeiten gleich hoch, unabhängig davon, welche Gütermenge hergestellt wird. Dies ist der Fall bei Mieten, Gehältern, Versicherungen und anderen Kostenarten. Werden z. B. die hergestellten Türen in einer gemieteten Lagerhalle aufbewahrt, so wird die zu zahlende Miete nicht zunehmen, wenn die eingelagerte Menge steigt.

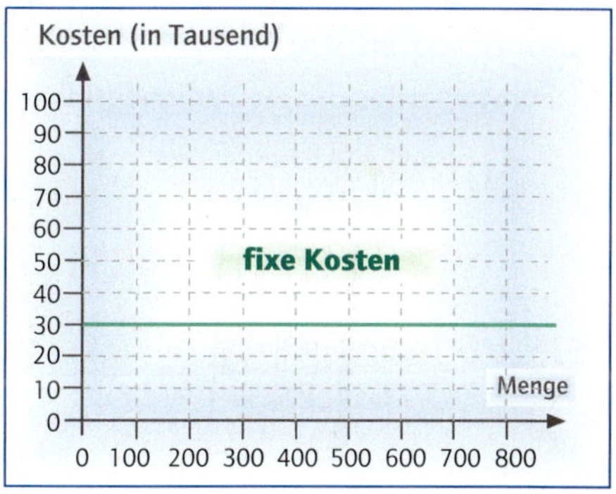

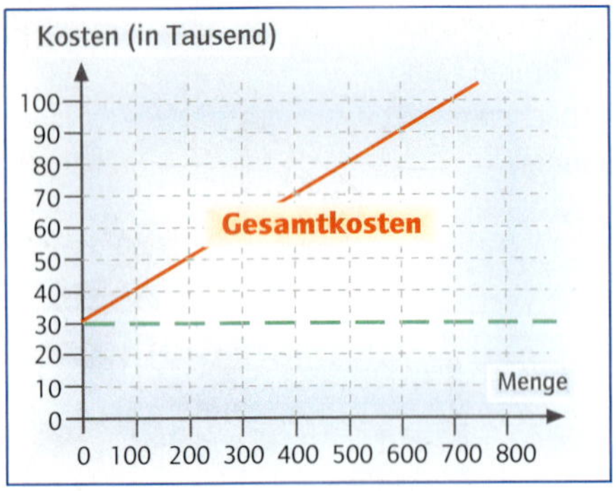

Gesamtkosten: Werden die fixen und die variablen Kosten addiert ergeben sich die Gesamtkosten.

Wenn die Gesamtkosten durch die Herstellungsmenge dividiert werden, erhält man die Stückkosten. Je größer die Herstellungsmenge ist, desto geringer werden die fixen Kosten pro Stück. Die Fixkosten verteilen sich nämlich auf eine größere Herstellungsmenge. Man bezeichnet dies als das **Gesetz der Massenproduktion.** Diese Art des Kostenverhaltens machen sich vor allem Großunternehmen bei der Herstellung von Massengütern zunutze. Aber das „Gesetz" gilt auch für andere Betriebe; auch die Maybach OHG profitiert von ihm. Je mehr Türen sie nämlich mit ihren Arbeitskräften und Maschinen herstellt, desto geringer sind die Stückkosten pro Tür:

Herstellungsmenge	variable Kosten	fixe Kosten	Gesamtkosten	Stückkosten
100	10.000,00	30.000,00	40.000,00	400,00
200	20.000,00	30.000,00	50.000,00	250,00
300	30.000,00	30.000,00	60.000,00	200,00
400	40.000,00	30.000,00	70.000,00	175,00
500	50.000,00	30.000,00	80.000,00	160,00

Info 3 Einzel- und Gemeinkosten

Für Betriebe ist es wichtig zu ermitteln, wie hoch die Kosten sind, die ein bestimmtes Produkt verursacht hat. Denn nur wer seine Kosten kennt, kann auch versuchen welche einzusparen. Damit diese **Selbstkostenrechnung** stimmt, müssen auch wirklich alle Kosten ausnahmslos erfasst werden. Was sich so selbstverständlich anhört, birgt ein Problem: Bestimmte Kosten, wie z. B. Rohstoffkosten und Fertigungslöhne, lassen sich direkt einer bestimmten Türenart zurechnen. Man bezeichnet sie als **Einzelkosten**. Anders sieht die Sache z. B. bei der Miete für Lagerhallen, den Energiekosten und den Gehältern für die Angestellten aus. Man kann sie nicht direkt einer bestimmten Tür zurechnen. Kosten dieser Art bezeichnet man als **Gemeinkosten.** Sie fallen für mehrere oder für alle Produkte an.

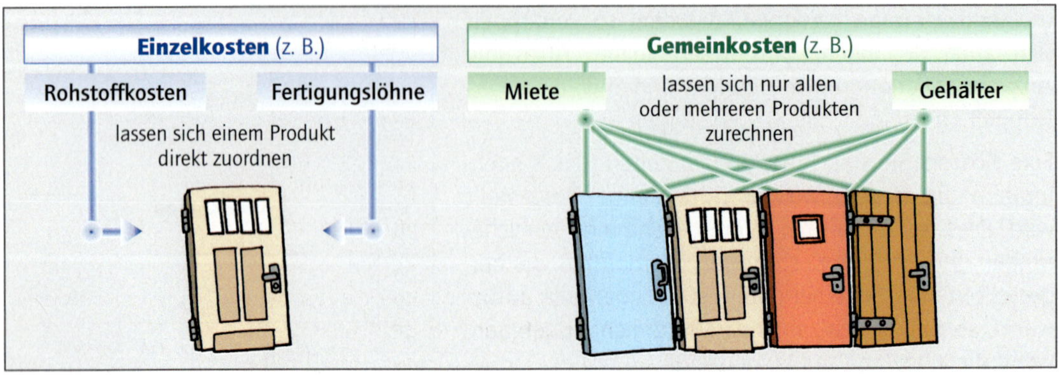

4.2 Ermittlung (Kalkulation) der Selbstkosten

Passiert – notiert

Wie werden die Selbstkosten für ein Produkt ermittelt?

Meinen Kunden sage ich immer: „Ein Betrieb ist nur gesund, wenn auch alle Kosten gedeckt sind." Unternehmensberaterin Frau Dr. Beier

In der Maybach OHG hat man dazugelernt. Die Geschäftsleitung ist entschlossen, ihr Unternehmen aus den roten Zahlen herauszubringen. Zum Thema „Kostenmanagement" gibt Herr Werner Maybach bei einer Besprechung mit seinen Meistern die neue Marschrichtung bekannt: „Alle Kosten, meine Herren, sind ausnahmslos sorgfältig zu erfassen und in die Kalkulation unserer Selbstkosten aufzunehmen. Auch die Mehrkostenbelastung durch die jüngsten Tarifabschlüsse sind schnellstens in unserer Kalkulation zu berücksichtigen."

Ran an die Informationen

Divisionskalkulation

Info 1

Die Divisionskalkulation ist die einfachste Kalkulationsart und nur in Betrieben mit Massenproduktion (Einproduktbetrieben) anwendbar, so z. B. in Wasserwerken. Bei der Divisionskalkulation werden die gesamten Kosten durch die Herstellungsmenge dividiert, um so die Selbstkosten pro Stück zu erhalten.

$$\frac{\textit{Gesamtkosten}}{\textit{Herstellungsmenge}} = \text{Selbstkosten pro Stück}$$

Beispiel: In einem Wasserwerk belaufen sich die monatlichen Gesamtkosten auf 180.000,00 €. In dieser Zeit werden 90 000 m^3 Wasser aufbereitet. Die Selbstkosten pro m^3 betragen 2,00 €.

Zuschlagskalkulation

Info 2

Bei dieser Kalkulation werden die Einzel- und Gemeinkosten dem jeweiligen Produkt **getrennt** zugeschlagen. Während die Einzelkosten direkt zugerechnet werden, müssen die Gemeinkosten mithilfe von Zuschlagsätzen ermittelt und verrechnet werden.

Um die Zuschlagsätze festzustellen werden die Gemeinkosten in einem so genannten **Betriebsabrechnungsbogen (BAB)** auf Kostenstellen verteilt. Üblich ist die Einteilung des Betriebs in vier Kostenstellen. Im Einzelnen sind dies: Material-, Fertigungs-, Verwaltungs- und Vertriebsstelle. Für jede Kostenstelle werden die Gemeinkosten addiert. Die Summen der Gemeinkosten werden zu bestimmten Bezugsgrößen (= 100 %) in Beziehung gesetzt. Es wird ein **Gemeinkostenzuschlag** ermittelt. Die allgemeine Formel hierfür lautet:

$$\text{Gemeinkostenzuschlag} = \frac{\textit{Gemeinkosten} \cdot 100}{\textit{Bezugsgröße}}$$

Der **BAB** für den Türenhersteller Maybach OHG hat folgenden Aufbau:

Gemeinkosten		Material	Fertigung	Verwaltung	Vertrieb

Arten	Beträge				
Hilfslöhne	334.280,00	100.000,00	160.000,00	34.280,00	40.000,00
Sozialabgaben	220.000,00	50.000,00	140.000,00	20.000,00	10.000,00
Steuern	68.000,00	15.000,00	28.000,00	5.000,00	20.000,00
Abschreibungen	162.000,00	17.000,00	70.000,00	25.000,00	50.000,00
Miete	240.000,00	48.000,00	96.000,00	72.000,00	24.000,00
Sonst. Gemeinkosten	282.710,00	75.000,00	140.000,00	54.000,00	13.710,00
Summen	**1.306.990,00**	**305.000,00**	**634.000,00**	**210.280,00**	**157.710,00**
Bezugsgröße (= 100 %)		Materialverbrauch	Fertigungslöhne	Herstellkosten	
Betrag der Bezugsgröße		**3.050.000,00**	**1.268.000,00**	**5.257.000,00**	
Zuschlagsätze		10 %	50 %	4 %	3 %

Und so erfolgt die **Berechnung der Zuschlagssätze der Gemeinkosten:**

Zuschlagsätze	**Formel**	**Rechnung**
Materialgemeinkostenzuschlagsatz	$\frac{\textit{Materialgemeinkosten} \cdot 100}{\textit{Fertigungsmaterial}}$	$\frac{305.000 \cdot 100}{3.050.000} = 10\,\%$
Fertigungsgemeinkostenzuschlagsatz	$\frac{\textit{Fertigungsgemeinkosten} \cdot 100}{\textit{Fertigungslöhne}}$	$\frac{634.000 \cdot 100}{1.268.000} = 50\,\%$
Verwaltungsgemeinkostenzuschlagsatz	$\frac{\textit{Verwaltungsgemeinkosten} \cdot 100}{\textit{Herstellkosten}}$	$\frac{210.280 \cdot 100}{5.257.000} = 4\,\%$
Vertriebsgemeinkostenzuschlagsatz	$\frac{\textit{Vertriebsgemeinkosten} \cdot 100}{\textit{Herstellkosten}}$	$\frac{157.710 \cdot 100}{5.257.000} = 3\,\%$

Die **Herstellkosten,** die als Bezugsgröße für die Verwaltungs- und Vertriebsgemeinkosten dienen, ergeben sich durch folgende Rechnung:

Fertigungsmaterial	+	Materialgemeinkosten	+	Fertigungslöhne	+	Fertigungsgemeinkosten	=	Herstellkosten
3.050.000,00 €		305.000,00 €		1.268.000,00 €		634.000,00 €		5.257.000,00 €

Und so ermittelt die Maybach OHG die Selbstkosten für eine Haustüranlage:

Fertigungsmaterial		3.550,00 €
+ Materialgemeinkosten (in % des Fertigungsmaterials)	10 %	355,00 €
+ Fertigungslöhne		2.970,00 €
+ Fertigungsgemeinkosten (in % der Fertigungslöhne)	50 %	1.485,00 €
Herstellkosten der Haustüranlage		8.360,00 €
+ Verwaltungsgemeinkosten (in % der Herstellkosten)	4 %	334,40 €
+ Vertriebsgemeinkosten (in % der Herstellkosten)	3 %	250,80 €
Selbstkosten der Haustüranlage		**8.945,20 €**

4.3 Ermittlung (Kalkulation) des Angebotspreises

Passiert – notiert

Wie wird der Angebotspreis ermittelt?

Auszug aus dem Untersuchungsbericht der Unternehmensberaterin Frau Dr. Beier über die Managementfehler des Türenherstellers Maybach OHG:

-
-
-

4. Managementfehler bei der Kalkulation der Angebotspreise:
   - Zeitweise wurden die Angebotspreise der Zimmertüren nicht ermittelt, sondern gefühlsmäßig geschätzt.
   - Um Großaufträge zu erhalten wurden bei Garagentüren die Angebotspreise der Konkurrenz ohne eigene Preisprüfung unterboten.
   - Designertüren sind seit zwei Jahren Bestandteil des Produktionsprogramms ohne jemals Gewinne abgeworfen zu haben.

Ran an die Informationen

Unternehmen können ihre Produkte nicht zum Selbstkostenpreis verkaufen. Das würde nicht lange gut gehen. Auch auf die Maybach OHG trifft das natürlich zu. Sie muss damit rechnen, dass der Kunde sich Skonto abzieht und einen Rabatt erwartet. Und Gewinn soll ja auch noch erwirtschaftet werden. Den muss der Kunde natürlich mitbezahlen. Das gilt ebenfalls für die Umsatzsteuer.

Die Zuschläge im Einzelnen:

Zuschlagsart	Erklärung
Gewinn	Er geht in die Preisermittlung als prozentualer Aufschlag auf die Selbstkosten ein. Die Möglichkeit, Gewinne zu machen, ist der eigentliche Anreiz für die unternehmerische Tätigkeit.
Kundenrabatt	Das ist ein Preisnachlass, der den Kunden aus verschiedenen Gründen gewährt wird. Beispiel: Mengenrabatte, Treuerabatte für gute Kunden.
Kundenskonto	Das ist ein Barzahlungsrabatt. Er wird dem Käufer gewährt, wenn dieser bar oder innerhalb einer bestimmten Frist zahlt.
Umsatzsteuer	Für alle Lieferungen und Leistungen, die ein Unternehmer im Inland ausführt, stellt er seinen Kunden auch die Umsatzsteuer in Rechnung, die er selbst ans Finanzamt abführen muss. Der Regelsteuersatz beträgt 16 % vom Rechnungsbetrag (Stand 2004).

Die Maybach OHG kalkuliert mit 20 % Gewinnzuschlag. Wenn Kunden bar bezahlen werden ihnen 2 % Skonto eingeräumt. Rabatt wird nicht gewährt. Die Rechnung der vorstehenden Seite wird fortgesetzt und der Angebotspreis ermittelt.

Selbstkosten	8.945,20 €	
+ 20 % Gewinnzuschlag	1.789,04 €	
= Barverkaufspreis	10.734,24 €	98 %
+ 2 % Skonto	219,07 €	2 %
= Nettoangebotspreis	10.953,31 €	100 %
+ 16 % Umsatzsteuer	1.752,53 €	
Angebotspreis	**12.705,84 €**	

Arbeitsvorschläge DO IT!

1. Warum reicht es nicht aus, wenn mit einem Angebotspreis nur die Selbstkosten gedeckt sind?

2. Entscheiden Sie, ob Einzel- oder Gemeinkosten vorliegen:
   - Verbrauch von Spanplatten in einer Möbelfabrik 1.800,00 €;
   - Bruttogehalt des Meisters 3.450,00 €;
   - Versicherungsprämie für betriebliche Feuerversicherung 4.230,00 €;
   - Facharbeiterlohn 2.390,00 €.

3. Eine Zementfabrik produzierte im Jahr 10 200 Dezitonnen Zement. Die Gesamtkosten für diesen Zeitraum betrugen 693.000,00 €. Ermitteln Sie die Selbstkosten für eine Dezitonne.

4. Welche betriebliche Voraussetzung muss gegeben sein, um zur Selbstkostenermittlung die Divisionskalkulation anwenden zu können?

5. Führen Sie die Kalkulation eines Auftrags nach folgenden Angaben durch: Fertigungsmaterial 1.800,00 €, Fertigungslöhne 900,00 €, Gewinn 15 %, Umsatzsteuer 16 %.
   Die Zuschlagsätze für die Gemeinkostenverrechnung betragen: Material-GMK 18 %, Fertigungs-GMK 22 %, Verwaltungs- und Vertriebs-GMK 9 %.

6. Ermitteln Sie den Angebotspreis für ein Modellkleid, wenn die Selbstkosten 1.630,00 € betragen. Als Gewinnzuschlag sollen 26 % angesetzt werden. Bei Barzahlung werden 2,5 % Skonto gewährt.

Ermitteln Sie den Angebotspreis der Möbelschreinerei Krug e. K.

Die Möbelschreinerei Krug e. K. wird von der Innenarchitektin Maria Kern gebeten ein Angebot abzugeben. Bei den Arbeiten handelt es sich um die Zimmer eines älteren Hotels, die mit neuen Betten und Schränken ausgestattet werden sollen.

In der Firma Krug e. K. werden für diese Arbeiten folgende Kosten ermittelt:

Verbrauch an Fertigungsmaterial 123.700,00 €

Fertigungslöhne 97.300.00 €

Die Zuschlagsätze für die Gemeinkostenverrechnung entstammen dem BAB des letzten Geschäftsjahres.

Kostenarten	Zuschlagsätze aus BAB	Kosten
Fertigungsmaterial		123.700,00 €
+ Materialgemeinkosten	20 %	?
+ Fertigungslöhne		97.300,00 €
+ Fertigungsgemeinkosten	35 %	?
Herstellkosten		?
+ Verwaltungsgemeinkosten	8 %	?
+ Vertriebsgemeinkosten	4 %	?

Ermitteln Sie den Angebotspreis! Zu berücksichtigen sind ein Gewinnaufschlag von 30 % und die Umsatzsteuer.

5 Betriebliche Leistungsmaßstäbe

Passiert – notiert

Wie sieht sie aus, die Reihenfolge des Erfolgs bei diesen vier Betrieben?

Welche betrieblichen Leistungsmaßstäbe gibt es?

A **Boutique** eingesetztes Kaptial 115.000 €
erzielter Gewinn 21.850 €

B **Gaststätte** eingesetztes Kaptial 235.400 €
erzielter Gewinn 13.937 €

C **Fensterfabrik** eingesetztes Kaptial 10.625.000 €
erzielter Gewinn 425.000 €

D **Schreinerei** eingesetztes Kaptial 875.600 €
erzielter Gewinn 61.292 €

Ran an die Informationen

Info 1

Rentabilität

Wer Kapital auf einer Bank anlegt, bekommt dafür Zinsen. Wer stattdessen sein Kapital in einen Betrieb investiert, erwartet einen Gewinn. Umso höher der erzielte Gewinn ist, desto erfolgreicher wurde das Kapital eingesetzt. Ein Erfolgsmaßstab für den Kapitaleinsatz ist die Rentabilität. Mit ihr wird die Verzinsung des Kapitals gemessen, das man in einem Unternehmen eingesetzt hat.

$$\text{Rentabilität} = \frac{\textit{Gewinn} \cdot 100}{\textit{Kapital}}$$

Beispiel:

- Bäckermeister Griesel erzielte im letzten Jahr einen Gewinn von 100.000,00 €. Das von ihm eingesetzte Kapital betrug 2.000.000,00 €.

$$\text{Rentabilität (G)} = \frac{100.000 \cdot 100}{2.000.000} = 5\,\%$$

- Bäckermeister Starke arbeitet mit einem moderneren Backofen. Der Gewinn im letzten Jahr betrug 200.000,00 €. Der Kapitaleinsatz hatte die Höhe von 2.500.000,00 €.

$$\text{Rentabilität (S)} = \frac{200.000 \cdot 100}{2.500.000} = 8\,\%$$

Ergebnis:

Das von Starke eingesetzte Kapital hat sich mit 8 %, das von Griesel dagegen nur mit 5 % verzinst.

Produktivität

Info 2

Bei der Leistungserstellung kommt es darauf an, möglichst viele Güter mit den vorhandenen Einsatzfaktoren herzustellen. Den betrieblichen Erfolgsmaßstab, durch den dies ausgedrückt wird, bezeichnet man als Produktivität. Er misst die mengenmäßige Ergiebigkeit der Leistungserstellung. Da mehrere Einsatzfaktoren (Arbeitskräfte und Kapital) an der Leistungserstellung beteiligt sind, unterscheidet man vier verschiedene Arten der Produktivität.

$$\text{Arbeitsproduktivität} = \frac{\textbf{\textit{Produktionsmenge}}}{\textbf{\textit{Menge der Beschäftigtenstunden/Beschäftigten}}}$$

$$\text{Kapitalproduktivität} = \frac{\textbf{\textit{Produktionsmenge}}}{\textbf{\textit{Kapitaleinsatz}}}$$

Beispiel zur Produktivitätsberechnung:

In einer Fahrradfabrik wurden im Mai mit 100 Beschäftigten 4 000 Fahrräder des Typs SaturnLux hergestellt. Der Kapitaleinsatz belief sich auf 800.000,00 €. Durch die Anschaffung moderner Maschinen stieg die Produktionsmenge im Juni auf 4 500 Fahrräder und der Kapitaleinsatz erhöhte sich um 40.000,00 €. Die Anzahl der Beschäftigten blieb unverändert.

Monate	Arbeitsproduktivität	Kapitalproduktivität
Mai	$\frac{4\,000}{100} = 40$	$\frac{4\,000}{800\,000} = 0{,}005$
Juni	$\frac{4\,500}{100} = 45$	$\frac{4\,500}{840\,000} = 0{,}0054$

Ergebnis: Die Produktionsmenge, die je Arbeitskraft hergestellt wird, erhöht sich von 40 auf 45 Stück. Die Produktionsmenge, die je € Kapitaleinsatz erzielt wird, steigt um 0,0004 auf 0,0054 Stück.

Zwei Bilder sagen mehr als viele Worte über Produktivitätsfortschritt bei der Güterherstellung:

Lackiererei einer bekannten Automarke im Jahre 1905.

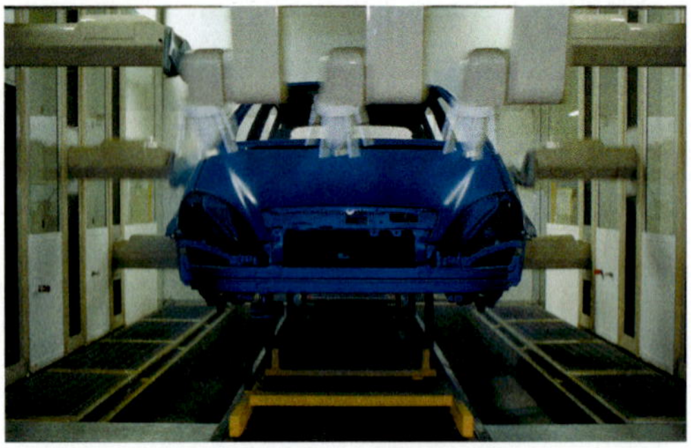

Lackiererei derselben Automarke ca. 100 Jahre später.

Info 3 Wirtschaftlichkeit

Die Wirtschaftlichkeit eines Betriebes lässt sich aus dem Verhältnis seiner Leistung zu seinen Kosten ermitteln. Wird die Menge der verkauften Leistungen mit Preisen bewertet, ergibt sich der Erlös. Anders als bei der Produktivität geht es bei der Wirtschaftlichkeit nicht um Produktionsmengen, sondern um den Wert der geschaffenen Leistungen.

$$\text{Wirtschaftlichkeit} = \frac{\textit{Leistung}}{\textit{Kosten}}$$

Beispiel der Wirtschaftlichkeit:

Eine Möbelfabrik erzeugte in einer Woche in der Fertigungsstelle Kleinmöbelbau 800 Blumenständer. Die Kosten hierfür beliefen sich auf 24.000,00 €, die Erlöse betrugen 36.000,00 € (Stückerlös 45,00 €).

$$\text{Wirtschaftlichkeit (1)} = \frac{36\,000}{24\,000} = 1{,}5$$

Aufgrund einer starken Nachfrage wurde die Produktion auf 1 000 Stück pro Woche ausgedehnt. Dazu war es notwendig, einen weiteren Facharbeiter einzustellen und eine leistungsfähigere Hobelmaschine zu kaufen. Die Kostenbelastung pro Woche stieg auf 28.500,00 €.

$$\text{Wirtschaftlichkeit (2)} = \frac{45\,000}{28\,500} = 1{,}58$$

Ergebnis: Die Erlöse, die jeweils auf einen € Kosten entfallen, stiegen von 1,50 auf 1,58 €.

Info 4 Das ökonomische Prinzip

Alle betrieblichen Kennziffern haben eine Gemeinsamkeit: Ihnen liegt das ökonomische Prinzip zugrunde. Danach sollten Betriebe ihr Handeln entweder nach dem Minimal- oder dem Maximalprinzip ausrichten.

- **Minimalprinzip:** Es besteht darin eine bestimmte Leistung mit dem geringsten Einsatz von Mitteln zu erreichen.
- **Maximalprinzip:** Es liegt dann vor, wenn mit gegebenen Mitteln eine höchstmögliche Leistung erreicht werden soll.

Das ökonomische Prinzip gilt nicht nur für Betriebe. Auch auf den privaten Bereich der Menschen lässt es sich übertragen.

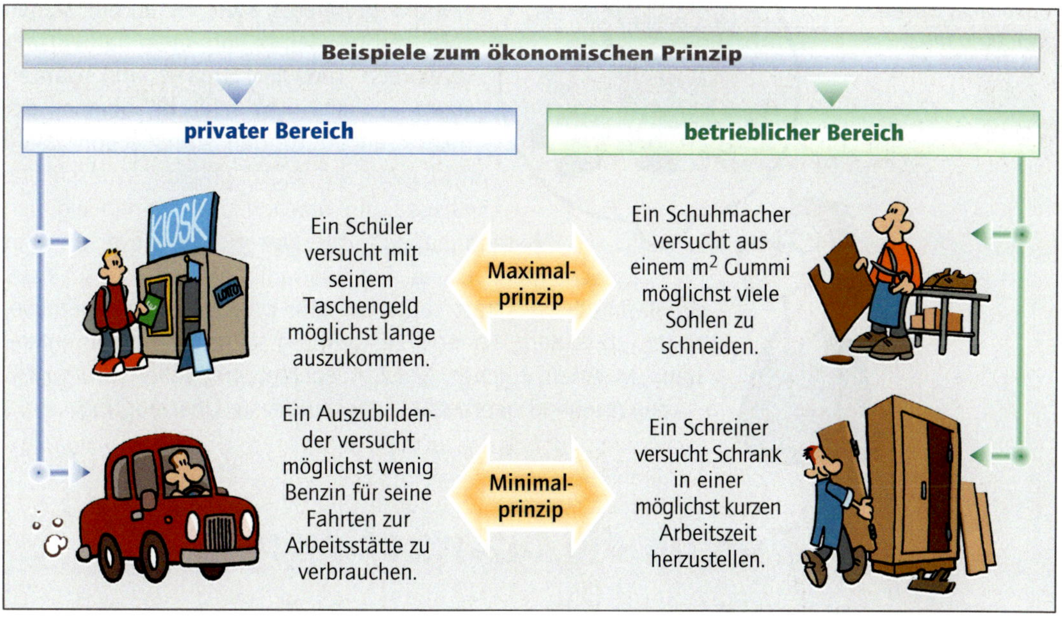

Arbeitsvorschläge DO IT!

1. Vergleichen Sie die Wirtschaftlichkeitswerte in folgendem Beispiel:
   Betrieb A in Kiel produziert täglich 600 Stück einer Ware und hat dabei eine Kostenbelastung von 4.000,00 €.
   Betrieb B in Köln stellt pro Tag 800 Stück derselben Ware her und rechnet mit Kosten in Höhe von 5.000,00 €.
   Der Stückerlös für A beträgt 20,00 €, der für B 18,00 €.
2. Betrieb C produziert mit 60 Beschäftigten und einem Kapitaleinsatz von 360.000,00 € 2 700 Stück. Betrieb D benötigt 80 Beschäftigte und 460.000,00 € Kapitaleinsatz, um 3 200 Stück herzustellen.
   Wie hoch sind Arbeits- und Kapitalproduktivität der beiden Betriebe?
3. Ein Handwerksbetrieb erzielte im letzten Jahr bei einem Kapitaleinsatz von 300.000,00 € einen Gewinn von 21.000,00 €. Ermitteln Sie die Rentabilität.
4. Nennen Sie jeweils zwei Beispiele für das Minimal- und das Maximalprinzip aus dem betrieblichen und dem privaten Bereich.

1 Gründung eines Unternehmens

Welche Voraussetzung sollte bei der Gründung eines Unternehmens erfüllt sein?

Passiert – notiert

Markus Rohde arbeitet schon acht Jahre lang als Zweiradmechaniker in einer Fahrradfabrik. Besonders stolz ist er auf seinen Meistertitel, den er vor einem halben Jahr erworben hat. Im Großen und Ganzen geht es ihm nicht schlecht, aber in der Fabrik alt zu werden stand schon lange nicht mehr auf seiner privaten Wunschliste. „Selbstständig machen und meinen eigenen Betrieb haben", das war ein Gedanke, der ihn nicht mehr losließ. Ein Fahrradladen mit angeschlossener Reparaturwerkstatt sollte es sein. Und das nicht irgendwo, sondern in seinem Wohnort Langenburg sollte der Betrieb entstehen. „In einem solchen Notstandsgebiet für Radler wird so ein Laden dringend gebraucht", war seine feste Überzeugung.

Ran an die Informationen

Info 1

Persönliche Voraussetzungen

Markus sucht schließlich die Beratungsstelle für Unternehmungsgründungen bei der örtlichen Handwerkskammer auf. Herr Dr. Koch, der zuständige Sachbearbeiter, überrascht ihn mit der Frage: „Sind Sie überhaupt ein Unternehmertyp?" Markus fragt erstaunt: „Was ist denn das und woher soll ich es wissen?"

Wer ein Unternehmen gründen will, sollte nach Ansicht von Experten über folgende Eigenschaften verfügen:

- **Schwungkraft** (arbeitet mit Energie, lässt sich nicht leicht entmutigen, hat den Drang Dinge erledigen zu wollen)
- **Führungseigenschaften** (leitet und spornt andere an, andere sind ihm gegenüber loyal und zur Mitarbeit bereit)
- **Organisationstalent** (guter Verwalter und Koordinator von Arbeiten, kann Aufgaben übertragen)
- **geistige Anlagen** (Fähigkeit zur Analyse, nüchternes Urteilsvermögen)
- **Initiative** (erkennt sich bietende Chancen, fängt selbst Neues an)
- **Motivation** (geht nachdrücklich und realistisch auf wohlvorbereitete Ziele zu, regt Mitarbeiter zur Leistung an)
- **schöpferische Kraft** (originelle Ideen, fasst Probleme unter neuen Gesichtspunkten an)

Sachliche Voraussetzungen

Info 2

Der Unternehmensberater Dr. Koch klärt Markus Rohde darüber auf, dass es natürlich nicht ausreicht, wenn man über die notwendigen persönlichen Voraussetzungen verfügt. Auch sachliche und rechtliche Voraussetzungen müssen erfüllt werden.

Standortvoraussetzungen

Die Wahl des richtigen Standortes bestimmt den Erfolg eines Unternehmens mit. Der Standort für einen Fahrradladen sollte z. B. so gewählt werden, dass er für viele Kunden möglichst leicht erreichbar ist. Diese Kundennähe ist in den Innenstädten gegeben. Fußgängerzonen sind dabei weniger gut geeignet, die gekauften Räder können hier nicht ohne weiteres per Auto abtransportiert werden.

Je nachdem, welche Arten von Produkten angeboten bzw. hergestellt werden, sind unterschiedliche Gründe für die Standortwahl (Standortfaktoren) von Bedeutung.

Standortfaktoren und ihre Bedeutung

Arbeitskräfte

Betriebe, die qualifizierte Arbeitskräfte in großer Zahl benötigen, wählen ihren Standort dort, wo ein entsprechendes Angebot vorhanden ist. Dies trifft z. B. auf Betriebe der optischen und feinmechanischen Industrie zu.

Auch Lohnkostenunterschiede können für eine Standortwahl entscheidend sein. Häufig werden deshalb ländliche Gegenden oder sogar Billiglohnländer als Standort gewählt. Dies ist z. B. der Fall bei manchen Betrieben der Textilindustrie.

Absatzmöglichkeiten

Betriebe, die absatzorientiert sind, richten sich bei ihrer Standortentscheidung nach ihrem Hauptabsatzgebiet. Einzelhandels- und Dienstleistungsbetriebe findet man so z. B. häufig in den Ballungsgebieten und Supermärkten in Kundennähe am Stadtrand.

So mancher Zuliefererbetrieb hat sich für den Standort in der Nähe seines Hauptabnehmers (z. B. Automobilwerk) entschieden.

Rohstoffvorkommen

Rohstoffgewinnende Betriebe wie z. B. Bergwerke und Kiesgruben, sind an Standorte gebunden, wo die Rohstoffe vorkommen.

Betriebe, die schwere Rohstoffe verarbeiten (z. B. Hüttenwerke, Zuckerfabriken), wählen einen Standort in der Nähe der Rohstoffquelle. Die Transportkosten für die benötigten Rohstoffe können so relativ niedrig gehalten werden.

Verkehrsverhältnisse Auf günstige Verkehrsverhältnisse müssen Betriebe achten, die mit ihren Waren einen großen Kundenkreis über weite Entfernungen beliefern.

Auch die Zusammenarbeit mit vielen Zulieferern erfordert einen Standort, der verkehrstechnisch gut zu erreichen ist. Automobilwerke, Kohlekraftwerke und Ölraffinerien sind Beispiele für verkehrsorientierte Betriebe.

landschaftliche und klimatische Gegebenheiten

Betriebe, die hochspezialisierte Fachleute benötigen, wählen immer häufiger Standorte in Gegenden, die einen hohen Freizeitwert haben. Die Bereitschaft der begehrten Spezialisten, hier zu arbeiten, ist einfach höher als in landschaftlich oder klimatisch benachteiligten Gegenden. Beispiele hierfür sind die Betriebsgründungen im Hightech-Bereich in München und am Bodensee.

Die Standortwahl eines Betriebes wird nie von einem Faktor allein bestimmt. Mehrere Faktoren kommen zusammen, die alle gemeinsam eine Standortentscheidung beeinflussen. So ist z. B. für die Standortwahl einer Automobilfabrik nicht nur wichtig, ob genügen qualifizierte und kostengünstige Arbeitskräfte zur Verfügung stehen. Auch niedrige Grundstückspreise und Gewerbesteuersätze sowie die Zahlung von staatlichen Investitionszuschüssen wirken sich positiv auf die Standortauswahl aus.

Finanzielle Voraussetzungen

Vor jeder Unternehmensgründung muss ermittelt werden, wie hoch das benötigte Kapital ist. Die vorhandenen eigenen finanziellen Mittel (Eigenkapital) reichen dabei selten aus für die Betriebsgründung. Die von Markus Rohde angesparten 65.000,00 € z. B. sind nicht genug um seinen Fahrradladen einschließlich der geplanten Werkstatt einzurichten. Auch geht es darum die teuren Spezialwerkzeuge zu kaufen und einen Kompressor sowie einen Kleintransporter anzuschaffen. Markus benötigt also zusätzliches Kapital. Dies kann z. B. in Form eines Darlehens von der Bank kommen. Aber die verlangt natürlich Sicherheiten. Außerdem sind regelmäßig Zinsen zu zahlen. Auch der Staat bietet Unternehmensgründern Kredite an. Fehlendes Kapital lässt sich ebenfalls durch die Kapitaleinlage eines Teilhabers beschaffen.

Staatliche Kredite zur Unternehmensgründung sind besonders günstig. Die Zinsen sind nämlich niedrig. Außerdem muss man erst nach zwei bis zehn Jahren beginnen den Kredit zu tilgen. Es gibt noch einen Vorteil: Die Gründer brauchen weniger Sicherheiten nachzuweisen. Sie müssen allerdings durch ein gutes Unternehmenskonzept überzeugen.

Marktvoraussetzungen

Grundlage jeder Betriebsgründung ist die **Geschäftsidee.** Dabei geht es um die Frage, welches Produkt hergestellt oder welche Dienstleistung angeboten werden soll. Die Einschätzung des Marktes hat dann zu folgen. Hierbei ist zu klären:

- Welchen Kundenkreis kann ich durch mein Produkt bzw. meine Dienstleistung ansprechen?
- Welche besonderen Wünsche haben diese Kunden?
- Über welche Kaufkraft verfügen die Kunden (Frage nach dem Marktvolumen)?
- Wie viele Mitbewerber sind bereits vorhanden?

Eine Marktuntersuchung vor der Betriebsgründung kann eine nützliche Entscheidungshilfe für die Markteinschätzung sein. Sind bei der geplanten Gründung eines Fahrradladens schon Konkurrenten in der näheren Umgebung vorhanden, kann der Absatz der eigenen Produkte schwieriger werden. Die Betriebsgründung oder der Standort sind dann nochmals zu überdenken. Gut ist auch immer, sich von der Konkurrenz abzuheben. Möglichkeiten, die für Markus Rohde infrage kommen könnten, sind:

- Spezialisierung auf einen bestimmten Fahrradtyp (z. B. vollgefederte Räder zur Rückenschonung),
- günstige Zahlungsbedingungen,
- niedrige Produkt- und Reparaturpreise,
- kostenlose Jahresinspektion.

Rechtliche Voraussetzungen — Info 3

Wer einen Betrieb gründen will, muss eine Reihe von rechtlichen Voraussetzungen beachten:

- Wer einen Handwerksbetrieb führen möchte, muss vorher die Meisterprüfung bestanden haben. Dies gilt aber nur für solche Betriebe, deren Leistungen besondere Sicherheitsbedürfnisse erfüllen müssen, wie z. B. Kfz-Betriebe und Zahnlabors.
- Der Betriebsinhaber muss im Normalfall voll geschäftsfähig sein.
- Die Eröffnung eines Betriebes muss der zuständigen Ortsbehörde (Gewerbeamt) angezeigt werden. Dies geschieht durch eine Gewerbeanzeige.
- Betriebe, die im Interesse der Öffentlichkeit nicht ohne spezielle Sachkenntnis betrieben werden können, bedürfen zu ihrer Gründung einer besonderen Genehmigung. Dies gilt z. B. für Banken, Versicherungen, Apotheken.
- Betriebe, die wegen ihrer Gefährlichkeit besonders zu überwachen sind (z. B. chemische Fabriken, Kernkraftwerke), bedürfen ebenfalls einer besonderen behördlichen Genehmigung.

Bei der Gründung muss der Betrieb von Markus Rohde bei verschiedenen Stellen angemeldet werden.

Der Unternehmensberater Dr. Koch weist Markus Rohde darauf hin, dass er für das von ihm geplante Unternehmen eine „Firma" haben muss.

„Unter Firma", so wird Markus aufgeklärt, „versteht man den Namen eines Kaufmanns, unter dem er seine Geschäfte betreibt." Markus erfährt, dass unter diesen Begriff solche Bezeichnungen wie „Metallbau AG" oder „Schuster OHG" fallen. „Und", so Dr. Koch, „die Firma ist auch der Name, unter dem das Unternehmen ins Handelsregister einzutragen ist."

Info 4

Die Besonderheiten des Franchise-Systems

Mit jeder Betriebsgründung sind Probleme und Risiken verbunden. Wer diese beschränken möchte und vor einer Betriebsgründung im Alleingang zurückschreckt, hat eine Alternative. Er kann ein bereits bestehendes Unternehmenskonzept übernehmen. Eine ständig wachsende Zahl von Unternehmern entscheiden sich für diesen Weg, den man auch als **Franchising** bezeichnet. Bekannte Namen sind Coca Cola, Tiefkühlkost Eismann, Obi und McDonald's. Franchising kommt zustande durch einen Vertrag. Er wird abgeschlossen zwischen dem Franchise-Geber (z. B. McDonald's) und einem

Franchise-Nehmer (z. B. Herrn Kraft). McDonald's erlaubt Herrn Kraft gegen Zahlung einer Umsatzbeteiligung Namen, Marke und Ausstattung von McDonald's zu verwenden. Außerdem übernimmt McDonald's die Werbung. Für Herrn Kraft fallen damit keine Werbeausgaben mehr an.

Vor- und Nachteile für den Franchisenehmer zeigt folgende Übersicht:

Nachteile	Vorteile
Der Franchisenehmer ... - hat keinen Einfluss auf das Warenangebot. - ist abhängig von Entscheidungen des Franchisegebers. - ist verpflichtet Einrichtung, Rohstoffe und Zutaten vom Franchisegeber zu beziehen. - zahlt eine Umsatzbeteiligung. - ist verpflichtet Waren und Leistungen nach den vom Franchisegeber vorgegebenen Richtlinien zu verkaufen.	Der Franchisenehmer ... - profitiert von dem Verkauf einer bekannten Marke. - hat keine Kosten für Markteinführung und Werbung. - bekommt Einrichtungsgegenstände zur Verfügung gestellt. - bekommt finanzielle Hilfen bei der Betriebsgründung. - profitiert vom Konkurrenzschutz, da der Franchisegeber jeweils nur einen Franchisenehmer in einem bestimmten Absatzgebiet beliefert.

Arbeitsvorschläge DO IT!

1. **Birgit Maurer hat den Beruf einer Gärtnerin mit der Fachrichtung Zierpflanzenanbau erlernt. Sie möchte sich gern in zwei bis drei Jahren selbstständig machen und ein eigenes Blumengeschäft eröffnen.**
   a) Über welche persönlichen Fähigkeiten sollte Birgit verfügen?
   b) Welche Anforderungen sind an den Standort für das geplante Geschäft zu stellen?
   c) Welche Marktvoraussetzungen sollten erfüllt sein um den Betrieb erfolgreich zu führen?
   d) Welche rechtlichen Voraussetzungen müssen von Birgit erfüllt werden?
   e) Birgit Maurer hat errechnet, dass sie für die Eröffnung ihres geplanten Blumenladens ca. 30.000,00 € benötigt. Sie selbst hat aber nur 10.000,00 € eigene Mittel. Welche Möglichkeiten sehen Sie für Birgit, sich das restliche Geld zu beschaffen?
2. Welche Standortfaktoren lassen sich unterscheiden?
3. „Ich kann mir vorstellen, mich in meinem Ausbildungsberuf mal selbstständig zu machen ..." Aufgabe: Nennen Sie Gründe, die für oder gegen Ihre Absicht sprechen.
4. Die Firma OBI ist ein Franchisegeber. Was bedeutet diese Aussage?

2 Rechtsformen des Unternehmens

2.1 Überblick

Unternehmen können in verschiedenen Rechtsformen (Unternehmensformen) auftreten. Diese unterscheiden sich durch verschiedene Merkmale:

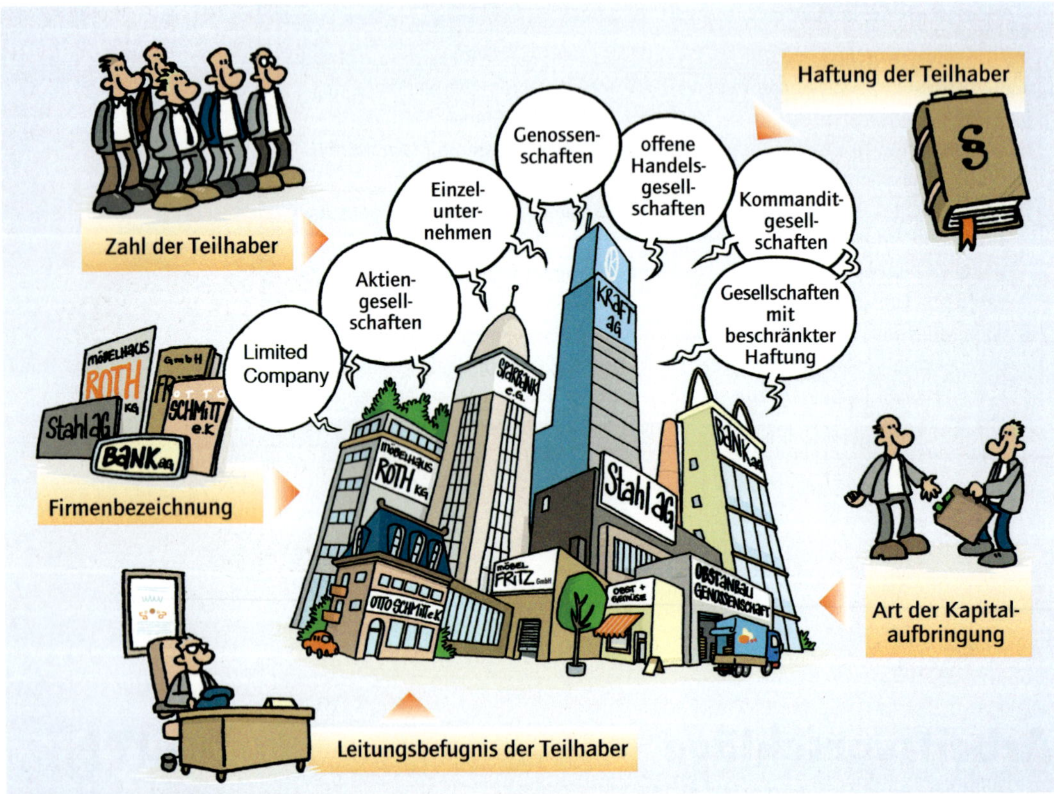

Rechtsformen für Unternehmen

- Einzelunternehmen
- Gesellschaftsunternehmen
- Genossenschaften

Gesellschaftsunternehmen:

Personengesellschaften

- offene Handelsgesellschaft (OHG)
- Kommanditgesellschaft (KG)

u. a.

Kapitalgesellschaften

- Aktiengesellschaft (AG)
- Gesellschaft mit beschränkter Haftung (GmbH)
- Limited Company (Ltd.)

u. a.

2.2 Das Einzelunternehmen

Passiert – notiert

Welches sind die Merkmale eines Einzelunternehmens?

Aus den örtlichen Lokalnachrichten von Lauenburg:

Rohdes Radlertreff eröffnet

Rechtzeitig vor Beginn der Freiluftsaison konnte Markus Rohde nach nur zweimonatiger Umbauzeit seinen Einzelhandelsbetrieb in einer ehemaligen Tankstelle in der Langenstraße 16 eröffnen.

Allen interessierten Radfahrern bietet sich eine vielversprechende Anlaufstelle für ihre Wünsche. Herr Rohde und ein weiterer Mitarbeiter konnten bei einer kleinen Eröffnungsfeier die erschienenen Gäste von der Attraktivität des reichhaltigen Angebots überzeugen.

Ran an die Informationen

Das Einzelunternehmen ist die meistverbreitete Unternehmensform. Sie ist für kleine und mittlere Betriebe geeignet.

Das Eigenkapital wird vom Inhaber selbst aufgebracht. Er allein trägt auch das Risiko für sein Geschäft. Er haftet sowohl mit seinem Geschäftsvermögen als auch mit seinem Privatvermögen für die Schulden des Unternehmens.

Den Einzelunternehmern ist weitgehend freigestellt, welchen Geschäftsnamen sie wählen. Den Geschäftsnamen bezeichnet man auch als Firma. Der Einzelunternehmer kann für seine Firma einen Personennamen, einen Sachgegenstand oder eine Fantasiebezeichnung wählen. In allen Fällen muss aber ein Rechtsformenzusatz wie „eingetragener Kaufmann" oder die Abkürzung „e.K." hinzukommen. Firmenbeispiele: „Radlertreff M. Rohde e.K." oder „Markus Rohde, eingetragener Kaufmann".

- Ich kann allein über meinen Gewinn verfügen und brauche ihn mit niemandem zu teilen.
- Ich brauche auf andere Meinungen keine Rücksicht zu nehmen. Ich bin mein eigener Herr.
- Ich kann rasch Entscheidungen treffen.
- Mein notwendiges Startkapital ist relativ gering. Größere Kapitalsummen werden von mir als Einzelunternehmer nicht benötigt.

- Das gesamte Geschäftsrisiko muss ich alleine tragen.
- Nur ich als Unternehmer hafte mit meinem gesamten Vermögen. Und wenn mein Geschäft nicht läuft, habe ich ganz schlechte Karten.
- Wenn ich mir zusätzliches Kapital beschaffen will, machen die Banken vielleicht Schwierigkeiten, weil sie sich bei der Rückzahlung nur an mich halten können.
- Eventuell kann es später Probleme geben, wenn ich mal einen geeigneten Nachfolger suchen würde.
- Später mal zu expandieren und vielleicht Filialen in anderen Städten zu gründen ist für mich als Einzelunternehmer sehr schwierig. Dazu würde mir das notwendige Kapital fehlen.

Unbestreitbar ist, dass das Einzelunternehmen zu den „einfachsten“ Unternehmensformen gehört. Um die mit ihr verbundenen Nachteile zu umgehen oder sie zu vermindern, bleibt der Weg Partner zu suchen und eine Gesellschaftsunternehmung zu gründen.

2.3 Gesellschaftsunternehmen

2.3.1 Personengesellschaften
Die offenen Handelsgesellschaften (OHG)

Passiert – notiert

Welches sind die Merkmale einer OHG?

Eine OHG wird gegründet

Ran an die Informationen

- **Gesetzliche Regelung:** Sie ist im Handelsgesetzbuch enthalten.
- **Haftung:** Die Gesellschafter haften gegenüber den Gesellschaftsgläubigern nicht nur mit ihrem Geschäftsvermögen, sondern auch mit ihrem gesamten Privatvermögen (unbeschränkte Haftung).
- **Gesellschaftsvertrag:** Er wird im Allgemeinen schriftlich abgeschlossen und enthält die Gewinn- und Verlustverteilung, den Niederlassungsort, den Geschäftsnamen (Firma) der OHG, die Rechte und Pflichten der Gesellschafter.

- **Firma einer OHG:** Ebenso wie beim Einzelunternehmen sind bei der OHG neben Personenfirmen auch Sach- und Fantasiefirmen möglich. Ein Rechtsformzusatz (z. B. „Offene Handelsgesellschaft" oder die Abkürzung „OHG") ist verpflichtender Bestandteil der Firma. Beispiele: Bremer Papierwerke OHG, Walter & Koch Offene Handelsgesellschaft, Rohde & Mehrhof OHG, Radlertreff Offene Handelsgesellschaft.
- **Arbeitspflicht:** Alle Gesellschafter sind zur Mitarbeit berechtigt und verpflichtet.
- **Geschäftsführung und Vertretung:** Jeder Gesellschafter ist zur Führung der Geschäfte und zur Vertretung der Gesellschaft nach außen (z. B. gegenüber Lieferanten) berechtigt.

Die Kommanditgesellschaft (KG)

Passiert – notiert

Welches sind die Merkmale einer Kommanditgesellschaft?

Eine KG wird gegründet

Ran an die Informationen

Merkmale einer Kommanditgesellschaft

- **Gesetzliche Regelung:** Die Bestimmungen der KG sind im Handelsgesetzbuch enthalten.
- **Wesen der KG:** Bei der KG haftet mindestens ein Gesellschafter unbeschränkt (Vollhafter oder Komplementär) und mindestens einer nur mit seiner Kapitaleinlage (Teilhafter oder Kommanditist).
- **Vollhafter:** Für sie gelten die gleichen Bestimmungen wie für die Gesellschafter einer OHG.

- **Teilhafter:** Sie haben die vereinbarte Kapitaleinlage zu leisten, sind aber weder berechtigt noch verpflichtet mitzuarbeiten. Teilhaftern steht ein Kontrollrecht zu. Am Verlust können sie nur bis zur Höhe ihrer Kapitaleinlage beteiligt werden.
- **Firma:** Personen-, Sach-, aber auch Fantasiefirma sind möglich. Bei einer KG ist die Zusatzbezeichnung „Kommanditgesellschaft" oder eine Abkürzung zu wählen. Beispiele: Rohde & Mehrhof KG, Rohde Kommanditgesellschaft.

Arbeitsvorschläge DO IT!

1. Nennen Sie Vor- und Nachteile der Rechtsform „Einzelunternehmen".
2. Welche Gründe führten zu der geschilderten OHG-Gründung zwischen Markus Rohde und Frank Mehrhof?
3. Der OHG-Gesellschafter Mehrhof behauptet gegenüber Freunden, dass seine Haftung im Falle eines Verlustes auf seine Kapitaleinlage von 45.000,00 € beschränkt sei. Nehmen Sie hierzu Stellung.
4. Heike Adams und Güler Sahit gründen eine OHG. Zweck des Betriebes ist die Einrichtung eines 24-Stunden-Computer-Notdienstes. Wie könnte die Firma lauten?
5. Warum wollen die Gesellschafter Rohde und Mehrhof ihre OHG in eine KG umwandeln?
6. Wie unterscheiden sich die Haftungsverhältnisse der Gesellschafter einer OHG von denen einer KG?

2.3.2 Kapitalgesellschaften

Passiert – notiert

Welches sind die Merkmale einer Aktiengesellschaft?

Was sind überhaupt Aktien?

Miteigentümer bei Porsche! Wie geht das überhaupt?

Birgit: „Du Tanja, seit letzter Woche bin ich Miteigentümerin von Porsche. Da staunst Du, was?"

Tanja: „Ja natürlich, und die Erde ist eine Scheibe und du bist die Großnichte von Herrn Porsche."

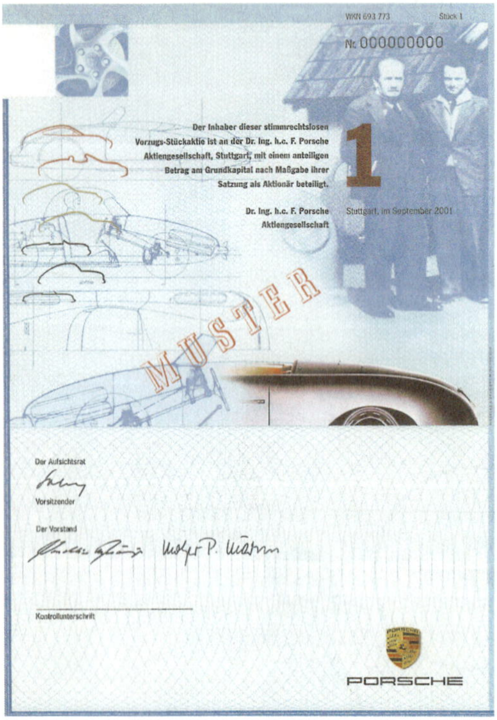

Birgit: „Nein, ernsthaft. Zu meinem Geburtstag habe ich diese Porsche-Aktie geschenkt bekommen. Dieses Papierformat ist aber eigentlich die Ausnahme. Normalerweise werden die Aktien einfach auf dem Depot verbucht."

Tanja: „Und was ist so toll an deiner Aktie? Sie sieht ja ganz schön aus. Du kannst sie einrahmen und an die Wand hängen. Aber da gibts doch interessantere Sachen!"

Birgit: „Ja weißt du denn nicht, dass meine Aktie eine Urkunde über die Beteiligung an Porsche ist? Und durch die Dividende, die jetzt beschlossen worden ist, fließt mir noch mal ein ganz schönes Sümmchen zu."

Tanja: „Bei der Sache stehe ich voll auf dem Schlauch. Ich weiß nur, dass unser Nachbar in den letzten Wochen immer furchtbar flucht, wenn er nur die Wörter Aktien und Aktiengesellschaft hört."

Ran an die Informationen

Info 1

Die Aktiengesellschaft (AG)

- **Gesetzliche Regelung:** Die gesetzlichen Bestimmungen über die AG stehen im Aktiengesetz.
- **Wesen der AG:** Die AG ist eine Kapitalgesellschaft. Ihr Grundkapital wird durch die Ausgabe von Aktien aufgebracht; große Kapitalsummen können so angesammelt werden. Die Inhaber der Aktien (Aktionäre) haften nur bis zur Höhe ihrer Kapitaleinlage.
- **Gründung:** Eine Person und ein Grundkapital von mindestens 50.000,00 € sind zur Gründung notwendig.

- **Firma:** Der AG ist freigestellt, welche Firma (z. B. Personen- oder Sachfirma) für das Unternehmen gewählt wird. Ein Rechtsformenzusatz (z. B. „Aktiengesellschaft" oder „AG") ist ein zwingender Bestandteil der Firma. Beispiele: Motorenwerke AG, Salamander Aktiengesellschaft.

- **Satzung (Gesellschaftsvertrag der AG):** Sie enthält u. a. Firma und Sitz der Gesellschaft, den Gegenstand des Unternehmens und die Höhe des Grundkapitals.

- **Aktien:** Dies sind Urkunden über die Beteiligung an einer AG. Sie gewähren den Aktionären das Recht auf Gewinnbeteiligung (Dividende) sowie die Teilnahme an der jährlichen Hauptversammlung. Aktien können als Nennbetrags- oder Stückaktien herausgegeben werden. Der Mindestnennbetrag einer Aktie beträgt 1,00 €. Der davon abweichende Kurswert ist der An- und Verkaufswert, der an der Börse ermittelt wird. Er wird durch Angebot und Nachfrage bestimmt.

- **Organe der AG:** Die AG hat drei Organe. Der **Vorstand** leitet die Gesellschaft. Ihm steht die Geschäftsführung zu und die Vertretung der Gesellschaft nach außen. Durch ihn wird im Allgemeinen auch die Hauptversammlung einberufen. Der Vorstand wird vom Aufsichtsrat bestellt.

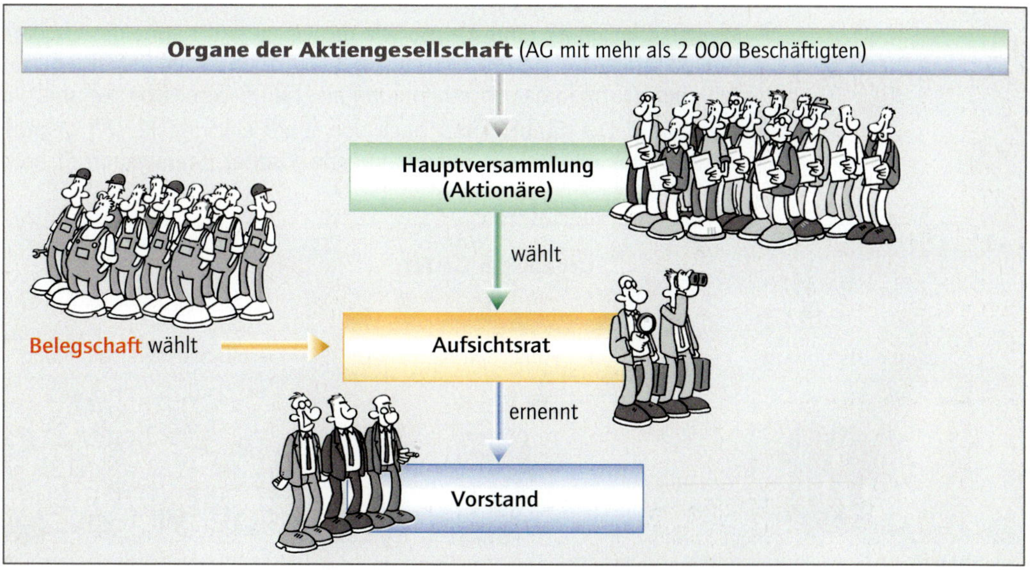

Der **Aufsichtsrat** überwacht den Vorstand und berichtet der Hauptversammlung über seine Kontrolltätigkeit. Bei mehr als 2 000 Beschäftigten wird der Aufsichtsrat je zur Hälfte von der Hauptversammlung und der Belegschaft gewählt. Der Gesetzgeber verlangt vom Aufsichtsrat, dass er seine Überwachungsaufgabe gegenüber dem Vorstand sehr sorgfältig wahrnimmt. In der Vergangenheit ist das leider nicht immer so gewesen. Wirtschaftliche Probleme von Unternehmen wurden nicht selten viel zu spät wahrgenommen. Insolvenzen konnten dann nicht mehr abgewendet werden.

Die **Hauptversammlung** ist das beschließende Organ der AG und besteht aus den Aktionären oder deren Vertretern. Die Hauptversammlung beschließt über die Gewinnverteilung und eine vorgeschlagene Erhöhung des Grundkapitals. Auch einer Satzungsänderung muss sie zustimmen. Vorstand und Aufsichtsrat werden durch die Hauptversammlung entlastet.

Eine Mischform zwischen AG und KG ist die **Kommanditgesellschaft auf Aktien** (KGaA). Ihre gesetzliche Regelung findet die KGaA in entsprechenden Gesetzen über die KG und die AG. Zur **Gründung,** die ebenso erfolgt wie bei der AG, sind mindestens 5 Gründer notwendig, zu denen alle Vollhafter gehören.

Die Vollhafter sind Geschäftsführer der KGaA und unabsetzbarer Vorstand, der nicht, wie bei der AG, vom Aufsichtsrat bestellt wird. Die Interessen der Kommanditisten (besser: Kommanditaktionäre) werden in der **Hauptversammlung** und im **Aufsichtsrat** vertreten. Persönlich haftende Gesellschafter können keine Aufsichtsratsmitglieder sein.

Info 2 Die Gesellschaft mit beschränkter Haftung (GmbH)

- **Gesetzliche Regelung:** Zuständig ist das GmbH-Gesetz.
- **Wesen:** Die GmbH zählt ebenso wie die AG zu den Kapitalgesellschaften. Ihre Kapitalgeber haften nur mit ihren Einlagen (Stammeinlagen), arbeiten aber häufig in der Unternehmung als „tätige Gesellschafter" mit.
- **Gründung:** Die GmbH kann auch von einer einzigen Person gegründet werden. Das mindestens aufzubringende Kapital (Stammkapital) beträgt 25.000,00 €.

Organe der GmbH

Geschäftsführung	Aufsichtsrat	Gesellschafterversammlung

Sie entspricht weitgehend dem Vorstand einer KG. Die Geschäftsführungsbefugnis wird von einem oder mehreren Personen ausgeübt. Diese können Gesellschafter oder dritte Personen sein.	Der Aufsichtsrat ist nur bei Gesellschaften mit mehr als 500 Beschäftigten vorgeschrieben. Er kann aber auch durch den Gesellschaftsvertrag festgelegt werden.	Sie ist das beschließende Organ und hat große Ähnlichkeit mit der Hauptversammlung einer AG.

- **Firma:** Sie muss den Geschäftsformenzusatz „Gesellschaft mit beschränkter Haftung" oder die Abkürzung „GmbH" tragen. Zu wählen ist auch hier zwischen einer Personen-, Sach- oder Fantasiefirma. Beispiele: Müller GmbH, PC-Handel Gesellschaft mit beschränkter Haftung.

Ausländische Kapitalgesellschaften

Überblick

Info 2

Wer in Deutschland eine Kapitalgesellschaft gründen will, muss sich seit einigen Jahren nicht mehr entscheiden zwischen der AG und der GmbH. Vielmehr hat ein Unternehmensgründer das Recht, zwischen Kapitalgesellschaften aller Mitgliedsstaaten der EU frei auszuwählen. So kann er sich z.B. entscheiden für die spanische SL, die polnische Sp.Z.O.O. oder die finnische Oy.

Wesen der Limited

Die britische Rechtsform der „private company by shares", kurz „Limited" genannt, ist die von deutschen Unternehmensgründern am häufigsten gewählte Unternehmungsform. Allerdings sieht das englische Gesellschaftsrecht vor, dass die Limited ihren Jahresbericht und die Bilanz in englischer Sprache und nach englischem Recht beim englischen Handelsregister in Cardiff (Companies Register) hinterlegt. Wenn dieser Pflicht nicht nachgekommen wird, drohen empfindliche Strafen. Die gesetzlichen Regelungen finden sich im Companies Act. Die Limited Company ist eine Gesellschaftsform, die mit der deutschen GmbH und der AG vergleichbar ist. Der wesentliche Unterschied gegenüber diesen deutschen Kapitalgesellschaften besteht darin, dass bei der Gründung einer Limited Company ein großer Gestaltungsspielraum hinsichtlich der Kapitalausstattung besteht. Im Allgemeinen beträgt das Startkapital 1.000 GBP (englische Pfund). Aber auch schon 1 GBP oder 1 Euro reichen im Extremfall als Kapitalausstattung aus. Weitere Vorteile der Limited sind die kurze Gründungsdauer und die niedrigen Gründungskosten.

Arten der Limited Company

Die Hauptarten der Limited Company sind:

- Private limited Company by shares (Ltd). Sie ist für kleine und mittelständische Unternehmen die gängige Unternehmensform.
- Public limited Company (PLC). Sie ist die übliche Rechtsform für große Unternehmen, die an der Börsenotiert sind.
- Private limited Company by guarantee. Anders als bei den üblichen Formen der Aktiengesellschaft wird hier kein Stammkapital gebildet. Die Aktionäre müssen vielmehr eine Garantie abgeben, dass sie im Insolvenzfall für die Schulden der Gesellschaft bis zu einer bestimmten Summe haften.

Firma und Gründung

Die Firma muss einen Zusatz enthalten, der Auskunft über die jeweilige Rechtsform gibt. Üblich sind die Abkürzungen Ltd. bei kleinen und mittelständischen Unternehmungen und PLC bei Publikumsgesellschaften. Die Gründung einer Limited kann bereits mit einem Aktionär erfolgen. Eine Limited ist zunächst in das englische Handelsregister einzutragen. Die in Deutschland tätigen Gesellschaften gelten rechtlich gesehen als selbständige Zweigniederlassungen der englischen Gesellschaft und müssen daher auch in das deutsche Handelsregister eingetragen werden.

Zu besetzende Positionen bei der Limited

- Aktionär (Shareholder): Er zeichnet bei der Gründung die vorgesehene Anzahl der Aktie, die er übernehmen will. Selbst die Zeichnung nur einer Aktie ist möglich. Die Aktionäre haften nur für die Einzahlung des Nennwertes ihrer gezeichneten Aktien. Eine weitergehende Haftung für die Schulden der Gesellschaft besteht nicht.
- Geschäftsführer (Director): Er ist der gesetzliche Vertreter der Firma und hat deren gemeinsame Interessen zu vertreten und nicht die der einzelnen Aktionäre. Für die geschäftlichen Tätigkeiten ist er verantwortlich. Jede Limited muss mindestens unter der Leitung eines Geschäftsführers stehen.
- Gesellschaftssekretär (Company Secretary): Jede Limited muss in Großbritannien einen company secretary haben (und bezahlen). Er ist zuständig für die Verwaltungsarbeit und organisiert z. B. das jährliche Aktionärstreffen. Seine Rechte sind relativ beschränkt, so darf er z. B. nicht über das Firmenkonto verfügen.

Die Positionen des Geschäftsführers und des Sekretärs dürfen auch von Aktionären eingenommen werden.

2.4 Genossenschaften

Passiert – notiert

Welches sind die Merkmale einer Genossenschaft?

„Es geht nicht, dass wir für unsere Malergeschäfte beim Großhandel manche Waren teurer einkaufen, als sie beim Baumarkt an den Kunden abgegeben werden", wetterte Klaus Störmer auf der Innungsversammlung. „Die Großen spielen mit uns", ergänzte sein Tischnachbar und fuhr fort: „Uns wird dasselbe passieren, was auch der Tod vieler Tante-Emma-Läden gewesen ist. Wir kommen unter die Räder der Marktwirtschaft, wenn – ja, wenn wir nicht endlich aufwachen und uns zusammenschließen ..."

„Wer Macht haben will, muss selbst mächtig sein", warf der Sprecher der Gruppe ein, „wir gründen eine Einkaufsgenossenschaft für Maler und helfen uns selbst! Denn nur, wenn wir zusammen an einem Strang ziehen, schaffen wirs."

Ran an die Informationen

Merkmale einer Genossenschaft

- **Gesetzliche Regelung:** Die Bestimmungen über die Genossenschaft sind im Genossenschaftsgesetz zu finden.
- **Wesen:** Die Genossenschaften sind Selbsthilfeorganisationen von schwächeren Gewerbetreibenden und Verbrauchern, um sich einige Vorteile von Großbetrieben (z. B. Großeinkauf, gemeinsamer Absatz) zunutze zu machen.
- **Gründung und Firma:** Zur Gründung sind mindestens drei Personen notwendig, die gemeinsam ein Statut (Satzung) aufstellen. Die Genossenschaft entsteht durch Eintragung in das Genossenschaftsregister. Die Firma muss die Bezeichnung „eingetragene Genossenschaft" bzw. „eG" enthalten. Der Gegenstand der Genossenschaft braucht nicht Firmenbestandteil zu sein. Möglich ist auch, hier eine Personen- oder Fantasiefirma zu wählen. Beispiele: Hamburger Molkerei eingetragene Genossenschaft, Walter eG.
- **Mitgliedschaft:** Der Eintritt in eine bestehende Genossenschaft erfolgt durch eine schriftliche Beitrittserklärung. Wirksam wird die Mitgliedschaft erst dann, wenn sie in die beim Amtsgericht geführte Liste der Genossen eingetragen wird. Außerdem muss jedes Mitglied mindestens einen druch das Statut festgelegten Geschäftsanteil erwerben und eine Mindesteinlage einzahlen. Die auf den Geschäftsanteil geleistete Einzahlung zuzüglich Gewinngutschriften und abzüglich etwaiger Verlustanteile bilden das Geschäftsguthaben der Genossenschaft.

Organe der Genossenschaft

Vorstand

Er entspricht dem einer AG und besteht mindestens aus einer Person, wenn die Genossenschaft nicht mehr als 20 Mitglieder hat. Seine Mitglieder müssen Genossen sein.

Aufsichtsrat

Er hat ähnlich, wie bei der AG, die Geschäftsführung des Vorstands zu überwachen. Bei bis zu 20 Mitgliedern müssen Genossenschaften keinen Aufsichtsrat mehr wählen. Bei mehr als 20 Mitgliedern besteht der Aufsichtsrat aus mindestens drei Genossen

Generalversammlung

Sie ist die Versammlung aller Genossen und wählt nicht nur den Aufsichtsrat, sondern auch den Vorstand. Die Generalversammlung entspricht weitgehend der Hauptversammlung der AG.

Unterscheidung der Genossenschaften

Haftung

Arten

- Genossenschaft mit beschränkter Haftpflicht
- Genossenschaft mit unbeschränkter Haftpflicht

Bedeutung

- Genossen haften bis zu einer festgelegten Haftsumme
- Genossen haften mit gesamtem Vermögen

wirtschaftliche Zielsetzung

Arten

- Verbrauchergenossenschaft
- Einkaufsgenossenschaft
- Kreditgenossenschaft
- Absatzgenossenschaft
- Verkehrsgenossenschaft

Beispiel

- Konsumgenossenschaft
- Malereinkaufsgenossenschaft
- Volks- und Raiffeisenbanken
- Winzergenossenschaft
- Binnenschifffahrtsgenossenschaft

Arbeitsvorschläge

DO IT!

1. Welche Aufgaben haben die einzelnen Organe einer AG?
2. Unterscheiden Sie zwischen dem Kurswert und dem Nennwert einer Aktie.
3. Informieren Sie sich in Ihrem Ausbildungsbetrieb über die Gründe, die dazu geführt haben, dass die bestehende Rechtsform gewählt wurde.
4. Als Aktionärin von Borussia Dortmund wird Birgit Mauser zur Hauptversammlung eingeladen. Welche Aufgaben hat die Hauptversammlung?
5. Wie heißen die Organe einer GmbH?
6. Welche Vorteile versprechen sich die Inhaber der Malergeschäfte („Passiert-notiert“) von der Genossenschaftsgründung?
7. Erklären Sie, warum eine Genossenschaft als Selbsthilfeorganisation angesehen werden kann.

1. Als Fußballfan möchten Sie **Aktionär** werden beim Fußballverein Borussia Dortmund.

Beschaffen Sie sich Informationen (z. B. aus dem Internet www.bvb.de) zu folgenden Fragen:

a) Wer ist im Vorstand bzw. in der Geschäftsführung und wer im Aufsichtsrat von Borussia Dortmund?

b) Wie heißt die genaue Bezeichnung der Gesellschaftsform?

c) Wie viele Aktionäre hat die Gesellschaft etwa?

d) Wie erfolgreich ist das letzte Geschäftsjahr verlaufen?

e) Wie hoch ist der gegenwärtige Aktienkurs und wie hoch war der Ausgabekurs?

f) Welche Faktoren wirken sich auf den Kurs der BVB-Aktie aus?

2. „Selbstständig machen" lautet eine Wunschvorstellung, die von so manchem Arbeitnehmer schon einmal geäußert worden ist. Doch nicht jeder Griff nach der Unabhängigkeit ist erfolgreich, weil vorher eine Reihe von Bedingungen erfüllt sein müssen. Versuchen Sie einmal darzustellen, was zu beachten ist, bevor man den Schritt in die Selbstständigkeit wagt. Dabei kann Ihnen die Mind-Map-Methode behilflich sein.

3. Melanie Meister und Frank Gutermuth wollen sich selbstständig machen. Mit einer Preisagentur wollen sie im Kundenauftrag die preisgünstigsten Anbieter herausfinden, egal ob es ein Auto, eine Pauschalreise oder sonst irgendetwas ist. Bei der Rechtsform ihres geplanten Unternehmens wollen sie sich zwischen einer OHG und einer KG entscheiden. Diskutieren Sie Vor- und Nachteile und tragen Sie die Ergebnisse in eine Übersicht nach folgendem Muster ein:

	OHG	KG
Vorteile		
Nachteile		

3 Zusammenschlüsse von Unternehmen

Passiert – notiert

Vitaminkartell – Rekordbußen wurden verhängt

Jahrelang haben acht führende Vitaminhersteller, darunter auch BASF, mit illegalen Absprachen den Markt diktiert. Das kostet sie nun 855 Millionen € – die höchste Buße, die die EU je verhängte.

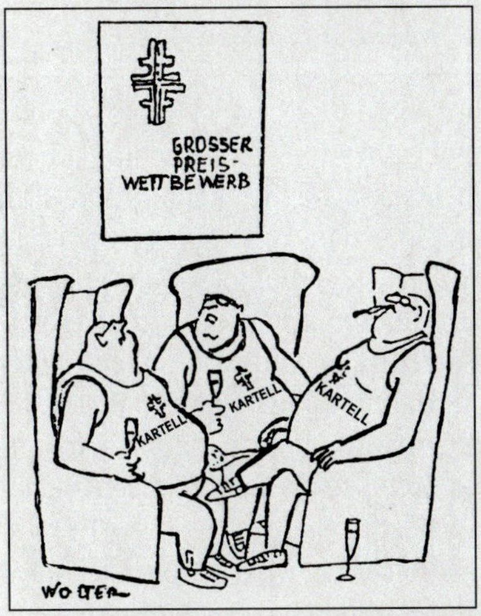

„Alles war so schön bequem geregelt, und nun sollten wir wieder auf die grässliche Aschenbahn und laufen und kämpfen und Wettbewerbe durchstehen."

Preisabsprachen statt Konkurrenz, Vitamin B statt freiem Spiel der Kräfte: Jahrelang hat das funktioniert. Jetzt trifft die acht Kartellsünder das Bußgeld der EU-Wettbewerbshüter. Das Mitleid verdienen deshalb nicht die Unternehmen, sondern ihre Beschäftigten. Schlimmstenfalls wird mit Stellenabbau das Loch in der Kasse gestopft, das Profitsucht gerissen hat.

Unternehmen schwören gern auf den freien Wettbewerb. Monopole sind für den aufgeklärten Marktwissenschaftler „pfui" – es sei denn, er zimmert heimlich selber welche. Mit dieser Doppelmoral lässt sich prächtig verdienen: mit Röhren etwa, mit Graphitelektroden oder Vitaminen. Das Nachsehen haben Konkurrenten, die außen vor bleiben und Abnehmer, die überhöhte Preise zahlen.

Die Strafen der EU-Kommission gegen Wettbewerbsünder werden immer höher. Man kann hoffen, dass das abschreckt. (rlp)

Wie wirken sich Unternehmenszusammenschlüsse aus?

Welche Arten von Unternehmenszusammenschlüssen sind zu unterscheiden?

Wie verhält sich der Staat gegenüber Unternehmenszusammenschlüssen?

Ran an die Informationen

Info 1

Arten der Unternehmenszusammenschlüsse

Unternehmen schließen sich zusammen, um gemeinsame Ziele zu erreichen. Eine sehr lockere Form des Zusammenschlusses liegt z. B. dann vor, wenn zwei Großbäckereien vereinbaren ihre technischen Erfahrungen bei der Herstellung von Vollkornbrötchen auszutauschen. Zusammenschlüsse können aber so weit gehen, dass beteiligte Unternehmen ihre Selbstständigkeit total aufgeben. Bei Unternehmenszusammenschlüssen unterscheidet man die folgenden Arten:

Kartell

Kartelle sind Vereinbarungen zwischen gleich- oder verschiedenartigen Unternehmen, die den Zweck verfolgen, den Wettbewerb zwischen ihnen einzuschränken oder ganz zu verhindern.

Beispiele für wettbewerbsbeschränkende Vereinbarungen gleichartiger Unternehmen

Beispiele	Name
Vier Farbenhersteller treffen Absprachen über gemeinsame Verkaufspreise.	Preiskartell
Fünf Schulmöbelhersteller teilen das Absatzgebiet der Bundesrepublik unter sich auf.	Gebietskartell

Beispiele für wettbewerbsbeschränkende Vereinbarungen verschiedenartiger Unternehmen

Beispiele	Name
Ein Fahrradhersteller vereinbart mit dem Großhändler und den Einzelhändlern die Höhe der jeweiligen Verkaufspreise.	Vertikales Preiskartell bzw. Preisbindung der 2. Hand
Ein Arzneimittelhersteller vereinbart mit den Pharmagroßhändlern bestimmte Apotheken nicht zu beliefern.	Ausschließlichkeitskartell

Wegen ihrer schädlichen Wirkung auf den Wettbewerb sind Kartelle grundsätzlich nach dem Gesetz gegen Wettbewerbsbeschränkungen (GWB) verboten. Die dafür zuständige überwachende Stelle ist das **Kartellamt.** Es spricht bei Vereinbarungen, die den Wettbewerb betreffen, allerdings von vornherein (anders als früher) keine Verbote mehr aus. Den Unternehmen bleibt es vielmehr selbst überlassen, die wettbewerbsbeschränkende Wirkung selbst einzuschätzen. Die Vereinbarungen gelten zunächst mal als legal. Das gilt aber nur dann, wenn sie bestimmte Bedingungen erfüllen. So werden z. B. Vereinbarungen von dem Kartellamt akzeptiert, wernn sie zur Förderung des technischen und wirtschaftlichen Fortschritts beitragen. Hierzu zwei Beispiele:

- **Beispiel Förderung des technischen Fortschritts:** Zwei Autohersteller vereinbaren gemeinsam einen serienreifen Hybridmotor zu entwickeln, um den Energieverbrauch zu senken.
- **Beispiel Förderung des wirtschaftlichen Fortschritts:** Zwei Großbäckereien vereinbaren ihre Getreidebestellungen zu bündeln, um dadurch ihre Produkte günstiger kalkulieren zu können.

Interessengemeinschaft

Die Interessengemeinschaft ist ein Zusammenschluss gleich- oder verschiedenartiger Unternehmungen, die rechtlich selbstständig bleiben. Ihre wirtschaftliche Selbstständigkeit wird in einem größeren Maße als beim Kartell aufgegeben.

Die gemeinsamen Interessen, die die beteiligten Unternehmen verfolgen, können u. a. darin bestehen:

- eine gemeinsame Verwaltung einzurichten,
- die Forschungs- und Entwicklungsarbeiten gemeinsam zu betreiben,
- das Produktionsprogramm aufeinander abzustimmen,
- technische Erfahrungen auszutauschen,
- gegenseitig Erzeugnisse abzunehmen.

9596340

Arbeitsgemeinschaft (Arge)

Arbeitsgemeinschaften sind Zusammenschlüsse verschiedener Unternehmen zur gemeinsamen Durchführung eines Auftrages. Zusammenschlüsse dieser Art sind vor allem bei solchen Großprojekten zu finden, die von einem einzelnen Unternehmen nicht durchgeführt werden könnten. Arbeitsgemeinschaften sind vor allem in der Bauwirtschaft zu finden, so z. B. beim Bau von Autobahnen, Kraftwerken oder auch Schulzentren. Der Zusammenschluss der Firmen ist nur für eine bestimmte Zeit vorgesehen. Er endet mit der Durchführung des gemeinsamen Auftrags.

Rechtlich bleiben die Mitglieder der Arbeitsgemeinschaft selbstständige Unternehmen, deren wirtschaftliche Selbstständigkeit aber für eine gewisse Zeit eingeschränkt wird.

Konzern

Schließen sich Unternehmen unter einer einheitlichen Leitung zusammen, so entsteht ein Konzern. Die beteiligten Unternehmen bleiben rechtlich selbstständig, aber ihre wirtschaftliche Selbstständigkeit geht ganz oder teilweise verloren.

beherrschte Unternehmen

Beispiel: Der Volkswagen-Konzern besteht aus den Töchtern Seat, Skoda, Audi und Volkswagen. Die einzelnen Marken sind zwar rechtlich selbstständig, die entscheidende Geschäftspolitik wird aber vom Vorstand des Volkswagen-Konzerns in Wolfsburg gemacht.

Konzerne kommen z. B. zustande, indem ein herrschendes Unternehmen Aktienmehrheiten an den zu beherrschenden Töchtern erwirbt. Große Konzerne, wie z. B. der Allianz-Versicherungskonzern, weisen häufig noch zusätzlich ein Geflecht von kleineren Beteiligungen an anderen Unternehmen auf.

Im Netz der Allianz

Der Versicherungskonzern, nach dem Börsenwert derzeit das größte deutsche Unternehmen hält am Geflecht von Beteiligungen an großen Firmen (Auswahl)

Trust

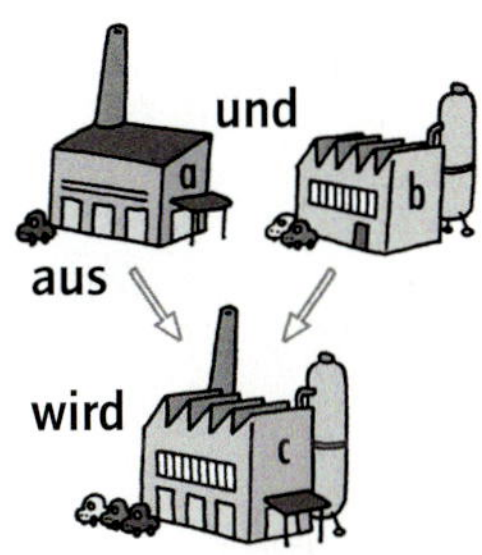

Der Trust ist ein Zusammenschluss von Unternehmen, die ihre rechtliche und wirtschaftliche Selbstständigkeit ganz aufgeben. Durch **Verschmelzung** (Fusion) der beteiligten Betriebe wird ein neues Unternehmen gebildet.

Beispiel: Ein Stahlwerk (a) und eine Metallwarenfabrik (b) bringen ihr gesamtes Vermögen gegen Gewährung von Aktien in eine neugegründete Gesellschaft (c) ein. Die bisherigen Betriebe hören damit auf zu bestehen.

Info 2

Auswirkungen von Unternehmenszusammenschlüssen (Konzentration)

Die einzelnen Konzentrationsarten haben unterschiedliche Auswirkungen auf den Wettbewerb. Folgende **Pro- und Kontra-Argumente** sind zu nennen:

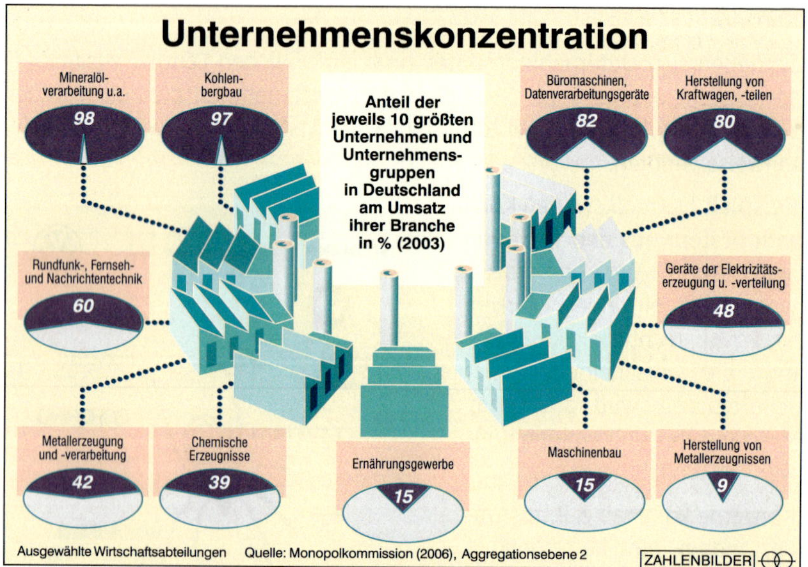

Für eine Konzentration spricht, dass Großunternehmen

- sich aufwändige Forschungsprojekte leisten können;
- ihre Produkte durch Fertigung großer Stückzahlen kostengünstiger herstellen können;
- im internationalen Konkurrenzkampf eher bestehen können als kleinere Unternehmen.

Gegen eine Konzentration spricht, dass Großunternehmen

- neben wirtschaftlicher Macht auch politische Macht ausüben können;
- ihre Macht benutzen können, um überhöhte Produktpreise zu verlangen;
- auf veränderte Nachfragegewohnheiten häufig schwerfälliger reagieren;
- nur noch einem verminderten Wettbewerb ausgesetzt sind, was für die beteiligten Unternehmen positiv ist, aber für den Kunden auch negativ sein kann;
- nach erfolgten Zusammenschlüssen nicht selten Arbeitskräfte freisetzen.

Das Gesetz gegen Wettbewerbsbeschränkung (GWB) Info 3

§§§

Das Bundeskartellamt hat bisher gegen 33 Unternehmen der Fahrbahnmarkierungsbranche und 21 verantwortliche Personen aus diesen Unternehmen Geldbußen in Höhe von 12,5 Mio. € verhängt. Die betroffenen Unternehmen haben seit vielen Jahren kartellrechtswidrige Absprachen bei Ausschreibungen von Straßenmarkierungsarbeiten durch die öffentliche Hand getroffen. Dabei wurden jeweils der Mindestbieter festgelegt und höhere Schutzangebote der übrigen Bieter vereinbart.

Aufgabe dieses Gesetzes ist es, den Wettbewerb zwischen den Unternehmen zu fördern oder zu erhalten.

Es enthält u. a. folgende Bestimmungen:

- Kartelle sind grundsätzlich verboten. Eine Ausnahme von diesem grundsätzlichen verbot bilden die Mitelstandskartelle.
- Unternehmenszusammenschlüsse sind verboten, wenn der Markt durch die beteiligten Firmen beherrscht würde.
- Missbräuchliche Verhaltensweisen, wie z. B. Aufforderungen von befreundeten Unternehmungen zum Lieferboykott gegenüber Konkurrenten, sind verboten.
- Ein Verbot besteht auch für aufeinander abgestimmte Verhaltensweisen von Unternehmen.

Verstöße gegen die Bestimmungen des GWB können von den Kartellbehörden durch Festsetzung eines Bußgeldes geahndet werden.

Arbeitsvorschläge DO IT!

1. Warum wurden von der EU-Kommission so hohe Bußgelder gegen die Vitaminkartelle verhängt?
2. Was ist ein Kartell und was ein Konzern?
3. Ordnen Sie die Unternehmenszusammenschlüsse Trust, Kartell, Interessengemeinschaft, Arbeitsgemeinschaft und Konzern nach dem Merkmal der abnehmenden Selbstständigkeit.
4. Versuchen Sie zu erklären, was die nebenstehende Karikatur ausdrücken möchte.
5. Welche Argumente sprechen für und welche gegen Unternehmenskonzentrationen?
6. Welche Arten von Unternehmenszusammenschlüssen liegen in den folgenden Fällen vor?
   a) Unternehmen der Textilindustrie bringen ihr gesamtes Vermögen in eine neue Gesellschaft ein und erhalten hierfür Aktien.

   b) Ein Großbetrieb der Zigarettenindustrie erwirbt eine Aktienmehrheit an zwei kleineren Tabakherstellern. Es kommt zu einer einheitlichen Leitung.
   c) Verschiedene Hüttenwerke teilen das Absatzgebiet Bundesrepublik Deutschland unter sich auf.

HOT

Ein Unternehmenszusammenschluss wird angestrebt.

„Das kann nicht so weitergehen", schimpfte Direktor Krause von der Isolierglasfabrik Müller GmbH, als er den Gewinn des letzten Monats erfuhr. Sein Ärger was berechtigt. Schon seit einiger Zeit ging der Absatz an Fensterglas zurück. Ursache hierfür war die schleppende Baukonjunktur. Nur 43 000 m^2 zu einem Quadratmeterpreis von 50,00 € hatte man im letzten Monat verkauft. Viel besser ging es der einzigen Konkurrenz im näheren Umkreis, der Glaskontor AG, auch nicht. Aufgrund des günstigeren Preises von 45,00 € waren von ihr 45 000 m^2 verkauft worden.

Als die Geschäftsleitung der Müller GmbH wieder einmal zu ihrer wöchentlichen Sitzung zusammenkommt, werden die Konferenzteilnehmer von Direktor Krause überrascht: „Meine Herren, ich habe mir die Sache überlegt. Unsere Lage können wir nur verbessern, wenn wir mit der Konkurrenz einen gemeinsamen Verkaufspreis vereinbaren."

Von der Glaskontor AG wird der Vorschlag dankbar aufgegriffen. Man einigt sich schließlich auf einen Preis von 56,00 €.

Über wichtige wirtschaftliche Daten der beiden Unternehmen informiert die nachfolgende Tabelle:

Firmen	Kosten, Absatz, Preise und Gewinne ...	... vor gemeinsamer Preispolitik	... nach gemeinsamer Preispolitik
Müller GmbH	Herstellungskosten pro m^2 Glas	30,00 €	31,00 €
	Absatzmenge	43 000 m^2	40 000 m^2
	Preis	50,00 €	56,00 €
	Gewinn pro Stück	?	?
	Gesamtgewinn	?	?
Glaskontor AG	Herstellungskosten pro m^2 Glas	24,00 €	26,00 €
	Absatzmenge	45 000 m^2	40 000 m^2
	Preis	45,00 €	56,00 €
	Gewinn pro Stück	?	?
	Gesamtgewinn	?	?

1. Welche Art der Vereinbarung zwischen den Firmen liegt hier vor?
2. Ermitteln Sie die fehlenden Angaben in der Tabelle.
3. Erörtern Sie, ob nach der Preisabsprache überhaupt noch von einem Wettbewerb zwischen beiden Firmen gesprochen werden kann.

9596344

A

Abgangszeugnis 15
ABM 105
Abmahnung 25
Absatz 285
Absatzlager 304 f.
Abschlusszeugnis 15
Abschreibung 302
Abschwung 247
Abwertung 218
AG 332 ff.
AGB 140, 160 ff.
AGB-Gesetz 236
Akkordlohn 73, 76 ff.
Akkordrichtsatz 76 f.
Akkordzuschlag 76
Aktien 202, 333
Aktienbörse 225
Aktienfonds 202
Aktiengesellschaft 202, 332 ff.
Aktiensparen 203
Allgemeine Geschäftsbedingungen 140, 145, 160 ff., 236
Allgemeine Ortskrankenkasse 101
Allgemeinverbindlichkeitserklärung 55
Altersrente 107
Altersvermögensergänzungsgesetz 108
Anbieter 222 ff., 226 f.
Änderungskündigung 84
Änderungsvorbehalt 162
Anerkennungsprämie 79
Anfechtbare Willenserklärungen 134 f.
Angebot (Devisen) 217
Angebot (Kaufrecht) 137
Angebot 226
Angebotsmonopol 223 f.
Angebotsoligopol 222 f.
Angebotspreis 313 ff.
Angebotsüberhang 227
Angestellten-Ersatzkassen 101
Anlageformen 203
Anlagen 286
Anlegen (Geld) 198 ff.
Annahmeverzug 141, 148 ff.
Annuität 208
Anrechnung (Berufsschulzeit) 15
Antizyklische Fiskalpolitik 260
Antrag (Kaufrecht) 137
Anzahlung 139
Arbeiter-Ersatzkassen 101
Arbeitgeberverbände 51
Arbeitnehmerentgelt 242
Arbeitnehmerfreibetrag 273
Arbeitnehmersparzulage 203
Arbeitnehmerverbände 51
Arbeitsanforderungen 27
Arbeitsbeschaffungsmaßnahme 105
Arbeitsdirektor 71
Arbeitsdurchführung 290
Arbeitsförderung 105
Arbeitsgemeinschaft 341
Arbeitsgerichtsbarkeit 92 ff.
Arbeitskampfmaßnahmen 57 ff.
Arbeitsleistung 35
Arbeitslosengeld 105
Arbeitslosenhilfe 105
Arbeitslosenversicherung 103 ff.
Arbeitslosigkeit 219, 236 f., 253 f.
Arbeitsmarkt 221
Arbeitsmittel (Ausbildung) 9
Arbeitsproduktivität 317
Arbeitsschutz 46 ff.
Arbeitsschutzgesetz 47
Arbeitsstättenverordnung 47
Arbeitsunfälle 46, 48, 110
Arbeitsvermittlung 105
Arbeitsvertrag 32 ff., 82 f.
Arbeitszeit (Jugendliche) 20
Arbeitszeit 37
Arbeitszeugnis 88 ff.
Arge 340
Aufhebungsvertrag 23, 83
Aufschwung 247
Aufsichtsrat (AG) 333 f.
Aufsichtsrat (Genossenschaft) 337
Aufsichtsrat (GmbH) 334
Aufsichtsrat 60, 69 ff.
Aufstiegsfortbildungsförderung 29
Aufwertung 218
Ausbildereignungsprüfung 13
Ausbildungsordnung 13
Ausbildungspflicht 9
Ausbildungsrahmenplan 13
Ausbildungsvertrag 6
Ausdrückliche Äußerung (Kaufrecht) 133
Ausgleichsabgabe 44
Ausgleichsfunktion 305
Auslandreise-Krankenversicherung 116
Außenbeitrag 242 f.
Außenfinanzierung 301 ff.
Außenhandelsmonopol 231
Außenwert (Geld) 215 ff.
Außenwirtschaft 231
Außenwirtschaftliches Gleichgewicht 253 f.
Außergewöhnliche Belastungen (Steuern) 272 f.
Außerordentliche Kündigung 84
Aussperrung 57 f.

B

BAB 29, 311 f.
BAföG 29
Bandbreite (Wechselkurs) 217
Bankgeheimnis 182
Bargeldlose Zahlung 187
„Bargeldsparende Zahlung" 185
Barscheck 185, 194 f.
Barzahlung 179 f.
Bausparkasse 202
Bausparvertrag 202
Baustellenverordnung 47
BDA 51
Bedarfsäußerer 298
Bedarfsberater 298
Beendigung des Ausbildungsverhältnisses 23
Befolgungspflicht 10
Beförderungskosten 139
Befristeter Arbeitsvertrag 33
Beiträge 265
Beitragsbemessungsgrenze 99 f., 107
Beitragspflicht (Soz.vers.) 98
Beitragssolidarität (KV) 100
Belegschaftsaktien 81
Beratungsrecht (Betriebsrat) 63
Berichtsheft 10, 13
Berufliche Abschlüsse 28
Berufs- und Arbeitsplatzwahl 231
Berufsakademie 29
Berufsausbildungsbeihilfe 29
Berufsausbildungsvertrag 6 f.
Berufsberatung 105
Berufsbildungsgesetz 8 ff.,
Berufsgenossenschaften 47 f., 110 f.
Berufskrankheiten 46, 110
Berufsschulabschluss 14
Berufsschulbesuch 20

Berufsschule 14
Berufsunfähigkeitsversicherung 116
Berufung 94
Beschaffung 285
Beschaffungslager 304 f.
Beschaffungswesen 286 ff.
Beschäftigungsstand 253 f.
Beschäftigungsverbote 21
Besitz 125
Besitzsteuern 266
Bestellung (Kaufrecht) 137
Beteiligungsfinanzierung 302
Beteiligungslohn 73, 80 f.
Beteiligungsrechte 63
Betriebliche Funktionen 285 ff.
Betriebsabrechnungsbogen 311 f.
Betriebsarten 280 ff.
Betriebskrankenkassen 101
Betriebsordnung 10, 35
Betriebsrat 60 ff., 86
Betriebsstoffe 287
Betriebsvereinbarungen 65, 67
Betriebsverfassungsgesetz 62, 70 f.
Betriebsversammlung 60, 65, 308
Bewertungszahl 202
Bezugsquellenermittlung 287
BfA 107
BGB 236
Big-Mac-Index 216
Bildschirmarbeitsverordnung 47
Binnenmarkt 276
Binnenwert (Geld) 210 ff.
Biostoffverordnung 47
BIP 240 ff., 247, 249, 250, 255
Bismarck, Otto von 97
„Blauer Brief" (EU) 278
Blockunterricht 14
Bloßes Handeln (Kaufrecht) 133
Bodenmärkte 221
Bodenverseuchung 256
Boom 247
Börsenkurs 202
Bringschulden 139
Bruttoinlandsprodukt
240 ff., 247, 249, 250, 255
Bruttoproduktionswert 241
Bundesagentur für Arbeit 104 f.
Bundesanstalt für Angestellte 107
Bundesarbeitsgericht 94
Bundeskartellamt 222, 227
Bundesknappschaft 101
Bundesschatzbriefe 201
Bundessozialgericht 121
Bundessteuern 266
Bundestarifvertrag 54
Bürge 209
Bürgschaft 209

C

CE (Communauté Européen) 172
CGB 51

D

Dauerauftrag 183, 187 f.
dbb 51
Deckungskauf 143
Deflation 214 f.
Degeneration 293
Depression 247
Devisenbörse 217
Devisenmenge 216
DGB 51
Dienstleistungsmärkte 221
Dienstvertrag 157
Diners Club 192
Direkte Steuern 266
Direkter Absatz 298
Disagio 208
Dispositionskredit 183, 206 f.
Dividende 202, 333
Divisionskalkulation 311
Duale Ausbildung 28
Duales System 12 ff.
Durchschnittshaushalt 213
Dynamische Rente 107

E

EC-Karte 183, 189 ff.
E-Commerce 165 ff.
edc-Maestro-Karte 189 ff.
Effektiver Jahreszins 206
Effektiver Zinssatz 206, 208
Eigentum 125
Eigentumsvorbehalt 138
Einfaches Arbeitszeugnis 88 ff.
Einführung (Produkt-) 293
Eingliederungszuschüsse 105
Einigungsstelle 60, 65 f.
Einkaufsabteilung 286
Einkommensteuer 267 f.
Einkommensteuererklärung 271 ff.
Einkommensteuertarif 269 f.
Einkommensteuerveranlagung 271
Einkommensverteilung 256 f.
Einseitige Rechtsgeschäfte 132
Einzelfertigung 292
Einzelhandelsbetriebe 280
Einzelkonto 182
Einzelkosten 310
Einzelunternehmen 326 ff.
Einzugsermächtigung (POZ) 191
Eiserner Bestand 306
Electronic Cash 190
Elektronischer Geschäftsverkehr 167
Elimination (Produkt-) 293
„Elster Formular" 273
Elternzeit 41
Energie 238
Energieberatung 176
Entlohnung 73 ff.
Entlohnungsformen 73 ff.
Entstehungsrechnung 241
Erfüllungsgeschäft 141
Erfüllungsort (Kaufrecht) 140
Erfüllungspflicht (Tarifvertrag) 55
Erhard, Dr. Ludwig 234
Erholung 35
Erlasse 123
Ernährungsberatung 176
Ersatzinvestition 242
Ersparnisprämie 79
Erweiterungsinvestition 242
Erwerbsminderungsrente 107
Erwerbswirtschaftliches Ziel 282
Erziehungsgeld 41
Erziehungsrente 107
EU 276 ff.
EU-Markt 221
Europäische Union 276 ff.
Europäische Wirtschaftsgemeinschaft 276
Europäische Zentralbank 217, 235, 252, 259, 261 f. 278 f.
Europäischer Wechselkursmechanismus 217
EWG 276
EWS II 217
Expansion 247
Export 219
Exportüberschuss 255
EZB 217, 235, 252, 259, 261 f. 278 f.

F
Fachkaufmann/-frau 28
Fachwirt/-in 28
Faktormärkte 221
Feiertagsarbeit (Jugendliche) 21
Feiertagsarbeit 37
Feldforschung 296
Fernabsatzverträge 160, 165 ff.
Fertigungsgemeinkosten-
zuschlagsatz 312 f.
Fertigungsplanung 290
Fertigungssteuerung 290
Fertigungsverfahren 290
Festgeld 201
Finanzielle Voraussetzungen
(Unternehmensgründung) 322
Finanzierung 300 ff.
Finanzierungsarten 301 ff.
Finanzierungsregel 301
Finanzmanagement 303
Finanzplan 255
Firma (AG) 333
Firma (Genossenschaft) 335
Firma (GmbH) 334
Firma (KG) 331
Firma (OHG) 330
Firma 324
Firmentarifverträge 54
Fiskalpolitik 260 f.
Fixe Kosten 309 f.
Fixkauf 138, 142
Flächentarifverträge 55
Flexibilität 18
Fließfertigung 291
Floating 218
Folgeschäden 168
Formvorschriften (Kaufrecht) 132 f.
Forschung 290
Franchisegeber 325
Franchisenehmer 325
Franchise-System 324 f.
Franchising 298, 324 f.
„frei Haus" 139
Freibeträge (Steuern) 268, 272 f.
Freie Marktwirtschaft 230 ff.
Freistellungspflicht 9
Freiwillige Mitglieder (KV) 100
Friedenspflicht (Tarifvertrag) 55, 57
Fristlose Kündigung 84
Fürsorge 35
Fürsorgepflicht 9
Fusion 340

G
Galoppierende Inflation 214
Gebietskartell 339
Gebühren 265
Gefahrenschutz 21
Gefahrenstoffverordnung 47
Gehorsamspflicht 35
Geld 210 ff.
Geldakkord 76 f.
Geldautomat 189
Geldmenge 213 f.
Geldpolitik 260 ff.
Geldwert 212 f.
Gemeinbedarf 283
Gemeindesteuern 266
Gemeinkosten 310
Gemeinkostenzuschlag 312 f.
Gemeinschaftskonto 182 f.
Generalstreik 59
Generalversammlung
(Genossenschaft) 336
Generationenvertrag 108
Genossenschaften 283, 326, 336 f.
Genossenschaftsgesetz 336
Genossenschaftsregister 336
Gerätesicherheitsgesetz 47
Gerichtskosten 94
Gerichtsstand (Kaufrecht) 140
Gerichtsstand 166
Geringverdienergrenze 98
Gesamtkosten 310
Geschäftsfähigkeit 128 f.
Geschäftsführer 70
Geschäftsführung (AG) 333
Geschäftsführung (GmbH) 334
Geschäftsführung (OHG) 330
Geschäftsguthaben
(Genossenschaft) 335
Geschäftsidee 232
Geschriebenes Recht 124
Gesellschaft mit beschränkter
Haftung 334
Gesellschafterversammlung
(GmbH) 334
Gesellschafterversammlung 70
Gesellschaftsunternehmen
326, 329 ff.
Gesellschaftsvertrag (AG) 333
Gesellschaftsvertrag (OHG) 329
Gesetz der Massenproduktion 310
Gesetze 123
Gesetzliche Krankenversicherung
99 ff.
Gesetzliche Unfallversicherung 48
Gewährleistungsfrist 169
Gewerbeamt 323
Gewerbeaufsichtsämter 48
Gewinn 282 ff., 314
Gewinnbeteiligung (AG) 333
Gewinnbeteiligung 81
Gewinnmaximierung 228, 282
Gewinnprinzip 235
Gewinnquote 242
Gewohnheitsrecht 124
Girokonto 180 ff., 200, 206 f.
GmbH 334
Großhandelsbetriebe 280
Grundfreibetrag 269, 273
Gründung (Unternehmen) 320 ff.
Gruppenakkord 78
Gruppenfertigung 291
GS (Geprüfte Sicherheit) 172
Güterangebot 221
Güterbeschaffung 286 f.
Gütermärkte 221
Gütermenge 213 f.
Güternachfrage 221
Güteverhandlung 94 f.
Gütezeichen 173
Gutschrift 184
GWB 227, 236, 343

H
Halbbare Zahlung 185
Handelsregister 324
Handelsware 287
Handwerk 238
Handwerksbetriebe 281
Hauptfunktionen (betriebl.) 285
Hauptversammlung (AG) 333 f.
Hauptversammlung 70
Häusliche Pflege 113
Hausratversicherung 118
Haustarifverträge 54 f.
Haustürgeschäfte 160, 163 f.
Herstellkosten 312 f.
Hilfsstoffe 287
Hochkonjunktur 247, 260
Höchstbestand 306 f.
Holschulden 138
Hyper-Inflation 214

I
Immobilienmärkte 221
Import 219
Importüberschuss 255
Indirekte Steuern 266
Indirekter Absatz 298
Individualversicherungen 115 ff.
Industriebetriebe 281
Inflation 210, 213 f.
Inflationsrate 213, 254
Informationsrecht (Betriebsrat) 63
Inkasso 186
Innenfinanzierung 301 f.
Insassenunfallversicherung 117
Interessengemeinschaft 340
Internationale Märkte 221
Interventionskurs 217
Investitionen 283
Investitionsgütermärkte 221
Investmentgesellschaft 202
Investmentzertifikate 202

J
Jahresbruttoeinkommen 272
Jahresmärkte 221
JArbSchG 19 ff.
Job-AQTIV-Gesetz 30
Jugend- und Auszubildenden-
vertretung 60, 67 f.
Jugendarbeitsschutzgesetz 19 ff.
Juristische Personen 127 f.

K
Kaffeefahrten 163
„Kaiserliche Botschaft" 97
Kalkulation (Angebot) 313 f.
Kalkulation (Selbstkosten) 311 ff.
Kapitalbedarfsrechnung 301
Kapitalbeteiligung 81
Kapitalgesellschaften 326, 332 ff.
Kapitalmärkte 221
Kapitalproduktivität 317
Kartell 340 f.
Kartellamt 222, 227, 340
Kartenzahlung 190 f.
Kaskoversicherung 118
Kauf auf Abruf 138
Kaufkraft 211 f.
Kaufkraftcheck 219
Kaufverträge 136 ff.
Kaufvertragsstörungen 141 ff.
KG 330 f.
KGaA 334
Kinderarbeit 20
Kinderfreibetrag 273
Kirchensteuer 268
Kollektiveigentum 235
Kommanditgesellschaft 330 f.
Kommanditgesellschaft auf
Aktien 334
Kommanditist 330
Kommandowirtschaft 233
Kommunikationsfähigkeit 17
Kommunikationspolitik 298 f.
Komplementär 330
Konjunktur 219
Konjunkturausschläge 259
Konjunkturbelebung 260 f.
Konjunkturdämpfung 261
Konjunkturpolitik 236
Konjunkturschwankungen 246 ff.
Konjunkturspritze 263
Konjunkturverlauf 246 ff., 259 ff.
Konjunkturzyklus 247
Konkurrenzprodukte 297
Konkursausfallgeld 105
Konstruktion 290
Konsument 160
Konsumgütermärkte 221
Kontoauszug 184
Kontoauszugsdrucker 189
Kontoführungsgebühren 183
Kontoüberziehung 205
Konventionalstrafe 138
Konzentration (Unternehmen) 342
Konzern 341
Kosten 308 ff.
Kostendeckung 308
Kosteninflation 213
Kraftfahrzeug-Haftpflicht-
versicherung 117
Krankenbehandlung 102
Krankengeld 102
Krankenhauskosten-Zusatz-
versicherung 116
Krankenhaustagegeldver-
sicherung 116
Krankenkassensystem 101
Krankenversicherung
(gesetzlich) 99 ff.
Krankenversicherung (privat) 116 f.
Kreativität 18
Kreditaufnahme 205
Kredite (Privat-) 204 ff.
Kreditfinanzierung 303
Kreditkarten 192 f., 197
Kreditkosten 208
Kreditsicherung 208
Kreditspielraum 194
Kreditvertrag 200, 208
Kundenkarten 192 f.
Kundenrabatt 314
Kundenskonto 314
Kündigung (Mietrecht) 157
Kündigung 64, 82 ff., 94
Kündigung des Ausbildungs-
verhältnisses 24
Kündigung nach Abmahnung 24 f.
Kündigung, fristlos 10
Kündigungsfristen 83 f.
Kündigungsschutz (Schwangere) 42
Kündigungsschutz (Schwerbe-
hinderte) 44
Kündigungsschutz 84 ff.
Kursschwankungen 217
Kurswert 202, 333
Kurzarbeitergeld 105

L
Lagerarten 304 f.
Lagerhaltung 285, 304 ff.
Ländersteuern 266
Landesarbeitsgericht 94
Landesinnungsverbände 53
Landessozialgericht 121
Landestarifverträge 54
Landesversicherungsanstalten 107
Landwirtschaft 238
Landwirtschaftliche Krankenkasse
101
Lastschrift 184
Lastschriftbeleg 190
Lastschriftermächtigung 183
Lastschriftverfahren 187 f.
Leasing 303
Lebensmittelkennzeichnungs-
verordnung 171
Lebensversicherung 116, 202
Lebenszyklus 293
Leihvertrag 155 f.
Leistungen (betriebl.) 308 f.
Leistungsanreiz 80
Leistungsbereitschaft 17
Leistungslohn 73, 75 f.
Leistungsmaßstab (betriebl.) 316 ff.
Leistungsmaßstab 240 ff.

9596348

Leistungswille 17
Leitkurs 216
Leitzinsänderung 261 f.
Lernpflicht 10
Lesegerät 190
Liefertermin 138
Lieferungsbedingungen 137 ff.
Lieferungsverzug 141 ff., 162
Limited Company 335
Liquide 301
Lohngerechtigkeit 73, 81
Lohnquote 242
Lohnsteuer 265, 267 f.
Lohnsteuerkarte 268
Lokale Märkte 221
Luftverschmutzung 256
LVA 107

M

Maastricht, Vertrag von 278
Magisches Sechseck 255 ff.
Magisches Viereck 253 ff.
Mahnbescheid 152 f.
Mangelhafte Lieferung 141, 145 ff.
Mantelbogen 273
Manteltarifverträge 54
Marketing 293 ff.
Markt 220 ff.
Marktarten 220 f.
Marktformen 222 ff.
Marktforschung 296
Marktgleichgewicht 227
Marktmacht 222 ff.
Marktteilnehmer 225
Marktübersicht 225
Marktuntersuchung (Unternehmensgründung) 323
Marktwirtschaft 282
Marx, Karl 230
Maschinen 286
Massenfertigung 292
Massengüter 310
Mastercard 192
Materialbeschaffung 286 f.
Materialgemeinkostenzuschlagsatz 312 f.
Materialgewinnung 280 f.
Materialverarbeitung 280 f.
Materialveredelung 280 f.
Materialverwaltung 303
Maximalprinzip 226, 318 f.
Meister/-in 28
Meister-BAföG 29
Meldebestand 306 f.
Mengenplanung (Beschaffung) 287
MicroMoney-Card 197
Mieterhöhung 157
Mietfinanzierung 303
Mietvertrag 156 f.
Minderung (Kaufrecht) 146
Mindestbedingungen (Tarifrecht) 51
Mindestleistungen (Tarifvertrag) 55
Mindestreservenpolitik 261
Mineralölsteuer 165
Mini-Jobs 98, 100, 104
Minimalprinzip 226, 318 f.
Minutenfaktor (Akkord) 77
Mitbestimmung 60 ff.
Mitbestimmungsgesetz 71
Mitbestimmungsrecht 62 ff.
Mitglied (Genossenschaft) 336
Mitwirkung 60 ff.
Mitwirkungsrecht 62 ff.
Mogelpackungen 170 f.
Monopol 222 ff., 297
Monopolbetriebe 228
Monopolstellung 228
Montagemängel 146
Montanmitbestimmung 71
Müller-Armack, Dr. Alfred 234
Mutterschutzgesetz 39

N

Nachbesserung 162
Nachfrage (Devisen) 217
Nachfrage 226
Nachfrageinflation 213
Nachfrager 222 ff., 226 f.
Nachfrageüberhang 227
Nachnahme 185 f.
Nachtruhe (Jugendliche) 20
Nachwirkung (Tarifvertrag) 55
Nationale Märkte 221
Natürliche Personen 127 f.
Nebenfunktionen (betriebl.) 285
Nennbetragsaktie 333
Nennwert 202
Nichtige Willenserklärungen 133 f.
Nominaler Zinssatz 200
Nominales Bruttoinlandsprodukt 243
Nominallohn 212
Normalleistung (Akkord) 76 f., 79
Nutzungsgrundprämie 79

O

„Oder-Konto" 182 f.
Offene Handelsgesellschaft 329 f.
Öffentliche Unternehmen 236
Öffentliches Recht 124
Öffentlichkeitsarbeit 299
OHG 329 f.
Ökonomisches Prinzip 318 f.
Oligopol 222 f.
Oligopolmärkte 227
Organisierte Märkte 221
Orientierungsdaten (Tarifrecht) 51

P

Pachtvertrag 156
Paritätische Mitbestimmung 71
Paritätskurs 218
Pauschalbetrag (Steuern) 274
Personalbeschaffung 288
Personalentwicklung 289
Personalverwaltung 303
Personengesellschaften 326, 329 ff.
Personenschäden 169
Personenversicherungen 116 f.
Persönliche Geheimzahl 189
Persönliche Schutzausrüstung 47
Persönliche Voraussetzungen (Unternehmensgründung) 320
Pflegebedürftige 112 f.
Pflegegeld 113
Pflegeheim 113
Pflegehilfsmittel 113
Pflegestufen 113
Pflegeversicherung (gesetzlich) 111 ff.
Pflegevertretung 113
Pflichten (Arbeitsvertrag) 34 f.
Pflichtmitglieder (KV) 100
Pflichtveranlagung (Steuer) 271
PIN (persönliche Identifikationsnummer) 189
Plankommission 231
Planungspflicht 9
Polypol 222
POS (Point of Sale) 189 f.
POZ (Point of Sale ohne Zahlungsgarantie)189 ff.
Prämienlohn 73, 79
Prämiensparen 200

Preisabsprachen 222
Preisauszeichnung 171
Preisbildung 220 ff., 235
Preisbildungsprozess 225 ff.
Preisindex 212
Preiskartell 227, 339
Preisniveau 253 f.
Preisniveaustabilität 254, 257
Preisobergrenze 297
Preisplanung (Beschaffung) 287
Preispolitik 228, 297
Preisspielraum 297
Preisstabilität 254, 256
Preissteigerungsrate 212
Preisuntergrenze 297
Pre-Paid-Karten 197
Primärforschung 296
Privateigentum 235
Privates Recht 124
Privat-Haftpflichtversicherung 117
Privatversicherungen 115 ff.
Probezeit 10, 23
Productplacement 298 f.
Produktdifferenzierung 297
Produktdiversifikation 297
Produkthaftung 160
Produkthaftungsgesetz 168 f.
Produktinformationen 173
Produktion 285, 289 ff.
Produktionsfaktoren 221, 242
Produktionslager 304 f.
Produktionsmittel 231
Produktivität 317 f.
Produktpolitik 296 f.
Produkttests 160, 177
Produktvariation 296
Produzentenhaftung 168 f.
Progressionszone 270
Proportionalzone 270
Prüfung (Berufsschule) 20
Prüfzeichen 172
PSA-Benutzerverordnung 47
Public Relations 299

Q

Qualifiziertes Arbeitszeugnis 88, 90
Qualitätsklassen 172
Qualitätskontrolle 290
Qualitätsprämie 79
Quittung 179 f.

R

Rabatte 139
Rahmentarifverträge 54
Ratenkauf 140
Ratenkreditvertrag 207
Rationalisierung 290
Realer Zinssatz 200
Reales Bruttoinlandsprodukt 243, 247
Reallohn 212
Rechte (Rechtsobjekte) 126
Rechtliche Voraussetzungen (Unternehmensgründung) 323 f.
Rechtsberatung (vzbv) 175
Rechtsfähigkeit 128
Rechtsformen (Unternehmen) 226 ff.
Rechtsgeschäfte 132 f.
Rechtsmängel 146
Rechtsobjekte 126
Rechtsordnung 123
Rechtsschutzversicherung 117
Regionaltarifverträge 54
Rehabilitation 102, 107
Reife (Produkt-) 293
Reihenfertigung 291
Reiserücktrittsversicherung 118
Reiseschecks 193 f.
Rentabilität 316 f.
Renten (Arbeitsunfall) 110
Rentenreform 108
Rentenversicherung (gesetzlich) 106 ff.
Rentenzahlungen 107
Reparaturkosten 162
Revision 94
Rezession 247
Rohstoffe 287
Rücksendung 164, 167
Rücktrittsvorbehalt 162
Ruhepausen (Jugendliche) 20
Ruhepausen 37
Ruhezeit 37

S

Sachen (Rechtsobjekte) 126
Sachmängel 146
Sachschäden 169
Sachversicherungen 116, 118
Salespromotion 299
Sättigung 293
Satzung (AG) 333
Schadenersatz 146, 152, 169
Scheckaussteller 194 f.
Scheckempfänger 194 f.
Schecks 193 ff.
Schleichende Inflation 213
Schlichtung 57
Schlichtungsstelle 57
Schlüsselqualifikationen 16 ff., 27
Schufa 182, 208
Schufa-Auskunft 182
Schuldenfalle 205
Schuldnerberatung 176
Schuldnerberatungsstellen 206
Schulpflicht 10
Schutzfunktion (Tarifvertrag) 55
Schutzgemeinschaft für Kreditsicherung 182, 208
Schwangerschaft 40, 102
Schweigen (Kaufrecht) 133
Schweigepflicht 10, 35
Schwerbehindertenschutz 43 f.
Schwerhörigkeit 45, 48
Schwerpunktstreik 58 f.
See-Krankenkasse 101
Sekundärforschung 296
Selbstbedienungsterminal 189
Selbstfinanzierung 302
Selbsthilfeverkauf 149 f.
Selbstinverzugsetzung 143
Selbstkosten 297, 313
Selbstkostenrechnung 310 ff.
Selbstständigkeit (bei der Arbeit) 18
Serienfertigung 292
Sicherheitsbestand 306 f.
Sicherungsfunktion 305
Sicherungsübereignung 209
Skonto 139
Smith, Adam 230
Solidarität (Sozialversicherung) 97, 100
Solidaritätszuschlag 268
Sonderausgaben (Steuern) 272 ff.
Sonderveranstaltungen 297
Sorgfaltspflicht 10, 35
Sortenfertigung 292
Soziale Marktwirtschaft 160, 229 ff., 234 ff.
Sozialer Arbeitsschutz 48
Sozialgericht 121
Sozialgerichtsbarkeit 120 f.
Sozialpartner 51

Sozialversicherung 96 ff., 268
Sozialversicherungspflicht 98
Sparbriefe 201
Sparbuch 201
Sparbuchzinssatz 200
Sparen 198 ff.
Sparvertrag 200
Spekulationsfunktion 305
Sperrdatei 190 f.
Sponsoring 299
Staatlich geprüfte/r Betriebswirt/-in 28
Staatlich geprüfte/r Techniker/-in 28
Staatseigentum 235
Stabilitätsgesetz 252 f.
Standortentscheidung 322
Standortfaktoren 321 f.
Standortwahl (Unternehmensgründung) 321
Stationäre Pflege 113
Statut 335
Sterbegeld (Arbeitsunfall) 110
Steuerarten 264 ff.
Steuerempfänger 266
Steuerklassen 268 f.
Steuern 264 ff.
Steuerprogression 267
Steuerschuldner 265
Steuertabellen 269
Steuertarif 269 f.
Steuerträger 265
Stiftung Warentest 160, 170, 174 ff., 184
Stimmzettel (Streik) 57
Strafrecht 123
Streikarten 59
Streikgeld 58
Strukturförderungsprogramme 279
Strukturpolitik 236
Stückakkordsatz 77
Stückaktie 333
Stückkosten 310
Sympathiestreik 59

T

Tagesmärkte 221
Tarifautonomie 50 ff., 235
Tarifkommission 53
Tariforganisation 55
Tarifpartner 50 ff.
Tarifpolitik 52
Tarifrecht 50 ff.
Tarifvertrag 53 ff.
Taschengeld (Kaufrecht) 129
Taschengeldkonto 181
Teamfähigkeit 17
Technische Aufsichtsdienste 48
Technische Beratung (vzbv) 175
Technischer Arbeitsschutz 45
Teilhafter 330 f.
Teillieferungskauf 138
Teillieferungsverträge 164
Teilnahmepflicht (Ausbildung) 10
Teilzahlungsgeschäfte 160
Teilzeitform (Berufsschule) 14
Termineinhaltungsprämie 79
Termingeld 201
„test-Jahrbuch" 176
Textilkennzeichnungsgesetz 172
Tiefstand 247
Tischforschung 296
T-Pay 197
Travellerschecks 193 f.
Treibhauseffekt 256
Trust 341

U

Überraschende Klauseln (AGB) 162
Überschuldung 205
Überschuss-Sparen 199
Überweisung 187
Überweisungsträger 187
Überziehungskredit 206 f.
Überziehungszinsen 205
Umfinanzierung 302
Umlageverfahren (RV) 108
Umlaufgeschwindigkeit (Geld) 113 f.
Umsatzsteuer 265, 314
Umschulung (Arbeitsunfall) 110
Umschulung 26 ff.
Umverteilungsinstrumente 257
Umweltschutz 256
Unbefristeter Arbeitsvertrag 33
„Und-Konto" 183
Unfallverhütungsvorschriften 47
Unfallversicherung (gesetzlich) 109 ff.
Unfallversicherung (privat) 117
Unternehmenseinkommen 242
Unternehmenskonzept 324
Unternehmensorgane 70
Unternehmenszusammenschlüsse 339 ff.
Untersuchungen (Jugendliche) 21
Unvollkommene Märkte 227 f.
Urabstimmung (Streik) 57 f.
Urlaub (Jugendliche) 21
Urlaub 9
Urlaubserteilung 38
Urlaubsgeld 38

V

Variable Kosten 309 f.
VDE 172
Verband Deutscher Elektriker 172
Verbandstarifverträge 54
Verbotene Klauseln (AGB) 162
Verbraucherberatung 174 ff.
Verbraucherinformationen 174 f.
Verbraucherpolitik 175
Verbraucherzentralen 160, 175 f., 184
Verbrauchsgüterkauf 147
Verbrauchssteuern 266
Verdrängungswettbewerb 239
Vergütung 35
Vergütungspflicht 9
Vergütungstarifverträge 54
Verjährung (Forderungen) 154
Verjährungsfristen 147, 162
Verkaufsaktionen 297
Verkaufsförderung 299
Verkaufspartys 163
Verkehr 238
Verkehrssteuern 266
Verkürzung der Ausbildung 24
Verlängerung der Ausbildung 24
Verletztengeld (Arbeitsunfall) 110
Verletzungsrisiken (Arbeitsunfall) 110
Vermögendbildung 199
Vermögenseinkommen 242
Vermögensversicherungen 116 f.
Vermögensverteilung 256 f.
Vermögenswirksame Leistungen 203
Verordnungen 123
Verpflichtungsgeschäft 141
Verrechnungsschecks 194 f.
Versandkosten 138
Verschmelzung (Trust) 341
Verteilungsrechnung 241 f.
Vertragsfreiheit 131
Vertragsstrafe 162

Vertretungsorgane 60 ff.
Vertriebsgemeinkostenzuschlagsatz 312 f.
Vertriebspolitik 298
Verwaltungsaufgaben 303
Verwaltungsgemeinkostenzuschlagsatz 312 f.
Verwendungsrechnung 241 ff.
Verzugszinsen 152
VISA-Card 192
VL (vermögenswirksame Leistungen) 203
Volkseinkommen 242
Vollbeschäftigung 256 f.
Vollhafter 330 f.
Vollkommene Märkte 225
Vollständige Konkurrenz 222, 225, 227
Vollstreckungsbescheid 153
Vollstreik 59
Vorauszahlung 139
Vorleistungen 241
Vorsorgen 198 ff.
Vorsorgepauschale 273
Vorsorgesparen 199
Vorstand (AG) 333
Vorstand (Genossenschaft) 336
Vorstand 70

W

Wachstum 293
Wachstumsraten 250
Wachstumstrend 247
Wachstumszertifikate 201
Wahlausschreiben (Betriebsrat) 62
Währungsparität 216
Waisenrente 107
Waldsterben 256
Wandelung (Kaufrecht) 146, 152
Warenkennzeichnung 170 ff.
Warenkorb 212 f.
Warnstreik 57, 59
Wechselkurs 216 ff.
Weiterbildung 26 ff.
Weiterbildungsziele 28
Werbemedien 298
Werbemittel 298
Werbung 298
Werbungskosten 272, 274
Werklieferungsvertrag 158
Werkstattfertigung 290
Werkstoffe 287
Werkvertrag 158
Werkzeuge 286
Wertschöpfung 241
Wertungsmöglichkeit (AGB) 162
Wettbewerb 235, 282
Wettbewerbsbeschränkungen (Gesetz gegen) 227, 236, 343
Wettbewerbsverbot 35
Widerruf 164 f., 167, 207
Widerrufserklärung 207
Widerspruchsausschuss 121
Willenserklärung (Kaufrecht) 132 ff., 137
Winterausfallgeld 105
Wintergeld 105
Wirtschaftlichkeit 318
Wirtschafts- und Währungsunion 278
Wirtschaftsausschuss 60, 62
Wirtschaftsordnung 229 ff., 234 ff.
Wirtschaftspläne 230
Wirtschaftsplanung 231
Wirtschaftspolitik 252
Wirtschaftspolitische Instrumente 260
Wirtschaftspolitische Ziele 252 ff.
Wirtschaftswachstum 253, 255 ff.
Witwenrente 107
Wochenendarbeit (Jugendliche) 21
Wochenmärkte 221
Wohlstandsmaßstab 244
Wohnungsbau 238
Wuchergeschäfte 236
WWU 278

Z

Zahlschein 185 f.
Zahlung auf Ziel 140
Zahlungsort 139
Zahlungsverzug 141, 151 ff., 186
Zahlungszeitpunkt 139
Zeitakkord 77
Zeitakkordsatz 77
Zeitlohn 73 ff.
Zeitplanung (Beschaffung) 287
Zeitschrift „Finanztest" 177, 183 f.
Zeitschrift „ÖKO-TEST" 177
Zeitschrift „test" 176
Zentralverwaltungswirtschaft 230 ff.
Zeugnis 35
Zeugnispflicht 9
Zielgruppen (Werbung) 298
Zielharmonie 257
Zielkonflikt 257
Zinssatz 200
Zivilrecht 123
Zölle 265
Zulieferteile 287
Zusammenschlüsse (Unternehmen) 339
Zusatzqualifikationen 28
Zuschlagskalkulation 311 ff.
Zwangsvollstreckung 153 f.
Zweckfristung 33
Zweckkauf 138, 142
Zwecksparen 199
Zweiseitige Rechtsgeschäfte 132
Zweitausbildung 27
Zwischenzeugnis 89

9596352